Eberhard Zänker

Johann Gottfried Seume

Eine Biographie

Faber & Faber

Wahrlich, niemand hat in höherem Grade
einen Anspruch auf unsere Verehrung als der,
welcher den Trieb und die Kraft zur Gerechtigkeit besitzt.

Friedrich Nietzsche

Und wenn ihr nach Biographien verlangt,
dann nicht nach jenen mit dem Refrain
»Herr Soundso und seine Zeit«,
sondern nach solchen, auf deren Titelblatte
es heißen müßte »ein Kämpfer gegen seine Zeit«.

Friedrich Nietzsche

Inhalt

Kindheit – Schulzeit – Studium (1763–1781)

Geburt und Elternhaus

In der Leipziger Tieflandsebene, etwa 30 km südwestlich von Leipzig, auf halbem Wege zwischen Lützen und Weißenfels, liegt das kleine Dorf Poserna an dem Flüßchen Rippach, einem Nebenfluß der Saale. Es wäre wohl für die meisten Deutschen ein völlig unbekannter Ort geblieben, wenn nicht Johann Gottfried Seume dort geboren wäre, der später als politischer Schriftsteller und vor allem als der Wanderer nach Syrakus weithin berühmt wurde.

Allerdings sind drei andere Orte in dieser Gegend durch Schlachten der deutschen und europäischen Geschichte bekannter als Seumes Geburtsort. Die erste und am wenigsten im Geschichtsgedächtnis der Deutschen haftende dieser Schlachten ereignete sich im Jahre 1080 bei Hohenmölsen, 7 km südlich von Poserna, zwischen dem deutschen König Heinrich IV. und dem Gegenkönig Rudolf von Schwaben, in der dieser den Tod fand. Etwa 550 Jahre später, am 6. (16.) November 1632, kam es bei Lützen zu einer der bekanntesten Schlachten im Dreißigjährigen Krieg zwischen den Schweden unter König Gustav II. Adolf und dem kaiserlichen Heer unter Wallenstein, in deren Verlauf der Schwedenkönig fiel, aber Wallenstein das Feld räumte. Die dritte Schlacht fand 125 Jahre danach, am 5. November 1757, bei Roßbach, 15 km nordwestlich von Poserna, statt. Hier errang die preußische Armee unter König Friedrich II. im Siebenjährigen Krieg trotz zahlenmäßiger Unterlegenheit einen entscheidenden Sieg über die Truppen der Franzosen und der deutschen Reichsarmee. Das war nur fünf Jahre und drei Monate vor Seumes Geburt. Natürlich hat auch Seume als Schüler von diesen kriegerischen Ereignissen gehört, und die Vermutung liegt nahe, daß schon damals sein lebenslanges Interesse an militärischen Dingen geweckt wurde.

Die Gegend, aus der Seume stammt, ist reich an historischen und literarischen Erinnerungen. Im nahe gelegenen Weißenfels lebte mehrere Jahre ein jüngerer berühmter Zeitgenosse Seumes, der frühromantische Dichter Friedrich von Hardenberg, genannt Novalis (1772–1801), der auch hier begraben liegt, den Seume aber nie getroffen hat. Aus dem 19. Jahrhundert ist aus Seumes Heimat vor allem Friedrich Nietzsche (1844 bis 1900) zu nennen. Dieser, eine der berühmtesten, aber auch umstrittensten Größen der deutschen Geistesgeschichte, wurde in dem kleinen Ort Röcken, 5 km nordöstlich von Poserna, geboren, wo sich auch sein Grab befindet. Ganz sicher kannte Nietzsche Schriften und Gedichte seines Landsmannes Seume. Zum Beispiel führt er den Satz »Böse Menschen haben keine Lieder« aus Seumes Gedicht *Die Gesänge* in seinem Werk *Götzen-Dämmerung* an. Beide, Seume und Nietzsche, waren ausgesprochene Einzelgänger, sogar Außenseiter, ihre Werke enthalten eine Vielzahl sozial- und kulturkritischer Gedanken. Das mag ein Grund dafür sein, daß beider Werke und Ansichten von den nachfolgenden Generationen und Gesellschaftssystemen verstümmelt, mißverstanden, fehlinterpretiert und für bestimmte Ziele und Zwecke mißbraucht wurden. Erst in der Gegenwart bemühen sich Wissenschaftler um eine gerechte Bewertung ihrer Persönlichkeit und ihres Werkes.

In diesem unbedeutenden Poserna also kam Seume am 29. Januar 1763 zur Welt. Im Kirchenbuch des Ortes finden wir unter der Jahresangabe »Anno 1763« als erste Eintragung folgende Notiz über Seumes Geburt: »Andreas Seumen, N. u. L. allhier, ist von seinem Weibe Christinen Reginen geb. Liebingin den 29 Jan. ein Söhnlein gebohren, das 31 ej: getauft und Johann Gottfried genannt worden. Pathen sind gewesen: 1) Anna Regina, Johann Christoph Brauers, Schneiders allhier Eheweib. 2) Christoph Klöppel, N. u. L. allhier. 3) Andreas Seume Schankwirth in Pörsten.«

Den Vornamen Johann erhielt Seume auf Wunsch eines älteren und angesehenen Verwandten, und Gottfried wurde er wegen der gerade zur Beendigung des Siebenjährigen Krieges laufenden Friedensverhandlungen zu Hubertusburg genannt. Da Seumes Geburtsort zum Amt Weißenfels und damit zum Kurfürstentum Sachsen gehörte, war Seume seiner Herkunft nach Sachse. Als die Familie aber nach Knautkleeberg gezogen war und Seume in der Schule von dem dortigen Lehrer, wie er in seiner Autobiographie *Mein Leben* schreibt, längere Zeit »der dumme Junge von

Thüringen« genannt wurde, hat sich Seume »seit der Zeit oft alles Ernstes für einen Thüringer gehalten«, zumal auch jenseits des Grenzflusses Saale im Thüringischen einige Verwandte der Familie wohnten. Obwohl er sein ganzes Leben, von seinen Wanderungen abgesehen, in Sachsen – in Leipzig und Grimma – verbrachte, konnte er sich »hier nie so recht einmeißnern« (nach der Markgrafschaft Meißen als Kerngebiet von Sachsen).
Seumes Vater, Andreas Seume (1739–1776), stammte aus Thüringen und war von Beruf Böttcher. Nach der Lehre hatte er als wandernder Handwerksbursche in Poserna die junge Regina Liebing (1738–1807) kennengelernt und sich in sie verliebt, so daß es ihn nach kurzer Wanderschaft wieder zu ihr zurückzog. Er wurde in Poserna seßhaft, legte die Meisterprüfung in seinem Gewerbe ab und heiratete im Jahre 1761 im Alter von 22 Jahren die ein Jahr ältere Regina, die ein schönes Mädchen gewesen sein soll. Die Vorfahren von Seumes Mutter waren schon seit langem in Rippach, nördlich von Poserna, ansässig, wo sie ein landwirtschaftliches Grundstück besaßen und sich vom Rittergut des Ortes die Rechte für eine Brauerei, eine Brennerei und einen Ausschank dazugekauft hatten. So galten sie und schließlich auch Seumes Eltern als ziemlich wohlhabend.
Von seinen Großeltern hat Seume niemand kennengelernt, wohl aber väterlicherseits einen Urgroßvater von über 90 Jahren, der dem kleinen Johann Gottfried jedes Jahr einen Korb Frühkirschen aus seinem Garten brachte und dafür einen Weg von etwa einer Stunde auf sich nahm.
Wie es damals üblich war, stellten die Verwandten aus verschiedenen Umständen bei Seumes Geburt Prophezeiungen für das weitere Leben des Neugeborenen an, z. B. aus der außergewöhnlich kalten Witterung. Später machte sich auch Seume selbst – mehr spaßeshalber – seine Gedanken darüber. Er meinte, da er von zwei schönen Menschen offenbar in der Walpurgisnacht (vom 30. April zum 1. Mai) gezeugt worden war und der Planet Merkur bei Zeugung oder Geburt eine Rolle gespielt haben kann, hätte er eigentlich viel lebhafter, gewandter, heiterer und geschäftstüchtiger sein müssen. Er mutmaßte, daß vielleicht die Tatsache, daß er nicht gestillt, sondern mit Kuhmilch aufgezogen wurde, sein Wesen und sein Leben beeinflußt haben könnte. Aber das alles dürfte für ihn nicht besonders wichtig gewesen sein.
Seume war das erste Kind seiner Eltern. Nach ihm wurden noch fünf weitere Geschwister geboren, drei Töchter und zwei Söhne. Nur seine im

darauffolgenden Jahr geborene Schwester Johanna Regina (1764–1822) überlebte ihren Bruder. Sie heiratete 1797 den Landwirt und Gasthofbesitzer Johann David Oehme aus Poserna. Von ihnen und ihren drei überlebenden Kindern stammen alle weiteren Nachkommen der Familie ab. Drei weitere Geschwister starben jung und unverheiratet: Maria Regina (1766–1788) mit 22 Jahren, Johann Andreas (1769–1785) mit 16 Jahren und Johanna Rosina (geb. 1772) schon im ersten Lebensjahr. Der letzte, zehn Jahre nach Seume geborene Bruder Abraham verließ mit 18 Jahren das Elternhaus und blieb seitdem verschollen.

Seumes Geburtsjahr 1763 ist ein Jahr von besonderer Bedeutung, vielleicht das wichtigste in der sächsischen Geschichte des 18. Jahrhunderts. Es markiert einen Einschnitt, einen Wendepunkt – das Ende des Feudalabsolutismus, des sogenannten augusteischen Zeitalters, und einen neuen Anfang mit vielen hoffnungsvollen Ansätzen. Diese neue Zeit begann nach dem Ende des für Sachsen verheerenden Siebenjährigen Krieges durch den Frieden von Hubertusburg.

Kurzer Blick in die sächsische Geschichte

Im Nordwesten von Sachsen, etwa 40 km östlich von Leipzig, auf halbem Weg zwischen Grimma und Oschatz, liegt in einer wald- und wasserreichen Gegend der Ort Wermsdorf mit dem Schloß Hubertusburg. Dieses Schloß hatte August der Starke (1670/1694–1733) 1721 als Jagdschloß für seinen Sohn, den nachmaligen Kurfürsten Friedrich August II. (1696/1733–1763), erbauen lassen; seit 1837 befindet sich eine Heilanstalt darin.

Hier verhandelten seit Dezember 1762 die Vertreter der Hauptkriegsparteien über die Beendigung des Siebenjährigen Krieges: Legationsrat Ewald Friedrich Graf von Hertzberg für Preußen, Hofrat Heinrich Gabriel von Collenbach für Österreich und Geheimrat Thomas Freiherr von Fritsch für Sachsen. Das Treffen war durch die Bemühungen des sächsischen Kurprinzen Friedrich Christian (1722–1763) zustande gekommen. Dieser war nicht wie sein Vater, Friedrich August II., und der Premierminister Graf Heinrich von Brühl (1700–1763) zu Beginn des Krieges nach Warschau geflohen, sondern mit seiner Mutter in Dresden geblieben.

So wie manche anderen Kriege endete auch der Siebenjährige Krieg durch eine allgemeine Erschöpfung der kriegführenden Parteien. In Sachsen hatte er begonnen – mit dem plötzlichen Einmarsch der preußischen Armee am 29. August 1756 ohne jegliche Kriegserklärung –, in Sachsen wurde er beendet – mit dem Frieden von Hubertusburg am 15. Februar 1763. Eins der traurigsten Kapitel der sächsischen Geschichte fand damit seinen politischen Abschluß, an den Folgen aber hatte das Land noch lange schwer zu tragen. Sachsen war einer der Hauptkriegsschauplätze und damit der Hauptleidtragende dieses brutalsten Krieges des 18. Jahrhunderts, der von Jahr zu Jahr rücksichtsloser geführt wurde und von sinnloser Zerstörungswut gekennzeichnet war. Das Land diente als ständiger Lieferant von Soldaten, Material und Geld, als Operations- und Aufmarschbasis, oft als Winterquartier der gegnerischen Armeen und war der Ausplünderung und Zerstörung wehrlos ausgesetzt. Am Ende hatte es geschätzte Verluste von 90 000 Menschen zu beklagen und Kriegsschäden von rund 300 Millionen Talern durch Zerstörungen, Produktionsausfälle und an Preußen zu zahlende Kontributionen. Die Wirtschaft des ganzen Landes lag am Boden, weite Gebiete, Ackerland, Wälder und landwirtschaftliche Gebäude waren verwüstet, Hungersnöte, Seuchen und Viehsterben traten gehäuft auf, und die Bevölkerung hatte unsägliche Leiden zu erdulden. Die Kriegseinwirkungen führten neben der Abwerbung und Umsiedlung von Fachkräften nach Preußen zu einem Bevölkerungsrückgang von etwa 140 000 Menschen bei einer Gesamtbevölkerung von etwa 1,75 Millionen. Hinzu kam die Zerstörung von städtischen Bauwerken wie zum Beispiel in Dresden durch die Preußen im Jahre 1760.
Alle Hoffnungen der leidgeprüften Menschen richteten sich im Winter 1762/63 auf die Friedensverhandlungen in Hubertusburg. Und was brachte dieser Frieden den Menschen und den Ländern schließlich? Abgesehen von den gewaltigen Verlusten und Schäden blieb politisch im wesentlichen alles beim alten. Alle Mächte zogen ihre Truppen aus den besetzten Gebieten ab. Kriegsentschädigungen wurden nicht gezahlt, denn jedes Land war gleichermaßen ruiniert und mußte für die Beseitigung aller Schäden selbst aufkommen. Der eigentliche Anlaß des Krieges, das Gebiet Schlesien, verblieb bei Preußen, das nunmehr neben Österreich, Rußland, Frankreich und England zu einer europäischen Groß-

macht emporstieg. Sachsen aber, bis dahin einer der bedeutendsten deutschen Staaten, spielte von nun an in der großen Politik keine Rolle mehr. Die alten Rivalitäten jedoch, zwischen Österreich und Preußen als auch zwischen Sachsen und Preußen, blieben bestehen.

Kurz nach seiner Rückkehr aus Warschau nach Dresden starb am 5. Oktober 1763 Kurfürst Friedrich August II., der zwar viel Sinn für Kunsteinrichtungen und prunkvolle Hofhaltung, aber weniger Talent für tatkräftiges und staatsmännisches Handeln hatte und sich zeitweise von seinem verschwendungssüchtigen Premierminister, dem Grafen Brühl, beherrschen ließ. Brühl selbst starb zwei Wochen später, nachdem er von Friedrich Augusts Nachfolger sofort entlassen worden war.

Von nun an beherrschte ein neues Denken die Politik der sächsischen Kurfürsten und der Regierungsverantwortlichen. Der neue Kurfürst, Friedrich Christian, ältester Sohn des verstorbenen Kurfürsten, hatte schon als junger Mann die Herrschaftsmethoden seines Vaters kritisch betrachtet und abgelehnt. Unter dem Einfluß der europäischen Aufklärung war er zu der beachtlichen Einsicht gelangt: »Die Fürsten sind für ihre Untertanen da und nicht die Untertanen für die Fürsten. Der Reichtum der Untertanen, der öffentliche Kredit und eine gute stehende Armee machen das wahre Glück des Fürsten aus.«[1] Mit völlig anderen Vorsätzen als sein Vater übernahm er die Regierungsgeschäfte. Als selbständig denkender und verantwortungsbewußter Mensch mit hohen moralischen Grundsätzen und ausgeprägtem Sinn für die Realität ging er an die schwierige Aufgabe der Wiederherstellung der Wirtschaft Sachsens. Er trat ein sehr schweres Erbe an, denn seine beiden Vorgänger hatten Sachsen, das bei Regierungsantritt Augusts des Starken 1694 als wirtschaftlich stärkstes Land mit einem blühenden Handel und hoher Kultur eine politisch führende Rolle spielte, durch eine verschwenderische Hofhaltung und die Beteiligung am Nordischen Krieg (1700–1721) gegen Schweden und am Siebenjährigen Krieg wirtschaftlich an den Rand des Ruins gebracht, die Armut vermehrt und einen hohen Schuldenberg angehäuft.

Eine Reorganisation des gesamten Staatswesens war dringend notwendig. Impulse dazu gingen vor allem auch von bürgerlichen Persönlichkeiten aus, die vom Gedankengut der Aufklärung erfüllt waren und dem Bürgertum mehr Geltung im Rahmen der feudalen Gesellschaft verschaffen wollten. Es wurde ein strenges Regime der Sparsamkeit eingeführt, das bei den Ausgaben des Hofes begann und nicht bei den kleinen Leuten. Alle Maßnahmen sollten zur wirtschaftlichen Gesundung des Landes führen. Damit gab der Kurfürst, im Gegensatz zu den meisten seiner Vorgänger, ein Beispiel weitblickender und verantwortungsvoller Regierungspolitik.

Mitten in dieser unermüdlichen Tätigkeit zum Wohle des Landes starb Friedrich Christian plötzlich nach nur zweimonatiger Herrschaft am 17. Dezemer 1763, erst 41 Jahr alt, an den Blattern. Obwohl er der sächsische Kurfürst mit der kürzesten Regierungszeit war, gehört er durch die von ihm eingeleiteten Veränderungen zu den bedeutendsten.

Der neue politische und wirtschaftliche Kurs wurde im wesentlichen während der nächsten Jahrzehnte, zumindest bis zum verhängnisvollen Jahr 1806, beibehalten.

Friedrich Christian und seine Frau hatten sieben Kinder, von denen Friedrich August als der älteste überlebende Sohn Nachfolger seines Vaters werden sollte. Geboren am 23. Dezember 1750 in Dresden, wurde er darauf vor allem durch Unterricht in Geschichte, Rechts- und Staatswissenschaften und allgemeinbildenden Fächern vorbereitet. Als sein Vater starb, war Friedrich August zwar Kurfürst, aber noch nicht volljährig, so daß sein Onkel Franz Xaver, der Bruder Friedrich Christians, die Vormundschaft über ihn erhielt und die Regierungsgeschäfte in den nächsten fünf Jahren leitete.

1768 übernahm Friedrich August die Regierung. Von allen sächsischen Kurfürsten regierte er am längsten, insgesamt 59 Jahre, davon 38 Jahre (1768–1806) als Kurfürst Friedrich August III. und 21 Jahre (1806–1827) als König Friedrich August I. In diese lange Regierungszeit fallen die für Deutschland so verhängnisvollen und folgenreichen Jahre der napoleonischen Fremdherrschaft von 1806 bis 1813. Vor allem in dieser bewegten Zeit geriet er öfter in politische Zwangslagen, die ihn zu Entscheidungen drängten, die für ihn und sein Land schwerwiegend und unbefriedigend waren und ihn unglücklich machten. Mit einem ausgeprägten Sinn für Recht, mit Verantwortungsgefühl für seine hohe Aufgabe, mit charakterlichen Eigenschaften wie Bescheidenheit und Zurückhaltung begann der Kurfürst sein Wirken, in dessen Mittelpunkt nicht persönliche oder dynastische Interessen stehen sollten, sondern das Wohl des Landes und

seiner Menschen. Nicht auf eine prunkvolle Hofhaltung legte er Wert, sondern auf die Rechtlichkeit seiner Maßnahmen, weshalb ihm schon zu Lebzeiten der Beiname »der Gerechte« gegeben wurde, ob zu Recht oder nicht, bleibe dahingestellt. Die Wirtschaftspolitik der sächsischen Regierung im letzten Drittel des 18. Jahrhunderts führte allmählich zu einer Blüte des städtischen Gewerbes und Handels und zur Gesundung des Staatshaushaltes.
Das war die Situation in Sachsen in Seumes Geburtsjahr und in den folgenden vier Jahrzehnten.

Kindheit in Poserna und Knautkleeberg (1763–1777)

Das Haus, in dem Seume geboren wurde, war, wie auf einer alten Zeichnung zu sehen ist, ein typisches Bauernhaus, langgestreckt, mit der Giebelseite zur Straße zeigend, nur aus Erdgeschoß und Dachgeschoß bestehend, das tief heruntergezogene Dach wahrscheinlich mit Stroh oder Schindeln gedeckt. Der Hof rechter Hand war zur Straße hin durch ein breites Holztor und eine Steinmauer abgegrenzt. Hinter dem Haus befand sich ein Garten mit vielen Obstbäumen, und dahinter floß die Rippach, ein kleiner Nebenfluß der Saale, mehr Bach als Fluß. Dieser Garten war der Lieblingsaufenthalt des kleinen Johann Gottfried, der als Kind ein wahrer Wildfang war und dort nach Herzenslust rennen und springen, umherjagen und klettern konnte. Dabei hätte ihn im Alter von drei Jahren ein schlimmer Vorfall fast das Leben gekostet. Als eines Tages einige Männer ein paar alte Bäume fällten und nebenbei auch aufpassen sollten, daß der umhertollende Junge nicht in den Bach fällt, wurde er von den starken Ästen eines fallenden Baumes so schwer getroffen, daß er bewußtlos liegenblieb und man ihn für tot hielt. Alle Wiederbelebungsversuche durch den schnell herbeigerufenen Arzt waren erfolglos, und als man schon die Hoffnung aufgegeben hatte, schlug der Knabe ein verletztes Auge auf. Erneute Bemühungen brachten ihn nach über zwölf Stunden ins Leben zurück. Durch seine Unbekümmertheit um mögliche Gefahren geriet Seume als Junge wie auch später als erwachsener Mann noch manches Mal in gefährliche Situationen, die ihm leicht hätten den Tod bringen können.

Auch in der Schule oder auf dem Heimweg von der Schule konnte der Junge sein wildes Temperament nicht immer zügeln, so daß er öfter wegen Raufereien und »mancher Unordnungen« mit dem Rohrstock des Lehrers Bekanntschaft machte, während der Vater über die Streiche seines Sohnes lächelte, aber nur heimlich, um ihn nicht darin zu bestärken, sondern eher mit dem Hintergedanken, daß sich der Kleine gegen Stärkere ruhig durchsetzen sollte. Im Schulunterricht selbst hatte Seume keine Probleme, er gehörte zu den besten und aufgewecktesten Schülern des Lehrers Johann Gottfried Held, der von 1749 bis 1778 in Poserna tätig war. Da Helds Tochter Anna Regina Brauer Seumes Taufpatin war, behandelte ihn der Lehrer »mit viel Vorliebe und Strenge echt altpädagogisch«, das heißt, er legte viel Wert auf mechanisches Auswendiglernen, oft verbunden mit körperlicher Züchtigung, und befand sich damit im Gegensatz zur damals aufkommenden, von Johann Bernhard Basedow (1723–1790) begründeten philanthropischen, also menschenfreundlichen Erziehung.
Seumes Eltern, die ihre Kinder »ohne lächerliche Schwachheit mit wahrem tiefem Gefühl« liebten, taten alles, um sie zu ehrlichen und aufrechten Menschen zu erziehen. Der Vater, ein Mann mit strengen moralischen Grundsätzen, war nie hart zu seinen Kindern und auch nicht zu den Mitmenschen. Für ihn war jeder Mensch eine Persönlichkeit, die Achtung verdiente. In Haus und Hof und bei Tisch achtete er auf gute Sitten und einen anständigen Umgangston. Erst später hat Seume durch die Erfahrung mit anderen, sogenannten besseren Häusern erkannt, »wie rein die Sitten … in meines Vaters Hause waren. Ich höre jetzt oft in den besten Gesellschaften und in sonst sehr guten Häusern Gesinnungen und Ausdrücke, für die uns der Vater aus dem Hause in den Viehhof würde geschickt haben.«
Da der Vater auch »die Krankheit hatte, keine Ungerechtigkeit sehen zu können, ohne sich mit Unwillen und nicht selten mit Bitterkeit darüber zu äußern«, machte sich dieser Unwille mitunter in heftigen spontanen Zornesausbrüchen Luft, weshalb er als hitziger Kopf galt und es auch zu Zusammenstößen mit der Obrigkeit und der Geistlichkeit kam. Von zwei dieser Vorfälle berichtet der Sohn in seiner Autobiographie.
Obwohl sich Seume nicht erinnern konnte, daß die Kinder jemals vom Vater geschlagen worden wären, da das Strafen der Mutter überlassen war, ist der sechsjährige Johann Gottfried doch einmal vom Vater wegen

eines gestohlenen Guldens furchtbar gezüchtigt worden, und zwar unschuldigerweise, wie sich drei Wochen später herausstellte: der Dieb war ein Spielkamerad gewesen. Allein der Verdacht, daß sein ältester Sohn, von dem die Eltern wie die Dorfbewohner viel hielten, ein Dieb und auch noch ein Lügner – denn er bestritt den Diebstahl – sein könnte, hatte den Vater innerlich dermaßen erregt und erschüttert, daß er danach in seinem Wesen völlig verändert war. Für ihn stand fest, daß der, der lügt, auch stiehlt, und wer stiehlt, gehört an den Galgen. Erst als die Sache, unter der der Vater noch mehr als der Sohn gelitten hatte, aufgeklärt war, wurde der Vater allmählich wieder freundlicher.

Zu dem zweiten Vorfall, einem Konflikt mit dem Dorfpfarrer, kam es beim Begräbnis des schon erwähnten Urgroßvaters, der dem »Bonzenwesen« der Kirche und dem Kirchenzehnt recht kritisch gegenüberstand. Als der Pfarrer deshalb am Grabe, statt in Ehrfurcht von dem Toten zu sprechen, eine Strafpredigt über ihn hielt, stürzte Andreas Seume wütend auf den Geistlichen zu, hätte ihn wohl auch körperlich angegriffen, wenn er nicht zurückgehalten worden wäre, und verteidigte den Toten mit kräftigen Worten: »Herr, wenn nur Sie und Ihre Familie so ehrliche gute Leute sind, wie der Verstorbene und seine Familie, so können Sie zufrieden sein. Er konnte und wollte ihre weiten unersättlichen Ärmel nicht füllen; das war seine ganze Gottlosigkeit.« Der Vorfall hatte allerdings ein gerichtliches Nachspiel mit einem Verweis für den Pfarrer und einer hohen Geldbuße für Seumes Vater.

Es ist nicht verwunderlich, daß Andreas Seume wegen seines Gerechtigkeitsgefühls und seines hitzigen Temperaments bei der sogenannten Obrigkeit ziemlich unbeliebt war und man ihm sogar drohte, daß er eines Tages »noch ins Hundeloch käme für seine Ungebührlichkeiten. Ungebührlichkeiten nennt man aber alles, was irgendeinen alten Unfug antastet.« Deshalb zog er es vor, wegen dieser Unerträglichkeiten aus Poserna wegzuziehen. Er verkaufte sein Grundstück und pachtete in Knautkleeberg bei Leipzig das Wirtshaus »Weißes Roß« mit Landwirtschaft.

Das Dorf Knautkleeberg mit der benachbarten Grundherrschaft Knauthain (heute Stadtteil von Leipzig) und dem Gut Lauer liegt im Südwesten von Leipzig, westlich von Markkleeberg an der Weißen Elster. Der Besitzer von Gut Lauer, zu dem Knautkleeberg gehörte, war der Leipziger Stadtrichter Dr. Teller, »ein harter unerbittlicher Mann«. Die ersten beiden Jahre an dem neuen Wohnort waren schlimme Jahre, nicht nur für die Familie Seume, sondern für ganz Sachsen. Es waren die Hungerjahre 1771 und 1772. Nach dem Dreißigjährigen Krieg war in Deutschland und in Sachsen durch Getreidemißernten und Wetterunbilden durchschnittlich jedes vierte Jahr ein Hungerjahr. Das hatte eine allgemein schlechte Ernährung der Menschen zur Folge, förderte aber auch die Verbreitung des Kartoffelanbaus. Starker Schneefall noch Ende März und nasse Sommer führten zu zwei aufeinanderfolgenden Mißernten, die sich katastrophal auf Menschen und Vieh auswirkten. Durch die dadurch hervorgerufene Hungersnot stieg die Sterblichkeit in den betroffenen Gebieten enorm.

Da die Ernte auf den Feldern verfaulte, konnte Andreas Seume kein Getreide verkaufen, wie er geplant hatte, sondern mußte im Gegenteil noch welches kaufen, zuletzt zu ziemlich hohen Preisen, um seine Familie ernähren zu können. Dadurch litten die Seumes zwar keinen Hunger, aber der größte Teil des Vermögens ging bei diesen Käufen drauf. Lieber gab der Vater das Letzte, als daß er seine Familie hungern ließ.

Da die Kindheit im allgemeinen mit sechs Jahren zu Ende war, wurden die Kinder danach immer stärker in die Arbeitswelt der Erwachsenen einbezogen und als Erwachsene angesehen und behandelt. Neben der häuslichen Umwelt trug die Schule durch Strenge und Disziplin wesentlich dazu bei, die Schüler zu harter Arbeit zu erziehen. Deshalb mußte auch der kleine Johann Gottfried, der das als selbstverständlich ansah, in der bäuerlichen Wirtschaft der Eltern kräftig mit zupacken, je älter er wurde. Das größte Vergnügen bereitete ihm der Umgang mit Pferden und das Reiten auf die Weide oder in die Schwemme, was ihm allerdings selten erlaubt wurde, da er noch zu klein war. Dabei wäre er wieder einmal fast ums Leben gekommen, als er trotz Verbots ins Wasser ritt, aber das Pferd nicht bändigen konnte und unter das sich im Wasser wälzende Tier geriet, die Besinnung verlor und vom Fluß fortgetrieben wurde. Er wurde gerettet, durfte aber zur Strafe längere Zeit nicht reiten. Deshalb war es für ihn eine große Freude, gleichzeitig aber auch eine kleine Enttäuschung, als der Vater ihm eines Tages vom Pferdemarkt ein eigenes kleines Pferd mitbrachte, das jedoch einen elenden Eindruck machte und auf einem Bein lahmte. Aber gute Pflege und Fütterung ließen es zu einem recht stattlichen Tier heranwachsen, dessen kranker Fuß es zwar behinderte, wenn es im Schritt ging, aber nicht im Galopp, so daß der Junge auf dem Rücken des Pferdes seinem ungestümen Temperament freien Lauf lassen konnte und manches Wettreiten gewann. »Reiten hieß bei mir jagen, daß die Mähnen flogen und die Haare sausten«, schrieb er später darüber.

Unterricht hatte der Junge in der Dorfschule Knauthain beim Lehrer Adam Weyhrauch. Während Seume in Poserna einer der besten Schüler gewesen war, hieß er hier die ersten Jahre nur »der dumme Junge von Thüringen«. Der Lehrer »hatte seine liebe Not mit mir, und ich mit ihm«. Seume konnte ihm gar nichts recht machen, nicht einmal seine verhältnismäßig gute Handschrift gefiel ihm, bis eines Tages der Knoten riß und er von Tag zu Tag besser wurde. In Kürze überholte der Junge alle seine Mitschüler und wurde Klassenbester, so daß er von Herrn Weyhrauch bald mit kleinen Ämtern betraut wurde. So hatte er zum Beispiel die Aufgabe, die Klasse bei der Stillarbeit zu beaufsichtigen, wenn der Lehrer in seinem Garten tätig war, statt im Klassenzimmer zu sein.

Auch bei der Durchsetzung der neuen Schulordnung wurde der damals zehnjährige Junge mit eingesetzt. Bisher galt die Kursächsische Schulordnung von 1580, die den Religionsunterricht in den Mittelpunkt stellte. Im Jahre 1773 wurde in Sachsen eine neue Schulordnung eingeführt, die das gesamte Schulwesen auf ein höheres Niveau hob und bis 1835 gültig war. Sie sah zum Beispiel in den Volksschulen neben den Fächern Religion, Lesen, Schreiben, Rechnen und Singen nun auch Naturkunde, Geschichte und Erdkunde vor.

Um wildes Umhertollen auf dem Heimweg von der Schule zu unterbinden, sollten die Schüler geordnet und paarweise in ihre Wohnorte gehen. Die Aufsicht über die Knautkleeberger Schüler wurde Seume übertragen, der damit die Aufgabe hatte, die Schüler zu Ordnung und Disziplin anzuhalten und Verstöße dem Lehrer zu melden.

Eine wichtige Rolle im Leben des Schülers Seume, vor allem für seine weitere Entwicklung, spielte der Knauthainer Pfarrer Benjamin Traugott Schmidt (1733–1790), »ein rechtlicher, jovialer, ziemlich gebildeter und ziemlich orthodoxer Mann, in dessen Charakter aber der Grundzug freundliches Wohlwollen und Güte des Herzens war«. Er erkannte an den Antworten des Jungen bei Prüfungen in der Kirche, daß dieser nicht wie andere Schüler nur die offizielle Lehrmeinung wiederholte, sondern eigene und oft überraschende Gedanken äußerte, die zwar etwas verschlungen zu sein schienen, die aber von selbständigem Denken zeugten. Deshalb entschloß sich der Pfarrer, diesen originellen Denker durch Frage- und Antwort-Gespräche zu fördern, und empfahl dies auch dem Lehrer. Der neue Besitzer von Gut Lauer, Graf Friedrich Wilhelm von Hohenthal zu Städteln (1742–1819), dem der Pfarrer von Seume erzählt hatte, erkannte bei Schulbesuchen und Prüfungen dessen Begabung ebenfalls und wurde in der Folgezeit, nach dem Tod von Seumes Vater, sein Förderer. Es war ein Glück, das nicht viele begabte Kinder aus dem Volke hatten.

Im Jahre 1773 erkrankte Seumes Vater schwer. Er war bei sehr kalter Witterung nach Leipzig geritten und hatte sich dabei so stark erkältet, daß er sich bei seiner Rückkehr kaum noch bewegen konnte. Wegen heftiger Schmerzen im Unterleib mußte er längere Zeit das Bett hüten. Er wurde nie wieder gesund; es entwickelte sich eine schmerzhafte Blasenkrankheit, die schließlich zu seinem frühen Tode führte. Jede ärztliche Hilfe war umsonst, sie brachte keine Linderung oder gar Heilung, sondern verursachte nur enorme Kosten.

Weil die Pachtzeit für die Gastwirtschaft abgelaufen war, kaufte Andreas Seume in dieser Zeit 16 Acker Land, mit dem aber Frondienste verbunden waren, die er selbst leisten mußte und die ihm in seinem Zustand immer schwerer fielen, so daß er oftmals gezwungen war, auszuruhen. Dafür wurde er von dem Vogt, der die Aufsicht über die Frondienste führte, noch verhöhnt, was dem Vater besonders weh tat und zu seinem schnellen Tod beitrug. Er starb am 25. Juli 1776 an einem Schlaganfall, erst 37 Jahre alt. Seiner Witwe mit fünf Kindern hinterließ er eine kleine Wirtschaft in schlechtem Zustand und dazu 200 Taler, von denen die Familie ein kleines Haus kaufte. Glücklicherweise erhielten die Hinterbliebenen von vielen Seiten Unterstützung, so daß sie keine größere Not leiden mußten. Fast genau 34 Jahre später sollte Seume an der gleichen Krankheit, die er sich beim Militär und auf seinen Wanderungen zugezogen hatte, sterben.

Der Tod des Vaters, der die Familie schwer traf, war der tiefste Einschnitt in Seumes Kindheit, das schlimmste Erlebnis, da ihm der Vater stets ein Beispiel für Ehrlichkeit, Aufrichtigkeit, Gerechtigkeits- und Wahrheitsliebe war und ein Leben lang blieb. Obwohl er auch an der Mutter mit aufrichtiger Liebe hing und sie sehr verehrte, spielt in Seumes Autobiographie der Vater die größere Rolle. Viele Eigenschaften und Eigenheiten des Vaters finden wir beim Sohn wieder. Die demütigende Behandlung des Vaters durch den Vogt hatte sich ihm tief eingeprägt und zusammen mit späteren Erfahrungen zu einer Bitterkeit beigetragen, die sich oft in sarkastischen Äußerungen zeigte: »Dieser Vorfall vorzüglich ist mit Ursache meiner folgenden tief konzentrierten nicht selten finster mürrischen Sinnesweise. Ich habe die Katastrophe nie los werden können, ob ich gleich selten oder nie davon gesprochen habe.«

Mehr als zwanzig Jahre nach dem Tode des Vaters, wahrscheinlich zwischen 1796 und 1800, schrieb Seume das Gedicht *An meines Vaters Grabe*, in dem er alles, was er für seinen Vater empfand, ausdrückt. Da einem Armen kein Grabstein gesetzt wurde und der Grabhügel längst eingesunken ist, findet er das Grab des Vaters nicht mehr, er verweilt aber an der Stelle, wo es seiner Erinnerung nach gewesen sein muß, und denkt über die vergangenen Zeiten nach:

Das Schicksal hat, seitdem wir Dich begraben,
Mit eh'rner Hand den Mann, wie einst den Knaben,
Im Labyrinth schon manchen Weg gelehrt;
Doch darf ich noch, o könntest Du es hören!
Um Mitternacht an Deinem Grabe schwören:
Ich war noch immer Deiner werth.

Für Seume war in seinem Leben immer das eine wesentlich: so zu handeln, wie es sein Vater getan hätte, der ihm bis ans Lebensende Leitbild war.

Nach dem Tod von Seumes Vater beschloß der Graf von Hohenthal, für die Ausbildung des Sohnes zu sorgen. Zunächst galt es, die Dorfschule in Knauthain bis zum 14. Lebensjahr zu besuchen. Seume konnte zwar sein Allgemeinwissen nicht mehr allzusehr erweitern, er war ja den anderen Schülern schon in allen Fächern voraus, aber in seinem letzten Schuljahr studierte er mit Eifer die biblische Geschichte anhand von Johann Hübners weitverbreitetem Schulbuch *Zweymal zwey und funfzig Auserlesene Biblische Historien aus dem Alten und Neuen Testamente*, der Lutherbibel und einiger anderer Bücher, die er vom Lehrer erhalten hatte. Mit der Zeit wußte er so viele Evangelien, Psalmen und Bibelstellen auswendig, konnte die Anzahl der Kapitel und Verse angeben, daß er sogar den Pfarrer durch seine ungewöhnlichen Kenntnisse in Erstaunen setzte.

»Damals gewann ich«, schrieb er später, »eine solche Festigkeit und Gewandtheit in der Bibel, daß ich nur selten einen Spruch nicht angeben und hersagen konnte, der verlangt wurde.« Obwohl dieses formale Wissen auf Grund einer enormen Gedächtnisleistung von wenig praktischem Nutzen war, konnte Seume doch später hin und wieder darauf zurückgreifen, wenn er eine Bibelstelle als Beleg brauchte.

Mit 14 Jahren trat die Frage der Berufswahl an Seume heran, aber er konnte sich lange nicht für einen bestimmten Beruf entscheiden. Die Mutter hätte ihn gern als Pfarrer gesehen, aber dagegen hatte ihr Sohn eine Abneigung. Der Vater wollte ihn den Kaufmannsberuf lernen lassen, da er einige Bekannte in diesem Berufsstand hatte und auch die Nähe des Handelsplatzes Leipzig dafür günstig war. Daraus wurde nach des Vaters Tod nichts mehr. Seume selbst wollte am liebsten ein Handwerk erlernen. Besonders der Beruf des Grobschmiedes hatte es ihm angetan, da er dessen Arbeit täglich im Dorf beobachten konnte und er sich auch zu etwas Handfestem hingezogen fühlte, ihm eine »Neigung zum Soliden« angeboren war. Mit diesem Wunsch erschreckte er seine Mutter und belustigte den Pfarrer; beide redeten es ihm mit viel Mühe aus, da er für diese körperlich schwere Arbeit viel zu klein und zu schwach war. Schließlich entschloß er sich, Dorfschulmeister zu werden, wofür er auch die Fähigkeiten zu haben glaubte, falls er noch Latein und Musik dazulernte. Aber da er dabei nur Herrn Weyhrauch und sein recht behagliches Leben mit Bienenstöcken und Gartenbeeten vor Augen hatte, machte ihm Pfarrer Schmidt eindringlich klar, daß es nicht jedem Lehrer so gut gehe, sondern Dorfschullehrer zumeist ein ziemlich jämmerliches Leben führen. Doch Seume wollte seinen Wunsch nicht aufgeben, denn er meinte, »jeder Stand habe seine Plage und seinen Frieden«.

Der Pfarrer meldete es also dem Grafen, aber vermutlich hatte dieser schon eigene Pläne mit dem begabten Jungen. Er wollte ihm auf jeden Fall eine höhere Schulbildung zukommen lassen und schickte ihn auf die Stadtschule nach Borna, um dort die Kenntnisse zu erwerben, die für den Besuch einer höheren Schule, etwa der Thomas- oder der Nikolaischule in Leipzig oder der kurfürstlichen Landesschulen Schulpforte oder Grimma, notwendig waren.

Auf der Stadtschule in Borna (1777–1779)

Die Stadtschule in dem verschlafenen Ackerbürgerstädtchen Borna besuchte Seume von Ostern 1777 bis Juni 1779. Obwohl Borna nur etwa 25 km südlich von Leipzig liegt, war Seume in diesen Jahren nur einmal zu Hause bei seiner Familie.

Der Rektor, Johann Friedrich Korbinsky, leitete die Schule von 1751 bis zu seinem Tod am 28. November 1792. Er war ein hervorragender Pädagoge und hat eine Sammlung lateinischer Sprichwörter für den Schulgebrauch *(Sententiae proverbiales in usum juventutis scholasticae)* herausgegeben. Seinen Schülern, von denen mehrere als Pensionäre in seinem Hause wohnten, war er ein väterlicher Freund. »Alle seine Zöglinge«, urteilte Seume später, »waren wie seine Kinder, und er nahm auch nachher den wärmsten Anteil an ihren Schicksalen.« Auch die Frau des Rektors kümmerte sich liebevoll um die Vierzehn- bis Sechzehnjährigen, so daß eine familiäre Atmosphäre mit dem Rektor als Oberhaupt herrschte, die Seume als patriarchalisch bezeichnete.

Bei jedem Schulwechsel war es das gleiche: In der alten Schule war Seume einer der besten Schüler, in der neuen der »unwissendste«, was vermutlich leicht übertrieben war. So auch in Borna. »Hier kam ich denn wie ein halber Hurone, moralisch gut gebildet, wenigstens ganz unverdorben, aber wissenschaftlich ganz roh und wild an. Der alte Herr nahm mich freundlich väterlich auf und ist von allen meinen vielen Lehrern derjenige, dem ich am meisten verdanke.« In der Kenntnis der Bibel allerdings übertraf Seume auch hier alle Mitschüler. Durch Fleiß und eine leichte Auffassungsgabe hatte er am Ende des ersten Jahres in allen Fächern seine Kameraden eingeholt, und nach dem zweiten Jahr war er sogar Klassenbester. Obwohl er offenbar nicht immer gleichmäßig arbeitete, sondern nach seiner eigenen Einschätzung »zuweilen entsetzlich fleißig und zuweilen entsetzlich faul« war, hatte er nach Meinung des Rektors in zwei Jahren so viel geschafft wie andere in sechs.

Im Mittelpunkt des Unterrichts an der sogenannten Lateinschule stand die lateinische Sprache, zu deren gründlicher Beherrschung – oft auf Kosten der Muttersprache – die Schüler geführt werden sollten. Der Unterricht verlief im wesentlichen wie an den Universitäten. Der lateinische Text wurde gelesen, übersetzt, dann Satz für Satz grammatisch und stilistisch analysiert, wobei der Lehrer auf wichtige, beispielhafte Stellen aufmerksam machte, die von den Schülern notiert und eingeprägt wurden. Dabei lernten die Schüler eine große Anzahl klassischer lateinischer, aber auch griechischer Literaturwerke kennen. Behandelt wurden im Lateinunterricht – Griechisch nahm die zweite Stelle ein – vor allem die Werke der als vorbildlich geltenden Autoren Cicero, Horaz, Vergil, Terenz und Caesar.

In der Bornaer Schule eignete sich Seume gründliche Kenntnisse sowohl in der lateinischen und der griechischen Sprache als auch in Geschichte, Geographie und den anderen wissenschaftlichen Fächern an, darüber hinaus sogar Grundkenntnisse in der hebräischen Sprache, so daß er schließlich sagen konnte: »Ich kam sozusagen ohne die geringste Kenntnis zu ihm (Korbinsky, E.Z.) und las doch meinen Cicero und ein leichtes griechisches Buch ziemlich geläufig, als ich nach zwei Jahren sein Haus verließ.« Auch einen Schatz an lateinischen Sprichwörtern erwarb sich Seume, von denen er später öfter welche in seine Werke einfließen ließ. Da auch sein Vater gern bei verschiedenen Gelegenheiten Sprichwörter gebraucht hatte, machte sich Seume dies ebenfalls zur Angewohnheit.

Bei weitem nicht so erfolgreich wie der Rektor bei der Wissensvermittlung und der Charakterbildung war dessen Frau bei ihren Bemühungen, Seume »fein und artig zu machen«, ihn zu Ordnung und Sauberkeit im Äußeren zu erziehen, worauf er offensichtlich weniger Wert legte.

Als Seume eines Tages erfuhr, daß es seiner Familie schlecht gehe, wollte er kurzerhand die Schule aufgeben, um mit seiner Hände Arbeit für den Unterhalt von Mutter und Geschwistern zu sorgen. Bei seinem Besuch zu Hause stellte sich aber heraus, daß alles übertrieben war. Auch Pfarrer Schmidt und der Graf von Hohenthal beruhigten ihn und versicherten, daß seine Mutter nicht Not leiden würde, so daß er ruhigen Gewissens den Schulbesuch fortsetzen konnte.

Doch allzuviel konnte er nicht mehr lernen. Da er die anderen Schüler im Wissen überragte und sich im Unterricht allmählich langweilte, wurde er verdrießlich oder übermütig und verfiel zusammen mit anderen Schülern außerhalb der Schule auf allerlei Streiche, bei denen er der Anführer war. So zündeten sie zum Beispiel im Herbst das trockene Laub an, wobei ein Waldbrand gerade noch verhindert werden konnte. Ein andermal nahmen sie einem Vogelsteller die Vögel aus den Netzen und hängten Frösche hinein. Einmal mußten sie eine Strafpredigt des Rektors über sich ergehen lassen, weil sie in seiner Abwesenheit im Schulhof mit gefundenen alten Reiterpistolen ein Scheibenschießen auf eine Aborttür veranstaltet hatten, das besonders laut war. Da Schießen innerhalb der Stadtmauern verboten war, erregte der Vorfall größeres Aufsehen.

Es wurde also höchste Zeit für Seume, die Schule zu verlassen. »Der Rektor meinte, ich würde ein Taugenichts werden, wenn ich nicht bald weiterkäme, und hatte wohl Recht. Aber ich hätte es auch in die Länge nicht mehr ausgehalten, sondern wäre ganz gewiß auf und davon gelaufen. Keine Lage ist peinlicher, als wenn der Geist Bedürfnisse hat, die nicht erfüllt werden, und doch erfüllt werden könnten und sollten. Was vorkam waren mir abgedroschene Sachen, und nur selten hatte der Rektor Zeit, sich mit mir besonders zu beschäftigen.« Deshalb bat der Rektor den Grafen von Hohenthal, Seume von der Bornaer Schule zu nehmen und ihn auf eine höhere Schule zu schicken, wo er seine Zeit besser anwenden könne.

Sein Leben lang hielt Seume das Andenken an seinen Lehrer Korbinsky hoch. Dem Sohn und Seumes späterem Studienfreund Johann Gottlob Korbinsky (1761–1813) bekannte er in einem Brief vom 13.10.1786: »... dein Vater ist der Mann, dem ich noch den größern Theil meiner jetzigen Freuden verdanke. Ich verehre den Alten als Lehrer, das ist meine Pflicht: ich liebe Ihn aber als Vater, denn er hat mein Herz gewonnen. Die Zeit in seinem Hauße ist und bleibet gewiß einer der glücklichsten Puncte in meinem Leben ... Sage deinem Vater meinen wärmsten Dank; ich werde ihn gewiß noch mit meinem letzten Odem segnen.« Auch in seiner Autobiographie sowie in einem Gedicht erinnert sich Seume seiner Schulzeit in Borna, dankte für die vielen Wohltaten, die ihm dort zuteil geworden waren, und setzte damit dem hochverehrten Rektor ein schönes Denkmal: »Das Haus dieses Mannes nebst meines Vaters Hause sind der Grund alles Guten, was ich vielleicht in meinem Charakter habe ... Der Aufenthalt bei ihm ist mir immer die schönste reinste Erinnerung gewesen und wird es immer bleiben.«

Das in Hexametern geschriebene Gedicht *Meinem theuern Lehrer, dem Rector Korbinsky in Borna* beginnt mit den Worten:

Lieber, guter, alter, verehrungswürdiger Graubart,
Nimm den Dank hier meines Herzens in dieser Epistel,

Den nur ein reines Gefühl, und nicht schön klingende Phrasen,
Froh Dir bringt für so viel mannichfaltige Wohlthat.

Dann wird Vergangenes wieder gegenwärtig:

Jetzt noch schweben auf luftigen Schwingen die goldenen Tage,
Bei Dir einst so heiter verlebt, mir im Geiste vorüber.

Obwohl das Gedicht durch manche Anspielung auf Erlebtes und auf Personen sowie durch eingestreute lateinische Sätze sehr persönlich gehalten und eigentlich nur Mitschülern Seumes bis in jede Einzelheit verständlich ist, wird die Grundstimmung – Erinnerung an eine schöne Zeit und Dank an den Lehrer – doch alle Leser ansprechen.

Auf der Nikolaischule in Leipzig (1779–1780)

Der Graf von Hohenthal entschied, daß Seume noch zwei Jahre die altehrwürdige Nikolaischule in Leipzig besuchen sollte, obwohl Seume selbst viel lieber auf die berühmte Fürstenschule Schulpforte bei Naumburg gegangen wäre, wo einst der Dichter Klopstock Schüler war und jetzt einige von Seumes Freunden lernten.

Die Nikolaischule war 1512 als städtische Bildungseinrichtung gegründet worden, und zwar gegen den heftigen Widerstand der Mitglieder des Augustiner-Chorherrenstiftes, denen die 300 Jahre ältere Thomasschule gehörte und die ihr Bildungsprivileg in Gefahr sahen. Die Schola Nicolaitana war die zweitälteste Lateinschule Leipzigs. Sie befand sich zwischen Markt und östlicher Stadtmauer neben der Nikolaikirche, deren Namen sie zwar trug, zu der sie aber keine engere Verbindung hatte. Während in der Thomasschule die Kirchenmusikausbildung im Vordergrund stand und diese Schule nach der Reformation vor allem von Jungen aus weniger bemittelten Familien besucht wurde, deshalb auch als Armenschule, Schola Pauperum, bekannt war, schickten die wohlhabenden Leipziger Bürger ihre Söhne auf die Nikolaischule. Seume hätte eigentlich die Thomasschule besuchen müssen.

In den alten Schulunterlagen der Nikolaischule ist Seumes Name in drei Büchern oder Heften mehrmals verzeichnet. Im Schülerverzeichnis findet sich auf Seite 23 unter der Nummer 161 folgende Eintragung »Johann Gottfried Seume, aus Knautkleeberg, ad aet. 17. (Alter 17, E.Z.)

Sohn eines verstorbenen Häuslers daselbst, wohnet auf der Nikolaischule selbst, kam in cl. II. d. 30. Jun: gieng nach 1 1/4 Jahr auf die Akademie, u. 3/4 Jahre hernach in alle Welt.«[2]

Seume wurde also in die 2. Klasse, die Sekunda, aufgenommen, in die vorletzte Klasse vor dem Abitur. In einem weiteren schmalen Bändchen, in dem für jedes Halbjahr alle Schüler mit Herkunftsort nach Klassen von der Prima bis zur Sexta geordnet eingetragen wurden, ist Seume dreimal unter den Secundani aufgeführt, und zwar im Oktober 1779 und zweimal im Jahr 1780.[3] Schließlich gibt es unter den Schuldokumenten noch eine Art Chronik, in der jeweils zum Frühlings- und zum Herbstexamen über die schulischen Begebenheiten des vergangenen Halbjahres berichtet wird. Seume wird darin zum Herbstexamen 1779 als Neuaufnahme in Klasse II[4] genannt und zum Frühlingsexamen 1781 als Abgang (seit Herbst 1780) aus Klasse I.[5]

Aus den Halbjahresschülerverzeichnissen ist ersichtlich, daß zu Seumes Schulzeit durchschnittlich 100 Schüler an der Nikolaischule lernten, wobei die Klassenstärke von den unteren zu den oberen Klassen hin mitunter stark abnahm. So gab es z. B. im Oktober 1779 22 Sextaner, 39 Quintaner, 17 Quartaner, 11 Tertianer, 11 Sekundaner und 5 Primaner an der Schule. Die Gesamtzahl schwankte leicht von Halbjahr zu Halbjahr durch Zu- und Abgänge besonders in den unteren Klassen.

Sein Aussehen zu Seumes Zeit und bis ins 19. Jahrhundert hatte das Schulgebäude 1597 durch einen Um- und Erweiterungsbau erhalten. In dem einfachen, dreigeschossigen Haus befanden sich nur vier Klassenzimmer für sechs Klassen, je zwei im Erdgeschoß und im zweiten Stockwerk. Der größte Raum im Erdgeschoß, das »Große Auditorium«, war gleichzeitig die Aula oder der Festsaal. Im zweiten Stock befanden sich zwischen den Klassenzimmern die Wohnzimmer der Lehrer und im gesamten ersten Stock die Wohn- und Amtsräume des Rektors. An der Außenseite des Gebäudes war neben zwei Inschriften das Stadtwappen von Leipzig als Zeichen der Oberhoheit über dem Haupteingang zu sehen.

Die Unterrichtszeit begann im Sommer um 7 Uhr, im Winter um 8 Uhr und betrug wöchentlich 30 Stunden auf Vor- und Nachmittag verteilt. Ferien gab es für die Schüler nicht. Wegen des Platzmangels wurden Primaner und Sekundaner, aber auch andere Klassen, gemeinsam unterrichtet, so daß Seume von Anfang an mit den besten Schülern, den wenigen Primanern, zusammen war und tüchtig lernen mußte, um Schritt zu halten.

Von Seumes Mitschülern ist zunächst Christian Gottlieb Haubold (1766 bis 1824) aus Dresden zu nennen, der bei Seumes Ankunft schon Primaner war und einer der besten Schüler gewesen sein muß, denn er hat während Seumes Schulzeit stets eine der Festreden in lateinischer oder deutscher Sprache zu Weihnachten und zu Pfingsten sowie bei seinem Abgang von der Schule gehalten. Er war später Professor in Leipzig und Dresden. Ein anderer Mitschüler, Heinrich Blümner (1765–1839), wurde nach seiner Habilitation bereits mit 29 Jahren Ratsherr in Leipzig und schrieb später einige Theaterstücke sowie eine *Geschichte des Theaters in Leipzig*. Auch Karl Heinrich Korbinsky (1757–1790), der älteste Sohn des Rektors der Stadtschule in Borna, war Nikolaischüler, wohnte mit Seume in einem Zimmer und war sein Mentor. Er beaufsichtigte Seumes Studien und erteilte ihm Nachhilfe in der hebräischen Sprache, welche Kenntnisse Seume seinem Mitschüler Johann Georg Christian Höpfner (1765–1827) weitergab, der allerdings später als Professor der Theologie und Orientalistik Seume auf diesem Gebiet weit übertraf. Ein weiterer zukünftiger Professor der Orientalistik in Leipzig war der acht Jahre ältere Gottlieb Immanuel Dindorf (1755–1812), »der dicke Hebräer Dindorf«, wie ihn Seume nannte, und ein Veteran unter den Schülern. Als Seume 1801 seine Korrektorenstelle bei Göschen aufgab, um nach Syrakus zu wandern, wurde einer seiner Schulkameraden, Gottfried Heinrich Schäfer (1764–1840), sein Nachfolger, bevor er Professor für klassische Philologie in Leipzig wurde. Als Letzter sei noch Peter Friedrich Ludwig Sommer (1764–1813) genannt, später Ratsherr und Stadthauptmann in Leipzig, der durch Seumes Gedicht *Meinem Freunde Sommer* in die Literaturgeschichte eingegangen ist. Ihm waren 1806 kurz hintereinander seine beiden Söhne im Alter von zehn und neun Jahren bei einer Epidemie gestorben, und Seume versuchte mit diesem Gedicht, dem früheren Schulkameraden in seiner tiefen Verzweiflung Trost zu spenden und neuen Lebensmut zu geben.

Seit Jahrhunderten waren an höheren Schulen Wissenschaftler als Lehrer und Rektoren tätig, die oftmals keine oder unzureichende pädagogische Ausbildung hatten und sich deshalb als Lehrer und Erzieher, als Ratgeber und Freunde ihrer Schüler nicht immer eigneten, sondern lediglich als Autoritätsperson und Wissensvermittler auftraten. Von ihnen wurde vielmehr erwartet, daß sie sich neben ihrem Lehramt vor allem der wissenschaftlichen Tätigkeit widmeten und Bücher, besonders Lehrbücher, verfaßten oder herausgaben. Mancher hat sich auf seinem Fachgebiet einen guten Ruf erworben. Zuweilen übten sie daneben noch eine Lehrtätigkeit an der Universität aus oder wechselten dahin über. Ein solcher Mann war auch der Rektor der Nikolaischule Georg Heinrich Martini (1722–1794). Er war als Altertumskundler mehr Wissenschaftler als Pädagoge und leitete die Nikolaischule seit 1775 als Nachfolger von Johann Jakob Reiske (1716–1774), dem ersten bedeutenden Arabisten in Deutschland.

Seume wohnte zwar in der Nikolaikirche beim Rektor, er hatte aber zu diesem weder im Unterricht noch außerhalb des Unterrichts ein gutes Verhältnis. Ihm gefiel die Lehrmethode des Rektors nicht und diesem nicht die Lernweise Seumes. Während der Rektor von allen Schülern eine schriftliche Vorbereitung auf den Unterricht verlangte, zog es Seume vor, sich mündlich zu präparieren, da er sich immer auf sein gutes Gedächtnis verlassen konnte. Dadurch blieben Zusammenstöße zwischen den beiden Dickschädeln nicht aus. Schließlich mußte Martini, wenn auch widerwillig, anerkennen, daß Seume genauso gut vorbereitet war wie die anderen Schüler mit ihren Präparierzetteln.

Auch die seltsame Angewohnheit des Rektors, die Schüler statt mit »Sie« mit »wir« oder »man« anzureden, mißfiel Seume wie allen anderen Schülern und konnte zu lächerlichen Situationen führen, da die Anrede »wir« nicht nur den Angesprochenen, sondern auch den Ansprechenden einbezieht. Seume erinnerte sich, daß der Rektor einmal zu einem Schüler »Wir sind ein Esel« sagte und daß dieser entgegnete: »Ich meinerseits protestiere«, worauf die ganze Klasse in brüllendes Gelächter ausbrach. Für die unangenehmen Seiten wurden die Schüler durch den Unterricht im Griechischen bei dem jungen Konrektor Gottlieb Samuel Forbiger (1751–1828) entschädigt, der den Schülern methodisch geschickt gründliche Kenntnisse in dieser schweren Sprache vermittelte.

Seume war also beim Rektor »in Wohnung und Kost und Holz verdungen«. Die Kost, die nicht an einer gemeinsamen Tafel wie in Borna eingenommen, sondern von einer Magd auf die Zimmer im Dachgeschoß gebracht wurde, war gut. Das Holz aber war der Hauptstreitpunkt zwischen dem Rektor und den bei ihm wohnenden Schülern. Da diese für das Holz ziemlich viel Geld bezahlten, aber sehr wenig zugeteilt bekamen, besorgten sie sich aus dem Vorrat des Rektors selbst mehr davon, das ihnen der Rektor stets wieder wegholte und verschloß. In welches Versteck er das Holz aber auch brachte, immer gelang es dem kleinen Seume, dort einzudringen und sich und den anderen heimlich mehr Holz zu beschaffen, so daß sie in ihren Dachkammern nicht allzusehr frieren mußten. Ebensowenig gestattete des Rektors Geiz, daß die Unterrichtsräume ausreichend beheizt wurden.

Wenn Seume in seiner Lebensbeschreibung im Zusammenhang mit dem Holzdiebstahl »trotz der Ehrlichkeit meines Wesens« von »Diebsneigung meiner Natur in solchen Kleinigkeiten« schreibt, so sollte das nicht überbewertet und etwa als früher krimineller Charakterzug angesehen werden, sondern es handelte sich lediglich um Naschereien und Mundraub in Speisekammer, Garten oder Feld, wie sie wohl jeder in seiner Kindheit und Jugend begangen hat. Als Seume nach häufigen Strafpredigten und körperlichen Züchtigungen sowie mit zunehmendem Alter »das Unstatthafte der Unart« einsah, gewöhnte er sich dies allmählich ab. Auch Seumes »Talent zu schlafen«, zuweilen bis spät in den Vormittag hinein, weil ihn die Wanzen kaum vor Mitternacht einschlafen ließen, mißfiel dem Rektor. Als dieser deshalb eines Morgens mit Kreide an Seumes Kammertür den lateinischen Satz »Sex septemve horas dormisse sat est juvenique senique« (Sechs oder sieben Stunden Schlaf sind genug für Junge und Alte) geschrieben hatte, änderte Seume den Anfang in »Sex septemque horas« (Sechs und sieben Stunden), so daß der Rektor verdutzt ausrief: »Ei, seht doch die Variante, nicht übel, gar nicht übel für Faulenzer, wie wir sind«, wobei er natürlich nur Seume meinte. Innerlich mußte er wohl zugeben, daß der Faulenzer Seume den Mann der Wissenschaft überlistet hatte. Und schließlich zeigte der Vorfall, daß Seume schon als Schüler die Fähigkeit besaß, mit jeder Situation, besonders mit einer unangenehmen, fertig zu werden und das Beste daraus zu machen. Offensichtlich zeigt sich darin eine – wahrscheinlich als väterliches Erbteil – angeborene Bauernschlauheit, verbunden mit intellektuellem Scharfsinn und Witz.

Obwohl Rektor Martini bei seinen Schülern mehr auf Äußerlichkeiten und formale Dinge als auf die charakterliche Entwicklung achtete, hat er

doch Seumes Wesensart recht gut erkannt und mit seiner Einschätzung, die Seume in seiner Autobiographie wiedergibt, den Nagel auf den Kopf getroffen: »Gegen mein Wesen im ganzen hatte nun der Rektor nicht viel, aber desto mehr im einzelnen gegen Kleinigkeiten, die ich sehr ungeschmeidig nach meinem und nicht nach seinem Sinne tat. ›Wir sind nun wohl ziemlich fleißig‹, sagte er dann und wann, ›und es fehlt uns nicht an Talenten, die uns der Himmel gegeben; aber wir sind doch entsetzlich eigensinnig und hartnäckig und wollen immer mit dem Kopfe durch die Wand. Wir werden doch die Welt und ihre Formen nicht anders machen; das wollen wir nur glauben.‹ Da hatte nun der alte Herr ganz recht, und sprach sich und mir und der Welt zugleich das Urteil: denn er richtete sich so sehr nach der Form, daß fast das Wesen darüber verlorenging.«
Die Welt wollte Seume nicht gleich verändern, sondern sich erst so viel Wissen wie möglich aneignen, und das tat er mit großem Fleiß. »Das Studieren war mir Bedürfnis«, urteilte er selbst. Besonders zog es ihn zu den Sprachen und zur Literatur, was sich bereits in der Stadtschule Borna gezeigt hatte. Daß im Unterricht bei Herrn Martini »auch gedichtet oder vielmehr nur geverselt« wurde, kam Seumes Neigung entgegen, schließlich gehörten die Grundlagen der Verslehre mit Übungen zum Unterrichtsstoff. Die Schüler hatten die Aufgabe, einige vom Lehrer in Prosa umgeschriebene Verse wieder in Versform zurückzuverwandeln, wobei Seume, dem das zu leicht war, oftmals im Übermut die ursprüngliche Dichtung durch eigene Varianten veränderte und, nachdem er das Unterrichtspensum erledigt hatte, selbst Verse schrieb, und das nicht nur in deutscher oder lateinischer, sondern auch in griechischer Sprache. Die deutschen Verse fielen aber nach seiner Meinung »alle sehr hart und holperig aus«, was man auch bei vielen seiner späteren Gedichte feststellen kann. Er beneidete die Mitschüler, deren dichterische Sprache glatter als die seine war. Seumes eigene Versuche wurden jedoch vom Rektor mißbilligt oder ignoriert.

Neben der Schullektüre las Seume viele andere literarische Werke, und zwar ziemlich alles, was ihm in die Hände fiel, kaum Gedichte und Romane, vielmehr antike griechische und römische Autoren in den Originalsprachen, die er zunehmend besser beherrschte. Da diese Werke voller sprichwortartiger Sentenzen und Lebensweisheiten sind, prägte er sich diese ein wie früher biblische Sprüche. Diese Vorliebe für die Antike zeigt sich in seinen späteren Werken an zahlreichen Stellen.

Aber auch zeitgenössische Literatur las er, darunter zwei Bücher, die damals beispiellose Publikumserfolge waren. Das war der 1774 erschienene und in ganz Europa Aufsehen erregende Briefroman *Die Leiden des jungen Werthers* von Goethe, der wegen seiner kritischen Auseinandersetzung mit den gesellschaftlichen Zuständen seiner Zeit hochgelobt, aber auch scharf verurteilt und in manchen Gegenden Deutschlands, auch in Leipzig, verboten wurde. Das Buch beschäftigte Seume zunächst ziemlich stark, es hinterließ bei ihm aber nicht die Wirkung wie bei zahlreichen jüngeren Zeitgenossen, da er die dargestellten dumpfen, das Streben junger Leute hemmenden feudalen Zustände sowie die beschriebenen Gefühle noch nicht aus eigener Erfahrung kannte.

Das zweite Buch war der äußerst beliebte, heute vergessene, übertrieben empfindsame Roman *Siegwart. Eine Klostergeschichte* von Johann Martin Miller (1750–1814), ein Bestseller der Trivialliteratur, der 1776 als schlechte Nachahmung von Goethes *Werther* erschienen war. Beide Geschichten einer unerfüllten Liebe sind zwar aus dem Geist der Zeit, der Zeit der schwärmerischen Empfindsamkeit, heraus entstanden, zielen aber in entgegengesetzte Richtungen. So wie seichte Literatur zu allen Zeiten von einem großen Publikum weit mehr als gute Literatur gekauft, ausgeliehen und kritiklos verschlungen wird, so hat auch Seume den *Siegwart* in einem Zug gelesen. Schnell wurde aber sein kritischer Geist wach, und er urteilte treffend: »Die erste Wirkung war auf die Phantasie gewaltig; als ich aber prüfte, fand ich schon damals alles zu sehr Spielwerk und Tändelei der Einbildungskraft, die des Menschen bessere Zeit ohne Nutzen in Beschlag nimmt. Nur das Wirkliche fing an mich zu interessieren. Warum sollen wir mit solchen leeren Dichtungen ins Blaue hinaus greifen? Ohne mich auf den Wert dieser Dichtungsart einzulassen, kehrte ich von der Konfektnäscherei immer sogleich zu der echt nährenden gediegenen Diät der Geschichte zurück.«

Die Neigung zur Natur und zu allem Natürlichen und die Abneigung gegen Gekünsteltes und Überflüssiges zeigte sich auch in Seumes anspruchsloser Lebensführung, in Kleidung, Essen, Trinken und vielen Gewohnheiten. »Das Einfachste war mir immer das Liebste; ein gutes Butterbrot und reines Wasser mein bester Genuß« – das war sein Standpunkt.

Ein Stipendium von zehn Talern, das ihm der Graf von Hohenthal gewährte, ermöglichte es Seume, für den das »eine ungeheuere Summe« war, noch mehr für Obst und Bücher auszugeben und vor allem ins Theater zu gehen. Das erste Stück, das er sah, war *Ariadne auf Naxos,* ein Melodram von Georg Benda (1721–1795), von dessen Musik Seume so begeistert war, daß Theaterbesuche eine wahre Leidenschaft wurden. Zum Stipendium meinte der Rektor: »Wir haben zwar Talente und sind nicht müßig, aber unsere Sitten haben diese Belohnung kaum verdient.« Seumes angeblich schlechte Sitten bestanden in den Augen des Rektors vermutlich darin, daß er sich gegen Ungerechtigkeiten wehrte, sich aber auch Eigenmächtigkeiten erlaubte, wie ein Besuch im sächsischen Militärlager bei Schönau westlich von Leipzig zeigte. Da sich Seume stark für Militärisches interessierte und zudem ein Cousin als Dragoner an diesem Lager teilnahm, erlaubte ihm der Rektor den Besuch für einen Nachmittag. Dort traf er auch den Grafen von Hohenthal, der sich über Seumes Interesse freute und ihm gestattete, über Nacht im Lager zu bleiben, um das Manöver am nächsten Tag anzuschauen, obwohl nur der Rektor dies hätte erlauben können. Seume machte zwei Übernachtungen daraus, was den Unwillen des Rektors erregte. Obwohl Seume einsah, unrecht gehandelt zu haben, und sein Vergehen durch größeren Fleiß wiedergutmachen wollte, besserte sich sein Verhältnis zu Martini nicht, es verschlechterte sich noch gegen Ende der Schulzeit. »Die gegenseitige Unzufriedenheit zwischen mir und dem Rektor stieg immer höher«, gestand Seume. »Ich ging durchaus nicht seinen Weg; und er wollte mich den meinigen nicht gehen lassen. Moralische Fehler, außer etwas Geiz, habe ich an dem Manne nicht wahrgenommen; aber desto mehr Grillen und psychologisch pädagogische Irrtümer und Schwachheiten.«
Diese gegenseitige Abneigung ließ in Seume den Wunsch aufkommen, den Grafen von Hohenthal zu bitten, ihn für den Rest der Schulzeit an eine der zwei Fürstenschulen, Grimma oder Schulpforte, zu schicken. Diesen Wunsch hatte auch der Rektor. Den letzten Anstoß gab ein Vorfall im Unterricht, eine Kleinigkeit, die nicht der Aufregung wert gewesen wäre. Es sollte eine griechische Verbform bestimmt werden, und der ohnehin gereizte Rektor forderte Seume, den er unaufmerksam glaubte, zur Antwort auf, die dieser richtig gab, die aber der Rektor für teilweise falsch erklärte. Da Seume daraufhin in einer griechischen Grammatik

nachschlug, um zu beweisen, daß seine Antwort richtig war und der Rektor sich irrte, wurde dieser wütend, sah sich das betreffende Wort nochmals an und erkannte wohl seinen Irrtum, den er vor der Klasse nicht zugab, sondern erst mit Umschweifen in einer nachfolgenden Aussprache mit Seume.

Es war aber zu spät für eine Versöhnung, die Fronten waren zu sehr verhärtet, Seume wollte und sollte gehen. Bevor er aber im Oktober 1780 die Schule wechselte, schickte ihn der Graf zu zwei Leipziger Theologieprofessoren, Samuel Friedrich Nathanael Morus (1736–1792) und Johann August Wolf (1750–1809), die seine Kenntnisse prüfen sollten und die ihm überraschenderweise die Universitätsreife bescheinigten, so daß er auf Wunsch und mit Unterstützung des Grafen sogleich das Studium der Theologie an der Universität Leipzig aufnehmen konnte. »Und so war ich denn«, meint Seume, »in einer Zeit von ungefähr drei Jahren ein wilder unwissender Landjunge, ein gänzlicher Analphabete, und Leipziger Student; das ging freilich ein wenig rasch ... Martini entließ mich mit Kälte und Würde, ohne jetzt weitere Empfindlichkeit zu äußern.«

Obwohl Martini Seumes Begabung erkannt hatte, konnte er nicht ahnen, was für ein europaweit berühmter Mann aus seinem widerspenstigen Schüler einmal werden sollte, und er hat es leider auch nie erfahren. Denn als er 1794 mit 72 Jahren starb, war Seume zwar schon in Amerika gewesen, nach seinem zweiten Studium Magister geworden und russischer Leutnant in Warschau, aber ansonsten noch völlig unbekannt. Erst zwei Jahre nach Martinis Tod wurde Seumes erstes schriftstellerisches Werk gedruckt. Rektor Martini hat durch die Autobiographie seines Schülers Seume einen Platz in der deutschen Literatur erhalten, den er vielleicht sonst nicht bekommen hätte, so daß sich noch heute die Leser an den Auseinandersetzungen dieser beiden Dickschädel ergötzen können.

Student in Leipzig (1780–1781)

»Hier, meine Teuren, wünschte ich einst meine Jugend zuzubringen; hierher gingen vor mehreren Jahren meine Gedanken. Hier wollte ich mich zur Aufsuchung der Wahrheit vorbereiten, nach welcher mein Herz von der frühesten Jugend an sich sehnte.«[6] Dies schrieb der russische

Schriftsteller und Historiker Nikolai Michailowitsch Karamsin (1766 bis 1826) über Leipzig, als er vom Mai 1789 bis zum September 1790 eine Bildungsreise durch Westeuropa machte und sich im Juli 1789 einige Tage in der sächsischen Messestadt aufhielt, die auf ihn einen sehr guten Eindruck machte.

In seinen Reisebriefen heißt es weiter: »Die eigentliche Stadt ist gar nicht groß; aber mit den Vorstädten, die auch mehrere Gärten enthalten, nimmt sie einen ziemlichen Bezirk ein. Die Lage Leipzigs ist nicht so malerisch wie die von Dresden; denn es liegt mitten in einer großen Ebene. Da aber diese Ebene sehr gut bestellt und mit Feldern, Gärten, Lustwäldern und Dörfern, in zierlicher Abwechslung, bedeckt ist, so findet das Auge mannigfaltige Veränderungen und ermüdet nicht leicht ... Noch habe ich in Deutschland keine so volkreiche Stadt gesehen wie Leipzig. Der Handel und die Universität locken eine Menge Fremde hierher ... Man sagt, daß der Aufenthalt in Leipzig sehr angenehm ist, und ich glaube es. Einige der hiesigen reichen Kaufleute geben oft Diners, Soupers, Bälle und so weiter ... Außerdem gibt es noch besondere gelehrte Gesellschaften oder Klubs; da unterhält man sich von gelehrten und politischen Neuigkeiten, beurteilt Bücher und so weiter. Auch ist ein Theater hier.«[7] Auch auf die Buchhändler kommt Karamsin zu sprechen: »Fast auf jeder Straße findet man mehrere Buchladen, und doch werden die Leipziger Buchhändler reich, worüber ich mich wundere ... Aus ganz Deutschland versammeln sich hier die Buchhändler auf den Messen, deren jährlich drei gehalten werden, nämlich zum Neujahr, zu Ostern und zu Michaelis, um ihre neuen Verlagsartikel miteinander zu tauschen. Für ehrlos werden diejenigen unter ihnen gehalten, die in ihren Druckereien fremde Bücher nachdrucken und dadurch den rechtmäßigen Verlegern, die das Manuskript von dem Verfasser kauften, Schaden verursachen. Deutschland, wo der Buchhandel so wichtig ist, bedarf über diesen Punkt besonderer und strenger Gesetze.«[8]

Das geschäftige Leben in dieser bevölkerungsreichen Stadt, das vor allem von den Messen, von Kaufleuten und Studenten geprägt war, hatte Seume schon als Kind bei gelegentlichen Besuchen mit dem Vater kennengelernt und dann als Nikolaischüler. Etwa 30000 Einwohner lebten hier auf engem Raum, auf der verhältnismäßig kleinen Fläche von ca. 1,5 mal 1 km, der heutigen Innenstadt, in deren Mittelpunkt sich der Markt mit dem herrlichen Renaissance-Rathaus, prächtige Bürgerhäuser und große Handelshöfe befanden. Durch seine günstige Lage am Schnittpunkt zweier wichtiger Handelsstraßen, durch die jährlichen Messen und den immensen Fleiß seiner kunstliebenden Bürger war die Stadt zu einem der bedeutendsten und reichsten Zentren des Handels, des Buchgewerbes, der Musik und der Wissenschaften in Deutschland und Europa geworden und hatte viele berühmte Persönlichkeiten angezogen: den Minnesänger Heinrich von Morungen, der 1222 hier starb, Gottfried Wilhelm Leibniz, Christian Thomasius, Johann Sebastian Bach und viele andere.

Die 1409 gegründete Universität befand sich im südöstlichen Teil der Stadt und war eine autonome Einrichtung mit einer Selbstverwaltung, einer eigenen Gerichtsbarkeit und dem Recht, ihre Professoren selbst zu berufen und ihre Rektoren selbst zu wählen. Allerdings hatte das dazu geführt, daß sich einige Professorendynastien mit ausgesprochen konservativer Einstellung herausbilden konnten, die das Klima an der Universität bestimmten und fortschrittliche Lehrmeinungen unterdrückten. Hier studierten etwa 700 Studenten. Im 17. und 18. Jahrhundert lehrte eine Reihe bedeutender Professoren, von denen der Rechtsgelehrte Christian Thomasius (1655–1728), der als erster 1687 Vorlesungen in deutscher Sprache hielt, Johann Christoph Gottsched (1700–1766), Professor für Literatur und Reformator der deutschen Sprache und des deutschen Theaters, sowie der populäre Fabeldichter und Professor für Poesie, Christian Fürchtegott Gellert (1715–1769), die berühmtesten waren.

Von den als Schriftsteller berühmt gewordenen Studenten der Leipziger Universität seien Ulrich von Hutten, der Barockdichter Paul Fleming, Christian Reuter, Johann Christian Günther, Friedrich Gottlieb Klopstock, Gotthold Ephraim Lessing und Johann Wolfgang Goethe genannt. Auch der russische revolutionäre Adelige und Schriftsteller Alexander Radischtschew (1749–1802), der 1790 wegen seines gesellschaftskritischen Werkes *Reise von Petersburg nach Moskau* den Zorn der Zarin Katharina II. erregte und zu zehn Jahren Verbannung verurteilt wurde, studierte von 1766 bis 1771 in Leipzig. Und im Jahre 1781, als Seume Leipzig verließ, nahm der später sehr erfolgreiche Schriftsteller Jean Paul (1763–1825) das Theologiestudium hier auf.

Unter den damals in Leipzig wohnenden Schriftstellern war der aus Annaberg stammende Christian Felix Weiße (1726–1804) der bekannteste. Er hatte in Leipzig studiert und Lessing und Gellert kennengelernt, war ab 1761 Kreissteuereinnehmer und kaufte 1790 das Gut Stötteritz, wo er auch starb. Seine zahlreichen volkstümlichen Lust- und Singspiele waren sehr beliebt und richteten sich gegen die Vorherrschaft der italienischen Oper auf deutschen Bühnen. Als Herausgeber der Zeitschrift *Der Kinderfreund* und als Lyriker mit seinen *Kleinen Liedern für Kinder* wurde er zum Begründer der Kinder- und Jugendliteratur in Deutschland. Außerdem förderte er junge Schriftsteller. Auch Seume hatte ihm einiges zu verdanken.

Die vielen namhaften Buchhändler und Verleger, die in Leipzig ansässig waren, hatten die Stadt im Laufe der Jahrhunderte – 1481 wurden hier die ersten Bücher gedruckt – zur bedeutendsten deutschen Buchstadt gemacht. Verleger wie Philipp Erasmus Reich, Gottlob Immanuel Breitkopf, Siegfried Leberecht Crusius, Georg Joachim Göschen, Friedrich Arnold Brockhaus, Benedictus Gotthelf Teubner und Anton Philipp Reclam haben sich große Verdienste erworben und besitzen noch heute einen guten Namen. Mit einem von ihnen sollte Seume einige Jahre später geschäftlichen Kontakt aufnehmen, woraus eine freundschaftliche Beziehung wurde – mit Georg Joachim Göschen (1752–1828). Im Herbst 1780, als Seume die Nikolaischule verließ, um zu studieren, war der aus Bremen stammende Göschen schon zehn Jahre lang als Buchhändler in der Buchhandlung von Siegfried Leberecht Crusius in Leipzig angestellt. Die erste Begegnung zwischen Göschen und Seume fand 1787 statt. Es ist jedoch möglich, daß Seume als Nikolaischüler oder Student beim Bücherkauf auch die Crusiussche Buchhandlung im Paulinum in der heutigen Universitätsstraße aufgesucht und Göschen dort gesehen hat. Der war damals noch ein unbekannter Angestellter und erwarb sich erst nach der Gründung einer eigenen Verlagsbuchhandlung im Jahre 1785 einen Namen.

Nach dem Willen des Grafen von Hohenthal sollte Seume an der Universität Leipzig Theologie studieren, um Pfarrer zu werden. Ob er dazu auch Neigung hatte, wurde er nicht gefragt. Für begabte junge Menschen aus den unteren Volksschichten, deren Eltern zumeist Bauern oder Tagelöhner waren, bot das Theologiestudium neben dem Soldatenberuf die einzige Möglichkeit eines Aufstiegs aus sozialer Not. Solche jungen Leute wurden meist von reichen Mäzenen gefördert, die oftmals die

Grundherren der Eltern und daran interessiert waren, daß der junge Mann als Pfarrer wieder auf die Grundherrschaft zurückkam, so wie es mit Seume auch geplant war. Damit hätte er sicher sein Leben lang ein gutes Auskommen gehabt und seiner Mutter eine Freude gemacht. Sicher wäre er dann aber nicht der kritische Schriftsteller und berühmte Wanderer geworden.

Gehörten die Studenten im allgemeinen zu den ärmeren Teilen der Bevölkerung, so war das bei den Theologiestudenten erst recht der Fall. Sie waren auf die geringe finanzielle Unterstützung ihres Förderers, auf Freitische und billige, das heißt schlechte Quartiere mit oft miserablen hygienischen Bedingungen angewiesen. Nicht nur die verbreitete Armut unter den Studenten, auch fehlende Motivation – viele hatten das Theologiestudium nur gezwungenermaßen aufgenommen – und eine mangelhafte, zu kurze und wenig praxisorientierte Ausbildung beeinträchtigten das Studium und führten zu Unzufriedenheit. Zudem wurden aufgeschlossene, kritisch denkende Studenten von der starren orthodoxen Haltung der Theologieprofessoren und deren Feindschaft gegenüber aufklärerischen Ideen abgestoßen.

Seume wurde am 9. Oktober 1780 immatrikuliert (Matrikel-Nr. 190). Er merkte gleich zu Beginn des Studiums, daß er vor allem in den Sprachen Latein, Griechisch und Hebräisch »durch eigenen sehr hartnäckigen Fleiß« viel nachzuholen hatte. Im Gegensatz zum früheren sprunghaften und bruchstückhaften Lesen der antiken Literaturwerke ging er jetzt systematisch vor, wobei es ihm darauf ankam, den geistigen Gehalt eines Werkes und nicht unbedingt jede grammatische Kleinigkeit zu erfassen. Er wollte die Literatur genießend aufnehmen und nicht für linguistische Untersuchungen benutzen.

Da Seume in der hebräischen Sprache am meisten nachzuholen hatte, arbeitete er in diesem Fach besonders intensiv, hörte viele Vorlesungen bei dem Orientalisten Johann August Dathe (1731–1791) und lernte Stellen aus dem Alten Testament auswendig, nicht wegen des biblischen Geistes, sondern als Aneignung von Wissen und als Gedächtnistraining. Allerdings gesteht er auch, daß dies nicht lange anhielt und er »seit 1780 kaum wieder eine hebräische Zeile gelesen« und das meiste wieder vergessen hat.

Viel mehr begeisterten ihn die griechischen und lateinischen Schriftsteller, über die er bei Professor Morus hörte, dessen Vorlesungen über Tacitus die besten von allen Kollegien waren und dessen Methode genau mit Seumes Absicht zusammentraf: Kein philologischer Kleinkram, sondern kurze, treffende und dabei meisterhafte Übersetzung und Auslegung ohne weitschweifige Erklärungen. Latein und Griechisch, »Sprachen von großer Schönheit und schwerem logischen Gerüst, deren Erlernung Respekt auch vor der Muttersprache einflößen könnte, zum Ernstnehmen eines Fehlers, zu gründlichem Lesen, zur Konzentration erzieht«[9], spielten in Seumes Leben und in seinen Werken immer eine besondere Rolle. Vor allem die Griechen hatten es ihm angetan, »weil mich ihr Geist besser ansprach«. »Oft pflegte ich und pflege noch jetzt halb im Scherz halb im Ernst zu sagen: Was ich Gutes an und in mir habe, verdanke ich meiner Mutter und dem Griechischen.« Dieses Bekenntnis gegen Ende seines Lebens zeigt, welche Bedeutung Seume der griechischen Antike bei der Formung seines Charakters und seiner Anschauungen beigemessen hat. Tatsächlich hat sich Seume sein Leben lang mit der griechischen Sprache, mit griechischer Literatur, Geschichte und Philosophie beschäftigt, aber nicht als Philologe oder Literat, sondern er nährte sich von dem griechischen Geist zu seiner eigenen Stärkung. Dieses wertvolle klassische Bildungsgut und seine Vorliebe dafür verdankte er der hervorragenden Ausbildung an den sächsischen Schulen der Aufklärung, deren Zentrum Leipzig war.

Aus der Enge und dem Trubel der Stadt zog es Seume immer wieder hinaus in die schöne Natur außerhalb der Stadtmauern, zu der auf den zugeschütteten Festungsgräben angelegten Ringpromenade mit ihren Alleen und Gärten, in die Park- und Auenlandschaft nordwestlich der Stadt, in das Rosental und an die Ufer von Parthe und Elster, um im Sommer in einem Fluß zu baden oder unter einem Busch oder Baum in seinen Büchern zu lesen, wie er das schon als Nikolaischüler getan hatte. Der Aufenthalt in der freien Natur war ihm lebenslang Bedürfnis, ein Stubengelehrter wollte er nie sein.

Mit seinem Stipendium von fünf Talern im Monat, das ihm der Graf von Hohenthal gewährte – Goethe erhielt von seinem Vater etwa fünfmal so viel –, mußte Seume zwar sehr sparsam umgehen und seine Ausgaben auf Verlangen des Grafen aufschreiben, aber da er recht anspruchslos war, fiel ihm das nicht schwer. Den größten Teil des Geldes gab er für seine Theaterleidenschaft aus, um in den Genuß großer Schauspiele und deren Sprache zu kommen. Von dieser »verdammten Theaterepidemie« kam er auch später nicht los, und auf seinen Wanderungen besuchte er Aufführungen, sooft es ihm möglich war. Auch einige Schriften über das Theater, über Schauspieler und die Schauspielkunst (*Ein Wort an Schauspieler, Über das Leipziger Theater, Kleines Hermäon für den Hanswurst*) stammen aus seiner Feder.

In den ersten Monaten des Studiums benötigte Seume eine Menge Bücher, so daß das Büchergeld, das er vom Grafen von Hohenthal erhalten hatte, bald ausgegeben war und er seinen Gönner untertänigst um einen weiteren Zuschuß bitten mußte, den dieser wohl auch gewährte. Wie dies einem Mäzen gegenüber üblich und geboten war, pries Seume dafür in seinen Briefen an den Grafen dessen Güte und Wohltätigkeit mit überschwenglichen Worten und versicherte ihn seiner lebenslangen Dankbarkeit.

Neben den für das Studium notwendigen Büchern las Seume auch andere wissenschaftliche Werke, sei es als Zusatzliteratur, sei es, daß er sich daraus Antwort auf weltanschauliche Fragen erhoffte. Zu den Büchern, die ihm in die Hände fielen oder er ihnen, wie er meinte, gehörten Werke von Bayle, Shaftesbury und Bolingbroke. Diese politischen Schriftsteller, Religionskritiker und Philosophen der Aufklärung zählen zu den bedeutendsten skeptischen Philosophen des 17. und 18. Jahrhunderts und beeinflußten viele Denker in Europa.

Der Franzose Pierre Bayle (1647–1706), ein Vorkämpfer der Philosophie des gesunden Menschenverstandes, hielt es für dringend notwendig, alle bisherigen menschlichen Erkenntnisse kritisch zu untersuchen und der menschlichen Vernunft zum Durchbruch zu verhelfen. In seinem Hauptwerk *Historisches und kritisches Wörterbuch* trat er gegen Aberglauben, religiöse Vorurteile sowie Intoleranz auf und verteidigte die Atheisten als ebenso ehrbare Menschen wie Christen.

Die beiden englischen Philosophen Anthony Ashley Cooper, Earl of Shaftesbury (1671–1713), und Henry Saint John Lord Bolingbroke (1678 bis 1751) waren wie Bayle Anhänger des Deismus, einer Lehre, nach der Gott die Welt zwar geschaffen, aber danach nicht mehr eingegriffen, sondern sie dem Wirken der Menschen überlassen hat; religiöse Wunder und Offenbarungen wurden abgelehnt. Bolingbrokes Werk *Briefe über das Studium und den Nutzen der Geschichte* stellt einen scharfen Angriff auf das Christentum dar und wurde als höchst gefährlich für Religion, Moral und Staat von einer Jury in England öffentlich verdammt. Besonders Shaftesbury, dessen *Philosophische Werke* 1776 bis 1779 auch in Deutschland erschienen, wirkte mit seiner ästhetischen und ethischen Lehre von der Einheit des Schönen und Guten, von Kunst und Moral nachhaltig auf die Vertreter der deutschen Klassik. Da dem Menschen ein moralischer Sinn angeboren ist, hielt er die christliche Tugendlehre, die auf das Jenseits weist und von den irdischen Aufgaben ablenkt, für überflüssig. Für Lessing war er der gefährlichste Feind der Religion.

Neben der Lektüre dieser religions- und geschichtskritischen Autoren hörte Seume öfter die »ketzerischen« Predigten des aus der Schweiz stammenden Predigers Georg Joachim Zollikofer (1730–1788) an der reformierten Gemeinde in Leipzig sowie Gespräche von befreundeten Mitstudenten über Lessings *Wolfenbütteler Fragmente*. Das waren nachgelassene Schriften des Theologen Hermann Samuel Reimarus (1694 bis 1768), in denen er äußerst scharf, aber von einem engstirnigen und radikalen und deshalb mit vielen Irrtümern behafteten Standpunkt aus gegen die christliche Offenbarung vorging und sowohl das Alte als auch das Neue Testament, besonders die Auferstehungsgeschichte, als ein Werk der Lüge und der Täuschung durch die Apostel und die Geistlichkeit verurteilte. Als Bibliothekar des Herzogs von Braunschweig in Wolfenbüttel gab Lessing Teile dieser Schriften 1774 und 1777 in den *Wolfenbütteler Beiträgen* zusammen mit einem Kommentar heraus, um eine wissenschaftliche Diskussion über Religionsfragen anzuregen, was ihm eine Menge feindseliger Angriffe einbrachte.

Man kann sich leicht denken, welche Wirkung solcherart »ketzerische« Bücher und Meinungen auf einen jungen Menschen von achtzehn Jahren haben mußte, der zwar von Haus aus im christlichen Glauben, aber auch zu kritischem Denken erzogen wurde, der sich durch eigene Überlegungen allmählich von der strenggläubigen Bibelauslegung seiner Schulzeit entfernt hatte und die Kirchendogmen zunehmend ungläubig betrachtete: »Die Kirchenformel und meine ehemalige echt orthodoxe Exegese hielten mich nur noch an sehr schwachen Fäden.« Nun aber, da er in seinem »eigenen skeptischen Ideengang« bestärkt wurde, gärte es in ihm noch heftiger, und es kam zu einem starken Konflikt in Glaubensfragen, den er nach außen zu verbergen wußte, der aber früher oder später aufbrechen mußte.

Pfarrer Schmidt in Knauthain hatte von Seumes »unfrommem« Lebenswandel erfahren. In einer Aussprache tadelte er ihn heftig, vor allem weil er nur selten den Gottesdienst besuchte und häufiger zu Zollikofer ging, weil er im Freien badete und sich freimütig über die Lehren der Kirche äußerte. Das waren Vorwürfe, die einem vernünftig denkenden Menschen lächerlich und kleinlich vorkommen mußten, aber nicht dem fanatisch orthodoxen Kirchenmann, der wohl dem jungen Seume väterlich-freundschaftlich verbunden war, aber in religiösen Dingen keinerlei Abweichungen und Freiheiten duldete. Seume ließ die Strafpredigt über sich ergehen, äußerte sich zu den Vorwürfen nicht, weder verteidigte er sich, noch zeigte er Reue oder gelobte Besserung, und auch Schmidts Drohung, daß der Graf ihm die finanzielle Unterstützung entziehen könnte, nützte nichts, denn er war sich keiner Schuld bewußt. Er war nur froh, daß nicht auch seine Theaterleidenschaft zur Sprache kam, für die er doch den größten Teil des Stipendiums ausgab. Einzig ein Hinweis auf seine Mutter hätte bei Seume vielleicht etwas bewirken können, aber der kam nicht. Was hätte Seume auch ändern sollen? Den Vorwurf der freimütigen Äußerung über Glaubensdinge hielt er für ungerechtfertigt. Er hatte offen über einiges gesprochen, aber niemals »über etwas gespottet ..., das einem andern ehrwürdig und heilig war«. Ihm war »jeder Volksglaube heilig, der einem ehrlichen Manne Beruhigung gewährt, und sollte er der Philosophie (d. h. der Vernunft, E. Z.) noch so empfindliche Nasenstüber geben«.

Bald danach konnte Seume den erregten Pfarrer wieder versöhnlich stimmen, als er ihn bat, eine Predigt in seinem Heimatort halten zu dürfen. Herr Schmidt war einverstanden, sah nur kurz das Manuskript durch und verließ sich ansonsten auf Seumes Geschick. Dieser hielt die Predigt mit Erfolg in Knauthain und in Rehbach, einem Dorf nordwestlich von Knauthain, und alles schien wieder in Ordnung zu sein. Nach Seumes Erinnerung stammte das Motto der Predigt aus dem Werk *Institutio oratoria* (Unterweisung in der Redekunst) des römischen Redners und Lehrers der Rhetorik Marcus Fabius Quintilianus und lautete »Pectus est quod facit disertos« (wörtlich: Die Brust ist es, die redegewandt macht), was soviel bedeutet wie: Das Herz macht einen guten Redner, oder anders ausgedrückt: Ein guter Redner muß auf die Herzen der Zuhörer wirken. Es verwundert, daß Pfarrer Schmidt das Thema genehmigte, da es keinem Bibelwort folgte, sondern der Satz eines heidnischen Römers und ein allgemein moralisches Thema war, über das man vor Menschen aller Glaubensrichtungen hätte sprechen können. Das *Bruchstück einer Predigt*, das sich unter Seumes Schriften befindet, ist vermutlich ein Teil der genannten Predigt.

Pfarrer Schmidt war zufrieden, für ihn schien alles wieder in Ordnung zu sein. Nicht so für Seume. Je mehr aufklärerische Schriften er las, um so größer wurden seine Zweifel an der Auslegung der Bibel durch Kirche und Theologieprofessoren. Von den drei vom Kirchenvater Origines (185 bis 254) aufgestellten Arten der Bibelauslegung, der somatischen (griech. soma = Körper), d. h. wörtlichen, der psychischen (griech. psyche = Seele), d. h. moralischen, und der pneumatischen (griech. pneuma = Geist), d. h. allegorischen oder bildlichen, erkannte Seume die wörtliche und die moralische Auslegung als die seiner Denkungsart gemäßen an, während er die allegorische ablehnte, da sie viel Mystisches, Geheimnisvolles in die Bibel hinein- oder aus ihr herauslas. Als Vernunftmensch war er ein Gegner jeglicher Mystik in allen Bereichen des Lebens und Denkens. »Ich verehrte die Bibel und versagte dem moralischen Teil derselben den Eingang in meine Seele nicht«, schrieb er. »Ich verehrte Moses, Christus, aber nach meiner Weise und nicht nach dem System. Heuchelei war mir unerträglich; ich sagte immer nur, was ich dachte, ob ich gleich nicht alles sagte, was ich dachte.« Wollte er nicht gegen diesen Grundsatz verstoßen und als unglaubwürdig vor sich selbst dastehen, konnte er das Theologiestudium nicht fortsetzen: »Ich begriff, daß ich als ehrlicher Mann nicht auf dem Wege fortwandeln konnte.« Viele Jahre später schrieb er einmal an Göschen, daß es ihm unmöglich wäre, Geistlicher zu werden: »Ich bin zu ehrlich, um auch nur ein bißchen zu heucheln; ich würde mich nicht wohl fühlen.« (im Original englisch)

Hätte der Graf von Hohenthal von Seumes Zweifeln erfahren, hätte er ihm wahrscheinlich die finanzielle Unterstützung entzogen, und dann wäre eine Fortsetzung des Studiums nicht möglich gewesen. Vielleicht aber hätte der Graf auch einem Wechsel des Studienfaches, eventuell zur Rechtswissenschaft, zugestimmt, wenn Seume ihm seine Situation dargelegt hätte. Das aber tat Seume nicht.

Um einem offenen Ausbruch des Konflikts zuvorzukommen, beschloß er, aus Leipzig fortzugehen und sein Leben aus eigener Kraft zu gestalten, was leichter gedacht als getan war. Da er in Sachsen und in Deutschland keine Chance für sich sah und nur unklare Vorstellungen von der Zukunft hatte, wollte er zunächst zu Fuß nach Paris gehen, dem Zentrum der europäischen Aufklärung, und dann nach Metz, um sich an der dortigen Artillerieschule für das Kriegshandwerk ausbilden zu lassen mit der Hoffnung auf eine Offiziersstelle, die Absolventen ohne Rücksicht auf ihre soziale Herkunft in der französischen Armee erhalten konnten, was in Deutschland undenkbar war.

Was auf den ersten Blick wie ein leichtfertiges Vorhaben aussah, war ein Entschluß, der vermutlich nach langem Überlegen und der Beseitigung vieler Bedenken zustande kam, den Seume später allerdings als übereilt bezeichnete und der keinesfalls eine Lösung seiner Probleme war. »Das traurigste war der Gedanke an meine Mutter«, gestand er, »und ich muß bekennen, daß ich mir alle obwohl vergebliche Mühe gab ihn zu unterdrücken, da ich die Unmöglichkeit sahe meine Sinnesart zu ändern und die Unmöglichkeit bei dieser Sinnesart als ehrlicher Mann hier zu bleiben. Sie war zwar keine Zelotin und würde mich nicht sogleich verdammt haben; doch würde ihr ruhiges Wesen es widersprechend gefunden haben, daß ein Kopf sich nicht bei dem beruhigen könne, wobei sich so viele Hunderttausende ehrsam beruhigen.«

Da Seume nicht wie Hunderttausende dachte und sich nicht mit der offiziellen Auffassung von Religion und Christentum abfinden konnte, mußte und wollte er weg. Er verkaufte einige Bücher, bezahlte seine wenigen Schulden, packte ein paar Kleidungsstücke und Bücher – griechische und lateinische Schriftsteller – in seinen Rucksack und marschierte, ohne jemandem etwas zu sagen und ohne sich von jemandem zu verabschieden, Ende Juni 1781 mit neun Talern in der Tasche und dem Degen an der Seite aus Leipzig fort. Es war ein Gang ins Ungewisse, der bald ein unvorhergesehenes und wenig angenehmes Ende finden sollte.

Soldat in Nordamerika und Preußen (1781–1787)

Der Gang ins Ungewisse

Bald nach Seumes Weggang aus Leipzig fiel einigen Studienfreunden seine Abwesenheit auf. Im 141. Stück/1781 der *Leipziger Zeitung* erschien folgende Mitteilung: »Es ist am 28ten oder 30sten Juni d.J. ein Student aus Leipzig unter dem Vorgeben, seine Anverwandten zu besuchen, verreist, und zur Zeit weder zu seinen Verwandten, noch nach Leipzig zurückgekommen. Er war 18 bis 19 Jahr alt, mittler Statur, trug sein schwarzbraun Haar, welches ein wenig tief in die Stirn gewachsen war, in einem steifen Zopfe, und hat sehr starke schwarze Augenbrauen. Bei seiner Abreise trug er ein braunes Kleid von feinem Tuche mit Stahlknöpfen, eine grüne gewirkte Weste, schwarze Beinkleider und Stiefeln. Seine Degenscheide war mit Schlangenhaut überzogen und seine Wäsche mit J.G.S bezeichnet. Man befürchtet, daß diesem jungen Menschen ein Unglück begegnet sein möchte, und ersucht Diejenigen, welche eine zuverlässige Nachricht von ihm ertheilen können, dieselbe gütigst in die Zeitungsexpedition zu Leipzig zu geben.«[10]

Da sich keiner seiner Bekannten und Verwandten Seumes plötzliches Verschwinden erklären konnte und auch Nachforschungen zu keinem Ergebnis führten, wurde alles Mögliche vermutet – ein Duell, eine unglückliche Liebesgeschichte, auch Selbstmord wurde wegen der an ihm bemerkten Schwermütigkeit angenommen und sogar, daß er den Verstand verloren hätte. Dafür sprach vor allem, daß er vor dem Fortgehen seine geringen Schulden bezahlt hatte. Eine weltanschauliche Konfliktsituation ahnte offenbar niemand. Obwohl Seume nach seinen Angaben fortgegangen war, »ohne irgend jemand eine Silbe gesagt zu haben«, muß er der Anzeige zufolge doch zu Freunden von einem Verwandtenbesuch gesprochen haben. Vermutlich konnte er sich nicht mehr genau daran erinnern, als er 28 Jahre später sein Leben niederzuschreiben begann.

Seume marschierte flott in südwestlicher Richtung auf die Saale zu, die er bei Bad Dürrenberg überquerte, und nahm Kurs auf das Schlachtfeld von Roßbach, das auf halbem Weg zwischen Dürrenberg und Freyburg liegt. Die Nacht verbrachte er in dem Dorf Zeuchfeld (bei Seume Zeugefeld), etwa 5 km nordöstlich von Freyburg. Er war am ersten Tag ungefähr 40 km marschiert, »zwar ganz rüstig und leicht, aber nichts weniger als ruhig«, denn sicher haben ihn viele schlimme Gedanken und ein schlechtes Gewissen geplagt. Er ist nicht als frohgemuter Wandersmann zuversichtlich in die Welt hinausgewandert, sondern er muß sich ziemlich elend und niedergeschlagen gefühlt haben und recht verlassen vorgekommen sein, denn mit einem Schlag war er ganz allein, nur auf sich gestellt; keiner seiner Freunde hätte ihm raten oder helfen können, falls er plötzlich in Schwierigkeiten gekommen wäre. Wie schnell konnte ihm bei der Unsicherheit der Straßen etwas zustoßen, und dann hätten seine Angehörigen vielleicht nie wieder etwas von ihm gehört, so wie es zehn Jahre später seinem jüngeren Bruder Abraham ergangen sein könnte. Sich jetzt ohne Beruf und Studienabschluß in der Fremde durchzuschlagen, eine verlassene und wahrscheinlich verzweifelte Mutter daheim zu wissen und eine völlig ungewisse Zukunft vor sich zu haben, war gewiß keine beneidenswerte Lage für den Achtzehnjährigen.

Seume war sich seiner mißlichen Situation vollauf bewußt, und so schrieb er in dieser trüben Stimmung und »Verlassenheit und mit schwerem Gefühl abends eine gar rührende Elegie« über seinen Zustand. Dieses wehmütige Gedicht, das er zu den »Heiligtümern« seiner Seele zählte, in dem er seine innersten Gefühle offenbarte, war nur für ihn selbst bestimmt, nur zu seiner eigenen Verständigung gedacht, und nie hat ein anderer Mensch es zu Gesicht bekommen. Sobald seine »Stimmung sich erheiterte und einen etwas stoischen Takt erhielt«, ist es aus seinen Aufzeichnungen wieder verschwunden, wahrscheinlich vernichtet worden.

Nachdem er sich auf diese Weise Rechenschaft über sein Tun abgelegt und etwas Abstand gewonnen hatte, besserte sich Seumes Gemütslage, der Aufruhr der Gefühle legte sich, und der Seelenfrieden zog langsam wieder ein. Die philosophische Sicht auf das Leben, der stoische Gleichmut, das schnelle Abfinden mit allen Lebenslagen war aber nur scheinbar ein Wesenszug Seumes. Diese stoische Haltung diente oft nur als Schutzschild, um eigene Gefühle und Empfindungen sowie innere Reaktionen auf äußere Ereignisse nicht zu zeigen, denn sein eigentliches Temperament war nicht stoisch. Aber diese Eigenart, die schon in seiner Jugend ziemlich ausgeprägt war, half ihm, viele schwierige Situationen zu überstehen.

Am zweiten Tag legte Seume fast 60 km zurück und übernachtete in einem Dorfgasthof kurz vor Erfurt, wo er gut und billig bewirtet wurde. Nach einem Marsch von etwa 75 km langte Seume am dritten Abend in dem Städtchen Vacha (bei Seume Vach) in der Rhön an, das 25 km südwestlich von Eisenach an der Werra liegt und damals der erste Ort auf hessischem Gebiet war. Im Gasthof »Zum rothen Roß«, wo Seume einkehrte, erlebte er plötzlich innerhalb kürzester Zeit die nächste große Wende seines Lebens. Hier fiel er Soldatenwerbern des Landgrafen Friedrich II. von Hessen-Kassel, die sich in der Wirtsstube aufhielten, in die Hände.

Seltsamerweise geht Seume über dieses doch sehr entscheidende Ereignis mit einem einzigen, leicht ironischen Satz hinweg, wenn er in seiner Autobiographie schreibt: »... und hier übernahm trotz allem Protest der Landgraf von Kassel, der damalige große Menschenmäkler, durch seine Werber die Besorgung meiner ferneren Nachtquartiere nach Ziegenhayn, Kassel, und weiter nach der Neuen Welt.« Als er 21 Jahre später, im August 1802, auf dem Rückweg von Italien über Frankreich wieder durch Vacha kam, erinnerte er sich im Reisebericht *Spaziergang nach Syrakus im Jahre 1802* an dieses Ereignis ebenfalls nur mit einem lakonischen Satz: »In Vach hatten mich ehemals die Handlanger des alten Landgrafen in Beschlag genommen und nach Ziegenhain und Kassel und von da nach Amerika geliefert.«

Es verwundert sehr, daß in Seumes Schriften kein Wort der Klage oder des Zorns über diesen entscheidenden Eingriff in sein Leben zu finden ist, nur dieser recht schwache Hinweis »trotz allem Protest«. Aber worin dieser Protest bestand, erfahren wir nicht. Wir wissen nicht, wie diese »Werbung« vor sich ging. Wurde von den Werbern Gewalt angewendet oder mit Hilfe von Alkohol Seume eine Unterschrift abgepreßt? Wurde ihm eine Karriere in der Armee, vielleicht gar als Offizier, versprochen? Hat er unbewußt ein Handgeld genommen und sich dadurch unabsichtlich verpflichtet? Oder haben die Werber davon geschwärmt, daß man als Soldat in Amerika ein Stück der weiten Welt erleben kann? Das mußte natürlich für einen abenteuerlustigen jungen Menschen verlockend sein. Vielleicht hat es gar nicht allzu vieler Überredungskünste bedurft, um Seume mehr oder weniger freiwillig für den Soldatendienst zu gewinnen. Er könnte sogar insgeheim froh gewesen sein, daß sich ihm ohne Schulbesuch so schnell eine günstige Gelegenheit für eine militärische Laufbahn bot, zumal auch Bürgerliche in der hessischen Armee Offizier werden konnten. Es wird sogar vermutet, daß er sich zum Militärdienst gedrängt haben könnte, da die Werber wegen Seumes für einen Rekruten zu geringen Körpergröße möglicherweise nicht sonderlich interessiert an ihm gewesen waren. Das läßt sich alles nicht beweisen, aber vielleicht haben die Werber auch bei Seume ihre üblichen Methoden angewandt, denn er schreibt, daß sie ihm seine akademische Inskription zerrissen hätten. Er wird schnell erkannt haben, daß es keinen Zweck hat, dagegen zu protestieren oder Widerstand zu leisten, sondern daß es besser wäre, sich mit der neuen Lage abzufinden und sie so gut es ging für sich zu nutzen. Das betont er mehrmals kurz hintereinander: »Also war ich eine Prise (Beute, E.Z.) des Schicksals, und mußte nun werden, wozu ich an der Hand desselben mich selbst machte ... Ich ergab mich in mein Schicksal, und suchte das Beste daraus zu machen, so schlecht es auch war ... Am Ende ärgerte ich mich weiter nicht; leben muß man überall: wo so viele durchkommen, wirst du auch: über den Ozean zu schwimmen war für einen jungen Kerl einladend genug; und zu sehen gab es jenseits auch etwas.«

So war denn Seume innerhalb von drei Tagen vom Studenten zum hessischen Rekruten geworden und schneller beim Militär gelandet, als er wollte. Die Zukunft blieb dennoch weiter ungewiß.

In der Gewalt hessischer Menschenhändler (1781–1782)

Nur drei Sätze findet man in Seumes Lebenserinnerungen über den Verkauf von Soldaten an ausländische Mächte durch deutsche Fürsten: »Die Geschichte und Periode ist bekannt genug: niemand war damals vor den Handlangern des Seelenverkäufers sicher; Überredung, List, Betrug, Gewalt, alles galt. Man fragte nicht nach den Mitteln zu dem verdammlichen Zwecke. Fremde aller Art wurden angehalten, eingesteckt, fortgeschickt.«

Die Praxis der Soldatenwerbung und des Menschenhandels war im 18. Jahrhundert in den deutschen Ländern allgemein verbreitet, wurde gefürchtet und heftig verurteilt, so daß Seume 1809, als es den Soldatenverkauf nicht mehr gab, rückblickend wohl keinen Grund mehr sah, sich darüber zu empören. Im *Spaziergang nach Syrakus* kommt er, als er bei der Rückkehr durch Vacha marschiert, nochmals darauf zurück und nimmt an, daß »dergleichen Gewalttätigkeiten« jetzt nicht mehr vorkommen. Gleichzeitig weist er darauf hin, daß es damals unbegreiflich gewesen wäre, »wie der Landgraf seit langer Zeit so unerhört willkürlich, zum Verderben des Landes und einzig zum Vorteil seiner Kasse, mit seinen Leuten geschaltet und förmlich den Seelenverkäufer gemacht hat, wenn es nicht durch einen Blick ins Innere erklärt würde«. Denn die vom Hof abhängigen Adligen, Minister und hohen Offiziere erhofften sich ebenfalls Vorteile vom Soldatenverkauf, die Landstände – eine Art Parlament – wurden nicht gefragt, das Volk war eingeschüchtert und gehorsam. Und so konnten deutsche Landesherren, die sich gern als Landesväter bezeichneten, ungehindert ihre männlichen Landeskinder verkaufen, d. h. als Söldner vermieten. Obwohl moralisch verwerflich und eines Landesherrn unwürdig, waren derlei Geschäfte offenbar juristisch nicht anfechtbar, da sie auf der Grundlage von Verträgen zwischen zwei Mächten abliefen. Die Methoden waren den Werbern überlassen. So hatte der Landgraf von Hessen-Kassel seit 1776 einen Soldatenvermietungsvertrag mit dem englischen König Georg III.

Vereinzelt erhoben sich Stimmen dagegen, die, sobald sie öffentlich wurden, von den fürstlichen Geschäftemachern mundtot gemacht werden konnten. Das bekannteste Beispiel dafür ist der schwäbische Publizist und Dichter Christian Friedrich Daniel Schubart (1739–1791), der in seiner Zeitschrift *Deutsche Chronik* scharfe Kritik an den gesellschaftlichen Zuständen übte und den schändlichen Soldatenhandel anprangerte. Schubarts Schicksal ist bekannt: Der Herzog Karl Eugen von Württemberg ließ ihn für zehn Jahre auf der Festung Hohenasperg einkerkern. Dort besuchte ihn auch Friedrich Schiller (1759–1805), der in seinem Trauerspiel *Kabale und Liebe* mit dem Gespräch zwischen einem Kammerdiener und der Mätresse eines deutschen Fürsten die gewaltigste Anklage gegen den Menschenverkauf erhob, wenn er von den deutschen Bühnen herab die zornigen Worte rufen ließ: »Es traten wohl so etliche vorlaute

Bursch' vor die Front heraus und fragten den Obersten, wie teuer der Fürst das Joch Menschen verkaufe? – aber unser gnädigster Landesherr ließ alle Regimenter auf dem Paradeplatz aufmarschieren und die Maulaffen niederschießen. Wir hörten die Büchsen knallen, sahen ihr Gehirn auf das Pflaster spritzen, und die ganze Armee schrie: Juchhe! nach Amerika! ... Noch am Stadttor drehten sie sich um und schrien: Gott mit euch, Weib und Kinder! – Es leb' unser Landesvater – am Jüngsten Gericht sind wir wieder da!«

Insgesamt sollen die Fürsten von Braunschweig, Hessen-Kassel, Hessen-Hanau, Waldeck, Anhalt-Zerbst und Ansbach von 1775 bis 1783 29 166 Soldaten verkauft haben, von denen 11 853 umgekommen sind. In den nächsten Jahren lernte nun auch Seume dieses schändliche Kapitel der deutschen Geschichte aus eigener Erfahrung kennen.

Sammelplatz für alle geworbenen oder gezwungenen Rekruten, die der Landgraf an England vermietete, war die Festung Ziegenhain, 50 km südwestlich von Kassel gelegen. Dorthin wurde auch Seume gebracht, wo er auf viele andere Leidensgenossen traf, mit denen er im Frühjahr 1782, als die entsprechende Zahl Soldaten erreicht war, nach Amerika transportiert werden sollte. Diese »Jammergefährten«, insgesamt etwa 300 Mann, waren eine bunte Mischung aller möglichen Berufe und Stände, unterschiedlichster Herkunft und Charaktere, der absonderlichsten und abenteuerlichsten Schicksale. Unter den näheren Bekannten Seumes waren ein Händler aus Hannover, ein bankrotter Kaufmann aus Wien, ein entlassener Postangestellter aus Gotha, ein Oberamtmann aus Meiningen, ein verkrachter Kunststudent aus Jena, ein Mönch aus Würzburg, ein preußischer Wachtmeister und ein entlassener hessischer Offizier. Zu dem ehemaligen Mönch aus Würzburg fühlte sich Seume vor allem wegen dessen Kenntnisse in Latein, Geschichte und Mathematik hingezogen, so daß er sich mit ihm wohl auf etwas höherem Niveau unterhalten konnte als mit den meisten anderen. Leider fand dieser Mönch auf der Überfahrt ein recht jämmerliches Ende.

Daß Seume einer der intelligentesten jungen Burschen unter diesen Leuten war, merkte auch bald der General Johann Heinrich Gohr, bei Seume Gore, (1720–1784), der von 1768 bis 1784 Kommandant der Festung Ziegenhain war. Er machte Seume zu seinem Schreiber und behandelte ihn sehr freundlich, offensichtlich beeindruckt von Seumes offenem und

geradlinigem Auftreten und seinen hervorragenden Kenntnissen. Dadurch gewann Seume auch in späteren Dienstverhältnissen das Vertrauen seiner Vorgesetzten und gestaltete seine Lage verhältnismäßig vorteilhaft. Kaum hatten sich die künftigen Soldaten an die neuen Umstände gewöhnt, entstand eine Verschwörung von etwa einhundert Mann zu ihrer Befreiung, »weil es niemanden behagen wollte, sich so ohne sein gegebenes Gutachten mit den armen Teufeln von Americanern zu schlagen, denen wir alle herzlich gut waren, und alles mögliche Glück wünschten«. Die Leitung des Vorhabens wurde Seume angetragen, dem man dies wegen seiner vernünftigen Ansichten und seines mutigen Auftretens am meisten zutraute. Nach einigem Überlegen war Seume auch bereit dazu, nicht nur aus Ehrgeiz, sondern vor allem, um sich am Landgrafen für dessen Menschenhandel zu rächen. Doch im letzten Moment warnte ihn ein alter preußischer Feldwebel. Seume befolgte den Rat des erfahrenen Mannes und sagte den Auftrag wegen seiner Jugend und Unerfahrenheit ab. Der Plan zum Ausbruch, an dem weitergearbeitet wurde, war nach Seumes Erinnerung folgender: »Wir lagen in verschiedenen Quartieren, in den Kasernen, im Schlosse und einem alten Rittersaale. Man wollte um Mitternacht auf ein Zeichen ausziehen, der Wache stürmend die Gewehre wegnehmen, was sich widersetzte niederstechen, das Zeughaus erbrechen, die Kanonen vernageln, das Gouvernementshaus verriegeln und zum Tore hinaus marschieren.«
Aber der alte Feldwebel hatte richtig vorausgesagt: Der Plan wurde von einem Schneider aus Göttingen verraten, der sich dadurch eine Unteroffiziersstelle erkaufte und später die Freiheit, da er als Verräter um sein Leben fürchtete. Am Tag vor dem Ausbruch waren die Rekruten auf dem Exerzierplatz plötzlich von viel mehr regulären Soldaten als sonst umgeben, die Kanonen standen schußbereit, und der General deckte in einer Strafrede das Komplott auf. Eine größere Anzahl Rekruten, darunter auch Seume, wurde verhaftet und in den Arrest gebracht, aber da nicht gegen alle etwas vorlag, kamen einige bald frei – auch Seume hatte dieses Glück. Nach einem kurzen Prozeß wurden mehr als dreißig Mann bestraft: Zwei, worunter ohne die Warnung des Feldwebels zweifellos auch Seume gewesen wäre, sollten gehängt werden, wurden aber unter dem Galgen zu Spießrutenlaufen und anschließender Festungshaft in Eisen auf unbestimmte Zeit, d. h. lebenslänglich, »begnadigt«. Die übri-

gen mußten zwölfmal Spießruten laufen – die härteste und unmenschlichste Strafe der damaligen Zeit beim Militär, bei der der »Verbrecher« förmlich zerfleischt wurde, was oftmals mit dem Tod des Opfers endete. Auf keinen Fall konnten alle, die von dem Ausbruchsplan wußten, bestraft werden, denn das waren zu viele, und für den Landgrafen wäre es ein finanzieller Verlust gewesen, da die Engländer natürlich nicht für inhaftierte und invalide Soldaten zahlten. Aus diesem Grunde kamen einige der Verhafteten beim Abmarsch nach Bremen wieder frei.

Von der Festung Ziegenhain marschierten die etwa eintausend unbewaffneten Rekruten im Frühjahr 1782 wie ein Trupp Gefangener, von allen Seiten bewacht von Soldaten mit schußbereiten Gewehren, nach der Landeshauptstadt Kassel, wo sie von dem Landgrafen stumm besichtigt wurden, und dann 15 km weiter nach Hannöverisch-Minden, dem heutigen Münden, am Zusammenfluß von Fulda und Werra zur Weser. Auf kleinen langen und flachen Kähnen mit geringem Tiefgang, sogenannten Bremer Böcken, fuhr die bunte Gesellschaft auf engem Raum zusammengepreßt nun mehr oder weniger frohgestimmt die Weser abwärts. Dieser letzte Transport hessischer Rekruten, der Ende Mai 1782 nach Nordamerika abging, stand unter dem Kommando des Obersten Maximilian Hatzfeld.

Hatte sich Seume gleich zu Beginn seines Soldatendaseins die Achtung und Sympathie vieler Leidensgenossen dadurch erworben, daß er sich schnell in die neue Situation gefunden und manchem verzweifelten Kameraden Mut gemacht hatte, daß er sich nicht einschüchtern ließ und überhaupt vernünftig dachte, so sollte er bald Gelegenheit bekommen, erneut Mut und Gerechtigkeitssinn zu beweisen.

Ein gewinnsüchtiger Unternehmer hatte sich angeboten, die Soldaten während der Fahrt nach Bremen zu verpflegen und für sie auf einem der Schiffe zu kochen, allerdings für keinen geringen Preis. Da fast der ganze Sold für das Essen verbraucht wurde, rief das den Unmut der Soldaten hervor, denn sie »wollten so viel als möglich essen, und er wollte so viel als möglich gewinnen, welches sich zusammen nicht wohl vertrug«. Man beschwerte sich bei dem Oberst, und dieser wies den Unternehmer an, die Soldaten gut und preiswert zu beköstigen. Als das nichts nützte, wählten die Soldaten abwechselnd von jedem Schiff einen Vertreter, der auf dem Kochschiff die Zubereitung der Speisen überwachen sollte. Auch das half nicht viel, da die Deputierten von dem Verpfleger und seinen Helfern mit Wein, Schnaps und Kuchen erfolgreich bestochen wurden. Bei Seume, der einstimmig als Vertreter seines Schiffes gewählt wurde, hatten sie damit allerdings keinen Erfolg. Er lehnte es strikt ab, bei Wein und Süßigkeiten in der Kajüte zu sitzen, sondern er begab sich zu den Kochkesseln, um zu kontrollieren, daß die richtige Menge aller Zutaten für das Essen verwendet wurde und bei der Essenausgabe die Soldaten volle Portionen erhielten. Da nach dem Austeilen von Nachschlag immer noch etwas übrig war, wurde das an die Wachsoldaten ausgegeben, von denen die Köchin Geld verlangen wollte, was Seume aber sofort unterband, da das gesamte Essen schon bezahlt war. Schließlich teilte er den Rest selbst aus, und als die unfreundliche »Kesselprinzessin es noch einmal wagte, mich zu stören, schlug ich sie im Ärger so heftig mit der Schöpfkelle auf die Hand, daß sie laut schreiend und drohend zum Prinzipal in die Kajüte sprang. Da man mich aber so fest entschlossen sahe, unterstand man sich nicht, mich weiter anzutasten. Ich bekam vom Ufer und von den Böcken eine Menge Dankadressen, mit der Versicherung, daß man noch nicht so gut und so reichlich gespeist habe ... Man nehme es, wie man will, ich halte diesen Tag für einen der schönsten meines Lebens: und das Bewußtsein macht mich stolz, daß ich als erster Volksdeputierter, trotz jeder Versuchung, Schmeichelei oder Drohung, mit eben der beharrlichen Entschlossenheit würde gehandelt haben.«

Wenn Seume auch oft und gern und selbstbewußt seine Rolle hervorhebt, wenn es darum geht, für Wahrheit und Gerechtigkeit einzutreten, körperliche Strapazen zu ertragen oder schwierige Situationen zu meistern, sein Stolz darauf, sich gegen mächtigere und geldgierige Menschen durchgesetzt und ihre Machenschaften verhindert zu haben, ist durchaus verständlich. Seumes energisches und selbstbewußtes Auftreten mag wohl auch mit seiner kleinen und nicht gerade kräftigen Statur – er soll etwa 1,50 bis 1,55 m groß gewesen sein – zusammenhängen. Aber aufrechte Menschen machen sich nicht immer beliebt und werden häufig kaltgestellt. So geschah es auch mit Seume. Obwohl seine kompromißlose Haltung viel Aufsehen bei Soldaten und Offizieren erregte und er damit große Ehre einlegte, kam sein Schiff bei der Wahl der Essenaufsicht nicht wieder an die Reihe.

So ging die Fahrt bis Bremen, wo die Schiffe vom 1. bis 14. Mai vor Anker lagen. Seine Ehre und ein schlechtes Gewissen geboten Seume schon lange, sich bei seinem Gönner, dem Grafen von Hohenthal, zu melden. Hier nun war die letzte Gelegenheit, bevor er Deutschland und Europa auf unbestimmte Zeit verlassen mußte. So entschloß er sich, zehn Monate nach seiner Flucht aus Leipzig und nach langem innerem Kampf, dem Grafen brieflich in tiefer Beschämung für alle Wohltaten zu danken und ihm seine »jetzigen Umstände zu melden«, ohne die Ursachen seines Weggangs zu nennen, und zwar mit der rätselhaften Begründung, daß die »Ehre gewißer Personen« ihm das verbiete. Er wies nur auf seinen »Drang die Welt zu sehen« hin und daß er »in den Jahren steht, wo man muthige Unternehmungen ausführen, wo man Erfahrung lernen kann und soll«. Da er Bücher bei sich habe, werde er seine Studien auch als Soldat fortsetzen. Der Graf mag das alles mehr als Dummheit und jugendlichen Leichtsinn und Seume als einen eigensinnigen Menschen angesehen haben, den man seinen Weg gehen lassen müsse.

Durch diesen Brief wird vermutlich auch Seumes Mutter vom Schicksal ihres Sohnes erfahren haben, denn an sie hat er nicht geschrieben, obwohl ihn der Gedanke an sie am meisten quälte und er nur »mit der größten Verwundung meines kindlichen Herzens« daran dachte, wie er seinem Freund Johann Gottlob Korbinsky zwei Monate vorher nach Leipzig geschrieben hatte. Da er seine »Begierde zu reisen … nun ziemlich befriedigen« könne und seine Lage nutzen werde, um seine Sprachkenntnisse zu erweitern und naturgeschichtliche Studien zu treiben, hielt er sich nicht für unglücklich, denn – so schließt der Brief – »ein unternehmender Geist überwindet alles«.

In Bremen wurden die Rekruten auf seetüchtigere Schiffe umgeladen und weiter bis Bremerlee (wahrscheinlich das spätere Bremerhaven) transportiert, um auf die dort bereitliegenden englischen Transportschiffe umzusteigen. Vorher wurden die Truppen von dem englischen Generalmajor Sir William Fawcett (1728–1804) besichtigt, dem Beauftragten für die Söldnerwerbung in Deutschland. Zum Abschied mußten die Soldaten »Es lebe der König!« schreien und die Hüte schwenken.

Überfahrt nach Nordamerika

Es war eine imposante Flotte aus englischen Transportschiffen, begleitenden Kriegs- und Handelsschiffen, die am 31. Mai 1782 zur Fahrt nach den britischen Kolonien in Nordamerika in See stach. Die Kauffahrer hatten sich aus Sicherheitsgründen dem Zug angeschlossen, um unter dem Schutz der Kriegsschiffe möglichst gefahrlos zu dem neuen Kontinent zu gelangen. Denn fast überall in den Weiten des Atlantischen Ozeans lauerten feindliche französische und spanische Kriegs- und Piratenschiffe, vor allem auf den meistbefahrenen Routen durch den Kanal direkt nach Carolina und Virginia sowie südlich davon zu den Westindischen Inseln und dem Golf von Mexiko. Deshalb benutzten die Schiffe mit den hessischen Söldnern nicht diese kürzere Strecke, sondern nahmen Kurs nach Norden, segelten an Englands und Schottlands Küste vorbei, zwischen den Orkney- und den Shetlandinseln hindurch und wurden durch Stürme wahrscheinlich noch weiter nordwärts, vermutlich in die Nähe von Grönland, getrieben, denn alle Mann auf den Schiffen froren trotz der Sommermonate entsetzlich. Wegen der längeren Fahrtroute und der widrigen Wetterverhältnisse dauerte die Überfahrt nicht wie gewöhnlich vier, sondern zweiundzwanzig Wochen, nach einer anderen, früheren Angabe Seumes siebzehn Wochen, was vermutlich der Wahrheit näher kommt.

So verlockend eine Seereise manchem auch erscheinen mag, damals war sie, selbst für abenteuerlustige junge Menschen, alles andere als eine lustige Seefahrt. Nicht nur die lange Dauer machte den meisten zu schaffen, sondern noch viele andere unangenehme Umstände: das Zusammengepferchtsein vieler Menschen auf engstem Raum, die höchst primitive Unterbringung, das miserable Essen, die häufig auftretenden Stürme, See- und andere Krankheiten, der eintönige Anblick des Wassers ringsumher und anderes wirkten sich nachteilig auf das körperliche und seelische Befinden der Passagiere aus.

»In den englischen Transportschiffen wurden wir gedrückt, geschichtet und gepökelt wie die Heringe«, schreibt Seume. Statt in Hängematten mußten die Soldaten nachts in hölzernen Verschlägen liegen, die wegen Platzersparnis so niedrig waren, daß man in ihnen weder aufrecht stehen noch sitzen konnte. In einen solchen Bettkasten mit Platz für vier Mann

wurden sechs oder sieben Mann hineingezwängt, so daß alle statt auf dem Rücken nur auf einer Seite liegen konnten und sich jeweils auf das Kommando eines Außenmannes auf die andere Seite drehen mußten. Man kann sich leicht vorstellen, daß es in dieser »Quetsche« häufig zu Reibereien und Streit kam, wozu auch die eintönige und knappe, häufig unappetitliche Kost beigetragen haben mag. »Heute Speck und Erbsen und morgen Erbsen und Speck; übermorgen peas and pork und sodann pork and peas: das war fast die ganze Runde. Zuweilen Grütze und Graupen, und zum Schmause Pudding, den wir aus muffigem Mehl halb mit Seewasser, halb mit süßem Wasser, und altem Schöpsenfett machen mußten. Der Speck mochte wohl vier oder fünf Jahre alt sein, war von beiden Seiten am Rande schwarzstriefig, weiter hinein gelb, und hatte nur in der Mitte noch einen kleinen weißen Gang. Ebenso war es mit dem gesalzenen Rindfleische, das wir ... oft roh als Schinken aßen. In dem Schiffsbrote waren oft viele Würmer, die wir als Schmalz mitessen mußten, wenn wir nicht die schon kleine Portion noch mehr reduzieren wollten: dabei war es so hart, daß wir nicht selten Kanonenkugeln brauchten es nur aus dem gröbsten zu zerbrechen; und doch erlaubte uns der Hunger selten es einzuweichen; auch fehlte es oft an Wasser.«
Das lebensnotwendige Trinkwasser war in einem unglaublich schlechten Zustand. Damit man es überhaupt trinken konnte, mußte es durch ein Sieb gegossen werden, um die darin schwimmenden schlierigen Bestandteile zurückzuhalten. Beim Trinken mußte man sich wegen des Gestanks, den es verbreitete, die Nase zuhalten, »und dann schlug man sich doch noch, um nur die Jauche zu bekommen ... Guten ehrlichen Landmenschen kommt dieses ohne Zweifel schrecklich vor: aber wer Feldzüge und Seefahrten mitgemacht hat findet darin nichts Ungewöhnliches.« Neben Wasser gab es auch Rum und hin und wieder Bier. Wer sich nicht beherrschen konnte und seine kleine Tagesration Wasser in kurzer Zeit aufbrauchte, hatte für den Rest des Tages bei den stark gesalzenen Speisen und der salzhaltigen Meeresluft furchtbar unter Durst zu leiden, viele wurden krank und starben. Seume blieb gesund, durch eine vernünftige Lebensweise hielt er sich »immer stark und aufrecht«. Auch von der Seekrankheit, die durch die schlingernde Bewegung des Schiffes hervorgerufen und bei Stürmen noch verstärkt wurde und von der fünf von sechs Mann befallen wurden, blieb er verschont. Seiner Meinung nach sollte

man wenig und kalt essen und trinken, um dieser zwar ungefährlichen, aber doch recht furchtbaren Krankheit vorzubeugen.

Wie schon erwähnt, hatte sich Seume während seiner Schulzeit in Borna und Leipzig eine Sammlung sprichwortartiger Zitate aus den Werken griechischer und römischer Dichter angelegt und einige davon zu seinem Lebensmotto erwählt. Dazu gehörte auch der Satz »Perfer et obdura« (Ertrage und harre aus) aus Ovids *Ars amatoria* (Die Liebeskunst, II, 178), der dort zwar an einen Liebhaber gerichtet ist, den Seume aber auf alle Lebenslagen bezog. Er hat sich solche Ratschläge so stark zu eigen gemacht, daß sie ihm tatsächlich halfen, schwierige und widrige Situationen im Leben zu meistern, denn, so meinte er, »ich hielt es billig für entehrend, mich von gewöhnlichen Streichen des Schicksals niederschlagen zu lassen«. Auf diese Weise hat er sich mit der neuen Lage auf dem Schiff schnell abgefunden, so daß er das Unangenehme der Reise nicht so stark empfunden haben mag wie die anderen und zu der Meinung kam: »Einige Monate ist das Herumschwimmen auf dem Ozean, bei gehörigen Veränderungen, solange die Erscheinungen neu sind, keine üble Partie; zumal wenn man in so zahlreicher Gesellschaft segelt wie wir.«

Von klein auf ein Naturfreund, hat Seume auch auf See die verschiedenartigen Naturerscheinungen beobachtet. Besonders beeindruckten ihn die stärkeren Naturgewalten, Gewitter und Stürme: »Stürme hatten wir oft, und einmal so stark, daß uns der Aufsatz des Vordermastes und die große Rah zerbrach. Die Türmung der Wogen, das Heulen der Winde durch die Segel, das Schlagen und Klirren der Taue, das Donnern der Wellen an die Borde, das Geschrei und Lärmen des Schiffsvolks, der ganze fruchtbar empörte Ozean, alles ist dem Neuling schrecklich: aber bald wird man es gewohnt und schläft ruhig unter dem Kampfe der Elemente.« Stürme auf dem Meer hatte Seume schon früher kennengelernt, allerdings nur im Lateinunterricht bei der Lektüre des römischen Dichters Vergil, der in dem Epos *Aeneis* die Flucht des Aeneas aus dem brennenden Troja und seine Abenteuer und Irrfahrten auf dem Meere bis zu seiner Ankunft in der italienischen Landschaft Latium beschreibt. Jetzt konnte Seume die entsprechenden Stellen im Buch aufsuchen und den gerade selbst erlebten Sturm mit Vergils dichterischer Darstellung vergleichen, die er als »lebendig wahr« und »malerisch schön« empfand.

Der Drang, sich nützlich zu machen, ließ Seume auf dem Schiff nicht untätig sein, sondern er packte bei allen möglichen Arbeiten mit an, beim Fang und Einsalzen von Kabeljau, auch beim Segelsetzen, und wenn er den Matrosen nicht helfen konnte, saß er in einer Ecke oder im Mastkorb und las in einem Buch. Dabei stieß eines Tages der Kapitän auf ihn und lobte ihn wegen seiner lateinischen Lektüre, die eine sehr gute Ablenkung wäre. Er nahm ihn mit in seine Kajüte, um ihm seine eigene Bibliothek zu zeigen, die vorwiegend englische und klassische Dichter enthielt. Da der gebildete junge Soldat Seume dem Kapitän sympathisch war, durfte sich Seume mit dem Versprechen, sorgsam damit umzugehen, hin und wieder ein Buch aus des Kapitäns Bibliothek ausleihen. Außerdem ließ ihm dieser manchmal heimlich zusätzlich etwas Proviant zukommen, was Seume wohl gefiel, so daß er ziemlich zufrieden über seine Lage urteilte: »Durch seine Freundschaft erhielt ich etwas mehr Freiheit auf dem Schiffe, zumal da ich etwas Vergnügen am Seewesen zeigte und in wenigen Tagen mir die Nomenklatur der Taue und Segel merkte und sehr flink und sicher oben in dem Mastwerke mit herumlief. Es war wieder das Bedürfnis der Tätigkeit, die mir allerhand kleine Vorteile schaffte und mich vorzüglich gesund erhielt.«

Gerade darauf kam es an – sich auf einer Schiffsreise unter miserablen Bedingungen gesund zu erhalten, denn allmählich machten sich die Folgen der langen Fahrt bemerkbar: Die Lebensmittel wurden knapp, weshalb die Portionen an Brot, Fleisch und Wasser kleiner wurden, und immer häufiger traten Krankheiten auf. Von den etwa 500 Mann starben 27, auch einige Kameraden, mit denen Seume näher bekannt war, darunter jener Mönch aus Würzburg. Das war ein sonderbarer Mensch, der das ganze Gegenteil von Seume war. Er hatte sich vollkommen aufgegeben, »so völlig Verzicht auf das Leben getan, daß keine Kraft mehr zu wecken war«. Als Seume erkannte, daß auch sein gutes Zureden und Appellieren an die Vernunft nichts half, gab er seine Bemühungen auf, um nicht selbst durch den verdreckten und verlausten Zustand dieses Menschen in Gefahr zu geraten. Dieser Fall hatte ihm allerdings zum erstenmal in seinem Leben gezeigt, »daß man ohne alle weitere Krankheit und Veranlassung aus bloßer Indolenz sterben könne«. Eine solche Haltung ging ihm ganz und gar gegen den Strich, widersprach seiner Auffassung vom Leben, denn »ein braver Kerl hält aus bis zuletzt: und es ist doch wohl der schändlichste Tod, aus reiner absoluter Faulheit zu sterben«.

Nach monatelanger Fahrt kam endlich Land in Sicht: die Südostküste von Kanada, seit 1763 britische Kolonie, genauer die Küste von Nova Scotia (Neuschottland), einer Halbinsel südöstlich des Sankt-Lorenz-Stroms. Die Flotte steuerte auf die Hafen- und Hauptstadt Halifax zu, deren Ufer »unfreundlich, ziemlich öde und unfruchtbar« war. Die Schiffe mußten aber diesen weit nördlich von den Kriegsschauplätzen gelegenen Hafen anlaufen, weil die südlicheren Häfen sich nicht mehr fest genug in den Händen der Engländer befanden.

Beim Einlaufen in die Bucht erkannte Seume sofort die günstige geographische und militärische Lage der Stadt: »Hallifax ist unstreitig einer der besten Hafen am Ozean, vielleicht der beste, für eine unzählige Menge Schiffe; sicher gegen alle Stürme. Die Insel und das Fort St. George nebst einigen starken Landbatterien verteidigen den Eingang: und es gehört schon eine ziemliche Macht dazu, ihn zu forcieren. Seine Lage ist so, daß er mit Fleiß und Aufwand unbezwinglich gemacht werden kann, wenn man nur die Landseite zu verteidigen imstande ist.« Solcherart Betrachtungen sollten auch in Zukunft typisch für Seume sein, vor allem bei seinen späteren großen Wanderungen: Er sah nicht in erster Linie die landschaftliche Schönheit eines Ortes, sondern beurteilte dessen Nützlichkeit und dabei vor allem die militärische Verteidigungs- oder Angriffsmöglichkeit.

Bevor Seume auf einer Strickleiter vom Schiff hinunter in ein Boot stieg, um an Land gebracht zu werden, nahm er herzlich und schweren Herzens Abschied von dem Kapitän. Beide bedauerten es sehr, daß sie sich jetzt trennen mußten, denn der »menschenfreundliche Mann« hätte Seume gern auf dem Schiff behalten, wo dieser sicher ein guter Seemann geworden wäre, davon war der Kapitän überzeugt.

Auch Seume wäre lieber geblieben, da ihm die Arbeit auf See zusagte und er sich geschickt dabei anstellte. Doch es war unmöglich. Aber auch als britischer Matrose wäre Seumes Leben nicht viel anders verlaufen. Nach einigen Dienstjahren wäre er wahrscheinlich, schon seiner Mutter wegen, nach Deutschland zurückgekehrt und hätte wieder ein Studium aufgenommen; allenfalls der preußische Militärdienst wäre ihm erspart geblieben.

So betrat Seume den Boden des amerikanischen Kontinents, auf dem seit sieben Jahren militärische Auseinandersetzungen zwischen den europäischen Ansiedlern und britischen Truppen stattfanden.

Kurzer Blick in die Geschichte der USA

Alljährlich findet Ende September in New York eine deutsch-amerikanische Parade, die Steuben-Parade, statt. Diese Veranstaltung, die auf typisch amerikanische Weise mit viel Konfetti und Brimborium abläuft, erinnert an einen der bekanntesten Deutschamerikaner, den aus Magdeburg stammenden preußischen Offizier Friedrich Wilhelm von Steuben (1730–1794), ohne dessen verdienstvolles Wirken im amerikanischen Unabhängigkeitskrieg die amerikanische Geschichte vielleicht zeitweise einen etwas anderen Verlauf genommen hätte.

Nach der Entdeckung Amerikas im Jahre 1492 hatte es mehr als hundert Jahre gedauert, ehe durch europäische, meist englische, Auswanderer an der Ostküste von Nordamerika die ersten festen Ansiedlungen gegründet wurden. Bis zur Mitte des 18. Jahrhunderts entstanden und festigten sich dreizehn Kolonien, mit einer Selbstverwaltung, an deren Spitze ein Gouverneur stand, der von der britischen Krone ernannt wurde und ihr gegenüber verantwortlich war.

Das britische Mutterland war von Anfang an darauf bedacht, das innere Leben und die äußeren Beziehungen der Kolonien zu kontrollieren. Zu diesem Zweck erließ das Parlament eine Reihe von Gesetzen, die Selbstverwaltung, Gewerbe, Handel und Schiffahrt der Kolonisten stark beschränkten und ihnen viele Verbote auferlegten. Großbritannien sah in den amerikanischen Kolonien lediglich Lieferanten von billigen Rohstoffen (Tabak, Reis, Holz, Teer) und einen Absatzmarkt für teure britische Fertigprodukte; Handel mit anderen Ländern war ihnen verboten. Schließlich sollten die Kolonien auch die Kosten mit tragen, die durch den Krieg entstanden, den Großbritannien von 1756 bis 1763 in Nordamerika gegen die zweite große Kolonialmacht, Frankreich, führte. Als deshalb das britische Parlament 1765 den Kolonisten erstmalig direkte Steuern auferlegte, löste das eine mächtige Protestwelle unter den Amerikanern aus, die sich schließlich zur Unabhängigkeitsbewegung entwickelte.

Die Kolonisten forderten eine eigene Vertretung im britischen Parlament und beschlossen den Boykott britischer Waren. Die Entsendung britischer Truppen nach Boston im Jahre 1768 verschärfte den Konflikt, und beim ersten Zusammenstoß zwischen Bürgern und Soldaten, dem sogenannten Boston Massaker am 5.3.1770, gab es die ersten Toten. Nachdem Großbritannien gezwungen war, alle weiteren Steuergesetze wieder rückgängig zu machen, und nur die Teesteuer aufrechterhielt, stürmten am 16.12.1773 fünfzig als Indianer verkleidete Männer die im Hafen von Boston liegenden englischen Teeschiffe und warfen 343 Kisten mit Tee ins Meer. Dieses als Bostoner Teesturm (Boston Tea Party) bekannte Ereignis war der Höhepunkt der Boykottbewegung.
Um sich nachdrücklich den wirtschaftlichen und militärischen Maßnahmen der britischen Regierung zu widersetzen, trafen sich vom 4.9. bis zum 26.10.1774 56 Delegierte der Kolonien in Philadelphia zum 1. Kontinentalkongreß, der nicht das britische Parlament, sondern nur den König Georg III. (1738/1760–1820) als Oberhoheit anerkannte. Als danach in Massachusetts eine Miliz zum bewaffneten Kampf gegen England gebildet wurde, erklärte das britische Parlament diese Kolonie als »im Stand der Rebellion« befindlich. Der offene Ausbruch bewaffneter Feindseligkeiten war nur noch eine Frage der Zeit. Am 19.4.1775 kam es bei Lexington und Concord zum ersten Gefecht. Tatsächlich war das der Beginn des amerikanischen Unabhängigkeitskrieges, obwohl die Delegierten des 2. Kontinentalkongresses, der daraufhin am 10.5.1775 in Philadelphia zusammentrat, noch nicht die Forderung nach Unabhängigkeit der Kolonien erhoben, sondern sich weiterhin als Untertanen des englischen Königs betrachteten. Auch die im Juni gebildete Kontinentalarmee unter dem Oberkommando von George Washington (1732 bis 1799), einem reichen Landbesitzer aus Virginia, hatte nur die Aufgabe, die britische Besatzungsarmee zu vertreiben.
Erst als der kürzlich eingewanderte Engländer Thomas Paine (1737 bis 1809) im Januar 1776 in seiner Schrift *Common Sense* (Gesunder Menschenverstand) überzeugend die Notwendigkeit des bewaffneten Kampfes für Unabhängigkeit als eine Sache der ganzen Menschheit, als Durchsetzung der Vernunft sowie des Naturrechts und der Menschenrechte begründete und vor jeglichen Illusionen in bezug auf den englischen König warnte, hatte das eine gewaltige Wirkung auf die Menschen und

zur Folge, daß im Kontinentalkongreß die Forderung gestellt wurde, sich unabhängig von Großbritannien zu erklären, trotz vieler Meinungsverschiedenheiten zwischen zahlreichen Königsanhängern und Rebellen.
Am 4.7.1776 nahmen die Delegierten die von Thomas Jefferson (1743 bis 1826) ausgearbeitete Unabhängigkeitserklärung an, in der die revolutionären, bis heute noch mißachteten Worte stehen: »Wir halten diese Wahrheiten für selbstverständlich, daß alle Menschen gleich geschaffen sind, daß sie von ihrem Schöpfer mit gewissen unveräußerlichen Rechten ausgestattet wurden, unter denen sich Leben, Freiheit und das Streben nach Glück befinden, daß zur Sicherung dieser Rechte unter den Menschen Regierungen eingesetzt worden sind, die ihre gerechte Macht von der Zustimmung der Regierten ableiten, daß sobald eine Regierungsform diesen Zwecken entgegensteht, es das Recht des Volkes ist, sie zu verändern oder zu beseitigen und eine neue Regierung einzusetzen …«
Dieses berühmte Dokument der Weltgeschichte mit seinen idealen Vorstellungen und der Formulierung der grundlegenden Menschenrechte, getragen vom Geist der Aufklärung, war eine Kampfansage an alle feudalabsolutistischen Herrscher in Europa. Die nordamerikanische Revolution war das bedeutendste politische Ereignis des 18. Jahrhunderts vor und neben der Französischen Revolution mit unabsehbaren Folgen für die Menschheit.
Mit der Erklärung der Unabhängigkeit vom Mutterland war die Sache nicht getan, denn so einfach gab Großbritannien seine Kolonien nicht auf. Jetzt galt es, den neuen Staat auf dem amerikanischen Kontinent, eine Konföderation aus 13 Bundesstaaten, die sich Vereinigte Staaten von Amerika nannte, mit militärischen Mitteln zu verteidigen, und das dauerte mehr als sechs Jahre. Schuld daran waren vor allem die Unfähigkeit der Briten und die Gleichgültigkeit der Amerikaner, eine Entscheidungsschlacht herbeizuführen, wobei Habgier, Korruption und Mißwirtschaft auf seiten der reichen und königstreuen amerikanischen Kaufleute ein starkes Hemmnis waren.
Die beiden Armeen, die sich in diesem Kampf gegenüberstanden, waren von höchst unterschiedlichem Charakter. Die etwa 30000 gut ausgerüsteten und gedrillten Berufssoldaten und die geworbenen Söldner der britischen Armee, wegen der Farbe ihrer Uniformen Rotröcke genannt, waren mit ihrer Artillerie und vielen Kriegsschiffen den Amerikanern

militärisch überlegen, konnten aber nur in geschlossenen Formationen im offenen Gelände effektiv kämpfen, während sie in den dichten amerikanischen Wäldern vollkommen hilflos und unbeweglich waren. Ihnen stand die amerikanische Kontinentalarmee gegenüber, deren Stärke zwischen 5000 und 30000 Mann schwankte und die gar nicht als Armee bezeichnet werden konnte, denn ihr fehlte es an fast allem, was zum Kämpfen notwendig war, an Artillerie, Kavallerie, Schiffen, Waffen, Munition, Kleidung, Proviant, Geld und Disziplin. Dieser mit viel Mühe zusammengebrachte Haufen aus Kleinbauern, Handwerkern, Arbeitern und Farbigen konnte wohl mit Flinten und Säbeln in Partisanenmanier erfolgreich in der Wildnis kämpfen, aber nie einen Stellungskrieg führen oder dem Feind in einer offenen Feldschlacht gegenübertreten. Deshalb verzeichnete diese Armee in den ersten Jahren mehr Niederlagen als Erfolge.

Wer vermag schon zu sagen, wie der Krieg verlaufen wäre, wenn nicht einige erfahrene europäische Offiziere als Berater und Helfer in amerikanische Dienste getreten wären. Die bekanntesten von ihnen waren der bereits erwähnte Baron von Steuben, der Pole Tadeusz Kosciuszko (1746 bis 1817) und der französische Marquis de Lafayette (1757–1834), später Oberbefehlshaber der Nationalgarde während der Französischen Revolution.

Steuben war als Hauptmann der preußischen Armee Friedrichs des Großen mit verschiedenen Empfehlungsschreiben über Frankreich nach Amerika gekommen und vom Kongreß zum Generalmajor und Generalinspekteur der amerikanischen Armee ernannt worden. Als er sich im Februar 1778 bei General Washington im Winterlager von Valley Forge meldete, traf er die sogenannte Kontinentalarmee in unvorstellbar jämmerlichem Zustand an. Unverzüglich und mit rücksichtsloser Energie ging er daran, aus diesen heruntergekommenen Männern eine disziplinierte Truppe zu schmieden, indem er einen straff organisierten Tagesablauf durchsetzte, eine strenge militärische Ausbildung nach preußischem Muster durchführte und damit die notwendigen Voraussetzungen für die kommenden Siege schuf. Als Reorganisator der Armee sowie als Truppenbefehlshaber war er neben Washington die kriegsentscheidende Person.

Einen Bundesgenossen und wertvolle militärische Unterstützung erhielten die Amerikaner 1778 durch Frankreich, das die Vereinigten Staaten

von Amerika anerkannte und in den Krieg gegen den Erbfeind Großbritannien eintrat, wenn auch mit nicht ganz uneigennützigen Hintergedanken. Trotzdem hatte die amerikanische Armee bis zum Ende des Krieges mit den gleichen Schwierigkeiten wie zu Beginn zu kämpfen, mit Mangel an Munition und Proviant, Fahnenflucht und Krankheit, und eigentlich führte nur eine Verkettung von Zufällen das Ende des Krieges herbei. Den entscheidenden Sieg errangen die amerikanischen Truppen am 19.10.1781 bei Yorktown in Virginia, als der britische General Cornwallis durch eigene Fehler gezwungen war, mit 8000 Soldaten zu kapitulieren. Die daraufhin im nächsten Jahr begonnenen Friedensverhandlungen führten schließlich am 3.9.1783 zum Frieden von Paris, in dem Großbritannien die USA anerkannte.
Als Seume Mitte August 1782 in Amerika ankam, fanden bereits keine Kämpfe mehr statt.

Söldner in Nordamerika (1782–1783)

Der erste Tag an Land war für die Rekruten ein freudiger, gleichzeitig aber auch kein guter Tag. Alle waren froh, nach so vielen Wochen auf schwankenden Planken wieder festen Boden unter den Füßen zu haben. Aber ihre Hoffnung auf frische Nahrung und Vitamine, auf Obst und Gemüse wurde enttäuscht. Neuer Proviant war von den verantwortlichen Stellen an Land nicht geliefert worden, so daß der erste Tag ein Hungertag wurde.
Da die Truppen sehr spät an Land gebracht worden waren, zogen sich alle weiteren Arbeiten, vor allem das Aufschlagen des Lagers, bis in die späten Abendstunden hin, zumal die Zelte erst herangebracht wurden und Holz aus dem Walde für Zeltstangen und -pflöcke geholt werden mußte. Seume, der zur Kompanie des Hauptmanns Fenner gehörte und kurzerhand zum Unteroffizier oder Sergeanten ernannt worden war, sollte sich um den Aufbau der Zelte kümmern, wovon er, wie die meisten anderen, nicht die geringste Ahnung hatte. Darum bat er einen befreundeten und erfahrenen älteren preußischen Grenadier mit Namen Schlippe um Hilfe, und dieser tat so, als würde er Seumes Befehle ausführen, holte mit einigen Kameraden Holz, fertigte Zeltpflöcke an, baute in kurzer

Zeit ein Zelt auf und half den anderen bei dieser nicht leichten Arbeit, denn der Lagerplatz war felsig und abschüssig. In der Nacht jedoch verwandelte ein Orkan mit gewaltigen Wassermassen, die durch die Zelte stürzten, das Lager in einen Ort der Verwüstung und fegte viele Zelte den Hang hinab in einen Sumpf oder gegen den Wald. Nun mußte von neuem gebaut werden, diesmal aber gründlicher und stabiler, um gegen die Naturgewalten und die plötzlich eingetretene Kälte besser geschützt zu sein. Man war zwar nicht mehr auf hoher See, aber hier auf dem Lande nach Seumes Meinung vom Regen in die Traufe gekommen.

Die neuen Soldaten wurden keinem der in Amerika stationierten britischen Regimenter angegliedert, die alle zu weit entfernt waren, sondern sie bildeten ein eigenes Bataillon mit fünf Kompanien und verrichteten ihren Dienst selbständig. Zuerst mußten Disziplin und Ordnung durchgesetzt werden, und Seume sollte als Unteroffizier den Soldaten das Exerzieren beibringen. Da er davon nicht viel verstand, mußte der Grenadier Schlippe abermals helfen und mit ihm täglich eine Stunde im Walde üben. Als Mensch mit rascher Auffassungsgabe lernte Seume schnell alle Handgriffe und Kommandos und machte seine Sache bei der Ausbildung der Rekruten sehr gut, zumal die Hälfte von ihnen schon einmal Militärdienst geleistet hatte und dem Ausbilder die Arbeit erleichterte.

Leben und Dienst im Lager waren nicht leicht; alles war provisorisch, nicht nur die Unterkünfte, auch die Kleidung, die aus alten Uniformen vieler Regimenter bestand, so daß das Bataillon ziemlich »buntscheckig« aussah. An Waffen hatten die Soldaten lediglich ihr Gewehr, womit sie üben mußten, es gab weder Kanonen, deren Handhabung sie hätten erlernen können, noch besaß die Truppe eine Fahne, da von Anfang an beabsichtigt war, sie anderen Regimentern anzuschließen, was aber wegen der laufenden Friedensverhandlungen unterblieb. Hinzu kam eine schlechte Kost und die schon im Spätherbst herrschende grimmige Kälte. »So leben wir denn hier ein Leben«, meinte Seume, »das der Galeerensklave gar nicht beneiden wird, und was das Parlament weiter noch aus uns machen wird, will ich in Gelassenheit und Geduld erwarten. Überhaupt bin ich der Meinung, schlimmer als es bisher gegangen ist, könne es schwerlich gehen; und dann habe ich noch Stoizismus genug, mich die Schnurren nichts anfechten zu lassen.«

Die Freizeit war knapp bemessen, Seume hatte kaum eine freie Stunde, da er nach seinem Dienst oft noch von Oberst Hatzfeld zu ausgiebigen Schreibarbeiten herangezogen wurde, und das alles für ein knappes Dankeschön. Bald hatte Seume diese Behandlung satt und suchte sich ihr zu entziehen, indem er nach Dienstschluß sofort zur Jagd in den Wald ging und nicht erreichbar war. Da er vergeblich Seume hatte rufen lassen, donnerte der erzürnte Oberst, »ein kolossalischer Mann, der auftrat wie ein Herkules«, den nächsten Morgen vor angetretener Mannschaft den kleinen Unteroffizier Seume wegen dessen Eigenmächtigkeit und Undankbarkeit furchtbar zusammen, ließ ihn durch Schläge mit der flachen Säbelklinge bestrafen und für einen Tag in den Arrest stecken. Als Seume am nächsten Morgen wieder freigelassen wurde und sich bei seinem Vorgesetzten zurückmeldete, kam es zu einer friedlichen Aussprache mit dem Oberst, der trotz seines furchterregenden Aussehens und seiner gewaltigen Baßstimme »ziemlich human und wohlwollend«, mehr ein friedlicher Poltergeist als ein harter Soldatenschinder war, denn er meinte: »Sind wir nicht ein Paar recht dumme deutsche Dorfteufel, ... daß wir uns nicht friedlich vertragen können und uns da so zanken und streiten müssen!« Nachdem sich Seume über die viele Schreibarbeit nach dem Dienst und die geringe Freizeit beklagt hatte, ließ der Oberst Seume vom normalen Dienst befreien. Er sollte nur noch für die recht langweiligen Schreibarbeiten zur Verfügung stehen, für die er nun auch ein paar Taler Lohn erhielt. Seumes Kommentar dazu lautete: »Nun ging es gut: ich schrieb eine lange Zeit viel Regimentslisten, und tat übrigens sehr wenig ... Ich tat abwechselnd Dienst, nach dem Behuf, als Korporal, Sergeant, Fourier und Feldwebel, so daß ich alle Süßigkeiten des kleinen Soldatenlebens gehörig auskosten konnte.« Wieder einmal war für Seume eine mißliche Situation gut ausgegangen.

Das Leben der Soldaten in der Garnison und in der Stadt Halifax bestand nach Seumes Worten »aus einem Drittel deutscher Gewöhnlichkeit, einem Drittel huronischer Wildheit und einem Drittel englischer Verfeinerung«, das heißt, aus einer Mischung dreier unterschiedlicher Lebensweisen, die hier zusammentrafen, wobei sich jeder je nach Veranlagung mehr zu der einen oder anderen hingezogen fühlte – Seume zur deutschen. Die Stadt selbst, die von den Engländern 1749 als militärisches Bollwerk gegen das Vordringen der Franzosen gegründet worden war, zeichnete sich durch ihren in einer Meeresbucht gelegenen sicheren und von mehreren vorgelagerten Inseln geschützten Hafen sowie durch ihre hervorragende Verteidigungsmöglichkeit aus, wie Seume schon bei der Ankunft bemerkt hatte. Diese günstige Lage war das einzige Positive an der Stadt; die Natur war unwirtlich, die Berge ringsumher, zu deren Füßen sich die Stadt erstreckte, bestanden aus kahlen Felsen, die keine landwirtschaftliche Nutzung zuließen, so daß die Bewohner auf den Fischfang angewiesen waren. Die Anzahl der Einwohner schätzte Seume auf etwa zehntausend, an anderer Stelle auf sechstausend, wahrscheinlich waren es aber nur an die dreitausend Menschen, die hier kärglich lebten. Die meist nur einstöckigen Häuser mit einem einzigen großen Raum im Erdgeschoß waren aus Holz bis auf einen steinernen Kamin darin. Nur das Gefängnis war aus Stein, weshalb es Steinhaus genannt wurde. Die Straßen waren schlecht gepflastert, uneben und nicht beleuchtet.

Wollten sich die Soldaten neben ihrer schlechten Lagerkost noch etwas Eßbares in der Stadt kaufen, mußten sie dafür sehr viel bezahlen, da die Preise für alle Lebensmittel, besonders für frisches Fleisch und Gemüse, erheblich höher waren als anderswo, so daß sich Seume über längere Zeit nur das Billigste leistete, geröstetes Brot und geräucherten Lachs. Ab und zu verschafften sich die Soldaten allerdings einen besonderen Leckerbissen, indem einer von ihnen ein wohlgenährtes freilaufendes Tier, einen Hund oder eine Katze, erlegte und briet.

Andererseits konnte man aber, auch als Soldat, bei Arbeiten im Hafen ordentlich dazuverdienen, so daß sich mancher eine hübsche Summe Geld zusammensparte.

Mit den Ureinwohnern Nordamerikas kamen die Soldaten recht häufig in Berührung. Die Indianer hatten sich weit in die Wildnis hinter Halifax zurückgezogen und aus Rache dafür, daß die Engländer sie aus ihren Jagd- und Fischgründen vertrieben hatten, den Wald ringsum angezündet. In seinem *Schreiben aus America nach Deutschland* sowie in seiner Autobiographie berichtet Seume ausführlich von Begegnungen mit Indianern: »… unsere Wilden waren durchaus nur freundschaftliche Leute … Sie kamen sehr häufig in großer Anzahl in die Stadt, um ihre Jagdbeute zu verkaufen, die meistens aus Moostieren (Elche, E.Z.), Geflügel und zuweilen Fischen, vorzüglich Aalen, bestand. Dafür bekamen sie Rum, europäische Bedürfnisse und spanische Thaler. Sie wußten den Wert des

Geldes schon sehr gut zu schätzen, und betrogen ebensooft als sie betrogen wurden.« Meist tranken sie nach Abschluß des Handels gleich von dem Rum, und hatten sie davon zuviel genossen, wurden sie recht ausgelassen und führten an Ort und Stelle einige ihrer Tänze auf. Wenn aber einer im Rausch einmal ausfällig wurde und sich anstößige Handlungen ihren Frauen gegenüber erlaubte, ließ der Gouverneur ihn festnehmen und belehren, so daß fortan ähnliche Entgleisungen nicht mehr vorkamen; er ließ aber auch nicht zu, daß die Indianer beleidigt oder belästigt wurden.

Die Indianer gehörten wahrscheinlich zum Stamme der Mohawks (Mohikaner) und beeindruckten Seume unter anderem durch ihren wohlgeformten und kräftigen Körperbau, ihre ebenmäßigen Gesichtszüge, ihre kupferbraune Hautfarbe und ihre Größe. Sie waren etwa zwischen 1,65 und 1,80 m groß, und kaum einer war so klein wie Seume, der sich selbst nicht für einen Zwerg hielt. Er bezeichnet sie als »eine sehr gute, freundliche und offenherzige Art von Menschen« und hebt ihr angenehmes Auftreten hervor: »Ihre Physiognomie ist zwar beim ersten Anblick nicht sehr einnehmend, aber ihr ehrliches, geselliges Wesen entdeckt sich in der ersten halben Stunde Umgang; dann sind sie so frei, so dienstfertig und so zudringlich (d. h. lebhaft, E. Z.), ohne doch unbescheiden zu sein, daß man unmöglich ihnen sein Mitleiden und seine Freundschaft versagen kann.« – »Die Wilden benahmen sich, so viel habe ich beobachten können, immer anständig; doch soll das nicht stets der Fall gewesen sein, ... ich habe aber nie gehört, daß sie einem von den Unsrigen etwas zu Leide getan hätten: und dann wäre es wahrscheinlich bloß die Schuld des Europäers gewesen.«

Bekleidet waren Männer wie Frauen mit »einem Stücke Tuch, das sie so zu schneiden, zu legen und nähen wissen, daß es den ganzen Körper, Arme und alles bedeckt. Ihre Schuhe nähen sie aus einem einzigen Stücke Wildhaut ohne Sohlen, bloß über den Fuß und hinten an der Ferse zusammen, so daß jeder sein eigener Schneider, Schuster und Modekrämer, sich in einigen Stunden seinen ganzen Anzug verfertiget.« Die Häuptlinge unterschieden sich von den übrigen Stammesmitgliedern »meistens durch einen Hut mit einer Art von Feder und einen Säbel«.

Auch die Wohnverhältnisse und Ernährung der Indianer lernten Seume und seine Kameraden kennen, wenn sie bei Jagdausflügen in die Wälder in die Nähe ihrer Siedlungen kamen, zu den »ehrlichen Wilden, die uns allezeit soviel Höflichkeit erzeigen, als wir nur von ihnen erwarten können. Ihre Hütten sind halb unter, halb über der Erde, sehr warm, und für einen Sohn der Natur bequem genung. Da wohnen ganz vertraut die Familien beisammen, speisen, arbeiten, schlafen in einem Behältnisse. Ihre Lagerstätten sind Binzen, Moos und manchmal wollene Decken, die sie in der Stadt kaufen … Ein Stück Bärenschinken und Moosfleisch, nebst Fisch und Vögeln von aller Art, die meisten an einem hölzernen Spieß gebraten, von dem sie die Mahlzeit verzehren und hernach ins Feuer werfen, sind ihre gewöhnlichsten Gerichte. Brod haben sie nur selten, und nur zum Geschenke für ihre Kleinen nehmen sie solches zuweilen mit aus der Stadt. Sie verfertigen einen braunen Zucker von dem Safte eines Baums, der der Birke in etwas gleicht, und damit versüßen sie ihr Quellwasser, welches dann ihr liebstes Getränke nächst dem Rum ist; und in der Tat habe ich sowohl dieses, als überhaupt ihre Mahlzeiten sehr nach meinem Geschmack gefunden.«

Wahre Meister waren die Indianer im Bau von Booten, deren Handhabung die Weißen nicht genug bewundern konnten und mit denen die Besitzer nicht nur ihr Wild in die Stadt brachten, sondern auch weite Fahrten an der Küste entlang und weit aufs Meer hinaus machten: »Ein Kunststück aber sind ihre Boote von birkener Rinde … Die Rinde von den größten Bäumen abgeschälet, ist sehr zierlich zusammen genäht, die Nähte sind mit Pech ganz dicht versehen, und die Seiten inwendig mit feinen dünnen Schindeln von dem nehmlichen Holz ausgelegt, und einige schmale Querbretter zum Sitzen und zugleich zur Befestigung des kleinen Fahrzeugs in so vortrefflicher Proportion angebracht, daß man nichts niedlichers sehen kann.

Und diese Kähne sind so leicht, daß ein einziger Mann einen derselben, der 4 bis 6 Personen hält, auf die Schultern nimmt, und ihn nach seiner Bequemlichkeit trägt wohin es ihm gefällt.

Es gehört aber eine ihnen eigene Geschicklichkeit dazu, sich derselben zu bedienen; denn ich habe englische Matrosen von einem Kriegsschiffe gesehen, die von dem Eigentümer die Erlaubnis erhielten, sich ein Vergnügen in einem dieser winzigen Schiffe zu machen. Aber kaum waren sie 100 Schritte in die See gerudert, so stürzte es um, und die Neptune lagen zu nicht geringer Ergötzung der Indianer in ihrem Elemente, waren auch nicht vermögend, sich wieder in das Canoo zu arbeiten, sondern mußten zurück nach dem Ufer schwimmen«, wobei die Eingeborenen auch »über das europäische schwerfällige Schwimmen recht herzlich lachten.« Auch mit den Gewehren, die sie schon ziemlich lange besaßen, konnten die Indianer vortrefflich schießen und sowohl aus dem Hinterhalt als auch auf große Entfernungen ein Ziel treffen.

Die Verständigung zwischen Weißen und Indianern erfolgte hauptsächlich mit Hilfe der Zeichensprache, obwohl die meisten etwas englisch sprachen, aber nur wenige ein paar französische Wörter verstanden, die ihnen französische Missionare beigebracht hatten. Irgendeine Art von Religionsausübung hat Seume bei ihnen nicht bemerkt, weder christliche noch indianische, »sondern sie zeigen, um Pflichten und Beteuerungen auszudrücken, aufs Herz und gen Himmel«. Auch auf welcher Seite sie im Unabhängigkeitskrieg standen, war meist nicht zu erkennen, wahrscheinlich mal hier und mal da, je nach Lage der Dinge, aber letzten Endes hatten sie von keiner Partei Gutes zu erwarten, so daß Seume mit kritischem Blick auf die sogenannten zivilisierten Weißen eine Entwicklung befürchtete, die im 19. Jahrhundert tatsächlich fast so eintrat: »... wenn man die armen Urbewohner nur nicht echt europäisch-christlich von allen Seiten so zurückzwänge, daß ihnen in kurzem nichts als der Hals von Kalifornien oder die unbekannten Eisländer übrig bleiben werden.«

Da der Einsatz der hessischen Söldner in Halifax wegen der Friedensverhandlungen von Anfang an unklar war, haben die Soldaten von den Kriegshandlungen nichts bemerkt, sehr zum Leidwesen von Seume. Er und einer seiner besten Freunde, der unternehmungslustige Unteroffizier Serre aus Halberstadt, hatten von Anfang an beschlossen, bei den ersten Kampfhandlungen zu den Republikanern unter General Washington überzulaufen. Da es dazu keine Gelegenheit gab, plante Serre, zu den amerikanischen Truppen nach Boston zu marschieren – bei einer Strecke von 600 bis 700 km durch unwegsame Wälder ein lebensgefährliches Unternehmen. Seume war davon nicht begeistert. Serre hatte schon alles vorbereitet, Munition und Proviant besorgt – da kam die Nachricht vom Abschluß eines Friedensvertrages zwischen den kriegführenden Parteien, für beide ganz und gar unerwünscht, besonders für Seume, der sich Hoffnung auf eine Offizierslaufbahn gemacht hatte, die nun dahinschwand, denn in Deutschland mußte ein Offizier adliger Herkunft sein, und ein Feldwebelposten, das Höchste, was ein Bürgerlicher erreichen konnte, lockte Seume als Lebensstellung ganz und gar nicht.

»Ouvertüre meines Schriftstellerwesens«

Mit dem einjährigen Aufenthalt in Amerika begann Seumes schriftstellerische Laufbahn; in seiner Autobiographie spricht er von der »Ouvertüre meines Schriftstellerwesens.« Gemeint ist damit eine Niederschrift seiner Erlebnisse, angefangen mit der Zwangswerbung als hessischer Söldner bis zum Leben in Halifax, die er wahrscheinlich 1782 in Halifax – so lauten jedenfalls Seumes Angaben – oder etwas später verfaßt hat. Dieser Bericht erschien 1789 unter dem Titel *Schreiben aus America nach Deutschland* in Band 2 der Zeitschrift *Neue Litteratur und Völkerkunde*, die von Johann Wilhelm von Archenholtz (1745–1812) herausgegeben wurde. Es war Seumes erste Veröffentlichung, die ihm auch 1809 bei der Abfassung seiner Autobiographie als Grundlage für die entsprechenden Abschnitte diente. Wie am Titel zu sehen, ist der Aufsatz in Briefform geschrieben und beginnt mit der Anrede »Liebster Freund!« an eine fiktive Person, der er gleich den guten Rat gibt: »Bleib zu Hause, und verliere dich nicht weiter als bis an die Saale und Elbe. Es ist viel bequemer die Abenteuer anderer hinter dem Ofen im Schlafrocke und der Nachtmütze zu durchblättern, als selbst nur den geringsten Anhang davon zu bestehen.« Er spricht schließlich aus eigener Erfahrung und bekennt, daß er seinen Weggang aus Leipzig nicht versteht, daß er ein Narr war und es ihm schwerfällt, diese Narrheit zuzugeben oder zu bereuen, und daß er nun dafür bestraft wurde, denn erreicht hat er nichts, jedenfalls nicht das, was er sich vorgenommen hatte, nämlich nach Paris und dann nach Metz auf die Artillerieschule zu gehen. Dabei erinnert er sich an seinen alten Rektor Korbinsky aus Borna, der prophezeit hatte, daß er, Seume, mit seinem »albernen, störrigen und unbiegsamen Kopfe nicht weit kommen würde«. Auch wenn Seume zugibt, daß der Rektor recht haben mag, macht er sich nichts daraus und meint, daß er »durch das bißchen Leben« schon hindurchkommen werde. Sodann erzählt er dem Freund seine Erlebnisse von Vacha bis Halifax etwas »mischmaschmäßig durcheinander«

und das fast durchweg in einem saloppen, oft belustigten, manchmal leicht ironischen und zum Teil derben Ton, der nicht immer zu den teilweise unangenehmen Erlebnissen paßt.

Vieles von dem Erlebten findet sich in der Autobiographie *Mein Leben* wieder, manches ist hier, manches dort ausführlicher dargestellt. Plötzlich bricht der Brief ab, weil Seume glaubt, daß er den Leser schon ermüdet hat. Mit dem Hinweis, eventuell in einem weiteren Brief mehr zu berichten, schließt er und stellt sich eine Frage, die er nicht sicher beantworten kann: »Ob ich aber meine kleine Erfahrung nicht gern mit einer warmen Stube, einem guten Schlafpelze, einem artigen Mädchen, einem einträglichen Dienstchen und seinen Appendixen vertauschte? das kann ich so stracks nicht bestimmen; vermutlich!« Zumindest zeigt es, daß sich Seume ein anderes, angenehmeres Leben vorstellen konnte als das gegenwärtige, ziemlich huronische, das heißt halbwilde.

In Amerika begann Seume auch Gedichte zu schreiben, hauptsächlich über das unmittelbar Erlebte und die unsichere Zukunft. Bereits im Oktober 1782 legte er einem Brief an Hauptmann Fenner zwei Gedichte – *Der Abend auf dem Meer* und *Im Lager bey Halifax* – bei, die Seumes Stimmung zum Ausdruck bringen und die er später in die Sammlung *Poetische Versuche eines unglücklichen jungen Deutschen* aufnahm. Es können nicht viele Gedichte gewesen sein, und nach mehr als einem Vierteljahrhundert konnte er sich »nur weniger Kleinigkeiten erinnern, die ich damals geschrieben hätte und keiner einzigen, die verdient hätte aufbewahrt zu werden: wäre es auch nur als Beleg der Bildungsgeschichte: alles war höchst mittelmäßig«. Nur einige Strophen eines Jagdgedichtes fielen ihm »als Bildungsanfang« noch ein, in denen er die Wildnis der kanadischen Wälder schauerlich-romantisch beschreibt und die er in seiner Lebensbeschreibung wiedergibt.

Den Erlebnissen und Erfahrungen in Nordamerika verdankt auch Seumes bekanntestes Gedicht mit dem Titel *Der Wilde* seine Entstehung etwa zehn Jahre später. Am 5. Juni 1793 hat Seume es mit einem Brief an Schiller geschickt, der es in der von ihm herausgegebenen und von Göschen in Leipzig gedruckten Zeitschrift *Neue Thalia* im 3. Band des Jahrgangs 1793 veröffentlichte. In Seumes Brief heißt es u. a.: »Der Vorfall, den ich in dem Wilden beschreibe, ist mir im letzten Kriege von einigen sichern Leuten als gewiß erzählt worden, mit dem Zusatze, daß der Pflanzer leider ein Deutscher war. Von der Bravheit und Gutmüthigkeit dieser Indianer bin ich oft selbst überzeugt worden; und ich könnte manchen nicht ganz unwichtigen Karakterzug von Ihnen liefern.«

Dieses Gedicht unterscheidet sich von fast allen anderen Gedichten Seumes vor allem durch eine einfache, überschaubare, spannend zu nennende und deshalb auch für jüngere Leser leicht erfaßbare Handlung und Aussage. Seume versetzt uns in das Nordamerika des 18. Jahrhunderts, als weiße Pflanzer sich im Osten des Kontinents ansiedelten. Ein Indianer vom Stamme der Huronen, der seine Jagdbeute auf dem Markt verkauft hat, wird auf dem Rückweg zu seiner Familie von einem gewaltigen Gewittersturm überrascht. Völlig durchnäßt erreicht er das Haus eines weißen Ansiedlers und bittet um Obdach, bis der Sturm vorüber ist, wird aber von dem »gesittet feinen Eigentümer« als »Diebsgesicht« beschimpft und davongejagt. Kurze Zeit danach verirrt sich dieser Pflanzer bei der Jagd im Walde und gelangt gegen Mitternacht zu der Behausung des Indianers, wo er, »furchtsam schmeichelnd« um Obdach für die Nacht bittend, gastfreundlich aufgenommen wird. Am nächsten Morgen führt der Indianer den Weißen auf den richtigen Weg. Als er den Pflanzer beim Abschied fragt, ob sie sich vielleicht schon einmal gesehen hätten, erkennt dieser plötzlich in dem Indianer den Mann, »den er vor wenigen Wochen in dem Sturmwind aus dem Hause jagte«. Ganz verwirrt bringt er nun einige gestammelte Entschuldigungen hervor, worauf der Hurone, bevor er wieder im Walde verschwand, »ruhig lächelnd« die berühmten Worte sagt:

Seht, ihr fremden, klugen, weißen Leute,
Seht, wir Wilden sind doch beßre Menschen!

Dieser letzte Satz faßt das Anliegen Seumes prägnant zusammen: Der unverdorbene Naturmensch ist dem »gesittet feinen« und »klugen«, aber durch die Zivilisation charakterlich verdorbenen Europäer moralisch überlegen. Diese Gegenüberstellung bestimmt die Aussage des Gedichts. Der Indianer, als guter, wackerer, ehrlicher und aufrechter Mensch dargestellt, wird von Seume zweifellos idealisiert und dadurch zum »edlen Wilden«, einer literarischen Modefigur des 18. Jahrhunderts, die noch bis ins 19. Jahrhundert hinein, bis zu Karl Mays Winnetou nachwirkte. Der weiße Pflanzer, der Europäer, dagegen sieht in dem Wilden ein »mißgestaltes Ungeheuer« und behandelt ihn auch so, solange er sich als der

Stärkere fühlt, spielt aber den Höflichen und Dankbaren, wenn er der Schwächere und auf die Hilfe der Wilden angewiesen ist.
Das Gedicht beginnt mit einer Kritik an der heuchlerischen christlichen europäischen Gesellschaft. Seume schreibt, daß der Wilde »Europens übertünchte Höflichkeit nicht kannte und ein Herz, wie Gott es ihm gegeben, von Kultur noch frei, im Busen fühlte«. Als Anhänger einer einfachen und natürlichen Lebensweise gehört Seumes Sympathie den Naturvölkern. Indem er die Menschlichkeit des Wilden der »Grausamkeit des weißen Mannes« gegenüberstellt, fordert er im Sinne von Rousseaus Ruf »Zurück zur Natur!« die Rückkehr zur Natürlichkeit, die Besinnung auf die wertvollen Eigenschaften, die der Mensch von Natur aus besitzt und die er im Umgang mit seinen Mitmenschen auch anwenden sollte, kurz, er fordert humanistisches Denken und Handeln.
Die Naturvölker verstehen sich nicht als Wilde, sie sind es nur in den Augen der überheblichen Weißen, die sich selbst oft genug in der Geschichte und gegenüber anderen Völkern, in deren Lebensraum sie zerstörend eindrangen, als die wahren Wilden gezeigt haben. Noch zugespitzter findet sich diese Aussage in Thomas Paines Schrift *Common Sense*, die Seume aber nicht gekannt haben kann. Dort heißt es, »daß der nackte und ungebildete Indianer, der die Wälder nach Beute durchstreift, weniger ein Wilder ist als der König von England«.[11]
In einer Anmerkung zu diesem Gedicht schrieb Seume: »Diese Erzählung habe ich, als ich selbst in Amerika und in der dortigen Gegend war, als eine wahre Geschichte gehört. Sie interessierte mich durch ihre ächte reine primitive Menschengüte, die so selten durch unsere höhere Kultur gewinnt.«
Im 19. Jahrhundert war das Gedicht *Der Wilde* in Schullesebüchern zu finden und wurde von Schülern auswendig gelernt. Einige Stellen des Gedichts sind als sprichwörtliche Redewendungen in die deutsche Sprache eingegangen, so die von »Europens übertünchter Höflichkeit« aus den Anfangszeilen sowie die Wendung »sich seitwärts in die Büsche schlagen« aus dem abrupten Schlußsatz.

Freund Münchhausen

Bevor wir Amerika verlassen, soll unsere Aufmerksamkeit einem jungen Mann gelten, den Seume dort kennengelernt und der in seinem Leben eine besondere Rolle gespielt hat – dem hessischen Leutnant Karl Ludwig August Heino von Münchhausen-Oldendorf (1759–1836). In der kleinen Grafschaft Schaumburg, zwischen der Weser und Hannover, geboren, war er 1780 in den kurhessischen Militärdienst getreten und nahm als Freiwilliger am Feldzug in Nordamerika teil. Über ihre Bekanntschaft haben beide geschrieben – Seume in *Mein Leben* (1809) und Münchhausen in dem lebendig und anschaulich verfaßten Bericht *Rückblick auf verlebte Tage* (1822; vollständig veröffentlicht erst 1953 als Sonderdruck der *Schaumburger Heimatblätter*).

Es ist die Geschichte einer interessanten Bekanntschaft, aber nur kurzen Freundschaft zwischen zwei aus gegensätzlichen sozialen Schichten stammenden weltoffenen Menschen, die auf seiten Münchhausens wahrscheinlich mit zu hohen Erwartungen begann und vorwiegend durch Seumes Schuld zu Verstimmung führte, auch wenn sich beide darüber nicht geäußert haben.

Der zwanzigjährige Rekrut Seume und der vier Jahre ältere Offizier Münchhausen kamen sich in diesem ungemütlichen Feldlager an der nordamerikanischen Atlantikküste auf eine nicht alltägliche Weise näher, durch einen kuriosen Zufall. Als Münchhausen eines Abends die Vorpostenkette des Lagers entlangging, lauschte er einigen Soldaten, die leise heitere Volkslieder sangen, unter denen sich auch ein trauriges befand, in dem das Wort Ziegenhain vorkam. Auf sein Befragen erfuhr er, daß dieses Lied das Trauerlied von Ziegenhain sei, dessen Verfasser, ein gewisser Seume, ein ehemaliger Insasse dieser Festung, ebenfalls hier im Lager Dienst tue. Sofort suchte Münchhausen Seumes Zelt, rief ihn heraus und bestellte ihn für den nächsten Tag um acht Uhr in sein Zelt. Er mußte diesen künstlerisch begabten Menschen unbedingt kennenlernen. Er empfing Seume mit einem Frühstück, fragte ihn, ob er der Autor des Liedes von Ziegenhain sei, glaubte ihm aber trotz bejahender Antwort nicht recht, forderte ihn auf, als Beweis bis zum nächsten Tag ein Gedicht über einen Tag im Lager zu schreiben, und war erst sicher, als er dieses Gedicht gelesen hatte. »Nun war ich überzeugt«, schrieb er, »lud ihn ein,

oft, ja täglich zu mir zu kommen, welches er auch tat und sich wenigstens erträglicher bey mir als bey seinen Zelt-Kameraden befand. Wir gingen zusammen auf Jagd und Fischerey und was wir fingen verzehrten wir dann zusammen. Meine Kameraden, die übrigen Offiziere, waren meist Leute von gewöhnlichem Schlage, von denen, wenige ausgenommen, wenig zu lernen war. Hier wars umgekehrt. Ich zog mich also merklos von denen, wo es so war, zurück und hielt mich trotz ihres Spottes über den zerrissenen Rekruten, fast ausschließlich zu ihm. Der zerlumpte Rock stieß mich nicht so wie jene ab, weil der Mann drin mich anzog.«[12]
So begann die Freundschaft zwischen dem adligen Offizier in schmucker Uniform, einem »Mann von gesundem, gediegenem, ungelehrtem Verstande« ohne Standesvorurteile, und dem literarisch und sprachlich gebildeten bäuerlichen Rekruten in zerlumpter Kleidung. Münchhausen hatte sich bisher nur mit militärischen Dingen befaßt, war literarisch vollkommen ungebildet, fühlte sich aber stark zu Kunst und Literatur hingezogen und wollte und konnte auf diesem Gebiet viel von Seume lernen.
In dem kleinen Kreis von Offizieren um Münchhausen, in den nun auch Seume vorbehaltlos und herzlich aufgenommen wurde, fühlte dieser sich sehr wohl. Das Hauptvergnügen dieser Herren außerhalb des Dienstes war die Jagd, die Seume allerdings wegen Kurzsichtigkeit nicht aktiv ausüben konnte, und der Fischfang, der ihm um so mehr Vergnügen bereitete, obwohl er für die Lagerbewohner verboten war. Das Beste war das sich anschließende schmackhafte Essen, das die Offiziere aus dem frischen Wild selbst zubereiteten, und oft stand auch herrliches selbstgebackenes Gebäck auf dem Tisch, das bei geistreicher Unterhaltung oder Lektüre genossen wurde.
Münchhausen und Seume waren in jeder freien Minute zusammen, durchstreiften die Küste und das Landesinnere, lasen Gedichte von Hagedorn und Hölty, und da Seume stets auch eine Ausgabe des Homer, Vergil oder Horaz bei sich trug, besprachen sie täglich entweder in der freien Natur oder im Zelt ein Stück dieser Dichter, das Seume vorher übersetzte, ausführlich, so daß Münchhausen später sagen konnte: »Seume wars, der mich zuerst mit den ästhetischen Schönheiten dieser Autoren bekannt machte und mir das Thor zu dem wie und warum im Worte dieser Geister aufschloß.«[13] Und Seume meinte, er habe »selten eine Seele für wahre Schönheit empfänglicher und enthusiastischer ge-

funden als die seinige«. Münchhausen wurde dadurch nicht nur zur Beschäftigung mit der klassischen griechischen und lateinischen sowie mit der zeitgenössischen deutschen Literatur angeregt, sondern auch zu eigenen dichterischen Versuchen – sein erstes Gedicht trug den Titel *An meyn teutsches Mädchen* –, die er Seume als fremde Produkte vorlegte, der sie meist günstig beurteilte und damit den Freund unbewußt erfreute und ermunterte. Aber auch umgekehrt forderte Münchhausen seinen Lehrer zu weiterem Dichten auf.

Münchhausen machte Seume mit einigen ansässigen deutschen Einwandererfamilien bekannt, die sich für Seumes Gedichte interessierten und sich manchmal wunderten, wie »ein so dunkeler Mann so helle Lieder machen«[14] konnte. Denn einen finsteren und verschlossenen Eindruck machte Seume schon als junger Mann. Über sein bisheriges Leben, sein Elternhaus und seine Kindheit sowie die Gründe für seine Flucht sprach Seume nie, auch nicht zu seinem besten Freund Münchhausen, der das akzeptierte: »War er gleich ein einsylbiger Gesellschafter, ja, ich möchte fast sagen, ein finster Gemüth, nicht gleich mir, kurz, kühn und rasch, lag gleich eine Decke über seiner Geschichte und auch fast über seinem Betragen – so fühlt' ich doch – er war einer der bessern, er wollte das Gute, und ich hatte eine Seele, an die ich mich anschließen konnte.«[15] Von einigen Studenten aus Leipzig und Halle, die mit im Lager waren, hörte er wohl etwas über Seumes Herkunft, seinen Gönner und die Flucht aus Leipzig, letzteres aber mit viel unwahren Geschichten über angebliche Duell- und Liebesaffären vermischt; die Wahrheit erfuhr er erst viel später, zum Teil von Seume selbst.

Ebenso wie für Seume kam auch für Münchhausen der Friedensschluß zwischen England und den Vereinigten Staaten im Herbst 1783 unerwünscht, denn er hatte die weite Reise nur gemacht, um etwas von Amerika kennenzulernen, und nun hatte er keinerlei Gewinn davon außer dem Erlebnis einer Seereise und der Freundschaft einiger junger Männer. Vor der Rückfahrt nach Europa versuchte Münchhausen vergeblich, Seume mit auf sein Schiff zu bekommen. So vertraute er ihn der Fürsorge seines Vetters an, der mit auf Seumes Schiff fuhr. Beim Abschied versprach Seume Münchhausen, ihm zu schreiben, wohin ihn das Schicksal auch verschlagen würde – doch er, der zeitlebens Ehre und Freundschaft, Treue und Männerwort hochhielt, hat sein Wort nicht gehalten. Nur noch einmal sahen sich die Freunde auf der Rückfahrt, als sich ihre Schiffe so nahe kamen, daß sie sich durch ein Sprachrohr verständigen konnten und Seume auf Münchhausens Frage, ob ihm etwas fehle, diesem zurief: »Nur du.« Das waren die letzten Worte, die Münchhausen von Seume vernahm. Dann trennten sich die Schiffe wieder, und beide hörten viele Jahre nichts mehr voneinander.

Doch Münchhausen gab den Glauben an Seume und sein Versprechen nicht auf, und immer wieder plagte ihn der Gedanke daran: »Von dieser Periode an vergingen 8 volle Jahre und ich hört' und sah nichts von meinem Seume. War er todt oder hatte er mich vergessen? Hatte Atropos den Faden zerscheert, ging er in Algiers Ketten, oder hatt' ihn Vesuv oder Meer verschlungen? Ich wußt es nicht. War er ein wichtiger Mann geworden und der gewesene Fähnrich ihm zu wenig, oder konnte der Bauern-Sohn dem Ritter keine Freundschaft erwiedern –?? Das eine war schlimmer als das andere. Es gibt solcher Menschen nicht wenige, die zwar nicht eben den Mann, aber doch den Stand hassen ... War etwa auch Seume einer von diesen gewesen? Nein, das wußt' ich noch nicht, doch mußt ich es befürchten, da ich's wirklich wahr gut mit ihm gemeint hatte und – wie Erfahrung lehrt – eben dieses oft den Undank gebiert.«[16]

Münchhausen, der nach seiner Rückkehr zuerst in Kassel und ab 1788 als Hauptmann eines Jägerbataillons in Schmalkalden stationiert war, stellte Nachforschungen über Seumes Verbleib an, indem er Kaufleute und andere Besucher aus Leipzig und Sachsen nach ihm befragte – lange vergeblich, bis er eines Tages erfuhr, daß ein Johann Gottfried Seume als Privatgelehrter in Leipzig lebt. Wie ein Blitzschlag traf ihn diese Nachricht und zugleich wie eine kalte Dusche. »Man denke sich meine Freude«, erinnerte er sich, »man denke sich aber auch zugleich meinen Zorn ... Acht Jahre gesucht und geforscht, nun sitzt er da? ruhig in Leipzig? ruhig da, ohne sich einmal nach dir umzusehen? Hatt ich das um ihn verdient? Es übergoß mich heiß und kalt.«[17] Widerstreitende Gefühle rissen Münchhausen hin und her. Was sollte er jetzt tun? Schließlich schrieb er Seume – keinen Brief, sondern ein Gedicht, aber ein ärgerliches, ein Strafgedicht, in dem er den Empfänger nur kurz mit »Seume«! anspricht, ihn an seinen Schwur erinnert und sein Verhalten tadelt. Seume antwortete ebenfalls mit einem Gedicht und einem Brief über seinen bisherigen Aufenthalt in Emden beim preußischen Militär, aber nicht darüber, wie er dorthin- und wieder weggekommen war – darauf ging er erst in einem späteren Brief ein. Als er auch noch seinen Entschluß mitteilte, wieder in den Militärdienst zu treten, und zwar in den russischen in Polen, riet Münchhausen davon ab, aber ohne Erfolg.

Von 1791 bis 1795 verfaßten beide einige jeweils an den anderen gerichtete längere Gedichte, die sie sich zuschickten und die Münchhausen schließlich im Jahre 1797 unter dem Titel *Rückerinnerungen von Seume und Münchhausen* herausgab. Für Seume konnte diese Publikation, die der Freundschaft zwischen ihm und einem adligen Offizier gewidmet war, nur von Vorteil sein, denn sie machte ihn, der zu dieser Zeit selbst schon einiges, unter anderem das Gedicht *Der Wilde* und den Bericht über die Vorgänge in Polen, veröffentlicht hatte, noch bekannter.

In Seumes Briefen an Münchhausen klingt in diesen Jahren immer wieder der Wunsch nach Freundschaft an, der aus der Ferne sicher ehrlich gemeint war, dessen Verwirklichung in der Nähe aber eher problematisch gewesen wäre. Im Juni 1792 schrieb er aus Leipzig: »Mein Herz hat immer auf der Welt noch keine Seele gefunden, die dem Begriff Freund ganz entspräche. Vielleicht wären Sie es, wenn wir einander näher wären.« Und im Herbst 1798 aus Grimma: »Ich bitte Sie, lassen Sie unsere Freundschaft keine bloß litterarische seyn ... Jetzt wird es vielleicht eher möglich, Sie einmahl zu besuchen ... Wenn ich nur wieder Zeit sparen kann, so bin bey Ihnen. So verschieden auch unsere Köpfe seyn mögen, so sollen sich doch unsere Herzen nicht trennen.« Obwohl Seume auch in weiteren Briefen immer wieder von seinem Wunsch, Münchhausen zu besuchen, schreibt, sollten noch vier Jahre bis zu einem Besuch vergehen, der dann anders verlief, als von Seume erhofft.

Am Schluß seines *Rückblicks auf verlebte Tage* skizziert Münchhausen in aller Kürze Seumes weiteren Lebensweg vom Jahre 1796 an bis zum Tode und vermerkt, daß Seume ihn im Jahre 1802 auf dem Rückweg von Syrakus, aus Paris kommend, in Schmalkalden besucht hat und dies auch in seinem Reisebericht erwähnt. Kein Wort mehr verliert Münchhausen über diese doch überraschende und, wie man annehmen sollte, freudige Begegnung, ein Wiedersehen nach 19 Jahren und das letzte für immer. Das ist seltsam, zumal vorher sehr ausführlich über das Kennenlernen in Amerika berichtet wird. Es ist nur ein Grund denkbar: Auf das Andenken des Freundes sollte in der Öffentlichkeit kein Schatten fallen, wenn man bedenkt, wie das Treffen verlief.

Seume äußert sich im *Spaziergang nach Syrakus* ebenfalls nur kurz und ungenau über seinen Besuch in Schmalkalden. Es heißt dort: »Ich ließ mich den andern Morgen meinem Freunde ohne meinen Namen als einen Bekannten melden, der von Frankfurt käme. Wir hatten uns seit neunzehn Jahren nicht gesehen und unser letztes Gespräch waren einige Worte auf dem Ozean, als der Zufall unsere Schiffe so nahe zusammen brachte. Die Zeit hatte aus Jünglingen Männer gemacht, im Gesichte vielleicht manchen Zug verändert, verwischt und eingegraben. Ich wußte, vor wem ich stand und konnte also nicht irren. Er schien schnell seinen ganzen dortigen Zirkel durchzugehen, stand vor mir und kannte mich nicht. Hier habe ich ein kleines Empfehlungsschreiben, sagte ich, indem ich ihm meinen Finger hinhielt, an dem sein Bild von ihm selbst in einem Ringe war. Es war, als ob ihn ein elektrischer Schlag rührte, er fiel mir mit meinem Namen um den Hals und führte mich im Jubel zu seiner Frau. Dieses war wieder eine der schönsten Minuten meines Lebens. Einige Tage blieb ich bei ihm und seinen Freunden, und genoß, so weit mir meine ernstere Stimmung erlaubte, der frohen Heiterkeit der Gesellschaft.«

Auffällig ist, daß zum eigentlichen Aufenthalt bei dem Freund nur ein einziger Satz gesagt wird. Daß dieses Wiedersehen, das eine Erneuerung ihrer Freundschaft hätte bringen können, von beiden so kurz abgetan wird, läßt manches vermuten, und auf Vermutungen sind wir angewiesen. Besonders Seumes Einschränkung »so weit mir meine ernstere Stimmung erlaubte« gibt zu denken und ist ein Hinweis auf eine Mißstimmung Seumes, obwohl er andererseits von »eine(r) der schönsten Minuten meines Lebens« schreibt und angibt, die frohe Heiterkeit der Gesellschaft genossen zu haben. Näheres erfahren wir nicht. Es scheint jedenfalls sicher zu sein, daß sich Seume in Münchhausens Familien- und Freundeskreis nicht so verhalten hat, wie man es erwartet hatte. Er muß übelgelaunt, mißmutig, zurückhaltend und wortkarg, ja verschlossen, vielleicht sogar bissig gewesen sein. Zudem hat er sich wahrscheinlich überhaupt nicht für Münchhausens Lebens- und Familienverhältnisse interessiert, den Freund nicht zu seiner kürzlichen Heirat mit der jungen Marianne Schenk zu Schweinsberg beglückwünscht und sich nicht über beider Eheglück gefreut. Er mag eine gewisse Kälte ausgestrahlt haben, die als beleidigend empfunden werden mußte. Vielleicht wirkte er auch durch ein zur Schau getragenes starkes Selbstbewußtsein als Schriftsteller und Europareisender oder gar als Weltbeglücker, wie es Münchhausen ausdrückte, arrogant und unfreundlich. Eigentlich kann man sich das von Seume nicht vorstellen, aber Münchhausens Äußerungen deuten es an. Es verwundert nicht, daß Münchhausens erleichtert waren, als Seume sie wieder verließ. Münchhausen schrieb etwas später an einen Freund: »Seume, vor einigen Monathen war er bey mir; hat mir aber nicht mehr gefallen. Er kam von seiner Reise aus Italien zurück und war – ganz italienische Reise u. Original Mensch in seinem Sinn. Meiner Frau, die doch sonst so schonend richtet, that es leid, daß er gekommen war, als er ging: denn er nahm ihr die hohe Idee mit fort, die sie vorher von ihm hatte.«[18] Münchhausen hatte seiner Frau von seiner Freundschaft mit Seume erzählt, sicher von Seumes Bildung und Charakter geschwärmt und ihr dessen Gedichte vorgelesen, so daß sie eine gute Meinung von ihm hatte – und nun diese Enttäuschung!

Das Urteil von Münchhausens Frau spricht gegen Seume, der selbst wahrscheinlich kein erklärendes Wort zu seiner »ernsteren Stimmung« gefunden hat. Was war nur mit ihm geschehen? Daß Seumes von Natur aus finsterer Gesichtsausdruck und sein etwas zurückhaltendes Wesen nichts mit dieser Stimmung zu tun hatten, steht außer Zweifel; in den Jahren zuvor konnte er in einem anderen Freundeskreis, nämlich Göschens, trotz seines Murrsinns durchaus gesellig sein. Die enttäuschte Liebe zu Wilhelmine Röder, die ihn niedergedrückt und fast zum Selbstmord getrieben hatte, lag sechs Jahre zurück und dürfte keine Rolle gespielt haben. Oder sollte in diesem Zusammenhang gar ein gewisser Neid auf Münchhausens Liebes- und Eheglück, wie es Seume für sich auch erträumt hatte, aufgekommen sein? Seume hat solche unguten Gefühle eigentlich immer von sich gewiesen.

Wieder in Leipzig, schrieb Seume im Oktober an Münchhausen, daß er die Besuchstage in Schmalkalden nochmals vorüberziehen ließ und sie herrlich gefunden hat. Aber dann sind ihm wohl doch Bedenken wegen seines Auftretens gekommen, denn in einer Nachschrift gesteht er: »Mich däucht, ich bin doch bey Euch Leutchen ziemlich unartig gewesen: Sie müssen also meine huronischen Fehler etwas wieder gut zu machen suchen.« Münchhausen soll also bei seinen Freunden ein gutes Wort für

Seume einlegen und seine Unart mit seiner etwas ungeschliffenen Natur begründen. Das hat er wohl auch getan, aber offenbar wenig Verständnis gefunden. Vermutlich hat Münchhausen in einem nicht überlieferten Brief Seume seine Meinung über den Besuch mitgeteilt, ohne ihm größere Vorwürfe zu machen, worauf Seume im Februar 1803 antwortet: »Ihr Brief ist ein Muster von guter freundschaftlicher Ruhe und doch voll Wärme; so will ich Sie haben. Wenn ich nun bey Ihnen gerechtfertigt bin, so bin ich zufrieden: die andern werden mich nach und nach schon auch entsündigen. Thun sie das nicht, so muß ich die Last tragen. Es geht mir oft, ja fast überall so; und man ist wohl nicht ganz gerecht von einigen Tagen Sehen auf das Innere der Seele zu schließen.« Seume dankt Münchhausen für seine Offenheit, weist aber den Vorwurf des Stolzes »in dem Sinne, in welchem man ihn mir andichten will«, zurück und fügt für die Hausfrau hinzu: »Ihrer Frau Gemahlin versichern Sie meine wahrste reinste Hochachtung. Lieber Gott, was muß (ich) für ein entsetzlicher Grämling seyn! Ich glaube ich habe Ihrer Frau mehr meine Zufriedenheit gezeigt, als irgend einer Dame und habe in Schmalkalden überhaupt mehr gesprochen und theil genommen als irgendwo seit langer Zeit. Ich will also nun alle Beschuldigung geduldig tragen, bis man vielleicht den Irrthum einsieht.« Es macht fast den Eindruck, daß sich Seume eher als Opfer sieht und sich keiner Schuld bewußt ist.

Der Wahrheit kommt man vielleicht am nächsten, wenn man Seumes politische Haltung als Grund für die Verstimmung und zunehmende Entfremdung der Freunde annimmt. Seume hat sich in den zwanzig Jahren seit seinem Amerikaaufenthalt durch die Erfahrungen, die er in Deutschland und anderen Ländern Europas gemacht hat, von einem trotzigen Jüngling zu einem politisch denkenden Mann entwickelt. Besonders seine Erlebnisse in Italien, das Elend und die unvorstellbare Armut der unteren Volksschichten, deren schamlose Ausbeutung und Bedrükkung durch die herrschenden Oberschichten, durch Adel und Geistlichkeit, die Ungerechtigkeiten, die er überall sah, aber auch der Verrat Napoleons an den Idealen der Französischen Revolution sowie die gesamte politische Situation in Europa trugen entscheidend dazu bei, daß Seume den Feudaladel und dessen Privilegien aus tiefstem Herzen haßte und anprangerte und mit seiner Meinung niemals hinter dem Berge hielt, auch Münchhausen gegenüber nicht. Es läßt sich leicht denken, daß er mit seiner radikalen Kritik an der Adelsklasse, zu der ja auch die Münchhausens gehörten, in dem Schmalkaldener Kreis ziemliches Mißfallen erregt haben könnte. Zwei gegensätzliche Überzeugungen und Lebensweisen – scharfe Kritik am Adel von Seumes Seite und Verteidigung der bestehenden Gesellschaftsordnung als beste aller Welten durch Münchhausen – waren hier aufeinandergetroffen und hatten Spannungen hervorgerufen. Seume als Plebejer konnte sich in Adelskreisen, und wenn es auch beim einst besten Freund war, nicht wohl fühlen. Hatte das Leben in der kanadischen Wildnis die Standesschranken vergessen und den Bauernsohn Seume mit dem adligen Offizier Münchhausen fast auf gleichem Fuß verkehren lassen, so galt für Seume in Deutschland wieder die alte Trennung zwischen den Klassen, und das erklärt wohl auch Seumes Rückzug von Münchhausen, so wie dieser es in seinem *Rückblick* vermutet hat. Trotz der engen Freundschaft beider in Amerika hatte Seume auch damals Vorbehalte gegenüber Münchhausens Herkunft, wie er es in seiner Autobiographie darstellt: »Die einzige Bedenklichkeit in unserer Freundschaft war, daß Münchhausen ein Edelmann war, der den Kopf voll altes Ritterwesen hatte, welches ich auf alle Fälle für halbe Barbarei hielt und noch halte. Freiheit und Gerechtigkeit hat bei Edelleuten einen ganz andern Sinn, als uns Philosophie und allgemeine Staatswissenschaft lehrt … Unserer Freundschaft stand also der Mangel endlicher Übereinstimmung entgegen.«

Andererseits schätzte Seume die ausgezeichneten Charaktereigenschaften des Freundes, seinen »moralischen Wert« und seinen »Lebenstakt« sehr. Aber es war der für ihn unüberbrückbare Gegensatz der sozialen Herkunft und der sich daraus ergebende Vorbehalt gegen alle Aristokraten, der Seume nicht eher und öfter mit Münchhausen zusammenkommen ließ, und nicht etwa der Guignon, das Spiel des Lebens, wie er behauptete. Trotzdem bleibt die Frage, ob Seume seine Ressentiments nicht wenigstens für die kurze Zeit der Wiederbegegnung mit seinem Freund hätte beiseite lassen können.

Auch die Schriftstellerin Arnoldine Wolf (1769–1820), die Seume bei den Münchhausens kennengelernt hatte, war von dessen unhöflichem Verhalten unangenehm berührt. In ihrer Autobiographie schrieb sie später: »Seume trat in einen fröhlichen Kreis, der sich in unserem Haus gesammelt hatte; sein Äußeres hatte wenig Anziehendes; auf der gefurchten

Stirn und unter den schattigen Augenwimpern ruhte düsterer Ernst und tiefes schwermütiges Dunkel; aber der lichte Sinn seines strahlenden Geistes erhellte, gleich einem leuchtenden Stern, sein umwölktes Antlitz. Münchhausen nannte mich ihm als eine Schwester der Musen; aber Seume blieb einsilbig und trocken. Alles streute Weihrauch dem Unsterblichen; aber Seume blieb stumm. Am dritten Tag schied Seume wieder von seinem Freunde und von uns. Wir freuten uns dieser schönen Epoche; aber Münchhausen war nicht zufrieden mit ihm. Jüngst erst zurückgekehrt vom Altare, an welchem der priesterliche Segen seine feurige Liebe krönte, konnte er die ruhige Kälte seines älteren Freundes nicht begreifen, der seine junge schöne Frau nicht mit der erwarteten freundschaftlichen Wärme und ihn nicht mit der gehörigen Theilnahme an seinem Glücke begrüßt hatte.«[19]

Im November 1802 schickte Arnoldine Wolf Seume einen Brief mit ihrem Gedicht *An Seume nach gemachter persönlicher Bekanntschaft*, in dem sie ihn heftig tadelt, ihm Gefühllosigkeit und Menschenhaß vorwirft und als einzige, aber schwache Entschuldigung eine vermutete unglückliche Liebe für möglich hält:

O wähne nicht, daß herzliche Gefühle
Den Geist entadeln! Reine Seelenspiele
Sind mit der edlen Herzlichkeit vereint.
Du hast als Barde Dich emporgeschwungen,
Hast Du als Weiser nun den Kranz errungen –
O so erring ihn auch als Menschenfreund![20]

Seume antwortete ebenfalls mit einem Gedicht, in dem er sein Wesen zu erklären versucht, auch die vorgelogene Liebe anführt, aber sich für das Vorgefallene nicht entschuldigen kann. Er sieht die Dinge anders und ist von den Vorwürfen eher überrascht:

Ich kam, und war so herzlich froh, und dachte,
Daß ich dem Freund gewiß Vergnügen machte;
Und nun zerstört man mir den süßen Wahn.

Auch den Vorwurf des Menschenhasses weist er zurück:

Und wenn nun nicht des Lebens Süßigkeiten
So honigglatt von meiner Zunge gleiten,
Bin ich darum denn gleich ein Misanthrop?
Wenn mein Gesicht sich etwas ernster faltet,

Ist das Beweis, daß mir das Herz erkaltet?
Und daß mir Haß sich in die Seele schob?[21]

Mit einem weiteren Gedicht von Arnoldine Wolf, *Meine Rechtfertigung an Seume*, wurde dieser Briefwechsel über eine unangenehme Sache beendet.

Als die Schriftstellerin im Jahre 1810, kurz vor Seumes Tod, diesen um die Erlaubnis zur Veröffentlichung seines Gedichtes bat, ging Seume nochmals auf diesen Vorfall ein und schrieb ihr: »Ich erinnere mich des sehr gemischten Gefühls, das mir ehemals Ihr Brief verursachte, und das mehr unangenehm als angenehm war, recht wohl. Ihr Urtheil war sehr rasch. Aber ich bin es gewohnt, so genommen zu werden. Meine äußere Rinde muß also doch wohl etwas rauh und herbe seyn. Münchhausen hat mich eben so verkehrt beurtheilt, und ich bin ihm deswegen nicht weniger gut.« Und mit einem Anflug von Trauer heißt es gegen Ende des Briefes: »Münchhausen ist mir durch den Sturm der Zeit entrückt … Er lebt freundlich in meinem Geiste, wie ich hoffentlich in dem seinigen.«

Es war ein freundliches Wort über den Freund zum Schluß, ein Abschiedswort im Angesicht des Todes, denn nach diesem unglücklichen Besuch Seumes konnten die beiden Freunde nicht wieder zusammenfinden. Zwar wollte Seume, als er im Oktober 1804 auf dem Rückweg von Frankfurt am Main nach Leipzig war, den Freund in Ziegenhain besuchen, wo dieser als Kommandeur eines Jägerbataillons Dienst tat, aber Münchhausen befand sich gerade zu dieser Zeit viele Meilen von dem Ort entfernt. Ihr Briefwechsel hörte gegen Ende 1806 auf, zumindest sind keine weiteren Briefe überliefert. Im letzten der zweiundzwanzig oft nur in Abschriften erhaltenen Briefe Seumes an Münchhausen prangert Seume, ähnlich wie im Vorwort zu *Mein Sommer 1805*, die Fürsten und Adligen als Hauptschuldige an dem nationalen Unglück Deutschlands nach der Schlacht von Jena und Auerstedt an.

Vergessen haben beide ihre einstige Freundschaft nicht. Münchhausen gedenkt Seumes zwölf Jahre nach dessen Tod in seinem *Rückblick* trotz standesbedingter politischer Differenzen im Guten: »Und waren seine Ideen und Verwirklichungen auch nicht stets von derjenigen Art, die man durchaus gut heißen oder vielmehr für trefflich preisen möchte, so war er doch bieder, gehörte zu den Besseren und wollte das Gute, nur auf seine sondere Art, die man sehr leicht verkennen und ihn selbst mißverstehen konnte. Selbst in seinen politischen Ansichten und Meinungen, wären sie auch nicht immer die richtigeren gewesen, lag schon das Gute.«[22] Ein zweiter Schiller aber, wie Münchhausen meinte, wäre Seume nicht geworden, wenn er länger gelebt hätte.

So ergibt sich zum Schluß das Bild einer Freundschaft, deren anfänglicher Enthusiasmus durch räumliche, zeitliche und politische oder ideologische Entfernung allmählich nachließ und die sich in ein distanziertes Bekanntschaftsverhältnis wandelte. Münchhausen, der durch die Freundschaft mit Seume in die deutsche Literaturgeschichte eingegangen ist, war trotz der Verteidigung der Adelsgesellschaft der freimütigere, aufgeschlossenere, gefühlvollere und vorurteilsfreiere Partner in diesem Bund; aber beider letzte Worte stimmen versöhnlich.

Wie verlief Münchhausens Leben weiter? Als Hauptmann eines hessischen Jägerbataillons nahm er 1792 am Feldzug der österreichisch-preußischen Interventionstruppen gegen das revolutionäre Frankreich teil »und verlor 1806 bei der Besetzung Kassels durch die Franzosen seine Stelle. Er geriet in französische Gefangenschaft, weil er nicht gegen Preußen kämpfen wollte, entfloh aber und hielt sich in Homberg verborgen. Nach dem Tilsiter Frieden schlug er Anträge, als Oberst in das westfälische Heer einzutreten, aus und begnügte sich mit einer Oberförsterstelle in der Nähe von Treysa ... Nach der Wiederherstellung des Kurfürstentums Hessen trat er wieder in kurhessische Dienste, gab aber noch im selben Jahr seine Stellung nach einer schweren Krankheit wieder auf und zog sich auf seine alte Familienburg Schwedestorf zurück. Dort starb er als kurhessischer Oberstleutnant a.D. am 16. November 1836. Er ruht mit seiner Gattin, die ihm schon 1828 im Tod vorausgegangen war, in der Familiengruft zu Oldendorf.«[23]

»Rückerinnerungen von Seume und Münchhausen«

Vier längere Gedichte hat Seume seinem Freund Münchhausen in den Jahren 1791 bis 1795 gewidmet oder als Antwort auf dessen Gedichte geschrieben, in denen er eigenes Erleben, Erinnerungen, auch seine aktuelle Situation mit Gedanken und Ansichten über das Leben, die Welt und die

Menschen, besonders auch über Freundschaft, verbindet und die über weite Teile belehrenden Charakter tragen.

Nachdem Münchhausen nach acht Jahren Trennung und Ungewißheit Seume endlich in Leipzig aufgespürt hatte, schickte er ihm die sogenannte Strafode *An Johann Gottfried Seume. Am 20. des Eismonds 1791*, in der er ihn an die gemeinsamen Erlebnisse in Neuschottland, ihre Trennung und seinen Freundschaftsschwur erinnert und ihn wegen seines Schweigens tadelt:

Denkst du noch, Seume! jener, so schnell entflohenen Stunden,
Da wir traulich uns freuten unter den sausenden Kiefern,
Neben dem perlenstäubenden Felsbach grauer Gebürge,
Und auf schwellender Mooßbank horchten der Vögel Gesang?
...
Antworte, Seume! bist du ein Teutscher? Ist dir auch heilig
Jedes ernste Versprechen, und der gegebene Handschlag!?
Wisse, der Mann von Ehre erfüllt Verheißung und Pflichtwort.
Wollt'st du brechen die Schwüre, sprich! warum schwurst du sie denn?![24]

Seumes Antwort darauf ist das Gedicht *Meinem Münchhausen zum Denkmaal.* Am Grabe des Dichters und Menschenfreundes Gellert stehend, dichtet Seume ein »Lied der Freundschaft«. Zunächst spricht er von sich selbst und begründet sein zurückgezogenes Leben mit der Schlechtigkeit der Welt. Da er hohe Maßstäbe an eine Freundschaft legt, hat er nur wenige Freunde. Alle diejenigen, die bestimmte charakterliche Fehler oder Untugenden besitzen, die er in großer Anzahl nennt, können nicht seine Freunde sein. In den letzten Strophen legt Seume dar, wie seiner Meinung nach ein Freund sein muß, und verkündet, daß Münchhausen solch ein Freund ist, daß ihre Freundschaft auch ohne Schwur bestehenbleibt und daß die Rache des Himmels den treffen möge, der den Bund bricht. Warum aber hat sich Seume dann zurückgezogen und keine Verbindung zu dem Freund gesucht, seine großen Worte selbst nicht befolgt? Was wäre geschehen, wenn Münchhausen Seume nicht aufgespürt hätte? Vermutlich hätte Seume nicht nach Münchhausen gesucht – trotz aller schönen Freundschaftsbeteuerungen.

Im zweiten Gedicht von Seume, dem *Abschiedsschreiben. Meinem Freunde Münchhausen*, fordert er Münchhausen auf, sich an die vergangenen

Zeiten in Amerika zu erinnern, an die geschworene Freundschaft, die Beschäftigung mit Literatur, das Durchstreifen der wilden Natur und die Begegnungen mit guten wackeren Wilden. Nach dieser nostalgischen Rückbesinnung wird der Freund und der Leser plötzlich an Seumes Wohnort versetzt, wo der Autor einen Abschiedsbrief, »vielleicht das letzte, letzte Wort«, schreibt. Auch die Stimmung schlägt von einer Strophe zur anderen um, aus einer heiter-idyllischen in eine melancholisch-klagende: Er will erneut aus Leipzig weggehen und in russische Militärdienste treten. Und was ist diesmal der Grund?

Das Vaterland bedarf nicht meiner Kräfte,
Hat Männer gnug für Ämter und Geschäfte, ...

Seume sieht in Deutschland keine Perspektive für sich. Die gewünschte Offizierslaufbahn ist ihm wegen seiner bürgerlich-bäuerlichen Herkunft verschlossen, und als Privatdozent an der Universität fehlen ihm die finanziellen Mittel. Somit nimmt Seume mit dem Gedicht nicht nur Abschied von Münchhausen, sondern auch von dem zurückliegenden Abschnitt seines Lebens, der ihn nicht einem seiner Lebensziele näher gebracht hat. Vielleicht wird er als russischer Offizier bald im Norden Rußlands oder im Kaukasus in blutigen Schlachten kämpfen und darin umkommen. Sein Freund sollte ihn trotzdem nicht vergessen und, wenn er die Todesnachricht erhält, ein Lied zu seinen Ehren beim Trauermahl singen. Nach einem »Jetzt lebe wohl« will Seume dem Freund ein letztes Wort als Vermächtnis sagen. Es folgt eine Vielzahl von Lebensregeln, eine Aufzählung von Tugenden und Lastern. Befremdlich und ungerecht wirkt dabei seine Warnung vor den Frauen (»Flieh vor dem Weibe, Freund; in ihren Netzen // Ist erst Berauschung und sodann Entsetzen;«). Schließlich kommt er zu dem Schluß:

Freund, hoffe nichts, und fürchte nichts auf Erden
Mit Leidenschaft, und du wirst glücklich werden, ...

Dieses *Abschiedsschreiben* ist ohne Zweifel das schönste der Münchhausen-Gedichte und fand bei den damaligen Lesern großen Anklang, weil es »durch den Ausdruck reiner Individualität die innigsten Gefühle weckt, und durch die schwebende Leichtigkeit des Verses und einen fast durchaus erhaltenen Wohllaut, immer von neuem anzieht«[25], wie in der *Allgemeinen Litteratur-Zeitung* zu lesen war. In der anonymen Rezension einer Ausgabe von Seumes Gedichten von 1801 heißt es, daß diese

»poetische Epistel an Münchhausen … vor allen ausgezeichnet zu werden« verdient. »Sie athmet nicht nur Gesinnungen eines braven Mannes, sondern auch wahren Dichtergeist … Flug und Stimmung sinkt niemals und es wird keinem gefühlvollen Leser … die Geduld ausgehn … Wahre Gedichte, wie dieses, sind über den Richterstuhl der Kritik erhaben.«[26] Münchhausens Mahnung »Bleibe im Vaterlande« wurde von dem ruhelosen Seume nicht befolgt, und auch seine Vorstellungen von Seumes Zukunft als Beamter und Familienvater und das sogar als Münchhausens Nachbar, die er in seinem Antwortgedicht *Nachruf, an Seume. Am 1. des Eismonds 1793* darlegt, fanden keinen Anklang. Auch vom Wesen der Frau hatte Münchhausen eine andere Auffassung als Seume, so wie er ihn davor warnt, gar zu schlecht von den Menschen zu denken und sich von ihnen zurückzuziehen, damit er nicht als Menschenhasser angesehen werde.

Offenbar hatte Münchhausen Seume aufgegeben und geglaubt, nie wieder etwas von ihm zu hören, worauf das Wort »Nachruf« hindeuten könnte. Aber es kam anders. Bald erhielt Münchhausen aus Polen Seumes Gedicht *Rückerinnerung. An meinen Freund Münchhausen.* Tatsächlich steht das Gedicht fast ganz im Zeichen der Erinnerung, deren Göttin zu Beginn angerufen wird. Nach der Mahnung, Gottes gute Gaben zu genießen, überkommt den Autor Todesahnung, und ruhig würde er jetzt sterben, da er manche Stunde froh gelebt hat. Auf diese blickt er zurück und läßt freudige Begebenheiten aus seiner Knaben- und Schulzeit vorüberziehen. Allgemeine Betrachtungen über Glück und Gefahren des Lebens sowie Ratschläge, wie sie auch in anderen Gedichten Seumes häufig vorkommen, schließen sich an; doch im Gegensatz zum *Abschiedsschreiben* fehlen negative Äußerungen gänzlich, so daß dieses Gedicht einen innerlich beruhigten Seume zeigt, der am Schluß zuversichtlich und zufrieden formuliert:

Meines Lebens Wunsch ist stiller Friede,
Guter Bücher eine kleine Zahl,
Ein geprüfter Freund mit einem Liede,
Und der Sparsamkeit gesundes Mahl.

Auf Münchhausens Rat, nicht wieder in Militärdienste zu treten, geht Seume nicht ein, aber der Vorwurf des Menschenhassers hat seine Wirkung nicht verfehlt.

Münchhausens Gedicht *Ländliche Einsamkeit. Meinem biedern Seume gewidmet* schließt den Austausch von Gedichten ab. Es wurde mit der Absicht geschrieben, Seume in eine andere politische Richtung zu lenken, und enthält Äußerungen, die gegen die Revolution und die Franzosen gerichtet sind und den Standpunkt des Adels wiedergeben. Am Schluß fordert Münchhausen Seume auf, zu ihm in seine ländliche Einsamkeit zu kommen, um in Freundschaft das Leben zu genießen und gemeinsam zu dichten. Dabei wird man sich unwillkürlich fragen, welchen Verlauf Seumes Leben genommen hätte, wenn er Münchhausens Wunsch nachgekommen wäre.

Nicht mit in das Freundschaftsbuch *Rückerinnerungen von Seume und Münchhausen* aufgenommen wurde das vierte Gedicht Seumes, das er unter dem Titel *Über Gefühl. Apologie an Münchhausen* kurz danach geschrieben hat. Dessen Hauptaussage ist: Gefühle und Leidenschaften, den Menschen als Gegengewicht zur Vernunft gegeben, brechen in allen Lebenslagen durch und können viel Gutes bewirken, aber auch großes Unheil anrichten:

Wir trinken Heil und Gift aus einer Quelle;
Die Wirkung lieget in dem Maß des Zugs:
Gefühl ist Himmel, und Gefühl ist Hölle,
Ist Strahl der Wahrheit und ist Dunst des Trugs.

Letzten Endes aber soll Gefühl nach Seumes Meinung die Menschen sanftmütig stimmen und das Leben harmonisch gestalten.

Den Vorwurf, ein Misanthrop zu sein, weist Seume zurück; er fühlt sich mit der Natur und den Menschen verbunden, genießt die Schönheiten und nimmt Anteil an Freuden und Leiden. Münchhausens Zukunftsphantasien erteilt er eine deutliche Absage, er betont sein Recht, selbst über seine Zukunft zu entscheiden:

Freund, lass' mich ruhig meine Wege wandeln;
Ich will den Frieden, den ich mir errang,
Nicht um die Wollust Deines Glücks verhandeln;
Genieß' nur Du und lass' mir meinen Gang.

Das ist deutlich genug, ohne den Freund zu beleidigen. Münchhausens Welt ist nicht Seumes Welt.

Von den Hessen zu den Preußen (1783–1787)

Mit der Darstellung der Beziehung Seumes zu Münchhausen sind wir der Entwicklung ein großes Stück vorausgeeilt. Nun kehren wir wieder nach Amerika zurück.

Der Friedensschluß 1783 zwischen Großbritannien und den neugegründeten Vereinigten Staaten von Amerika beendete zwar ein weiteres Blutvergießen, vereitelte aber auch Seumes Plan, zu den Republikanern überzulaufen, um dort eventuell eine militärische Karriere zu beginnen, vielleicht sich später anzusiedeln. Dann hätte die Welt sicher nie etwas von Seume erfahren. Nun mußte er zurück nach Deutschland.

Inmitten einer stattlichen Flotte von über 200 Schiffen unterschiedlicher Bauart und Nationen, darunter zwei mit der neuen amerikanischen Flagge – den Briten ein Dorn im Auge –, überquerten die Transportschiffe mit den hessischen Söldnern im September 1783 auf einer südlicheren Route den Atlantischen Ozean bei schnellem Tempo in nur 23 Tagen. Als sie in den Kanal zwischen England und Frankreich einliefen, wurden sie noch in der letzten Nacht von einem mächtigen Sturm überrascht, für Seume aber eher ein grandioses als schlimmes Erlebnis der Naturkräfte.

Am nächsten Morgen fuhren die Schiffe bei ruhiger See an den Kreidefelsen Südenglands vorüber und gingen bei Deal nördlich von Dover vor Anker, wo die Rekruten einzeln an Land gehen durften. Das war das einzige Mal, daß Seume englischen Boden betreten hat.

Nach einer stürmischen Fahrt über die Nordsee gelangten sie nach Cuxhaven, wo sie wegen der Gezeiten erst nach einigen Tagen in die Weser bis Bremerlee (Bremerhaven) einfahren konnten. Hier mußten die Soldaten auf Flußfahrzeuge umsteigen, um bis Bremen und noch weiter, wahrscheinlich bis Minden, transportiert zu werden. Denn dort sollten sie, wie das Gerücht ging, an die Preußen verkauft werden, da der Landgraf von Hessen ihre Dienste jetzt nicht mehr benötigte. Dem wollte Seume entgehen; er beschloß, sich »den Fesseln der schändlichen Dienstbarkeit zu entziehen« und bei der ersten besten Gelegenheit zu fliehen. Dazu hatte er sich mit zwei anderen Kameraden zusammengetan, zu dritt warteten sie darauf, nachts das Schiff verlassen zu können, wobei immer einer wachen mußte, um die anderen zu wecken, falls sich eine günstige

Gelegenheit bot. Eines Morgens aber bemerkte Seume, daß die beiden anderen ohne ihn geflohen waren. So mußte er die Flucht auf eigene Faust wagen, denn fliehen wollte er unbedingt; das »Gespenst der Preußen« saß ihm »fest im Gehirn«.

Als das Schiff in Bremen vor Anker lag, nutzte Seume die entstandene Verwirrung, um kurzerhand vom Schiff ans Ufer und in die Stadt hineinzulaufen. Es war eine gefährliche und riskante Situation für ihn, plötzlich vor aller Augen am hellichten Tage zu desertieren. Ein Bürger, der dies beobachtet hatte, machte den Flüchtling darauf aufmerksam, daß der Landgraf von Hessen einen Vertrag mit der Reichsstadt Bremen geschlossen hatte, wonach die Stadt hessische Deserteure nicht beherbergen dürfe, sondern ausliefern müsse.

Bis hierher hat Seume sein Leben in seiner Autobiographie geschildert, die durch seinen Tod Fragment geblieben ist. Seumes Freunde, der Buchhändler und Verleger Georg Joachim Göschen und der Leipziger Universitätsprofessor Christian August Heinrich Clodius (1772–1836), haben der Autobiographie eine Fortsetzung bis zu Seumes Tod angefügt, die sich allerdings von Seumes Darstellungsweise stark unterscheidet und mit Vorsicht benutzt werden sollte.

Die letzten Worte in Seumes Manuskript lauten: »Und nun –« Und nun – wollte er vielleicht fortfahren – sah ich auch schon meine Verfolger. Seine Flucht war schnell bemerkt worden, und hessische Jäger waren ihm auf den Fersen. Aber eine Menge Bremer Bürger, die aufmerksam geworden und nicht gerade Freunde der Hessen waren, versperrten den Verfolgern den Weg und wiesen Seume die Richtung nordwärts zum nächsten Stadttor. Obwohl er ein geübter Läufer war, konnte er die Verfolger nicht abschütteln. Die Hetzjagd endete in der Sackgasse einer Flußgabelung, der Mündung der von Südwesten kommenden Hunte in die Weser. Hier ging es nicht weiter, Seume mußte entweder durch den Fluß schwimmen oder sich ergeben. Im letzten Moment entdeckte er im Schilf des Ufers einen Fischer, der Seume in seinem Kahn auf den Boden legen hieß und trotz der Schüsse der Jäger ans andere Ufer ruderte, ins Herzogtum Oldenburg und damit in die Freiheit.

Wenn man Göschens Darstellung glauben darf, wurde Seume am nächsten Tag, wahrscheinlich in einer Herberge, von hessischen Offizieren aufgesucht, die ihn zur Rückkehr überreden wollten und ihm Geld,

Straffreiheit und eine Beförderung versprachen. Aber Seume lehnte ab, er wollte frei sein und zu seiner Mutter zurückkehren. Seine Flucht hatte sich als ein spektakuläres Ereignis in dem alltäglichen Einerlei der Menschen in der Gegend rasch herumgesprochen und für einiges Aufsehen gesorgt. In der etwa 20 km von der Grenze entfernten Landeshauptstadt Oldenburg, auf die Seume zugegangen war, soll ihn sogar, laut Göschen, der Herzog Friedrich August, der sich für den Vorfall interessierte, empfangen und ihm für seine Heimkehr ein größeres Geldgeschenk gemacht haben. Daß ein Fürst für einen armen einfachen Soldaten Interesse gezeigt und ihn auch noch beschenkt haben soll, ist unglaubwürdig, weil der Herzog gar nicht in Oldenburg weilte, sondern außerhalb der Stadt residierte. Vielleicht war es dessen Sohn, der Prinz und spätere Herzog Peter Friedrich Ludwig, der Seume empfangen hat. Vielleicht entspricht die Geschichte überhaupt nicht den Tatsachen und ist nur auf die lückenhafte Erinnerung oder die Phantasie Seumes oder Göschens zurückzuführen. Auch Stellenangebote soll Seume von angesehenen Leuten bekommen haben.

Fest steht, daß er durch das Land Oldenburg in Richtung Süden marschierte und jenseits der Grenze in das Kurfürstentum Hannover oder auf das Gebiet des zu Preußen gehörenden Fürstentums Minden gelangte. Hier hatten ihn bald preußische Soldatenwerber als hessischen Deserteur erspäht, denn Seume hatte angeblich vergessen, seine Uniform gegen Zivilkleidung zu tauschen – eine Nachlässigkeit, die bei seiner sonstigen Umsicht unverständlich ist. Vielleicht war es aber auch anders. Vielleicht war Seume stolz darauf, eine Uniform zu tragen und als Soldat erkennbar zu sein. Wie auch immer, es war leichtsinnig und gefährlich und ein gewaltiger Fehler, so durch die Lande zu marschieren. An der Kleidung dürfte es aber nicht in erster Linie gelegen haben. Seume wäre in jedem Falle den Werbern aufgefallen, die ihn ohne viel Federlesens für das preußische Militär vereinnahmten und die mehr als 100 km lange Strecke durch das Bistum Münster nach der Garnisonsstadt Emden in das Fürstentum Ostfriesland schleppten, das seit 1744 preußisch war. Der Traum von Freiheit und Rückkehr in die Heimat war nach wenigen Tagen ausgeträumt. Es muß ein schwerer Schlag für ihn gewesen sein. In der neuerlichen Gefangenschaft sollte er vier Jahre zubringen. Das »Gespenst der Preußen« war Wirklichkeit geworden.

Das preußische Militär, von König Friedrich Wilhelm I. (1688/1713 bis 1740), dem »Soldatenkönig«, geschaffen und Hauptstütze des preußischen Staates, war wegen des unbarmherzigen Drills und der brutalen Strafen in Europa berühmt-berüchtigt und im eigenen Lande verhaßt. Eine tiefe Kluft trennte adlige Offiziere und bürgerliche oder bäuerliche Rekruten, und es galt nur das Prinzip Befehlen und Gehorchen. Ein Verhältnis wie zwischen Münchhausen und Seume wäre hier undenkbar gewesen. Selbständiges Denken war verpönt, und wer sich kritisch äußerte, räsonierte, ungehorsam war oder gar desertierte, hatte mit härtesten Strafen zu rechnen, von denen das Spießrutenlaufen die schlimmste war und fast einem Todesurteil gleichkam.

In der Garnison Emden mit etwa 600 Mann diente Seume nur als einfacher Soldat. Obwohl ihm seine bisherigen militärischen Erfahrungen zugute kamen und er offenbar vor allem mit Schreibarbeiten beschäftigt war, obwohl ihm seine stoische Haltung wie gewöhnlich half, sich leichter mit seiner Lage abzufinden, saß der Groll über die abermals verlorene Freiheit und die neue Sklaverei tief in ihm, so daß er vom ersten Tage an Fluchtpläne schmiedete. Eine andere Möglichkeit, in absehbarer Zeit von den Preußen freizukommen, sah er nicht. Aber bei den zwei Fluchtversuchen, die Seume in den vier Jahren unternahm, wurde er jedesmal vom Unglück verfolgt. Beide Male wählte er eine Nacht mit geeigneten Wetterbedingungen, und beide Male mißlang die Flucht durch eine plötzliche Wetteränderung. Dennoch hatte er jedesmal wiederum Glück im Unglück, denn durch günstige Umstände entging er der schweren Strafe, die auf Fahnenflucht stand.

Die Nacht, in der er zum erstenmal die Flucht wagte, war sternenklar und deshalb günstig, weil er Weg und Steg gut sehen und sich an den Sternen orientieren konnte, günstig aber auch für die Verfolger. Denn schon nach etwa einer Stunde war Seumes Verschwinden bemerkt worden, und die Kanonen, die bei der Flucht eines Soldaten abgeschossen wurden, alarmierten die Bevölkerung im Umkreis von vielen Meilen. Seume hetzte in südliche Richtung, als in der zweiten Nachthälfte dichter Nebel aufkam und alles in einen milchigen Schleier hüllte, so daß der Flüchtling völlig die Orientierung in der ihm unbekannten Gegend verlor und stundenlang ziellos umherirrte. Als sich am Morgen der Nebel lichtete, sah er zu seinem Schrecken, daß er sich vor der Stadt Emden be-

fand und die Verfolger ganz in der Nähe waren, so daß er schnell wieder eingefangen wurde. Er hatte im Nebel unbewußt die Richtung geändert und war wieder zurückgegangen.
In der Kaserne wurde Seume sofort in den Arrest gesperrt, wo er Zeit hatte, bis zur Verhandlung vor dem Kriegsgericht über sein Mißgeschick nachzudenken. Da es einer seiner Grundsätze war, sich von einem Unglück nicht niederdrücken zu lassen, sondern auch in einer mißlichen Lage standhaft zu bleiben, fiel ihm eine Zeile aus Vergils *Aeneis* ein, die auf seine Situation zutraf und die seinen Mut stärkte: Tu ne cede malis, sed contra audentior ito. (VI, 95) Er fand ein Stück Kreide und schrieb den lateinischen Satz, einen Hexameter, an die Tür und darunter die deutsche Übersetzung: Weiche dem Unglück nicht – nein, geh ihm kühner entgegen. (Übersetzung von Wilhelm Hertzberg)
Bei der Gerichtsverhandlung kam die Rede auch auf diesen Satz, und ein Hauptmann, der in der Schule Lateinisch gelernt hatte, bezweifelte die Richtigkeit des Versmaßes und behauptete, daß für einen richtigen Hexameter noch eine unbetonte Silbe fehle, da einer betonten Silbe immer zwei unbetonte folgen müßten. Seume belehrte ihn, daß das nicht immer so sein müsse, sondern daß jeder der ersten vier Takte entweder aus drei Silben – einer betonten und zwei unbetonten – oder aus zwei Silben – einer betonten und einer unbetonten – bestehen könne, während der fünfte Takt immer dreisilbig sein müsse und daß dies dem Vers einen beweglichen Rhythmus gäbe. Die übrigen Richter, die wahrscheinlich keine Ahnung von Verslehre hatten, rissen wohl Mund und Augen auf, als sie den kleinen Rekruten derart gelehrt über Versmaße dozieren hörten. Erst recht staunten sie, als er ihnen sagte, daß der Vers von dem römischen Dichter Vergil stammte und dies anhand seiner Taschenbuchausgabe bewies. Nun wurde von den Richtern die Frage gestellt, wie solch ein gebildeter Mensch überhaupt zum Militär gekommen sei. »Durch Gewalt«, lautete Seumes Antwort, und er schilderte sein bisheriges Leben von Knauthain über Leipzig, Vacha, Ziegenhain, Halifax und Bremen bis Emden. Das muß die Richter beeindruckt und erschüttert haben – sicher eine seltene Ausnahme –, daß ihm aus Mitleid die Strafe erlassen wurde. Vom weiteren Militärdienst war er aber nicht befreit.
Freilich liegt die Vermutung nahe, daß Seume seine klassische Bildung bewußt eingesetzt hat, nicht nur um seine Bewacher zu beeindrucken,

sondern um auf diese ungewöhnliche Weise auf sich aufmerksam zu machen, vielleicht zu provozieren, in der Hoffnung, etwas zu seinen Gunsten zu erreichen. Zudem wollte er mit dem Satz seine eigene Haltung in Situationen wie dieser kundtun. Denn um ausschließlich sich selbst Mut zu machen, hätte er den Satz nicht anzuschreiben brauchen. Es scheint klar, daß er mit dieser bauernschlauen Selbstdarstellung eine bestimmte Absicht verfolgt hatte. Seine Rechnung ging auf und brachte noch mehr Vorteile.

Der Kommandant der Emdener Garnison nämlich, Generalmajor Guillaume René Baron de L'Homme de Courbière (1733–1811), der aus einer französischen Hugenottenfamilie stammte und später die Festung Graudenz gegen die Franzosen verteidigte, wurde auf diesen gelehrten Rekruten aufmerksam und machte ihn zum Privatlehrer seiner Kinder, die Seume in Englisch und Latein unterrichten sollte. Auch einige andere Offiziersfamilien schickten ihre Kinder zu diesem Unterricht. Gleichzeitig befreite der General Seume von manchen Dienstpflichten und empfahl ihn außerdem verschiedenen Familien in Emden als Lehrer. Nach einer späteren Darstellung [27] hat Seume bereits den beiden ältesten Söhnen des Emdener Kaufmanns Bauermann Französisch- und Englischunterricht erteilt, als ihn der gegenüber wohnende General Courbière kennenlernte und ihn mit dem Unterricht seiner Kinder beauftragte. Dem folgten noch andere hochgestellte Familien der Stadt, so daß Seume eine Anzahl Privatschüler hatte und keine Not litt.

Seume hätte mit seiner Lage zufrieden sein können, denn es ging ihm besser als seinen Kameraden, aber der Drang, dem Militärdienst zu entkommen und wieder in die Heimat zu gelangen, war stärker. Er dachte weiter über Fluchtpläne nach, vor allem weil keine Aussicht auf Entlassung bestand und er nicht befördert werden konnte, obwohl sich General Courbière für eine Beförderung einsetzte. Der Widerstand einiger adliger Offiziere sowie der Nachschub aus dem Kadettencorps verhinderten es, und ein einfacher Korporal wollte Seume nicht sein. »Wäre der Wunsch des Generals damals erfüllt worden«, schrieb er später, im Sommer 1792, an Münchhausen, »so wäre ich jetzt vermuthlich preußischer Offizier und auf immer im Dienste. Die Fehlschlagung wurmte mich …«

Da die Witterungsbedingungen bei einer Flucht oft von entscheidender Bedeutung sind, wählte Seume für den zweiten Fluchtversuch eine kalte

Winternacht im Januar 1787, in der die schlammigen Wege, die morastigen Wassergräben und die ausgedehnten Sumpfgebiete des Emslandes gefroren waren. Deshalb kam er schnell voran, nachdem er seinen Posten verlassen hatte. Doch auch diesmal wurde er vom Pech verfolgt. Nach wenigen Stunden zog die Warmfront eines Tiefs von Südwesten heran und leitete eine Wetterumstellung ein. Es fiel starker Regen, das plötzliche Tauwetter verwandelte den gefrorenen Boden schnell in eine zähe klebrige Masse, die die Stiefel des Flüchtenden wie mit Saugnäpfen festhielt und das Gehen zur schweißtreibenden Schwerarbeit und zur Qual werden ließ. Doch trotz ständigen Einsinkens im Morast setzte Seume, in der schweren, vom Regen durchweichten Uniform schwitzend, seine Flucht fort, bis er nach mehr als 24 Stunden völlig erschöpft, verdreckt und blutend in der Nähe der Grenze in ein Dorf kam, wo er nicht mehr weiter konnte. Im ersten Haus, an dem er anklopfte, fand er freundliche und hilfsbereite Menschen, die ihn aufnahmen, säuberten, ihm zu essen und zu trinken gaben und ein Ruhelager bereiteten, damit er sich erhole. Sogar der Bürgermeister des Ortes, dem der Hausherr offensichtlich Mitteilung gemacht hatte, erschien, um sich den etwas verdächtigen Mann anzusehen, und versprach, einen Wagen zum Weitertransport zu schicken. Gut in Stroh verpackt und von einigen Männern begleitet, wurde Seume am nächsten Tag weitergefahren – aber nicht über die Grenze, sondern nach Emden zurück.

Eine davon abweichende Version von Seumes zweitem Fluchtversuch gibt der Sohn des Emdener Kaufmanns Bauermann nach der häufig gehörten Erzählung seines Vaters: »Eines Morgens gegen die Zeit des gewöhnlichen Exerzierens (10 Uhr) ertönten vom Walle her ununterbrochene Kanonenschüsse. Dieselben sollten als Zeichen für die zunächst gelegenen Dörfer Wolthusen und Uphusen dienen zum augenblicklichen Sturmläuten behufs Aufspürung eines Deserteurs. Zu seiner grossen Betrübnis erfuhr mein Vater, dass unser guter Seume entwichen sei. Bei dem seit einigen Tagen eingetretenen scharfen Froste hatte Seume in der Frühe des Morgens Gelegenheit gefunden heimlich aus Emden zu entfliehen um zu versuchen die Grenzen der freien Reichsstadt Bremen (etwa 90 km, E.Z.) zu erreichen. Leider aber war der strenge Frost gegen Abend nicht allein in mildere Witterung umgeschlagen, sondern er hatte sich sogar in einen feinen Staubregen verwandelt, wodurch die zugefrornen Flächen morsch wurden und höchst gefährlich zu passieren waren. Der bereits durch unaufhörliches Vorwärtseilen ermattete Flüchtling brach in Folge dessen an verschiedenen Stellen im Eise ein und konnte nur mit der grössten Anstrengung sich wieder aus dem Wasser herausarbeiten. Endlich gelang es ihm nach unsäglichen Mühen, spät am Abend die Gegend von Backband und Strackholdt (etwa 30 km östlich von Emden und 15 km vor der Grenze zu Oldenburg, E.Z.) zu erreichen. Unglücklicherweise hatte aber der Regen den Morast dieser Fehnstelle so erweicht, daß es unmöglich war, weiter zu gelangen. Hier nun hatte Seume das Unglück, im Morast stecken zu bleiben. Aus Furcht erspäht zu werden hatte er nämlich weder in Wirthshäuser noch sonst in irgend welche Wohnungen einzukehren gewagt ... Hier war es, wo die verfolgende Patrouille ihn ertappte, mit sich nach Emden führte und ihn zur Bestrafung an den Generalmajor überlieferte.«[28]

Nach dem zweiten erfolglosen Fluchtversuch konnte Seume einer schweren Bestrafung nicht mehr entgehen. Obwohl alle den unglücklichen Deserteur bedauerten, konnten sie ihm nicht helfen. Auch der General konnte nichts für ihn tun, denn über Seume und dessen Strafe entschied allein der Regimentskommandeur, zu dem der General kein gutes Verhältnis hatte. Selbst die angesehenen Emdener Familien, deren Kinder Seume unterrichtet hatte, setzten sich für ihn ein, aber nichts half, niemand konnte etwas gegen die harten Militärgesetze und die starre Haltung des Obersten ausrichten. Seume wurde vor das Kriegsgericht gestellt, das ihn zu zwölfmaligem Spießrutenlaufen verurteilte. Es war die gebräuchlichste und unmenschlichste Militärstrafe und wurde folgendermaßen vollstreckt: Zweihundert oder dreihundert Soldaten mit Haselruten bildeten eine Gasse, durch die der Verurteilte mit nacktem Oberkörper gehen mußte, an Händen und Füßen gefesselt und mit einer Bleikugel im Mund, um sich vor Schmerz nicht die Zunge abzubeißen. Vor und hinter ihm ging je ein Unteroffizier mit gezogenem Säbel, um ein zu schnelles Laufen oder Zurückweichen zu verhindern. Sechsmal hinauf und sechsmal hinab mußte der Delinquent durch die Gasse laufen, und jedesmal erhielt er von jedem Soldaten einen kräftigen Schlag mit der Rute auf den Rücken, wobei ein außen gehender Offizier darauf achtete, daß die Schläge nicht zu sanft erfolgten. Trommler schlugen ihr Instrument dazu, um das Stöhnen und Schreien des Gemarterten zu übertönen.

Diesem war die Haut bald aufgeplatzt und zerfetzt, Körper und Kleider waren blutüberströmt, er selbst wankte, fast ohnmächtig vor Schmerzen, die Gasse auf und ab, stürzte, raffte sich wieder auf oder blieb liegen. Für viele endete das Martyrium mit dem Tod.

Diese Tortur sollte Seume erleiden; viele der Anwesenden zweifelten, daß er sie überstehen würde. Er aber stand bereit, finster geradeaus blickend, vielleicht mit dem Satz des Vergil im Kopf und fest entschlossen, keinen Schmerzenslaut über die Lippen kommen zu lassen, als plötzlich eine Schar Kinder vor das Kriegsgericht stürmte – alle Kinder, die er unterrichtet hatte, auch die Kinder des Generals –, die unter Tränen um Gnade für ihren geliebten Lehrer flehten. Nur ein Unmensch hätte diese Szene ungerührt mit ansehen können, und deshalb verkündete der Oberst nach einigem Zögern: »In Rücksicht des sonstigen guten Betragens des Arrestanten, seines moralischen Lebenswandels und des guten Gebrauchs, welchen er von seinen Talenten macht, auch wegen der Art und Weise, wie er in den Dienst gekommen ist, verwandelt das Kriegsgericht die bestimmte Strafe in sechswöchentliches Gefängnis bei Wasser und Brot.« Abermals hatte Seume unglaubliches Glück, aber am glücklichsten waren die Kinder, seine Schüler. Da der General noch hinzufügte, daß es den Emdener Bürgern nicht verboten sei, dem Arrestanten ab und zu etwas zu essen in das Gefängnis zu schicken, speiste Seume in diesen sechs Wochen besser als der General und seine Offiziere, denn die Emdener machten von diesem Angebot so reichlich Gebrauch, daß Seume sogar seinen Kameraden davon abgeben konnte.

Was macht ein Mensch, der allein in einer Gefängniszelle sitzt, wenn er nicht ißt oder schläft? Er denkt nach, erinnert sich, überlegt, liest, wenn ihm Bücher zur Verfügung stehen, schreibt, wenn er Lust, Papier und Schreibgerät hat. Das alles tat Seume während seiner Haft. Er las in seinen griechischen und lateinischen Klassikern und schrieb Gedichte und Briefe. In Seumes frühen Gedichten ging es vor allem um eigene Erlebnisse beim Militär: *Meine Nachtwache in Ziegenhain*, *Als ich Deutschland verließ*, *Abendlied auf dem Meere*, *Im Lager bei Halifax*, *Mein Spaziergang an einer wilden amerikanischen Küste*, *Gedanken eines deutschen Jünglings über sein Schicksal*. Trotz mancher aufmunternden Worte überwiegt in den Gedichten die Klage über die hoffnungslose Lage und die unsichere Zukunft, eine depressive Stimmung, von der

Seume trotz gegenteiliger Behauptung zeitweise erfaßt wurde, wie einige Strophen aus dem Gedicht *Im Lager bei Halifax* verdeutlichen:

Wie ändert sich des Menschen Ziel!
Apoll verbirget sich;
Die Muse, der ich einst gefiel,
Sie schweiget nun vor mich.

Die sanfte Stille ist entflohn,
Entflohn die Sympathien;
Mich reißt nunmehr ein roher Ton
Zum Waffenrausch dahin:

Die Tritte sind mit Schwarz umhüllt,
Die Zukunft voll Gefahr
Stellt sich mit Schrecken angefüllt
Der Seele schaudernd dar.

Du bist dahin, beglückte Zeit!
Dir folgt mein starrer Blick! –
Ins dunkle Meer der Ewigkeit,
Und kehrst nicht mehr zurück!

Diese Gedichte faßte Seume, der sich damals geringschätzig als »Poetaster« bezeichnete, unter dem Titel *Poetische Versuche eines unglücklichen jungen Deutschen* zusammen und schickte sie etwa Mitte 1786 mit einem Brief ohne Datum und Unterschrift an Pfarrer Schmidt in Knauthain. Sie waren meist schon in Amerika als »Geburten einer unglücklichen Einsamkeit« entstanden und nicht zur Veröffentlichung bestimmt. Später sandte Pfarrer Schmidt die Gedichte wieder an Seume zurück, der sie ergänzte. Seumes Freund Clodius hat drei davon sowie die Titel von 15 weiteren Gedichten, einige Stellen daraus und Seumes Brief an Schmidt im Jahrgang 1812 des Taschenbuches *Minerva* veröffentlicht; seitdem ist das Manuskript verschwunden. In dem selbstkritischen Brief an Schmidt macht sich Seume nicht nur den Vorwurf, »selbst der Urheber meines Falls zu seyn«, sondern vor allem Sorgen um seine Mutter: »Nur dieses einzige thun Sie noch an mir, schreiben Sie mir, wie es um meine Mutter, um meine Familie steht; dieß ist mein erster unerträglicher Gedanke …«

Pfarrer Schmidt konnte Seume beruhigen: der Mutter ging es gut. Als Seumes Schulfreund Johann Gottlob Korbinsky, damals Gerichtsaktuar in Knauthain, von Seumes Brief erfuhr, schrieb er auch an Seume, und es entwickelte sich ein lebhafter Briefwechsel zwischen beiden, wobei Seume seine Briefe stets mit »Normann« (d.i. Nordmann) unterzeichnete.

Bereits vor seinem ersten Fluchtversuch hatte Seume in einem Gedicht die Tyrannen angeklagt, die ihn zum Militärdienst, das heißt in die Sklaverei, gezwungen hatten, und sein natürliches Menschenrecht verteidigt, sich dagegen zu empören und die Ketten zu zerbrechen:

Wer aber schuf dir Fremdling, solch ein Recht,
Daß du zum Sklav mich machst,
...
Und hebe kühn die Faust empor,
Und brech es los mit meiner freien Hand
Das Band, das ein Tyrann
Hohnsprechend mir um Fuß und Nacken wand;
Wo nicht, so sterb ich denn als Mann!

Er schickte diese Verse am 3.1.1787 an Korbinsky mit der Bemerkung: »Du siehst hier die Lage meiner Seele! Es ist keine Poesie; es ist reifer Entschluß. Mag ihn Kriegsdogmatik verdammen, gilt mir gleich: Das Naturrecht vertheidigt ihn, ...« Die Verteidigung des natürlichen Rechts des Menschen auf Freiheit, die Verurteilung jeglicher Form von Zwang und Tyrannei als Verstoß gegen dieses Naturrecht ist eine von Seumes Grundüberzeugungen, die sich durch sein gesamtes Schaffen zieht, von der er unter keinen Umständen abwich und die ihn als Vertreter der Aufklärung ausweist.

Nicht nur mit seiner gegenwärtigen Zwangslage war Seume unzufrieden, auch mit sich selbst schien er zeitweise uneins zu sein. »Ich bin zuweilen sehr klug, aber noch öfter sehr närrisch«, bekannte er dem Freund am 13.10.1786, »und ich muß Dir gestehen, ich habe Epochen, wo meine Seele finstrer ist als Shakespears schwarzestes Trauerspiel.« Er bedauerte, daß er nicht Grobschmied geworden war, wie er es einst wollte, »dann kennte ich Ramlern und Klopstock nicht und dächte nicht ans Oden dichten, aber ich könnte den Ambos schlagen und mein Schurzleder setzte mir nicht Iliaden ins Gehirne. Warum wurde der Funke geschlagen, daß er zündete und – konnte nicht ausspringen?« Ja, warum sprang der Funke, die Begeisterung für Sprache und Literatur und die Antike, im Unterricht an den sächsischen Schulen auf Seume über und loderte als Flamme lebenslang? Seume stellt hier eine Frage, die er nicht beantworten kann – die Frage nach dem Grund, warum jemand von einer Sache innerlich ergriffen, bewegt, begeistert wird, daß er nicht wieder davon loskommt. Aber was soll man von Seumes Klage halten, dürfen wir ihm glauben, ist sie ehrlich gemeint oder nur rhetorisch? Plagten ihn wirklich Zweifel an seinem bisherigen Leben und wünschte er ernsthaft, nie mit Dichtung in Berührung gekommen zu sein? Er war tatsächlich unzufrieden mit dem, was er bisher erreicht hat. Mit 24 Jahren haben andere junge Männer einen Beruf oder ein Studium abgeschlossen, und manche haben schon eine Familie. Er dagegen hat nichts dergleichen, nur viel erlebt und eine Menge Erfahrungen gesammelt. Da kann schon der Wunsch nach einem anderen Lebensweg aufkommen. Zwei Seelen wohnten auch in Seumes Brust. Zwei starke Neigungen beherrschten ihn seit seiner Kindheit und Schulzeit, die zu körperlicher Betätigung und die zu geistiger Arbeit. Die eine wollte ihn schon als kleinen Jungen einen handfesten Beruf ergreifen lassen, die andere führte ihn von der Lektüre der Bibel und Homers zur Schriftstellerei. Einerseits möchte er in einer Dorfschmiede arbeiten, abends stolz sein Tagewerk betrachten und sich froh im Kreise der Familie ausruhen, ohne Ilias, Odyssee, Klopstock und all die anderen Dichter zu kennen, andererseits zieht ihn die Literatur unwiderstehlich an, beschäftigt ihn Tag und Nacht, läßt seinem Geist keine Ruhe und regt ihn zu eigenem Schaffen an. Das eine ist das Bild eines ruhigen und zufriedenen Lebens, das andere bedeutet ständiges Unbefriedigtsein. Beides ist wohl väterliches Erbteil. Letzten Endes gewannen die geistigen Interessen die Oberhand, doch suchte Seume immer auch körperliche Belastungen, sei es bei seemännischen Arbeiten auf englischen Schiffen, bei Ausflügen in der kanadischen Wildnis oder später bei ausgedehnten Fußwanderungen. Er brauchte beides, körperliche wie geistige Betätigung und Bestätigung.

Daß Seume seine dichterischen »Werke« jener Zeit ziemlich gering einschätzte, zeigen die Bezeichnungen »Versuche« für seine erste Gedichtsammlung und »Poetaster« für sich selbst. Von den Gedichten, die Seume in der Arrestzelle schrieb, wurden zwei in die Sammlung seiner Gedichte aufgenommen. Das erste, mit dem Titel *Einem mißmüthigen Freunde*, ist mit 82 Strophen eines der längsten.

Seume fordert einen Freund, der vermutlich über den unzähligen Leiden der Menschen schwermütig geworden ist, auf, in seine Arme zu kommen, um hier Ruhe zu finden. Aus eigener Erfahrung empfiehlt Seume eine gute Methode gegen Mißmut, die bereits aus dem Vergil-Satz bekannt ist: Leid und Unglück erscheinen weniger schrecklich, wenn man ihnen mutig entgegentritt, statt sich zu grämen und zu verzagen. Es stimmt, daß überall auf der Welt unendlich viel Leid, Unheil, Unrecht, Tyrannei, Sklaverei, Intrigen die Menschen bedrücken, aber von den Menschen selbst hervorgerufen werden. Der Autor führt es dem Leser in anschaulich-kräftigen Bildern vor Augen – bemerkenswert darunter eine scharfe Anklage gegen die Negersklaverei – und fordert dann den Freund auf, nicht daran zu denken, alles zu vergessen. Im nächsten Augenblick aber widerruft er, denn man muß die Krankheit kennen, bevor man sie heilen kann. Er fährt fort, den Jammer und das Elend auf der Welt, Armut, Krieg, Pest, Hungersnot, Katastrophen, Geldgier, Verschwendung, unheilvolle menschliche Begierden mit deutlichen, oft drastischen Worten zu schildern, all das, was die Menschheit zu allen Zeiten geplagt hat und weiter plagen wird. Seume weist auch darauf hin, daß Unglück und Leid oft eine positive Seite haben, die man erkennen muß:

Den Genuß des Lebens zu erhöhen,
Schärft oft Leiden die Empfänglichkeit;
Heller lernen wir das Gute sehen,
Wenn das Herz sich nach dem Kummer freut.

Der Mensch sollte, wenn ihn Unglück trifft, nicht nur sich sehen, sondern das große Ganze, auch wenn er nicht alle Zusammenhänge durchschaut. Vor allem sollte er nicht mit Gott hadern. Dann führt Seume, wie er es oft und gern tut, sich selbst als Beispiel an, hält Rückschau auf sein eigenes Leben, erinnert sich an seine karge Kindheit, gesteht, daß er trotz der Förderung durch den Grafen von Hohenthal vom geraden Weg abgekommen und in die Irre gegangen, in die Sklaverei des Militärdienstes und an die ferne Küste Kanadas geraten ist, daß ihm dadurch die Jugend genommen wurde und er schließlich an Gott zweifelte. Trotz allem, auch trotz seiner gegenwärtigen Gefangenschaft, fühlt er sich als freier Mensch:

Meinen Füßen drückten Sklaveneisen
Tiefe, blutig wunde Zeichen ein,
Weil ich's wagte, Bande zu zerreißen,
Wagte, Mensch und freier Mann zu sein.

Sieh, ich bin es, trotz den schweren Ketten,
Die man einst mir um die Knochen wand; …

Selbst unter den harten Bedingungen in Emden hat er bei seinen preußischen »Zwangherrn« ein wenig Menschlichkeit gefunden, die ihn vor der härtesten Strafe bewahrt hat. Das läßt ihn hoffen, und diese Hoffnung will er dem Freund weitergeben, indem er ihn ermuntert:

Freund, erhebe Dich; lass' Deine Bürde
Deinen Muth nicht ganz zu Boden ziehn;
Sinke nicht von Deines Wesens Würde;
Kräfte hat der Himmel Dir verliehn.

Furcht zerstöret Deine Kraft im Streite,
Unerschrockenheit macht doppelt stark:
Jene ruft den Tod Dir an die Seite,
Diese stählet mächtig Sehn' und Mark.

Nach diesen kernigen, für Seume typischen Sätzen fordert er den Freund abschließend nochmals auf, sein Dasein nicht zu vertrauern, sondern Augen für das Leben und die Natur, für die Schöpfung Gottes zu haben, den Schöpfer, sein Werk und seine unendliche Weisheit zu preisen und sich seinem Schutze anzuvertrauen. Die Frage, an welchen Freund das Gedicht gerichtet war, kann nicht beantwortet werden. Es ist möglich, daß es einen solchen Freund gar nicht gab und daß Seume sich mit dem Gedicht selbst aufrichten wollte. Einige Stellen könnten das andeuten. Wer das Gedicht trotz seiner Länge aufmerksam liest, wird manche schöne Passage darin finden und es als beachtenswerte Leistung eines

Vierundzwanzigjährigen schätzen, auch wenn er nicht die weltanschauliche Sicht des Autors teilt.

In einem anderen Gedicht, *Das Opfer*, wendet sich Seume einem berühmten historischen Ereignis aus der Antike zu, dem Kampf bei den Thermopylen im Jahre 480 v. u. Z. Angeregt wurde er dazu, wie er in einer Bemerkung schreibt, von dem Epos *»Leonidas«* des wenig bekannten englischen Autors Richard Glover (1712–1785), das damals eines seiner Lieblingsbücher war und aus dem er eine Zeile, »Lo, thy country calls!« (Auf, dein Land ruft!), dem Gedicht voranstellt. Der Stoff war Seume schon aus seiner Schulzeit bekannt. Der griechische Geschichtsschreiber Herodot beschreibt die Schlacht ausführlich im 7. Buch (Kapitel 201–238) seines Geschichtswerkes.

Den Hintergrund bilden die kriegerischen Auseinandersetzungen zwischen dem persischen Großreich und den griechischen Stadtstaaten im 5. Jahrhundert v. u. Z. In dem Bestreben, ihr gewaltiges Reich weiter auszudehnen, die Herrschaft über die gesamte damals bekannte Welt zu erlangen und einige griechische Städte wegen der Unterstützung des ionischen Aufstandes in Kleinasien und auf den Inseln gegen die persische Fremdherrschaft zu bestrafen, fielen die Perser auch in Griechenland ein, in der Annahme, die meist uneinigen griechischen Stadtstaaten leicht besiegen zu können. Nachdem die Perser im ersten Feldzug im Jahre 490 v. u. Z. in der Schlacht bei Marathon eine Niederlage erlitten hatten, versuchten sie es zehn Jahre später unter ihrem König Xerxes abermals. Vor dem von Norden heranziehenden persischen Heer hatte sich die griechische Hauptmacht bis zur Landenge von Korinth zurückgezogen, um den Peloponnes zu schützen. Ein kleines Heer von 1000 Kriegern aus Mittelgriechenland und 300 Spartanern unter der Führung ihres Königs Leonidas hatten den 4 km langen und 50 m breiten Paß von Thermopylai (»Warme Tore«) an der Ostküste Griechenlands, der das Tor zu Mittelgriechenland bildete, besetzt, um den Feind so lange wie möglich aufzuhalten. Als es den Persern nach drei Tagen erbitterten Kampfes nicht gelungen war, den Paß zu erobern, führte ein verräterischer Grieche namens Ephialtes – er wurde 469 v. u. Z. getötet – die Perser auf einem Gebirgsweg in den Rücken der Verteidiger. Daraufhin befahl Leonidas einem Teil der verbündeten Griechen den Rückzug, und er verteidigte den Paß mit 300 Spartanern und 700 Thespiern mit bewundernswerter

Tapferkeit weitere drei Tage, bis alle Krieger den Tod gefunden hatten. Herodot führt drei Inschriften für die Gefallenen an, von denen diejenige, die den Spartanern galt und von dem Dichter Simonides von Keos (556–468 v. u. Z.) stammen soll, die bekannteste wurde:

Wandrer, meld es daheim Lakedaimons Bürgern: erschlagen
Liegen wir hier, noch im Tod ihrem Gebote getreu.
(Deutsch von Emanuel Geibel)

Dieses Epigramm, beeindruckend durch seine Einfachheit und lakonische Kürze, gehört zu den schönsten Werken der griechischen Literatur, und das griechische Original ebenso wie Herodot gehörten zu Seumes Zeiten zum Bildungsgut der Schüler an höheren Schulen.

Seumes Gedicht setzt in der Nacht vor dem letzten Kampftag an den Thermopylen ein, in der die Spartaner ausruhen, bevor sie wieder in die Schlacht ziehen, die allen den Tod bringen sollte. Um Mitternacht werden die Kämpfer geweckt, um das Totenmahl zu halten, den Göttern ein Opfer zu bringen und vom Priester Megist zum letzten Kampf geweiht zu werden. In dieser nächtlichen Stunde mustert Leonidas die zum Kampf bereiten Krieger und spricht noch einmal zu ihnen. Er fordert sie auf, vor dem sicheren Tode an die Männer zu denken, die vor ihnen im Kampf fürs Vaterland gefallen sind und jetzt im Jenseits, im Elysium, bereit sind, auch sie zu empfangen; der Geist dieser toten Helden wird ihnen im Kampf zur Seite stehen. Auch an Frauen und Kinder sollen sie denken, die sich ihrem Schutz anvertraut haben. Leonidas beendet seine Ansprache mit dem Aufruf:

… Das Vaterland,
Die Freiheit ruft; wir sind der Freiheit Erben!
Braucht's mehr zum Siegen oder Sterben!

Gestärkt ziehen die Spartaner in den Todeskampf, im Schutze der Nacht zum Lager der Perser, die sie im Schlafe überfallen, bis »Verwüstung deckt das Feld mit Leichen«. Ausführlich und anschaulich führt Seume dem Leser das gegenseitige Abschlachten vor Augen, er schwelgt förmlich im Blutrausch. Dann ruft Leonidas seine Krieger zusammen, um sich ins Gebirge zurückzuziehen und auszuruhen. Doch es ist ihnen keine lange Ruhepause vergönnt, denn gleich bei Tagesanbruch marschieren die Massen der noch lange nicht geschlagenen Feinde heran. Heldenmütig kämpft Leonidas an der Spitze seiner Spartaner den letzten, aussichtslosen Kampf,

Bis Mann auf Mann die Seinen ohne Wanken
Mit ihm im Wogenschwall versanken.

Als tapfere Helden, die für alle Zeiten in die Geschichte eingegangen sind, feiert Seume diese Kämpfer in der letzten Strophe:

Ihr Edlen, leuchtendes Exempel!
Bewundrung jeder Nation
Und hohes Lob und Ehrentempel
Sind durch Aeonen Euer Lohn;
Und, was Euch mehr als alle Lorbeer kröne,
Ihr seid der Freiheit Lieblingssöhne.

Mit diesem Gedicht hat Seume trotz pathetischer und heroisierender Darstellung sowie freier Gestaltung eine interessante literarische Bearbeitung dieses weltberühmten Ereignisses geliefert. Etwa zwanzig Jahre später stellte er in seinen *Apokryphen* den Kampf bei den Thermopylen in den größeren geschichtlichen Zusammenhang: »Ohne Marathon und Salamis wäre Thermopylä eine Donquichotterie: aber in ihrer Mitte ist es das Kleinod der Menschengeschichte.« Die Frage ist, ob Seume allein aus Vorliebe für Historisches und die Antike dieses Gedicht geschrieben hat oder ob er sich dabei selbst als Kämpfer gegen eine Übermacht sah und Mut machen wollte.

Magister und russischer Leutnant (1787–1795)

Studium in Leipzig – Hofmeister und Magister (1787–1792)

Nach der Verbüßung der Strafe versah Seume seinen Dienst wieder wie vorher, er hatte keinerlei Nachteile und konnte auch den Privatunterricht fortsetzen, das Verlangen nach Freiheit und Unabhängigkeit aber blieb. Durch den Unterricht, seine Beliebtheit bei den Schülern, noch mehr durch seine beiden aufsehenerregenden Fluchtversuche und die darauffolgende Umwandlung der harten Strafe in eine mildere war Seume bei den Bürgern von Emden bekanntgeworden; sein ungewöhnliches Schicksal erweckte die Anteilnahme vieler Menschen.

Eines Tages fragte ihn der Kaufmann Bauermann, dessen Söhnen Seume Englisch- und Französischunterricht erteilte, warum er nicht einmal Urlaub beantrage, um seine Mutter zu besuchen. Als Seume antwortete, daß er keinen bekäme, schlug er ihm eine Kaution vor, und da Seume das Geld dafür nicht hatte, bot sich Bauermann an, den Betrag zur Verfügung zu stellen. General Courbière forderte zuerst 20 Pistolen oder 100 Taler, ging dann jedoch, vermutlich auf Bauermanns Bitte, auf 16 Pistolen oder 80 Taler herunter. Trotz Seumes Warnung, daß er von dem Urlaub nicht zurückkommen, Bauermann also die recht erhebliche Summe verlieren würde, blieb der Spender bei seinem Angebot, und so nahm Seume an, weil er entschlossen war, das Geld irgendwann einmal zurückzuzahlen. Alles andere wäre seiner moralischen Haltung zuwidergelaufen.

Seume erhielt den gewünschten Urlaub vom General, der wahrscheinlich auf Grund der hohen Kaution von Seumes Rückkehr überzeugt war, aber er sollte ihn nicht wiedersehen. Froh darüber, die Militärsklaverei hinter sich lassen zu können, wanderte Seume, vor kurzem noch Pechvogel, jetzt Hans im Glück, in Richtung Sachsen, immer darauf bedacht, nicht erneut Soldatenwerbern in die Hände zu fallen. Im Spätsommer 1787 traf er nach sechs Jahren Abwesenheit bei seiner überglücklichen Mutter und seinen drei Geschwistern in Knauthain ein.

Da Seume mit 24 Jahren noch keinen beruflichen Abschluß als Voraussetzung für eine bürgerliche Existenz hatte, richtete sich sein Bestreben jetzt darauf, eine gründliche wissenschaftliche Ausbildung an der Universität Leipzig zu erhalten, um danach eine akademische Laufbahn einzuschlagen. Zunächst aber mußte er Geld verdienen, um seinen Lebensunterhalt zu sichern und sein späteres Studium zu finanzieren. Er ging nach Leipzig, wo er im Haus Nr. 6 am Markt in einer Mansardenstube mit Dachtürmchen (heute Seume-Türmchen genannt) wohnte, später im Schustergäßchen im Haus Nr. 604 beim Schuhmacher Johann Paul Heerdegen und im Thomasiusschen Haus am Markt, Haus Nr. 175 (ehemaliges Wohnhaus von Christian Thomasius). Hier erteilte er Privatunterricht in Englisch und Griechisch und fertigte Übersetzungen schöngeistiger englischer Literatur an.

Leider fehlt bei Seume ein genauer Hinweis darauf, wann und wo er Englisch gelernt hat. In seiner Autobiographie schreibt er von einem englischen Gespräch mit dem Kapitän des Schiffes, das die hessischen Rekruten nach Nordamerika brachte, und kurz vorher erwähnt er sein »Bißchen Englisch, das ich von Rogler gelernt hatte«, so daß man annehmen kann, daß er Grundkenntnisse an der Nikolaischule und der Universität erworben hat, zumal die neue Schulordnung der Nikolaischule von 1716 die Einführung von Englisch- und Italienischunterricht erwog. Auch die Nennung des Lexikographen Johann Bartholomäus Rogler (1728–1791), der Lektor für Englisch an der Universität Leipzig war und ein Englisch-Deutsch-Französisches Wörterbuch bearbeitet hatte, deutet dies an. Sicher aber hat er das meiste während seiner Dienstzeit in Nordamerika gelernt, und zwar so gut, daß er bald englische Literatur im Original lesen, sogar Gedichte in englischer Sprache schreiben und Englischunterricht erteilen konnte. Aus Emden schrieb er Korbinsky: »Ich gelte hier vor einen starken Engländer, und gebohrne Britten haben die Reinigkeit meiner englischen Verse gelobt, ob ganz mit Recht, weiß ich so eben nicht.«

In Leipzig lebte der damals sehr bekannte Dichter Christian Felix Weiße, der auch junge Schriftsteller förderte. Seume machte Weißes Bekanntschaft, und dieser gab ihm den englischen Briefroman *The Fair Syrian* von Robert Bage (1728–1801) zum Übersetzen, die abenteuerliche Lebensgeschichte einer französischen Adligen, deren deutsche Fassung den Titel *Honorie Warren* erhielt. Weiße brachte die Übersetzung zu dem Verleger Georg Joachim Göschen, der 1785 in Leipzig eine Verlagsbuchhandlung gegründet hatte. Dieser ließ 1788 Seumes Übersetzung drucken, allerdings ohne Angabe des Verlags und des Übersetzers, vermutlich wegen der gesellschaftskritischen Passagen des Romans, in denen die Mißstände im vorrevolutionären Frankreich ebenso angeprangert werden wie die englische Kolonialpolitik und der Einsatz ausländischer Söldner in Nordamerika. Eine Rezension erteilt der Arbeit Seumes ein großes Lob, wenn es von der Übersetzung heißt, »... sie rührt übrigens von einem Manne her, der bey diesem, nicht leicht zu übersetzenden, Werke bewiesen hat, wie sehr er beider Sprachen mächtig ist.«[29] Da Weiße dem Verleger auch vom Schicksal des Übersetzers erzählte und ihm sagte, zu welchem Zweck dieser den Roman übersetzt hatte, vermittelte er auf diese Weise die Bekanntschaft Seumes mit Göschen; beide sollten später gute Freunde werden.

Vom Honorar der Übersetzung schickte Seume sofort 80 Taler an den Emdener Bürger, der ihm die Kaution zur Verfügung gestellt und wahrscheinlich nicht mit einer Rückerstattung gerechnet hatte. Genauso verhielt er sich dem Grafen von Hohenthal gegenüber. Dieser hatte ihm 1787 abermals einen Geldbetrag von unbekannter Höhe für sein Studium vorgestreckt, den Seume drei Jahre später über seinen Freund Korbinsky zurückzahlte, wobei er in einem Begleitschreiben an den Grafen die Hoffnung ausdrückt, diesem bei der ersten Gelegenheit selbst für seine Großmut danken zu können.

Seume hatte sich für das Studium der Jurisprudenz entschieden und wurde am 9. Dezember 1789 als Joannes Godofredus Seumius immatrikuliert. Daneben studierte er Philosophie, Philologie und Geschichte, was ihn sicher viel mehr interessierte als die Rechtswissenschaft, zumal er noch keine genauen Vorstellungen von seinem künftigen Beruf hatte. Auf jeden Fall wollte er eine umfassende Bildung und einen akademischen Grad erwerben, um eine gesicherte Stellung in der Gesellschaft zu erlangen. Mit wesentlich größerem Ernst und Eifer als seine erheblich jüngeren Kommilitonen, »mit angeborner Liebe und Ausdauer« stürzte sich der lebenserfahrene Seume in das Studium, und die Erfahrungen, die er allen Studenten und auch den Professoren voraushatte und die ihm ein Gefühl der Überlegenheit gaben, bewahrten ihn »vor Pedanterien, Schulstaub, Gehaltlosigkeiten und Übertreibungen«.

Von Seumes Lehrern an der Universität sollen drei erwähnt werden: Christian Gottlieb Haubold, Seumes ehemaliger Mitschüler an der Nikolaischule, der berühmte und höchst beliebte Philosoph und Mediziner Ernst Platner (1744–1818), dem Seume 1796 mit einer enthusiastischen Vorrede den ersten Band seiner *Obolen* widmete, und Carl Heinrich Heydenreich (1764–1801), an den das Gedicht *Meinem Freunde H.* gerichtet ist. Dieses Gedicht stellt weltanschauliche Fragen, die die Menschheit und besonders die Philosophen von alters her beschäftigt haben: Wer ist Gott? Was ist die Welt? Wie, wann, woraus und wozu schuf Gott die Welt und die Menschen? Was sind Atome und Monaden? Was sind Masse und Geist? Was wird aus dem Geist, wenn der Körper tot ist?

Die Frage nach dem Wesen der Welt und des Geistes kann niemand beantworten, am wenigsten können es die Philosophen, die diesen Problemen trotz aller Gelehrtheit hilflos gegenüberstehen. Am Schluß bietet Seume eine Antwort an, die wahrscheinlich viele, aber nicht alle Menschen zufriedenstellen und beruhigen kann und die etwa so lautet: Gott allein durchschaut das Labyrinth, das er geschaffen hat, und kennt die Wahrheit von alledem, worüber sich die Menschen streiten und worin sie sich immer von neuem irren. Seume lehnt die gesamte Schulphilosophie ab, die die Menschheit nicht im geringsten vorangebracht und glücklicher gemacht hat. Das Gedicht ist ein Ausdruck dieser Ablehnung.

Trotz seines zeitaufwendigen Studiums strebte Seume danach, eine Stelle als Erzieher und Lehrer eines jungen Mannes zu erhalten, also eine Hofmeisterstelle, wie es damals hieß. Er wollte damit vor allem sein Studium weiter finanzieren, aber auch seine pädagogischen Fähigkeiten im Umgang mit jungen Menschen vervollkommnen, vielleicht im Hinblick auf ein zukünftiges Lehramt. Ganz offensichtlich fühlte Seume einen inneren Drang, heranwachsenden Menschen Wissen zu vermitteln und erzieherisch auf sie einzuwirken, auch wenn seine Methoden ziemlich unorthodox waren. Eine solche Stelle wurde ihm durch Christian Felix Weiße vermittelt, der durch seine Zeitschrift *Der Kinderfreund* in vielen Ländern Europas einen Namen und gute Beziehungen hatte und Hofmeister für reiche Familien in halb Europa besorgte. Der Student Seume wurde von ihm an die Familie des baltischen Gutsbesitzers Johann Jakob Graf von Igelström (1735–1804) aus Dorpat in Livland vermittelt, deren Sohn Gustav Andreas Otto von Igelström (1776?–1794) an der Universität Leipzig studierte.

Von 1790 bis 1792 war Seume im Hause der Gräfin von Igelström, die zeitweilig in Leipzig wohnte, Erzieher des jungen Grafen, mit dem ihn bald eine enge Freundschaft verband. Obwohl die Frau Gräfin glaubte, den richtigen »Führer« für ihren Sohn gewählt zu haben, hatte sie nach einiger Zeit doch Probleme mit Seumes eigenwilligen Erziehungsmethoden, die ihr viel zu streng und hart waren, wie Seume in der Widmung zu seiner Dissertation 1792 selbst eingesteht: »Ich dachte, es sei besser zu wenig Geduld zu haben als zu viel. Wenn ich beim Ermahnen etwas zu streng, beim Berichtigen zu hart war, habe ich gesagt, was ich denke, und ich habe die Begründungen hinzugefügt; von Liebe erfüllt war sicherlich alles. Ob meine Festigkeit und in gewissen Dingen meine Hartnäckigkeit zu groß waren, das mag er selbst, den man mir zur Erziehung anvertraut hatte, beurteilen ... das aber wage ich auszusprechen, daß mir, solange ich sein Hauslehrer war, nichts lieber und in meinem Pflichtgefühl nichts heiliger war und auch jetzt noch ist als er, den ich in herzlicher Zuneigung liebe und dessen Wohlergehen ich gerne all meinen Vorteilen, wenn ich welche habe, überordne.«[30]

Die Liebe und das Wohl seines Zöglings ging Seume über alles. Da er sich nicht als untertäniger Bediensteter fühlte, sondern als selbstbewußter Erzieher auftrat, war er nicht bereit, bestimmten Forderungen der Gräfin nach Veränderung seiner Erziehungsmethoden nachzukommen, sondern hat die Stelle lieber aufgegeben, um den Sohn des Hauses nicht in einen Zwiespalt zwischen seinem Elternhaus und seinem »schwierigen« Erzieher zu bringen.

Kurz danach schrieb Seume seinem ehemaligen Zögling zu dessen 16. Geburtstag im Frühjahr 1792 statt eines Gedichts einen längeren Brief, »ein herzliches Wörtchen in schlichter Prose«. Als ein Geschenk der Freundschaft folgt eine Menge schulmeisterlicher Ratschläge, wie sich sein junger Freund im Leben verhalten, wonach er streben und was er meiden sollte.

Anfang Dezember 1791 war Seume in der Lage, das Examen zur Erlangung des Magisterdiploms abzulegen, wofür vorher ein Musteraufsatz in einer vorgeschriebenen Form angefertigt werden mußte. Das wäre für Seume eine Leichtigkeit gewesen, da er aber einengende Formvorschriften haßte, kam es bei der mündlichen Prüfung statt zu dem üblichen Frage-Antwort-Spiel zu einer Diskussion zwischen Seume und dem Prüfenden, in der Seume seinen kritischen Standpunkt über Philosophie, Kunst und Wissenschaft, über Wesentliches und Unwesentliches, schöpferisches und formales Wissen auf Grund seiner breiteren Erfahrungen und theoretischen Überlegungen darlegte, sehr zum Erstaunen und zum Ärger mancher Professoren, die ein solches Auftreten für anmaßend halten mußten. Aber damit hat Seume gezeigt, daß der eigentliche Bereich des Denkens das Leben ist und nicht irgendeine philosophische Lehranstalt.

Am 23. Februar 1792 wurde Seume zusammen mit 16 weiteren Kandidaten feierlich zum Magister der Philosophie (entspricht dem heutigen Doktor) promoviert, und am 28. März 1792 habilitierte er sich mit der erfolgreichen Verteidigung seiner Dissertation in lateinischer Sprache *Arma veterum cum nostris breviter comparata* (Kurzer Vergleich der Waffen der Alten mit den unseren). Er hatte sich damit das Recht erworben, Vorlesungen und Seminare an der Universität zu halten (Promotion und Habilitation waren damals anders geregelt als heute).

Seumes Dissertation kann mit einiger Berechtigung als Teil seines schriftstellerischen Gesamtwerkes betrachtet werden, denn er hat das Thema der Arbeit später in zwei weiteren Aufsätzen fortgeführt. Sie wurde deshalb auch in die bis heute vollständigste Ausgabe seiner Werke[31] aufgenommen, allerdings nur in der lateinischen Originalfassung. Eine Übersetzung wurde erst in neuerer Zeit von Gudrun Wicht mit dem Titel *Die Bewaffnung in der Antike und in der heutigen Zeit. Ein kurzer Vergleich*[32] angefertigt und 1991 veröffentlicht, so daß nun auch jeder Interessent ohne Latein- und Griechischkenntnisse den Text lesen kann.

Ungewöhnlich ist für heutige Auffassung, einer solchen Arbeit eine lange Widmung voranzustellen, wie es Seume tat, der diese wissenschaftliche Schrift dem Vater seines Zöglings, dem baltischen Baron Johann Jakob von Igelström, widmete.

In der eigentlichen Promotionsschrift begründet Seume zunächst die Wahl des Themas mit seiner Verehrung für die Griechen und Römer, für »ihr Denken, ihre Tapferkeit, ihre Standhaftigkeit« und mit ihrer Vorbildwirkung in vielen Dingen bis in die Gegenwart, mit seiner eigenen Erfahrung im Militärdienst und schließlich damit, daß kein Fachmann nach dem Geschichtsschreiber Justus Lipsius (1547–1606) die Waffen der Antike und der Gegenwart verglichen hat, weil jeder überzeugt war, daß die neueren Waffen den antiken überlegen seien. Da Seume nicht dieser Meinung ist, wagt er sich an diesen Vergleich, der nach der Beschreibung der Waffen der Hauptpunkt der Arbeit sein soll.

Die Waffen teilt Seume in Schutzwaffen und in Angriffswaffen ein; Geschütze und Belagerungswaffen bleiben außer Betracht. Nachdem er Form, Material, Art und Funktion der antiken Schutzwaffen (Rundschilde der Griechen, Langschilde der Römer, Schilde anderer Völker der Antike, Brustpanzer, Helme und Beinschienen) und der Angriffswaffen (Schwerter, Lanzen, Speere, Spieße, Pfeilschützen, Steinschleuderer) dargestellt hat, geht er kurz auf die heutigen Waffen (der 2. Hälfte des 18. Jahrhunderts) ein und stellt, wie schon vor ihm andere zeitgenössische Militärhistoriker, mit Bedauern fest, daß es fast keine Schutzwaffen mehr gibt, da sie wohl zu schwer wären, daß die Fußtruppen somit völlig ungeschützt im Kampf viel eher Verwundungen und dem Tod ausgesetzt sind und daß vor allem bei der Infanterie ein Verfall des Kriegswesens eingetreten ist.

Andererseits werden aber immer neue Kriegstechniken entwickelt, »die tödlichsten Angriffswaffen von allen«, vor allem das Gewehr, das zusammen mit dem Bajonett die Wirkung der Feuerwaffe mit der Funktion des Spießes verbindet. Schwerter und Säbel dagegen erfüllen bei der Infanterie keinen Zweck mehr, sondern nur noch bei der Kavallerie. Durch die Erfindung des Schießpulvers und die Entwicklung von Kanonen entstand ein ganz neues Kriegssystem, das durch die ungeheure Zerstörungskraft der modernen Kriegsmaschinen und die veränderte Kriegsführung dem der Antike weit überlegen ist.

Dennoch stellt sich für Seume die Frage, warum trotz der weit besseren Angriffswaffen die heutigen Soldaten ohne Schutzwaffen in den Kampf ziehen. In der Antike war mehr Verlaß auf die sicheren Schutzwaffen als auf die unsicheren Angriffswaffen, und deshalb war die antike Infanterie nach Seumes Ansicht gefährlicher als die heutige, da sie mit ihrer Schildkrötentechnik näher an den Feind herankam und im Nahkampf geschützter war. Warum sollte diese Technik der Antike nicht auch heute für die Eroberung von feindlichen Lagern und Städten übernommen werden? Doch dazu würden entsprechende Schutzwaffen, große Schilde als Deckung gebraucht. Deshalb schlägt Seume vor, die heutigen Angriffswaffen beim Vorrücken, beim Erstürmen und Erobern mit den antiken Schutzwaffen zu verbinden, das heißt die heutigen Soldaten ebenfalls mit Schilden und Helmen auszurüsten, deren Nutzen und Beschaffenheit er erläutert und in deren Gebrauch die Soldaten geübt werden müssen.

Seine Darlegungen belegt Seume mit vielen Zitaten aus antiken Schriftstellern und Geschichtsschreibern sowie aus neuzeitlichen Historikern, alle in der Originalsprache, wobei er allerdings auf jegliche Quellenangaben oder Anmerkungen verzichtet. Lediglich die modernen Autoren, deren Werke er benutzt hat, nennt er am Schluß nochmals, weil sie vielleicht nicht so bekannt sind wie die antiken – ein Verfahren, das für heutige wissenschaftliche Arbeiten undenkbar wäre.

Abschließend weist er darauf hin, daß er das gleiche Thema später noch einmal aufgreifen wird, um es ausführlicher und tiefgründiger zu bearbeiten, weshalb er seine jetzige Arbeit auch als »Rekrutenstück« ansieht. Bekanntlich ist eine solche Promotion mit erheblichen finanziellen Ausgaben verbunden. Das Geld erhielt Seume von einem alten Freund, dem aus Grimma stammenden Küster an der Thomaskirche, Gottlob Friedrich Rothe (1732–1813), bei dem Seume nach der Aufgabe seiner Erzieherstelle eine Zeitlang gewohnt hat. Später schrieb Seume diesem hochherzigen Menschen zum 63. Geburtstag ein kurzes liebevolles Dankgedicht.

Von nun an wurde Seume im Vorlesungsverzeichnis der Universität Leipzig als Sprachlehrer für Englisch geführt, aber die venia legendi (Erlaubnis zu Vorlesungen) scheint er nicht oder kaum wahrgenommen zu haben. Später, zwischen 1797 und 1808, also in der Zeit zwischen seiner Rückkehr aus Polen und dem Ausbruch seiner Krankheit, hat er mehrmals öffentlich angezeigt, daß er Unterricht in der englischen Sprache erteile. Und im *Leipziger gelehrten Tagebuch auf das Jahr 1797* wurden seine Vorlesungen als Privatdozent über das Werk *Panathenaicus* des athenischen Rhetoriklehrers Isokrates (436–338 v. u. Z.) angekündigt.

Trotz hervorragender Studienergebnisse und erfolgreicher Promotion eröffnete der Studienabschluß Seume keine neuen Perspektiven, keine aka-

demische Laufbahn, brachte ihm keinen sozialen Aufstieg in der bürgerlichen Gesellschaft. Er blieb, was er war – der einfache und unbekannte Bauernsohn, und niemanden interessierte es, ob er Landwirt, Rekrut oder Magister war. Zudem verzichtete er jetzt bewußt auf eine Karriere an der Universität, da ihm der trockene Lehrbetrieb widerstrebte, »der akademische Schnikschnak nicht sehr behagte«, und er die philosophischen Systeme, die dort ausgedacht und gelehrt wurden, als weltfremd und »gelehrten Kram« ablehnte; er sagte den Universitätsphilosophen auch deutlich, daß er »ihre Sätze wohl fasse aber sie wenig notwendig und folgerecht finde«. Seume hatte seine eigene Philosophie, die von praktischer Art, dem Leben zugewandt war und auf den gesunden Menschenverstand baute. Außerdem hatte er nach seinen eigenen, sehr untertreibenden Worten »zum Lehren … nie viel Talent gehabt, weil ich mit meinem wenig Weisheit bald zu Ende war und nicht gern ins Blaue greife«.
Auch seine literarischen Interessen plagten ihn erneut und machten ihn unzufrieden mit sich selbst. All diese Belastungen und Hindernisse, die niedere Herkunft, die fehlende Lebensperspektive, die Unmöglichkeit, seine wissenschaftlichen, literarischen und pädagogischen Neigungen so verwirklichen zu können, wie er es wünschte, stürzten Seume vorübergehend in eine Lebenskrise, führten zu Niedergeschlagenheit, Weltverachtung und Selbstmordgedanken. »Ich bin jetzt recht griesgrämig und habe Ursache«, schrieb er im Juli 1792 an Münchhausen, »hätte ich nicht im Ozean versaufen können, so wäre ich mancher Hudeley entwischt.« Alles, was er bisher unternommen hatte, um aus seinem Leben etwas zu machen, die militärische wie die akademische Richtung, war ein Fehlschlag.
Aus dieser düsteren Stimmung wurde er vom Vater seines Zöglings, dem Grafen von Igelström, gerissen, der seine Familie in Leipzig besuchte und Seume aufforderte, mit nach Rußland zu kommen, in die Dienste seines Bruders, des Generals Otto Heinrich Freiherr von Igelström, zu treten und Offizier zu werden, was in Rußland für jeden tüchtigen Mann möglich war. Ohne lange zu zögern, nahm Seume diesen Vorschlag an, denn damit bot sich ihm plötzlich eine neue Perspektive, obwohl er nur vage die politischen Gegebenheiten in Rußland und vor allem in Polen, wo er bald darauf tätig sein sollte, kannte. Erst recht konnte er nicht ahnen, in welche lebensgefährliche Situation er dort geraten sollte.

Kurzer Blick in die polnische Geschichte

Der Weg des polnischen Volkes im 18. Jahrhundert war dramatisch und endete tragisch, mit einer nationalen Katastrophe, der Auslöschung des polnischen Staates. Was Hitler und Stalin im 20. Jahrhundert mit Polen getan haben, hatte sich 150 Jahre vorher schon einmal ereignet.

Das Königreich Polen war im 15. und 16. Jahrhundert durch die Vereinigung mit dem Großfürstentum Litauen zu einem der größten und bedeutendsten Staaten in Mittel- und Osteuropa geworden und hatte durch Gebietsaneignungen im Osten (Weißrußland und Westukraine) und Süden (Galizien) seine größte Ausdehnung erreicht. Mit dem äußeren Machtzuwachs entwickelten sich aber auch innere Machtkämpfe, sowohl zwischen dem König und dem politisch und wirtschaftlich starken Adel als auch zwischen einzelnen Adelsgruppen, vor allem zwischen dem Hochadel (Magnaten) und dem niederen Adel (Schlachta), die um die Vorherrschaft im Staat kämpften, dadurch die königliche Zentralgewalt schwächten und den Niedergang des Staates verursachten. Zur Wahrung ihrer Vorrechte waren die Adligen an einem schwachen König interessiert; nur dieser war für sie ein guter König.

Polen war – ein Sonderfall unter den absolutistischen Staaten Europas – eine Adelsrepublik (Rzeczpospolita szlachecka) mit einem König an der Spitze, dessen Amt nicht erblich war, sondern der seit 1572 vom polnischen Reichstag, dem Sejm, in dem nur Vertreter des Adels saßen, gewählt wurde. Das konnte auch ein Ausländer sein, der im Reichstag von vornherein eine schwache Stellung hatte. Daß möglichst kein Pole polnischer König wird, lag im Interesse des Adels, so unverständlich es auch scheinen mag, da ein Pole automatisch die Stärkung einer der rivalisierenden Adelsgruppen bedeutet hätte; ein Ausländer war viel leichter zu beherrschen. So finden wir bis 1764 immer wieder ausländische Fürsten, schwedische, französische, ungarische, sächsische (August II., der Starke, und August III.) auf dem polnischen Thron. Seit dem 16. Jahrhundert gab es im Sejm das vom Adel durchgesetzte Liberum Veto, den freien Einspruch. Das bedeutete, daß eine einzige Gegenstimme einen Beschluß, der immer einstimmig gefaßt werden mußte, verhindern konnte. Das bedeutete aber auch, daß mit Stimmen Mißbrauch getrieben wurde und sich Anarchie und Verfall im Lande ausbreiten konnten.

Die häufigen Kriege gegen Rußland, Schweden und die Türkei mit militärischen Niederlagen für Polen verschärften die innere Krise seit dem 17. Jahrhundert noch mehr, das Land war verwüstet, die Wirtschaft ruiniert, der Staatsapparat desorganisiert. Versuche, die innere Lage zu festigen, vor allem durch König Jan III. Sobieski (1624/1674–1696), scheiterten an der Feindschaft unter dem Adel. Seit Beginn des 18. Jahrhunderts verfiel Polen immer rascher und wurde schließlich zum Gegenstand der Machtkämpfe und der Besitzgier ausländischer Herrscherhäuser, allen voran die drei mächtigen Nachbarn Rußland, Österreich und Preußen, auf die sich der polnische Adel von jeher außenpolitisch orientierte.

Diese drei Staaten hatten schon lange ein Auge auf Polen geworfen und 1732 in einer »Entente cordiale«, einem »Bund der drei schwarzen Adler« (nach ihren Staatswappen) eine gemeinsame Polenpolitik vereinbart, die das Ziel verfolgte, in Polen kein starkes Königtum aufkommen zu lassen und ihr eigenes Territorium auf Kosten des polnischen zu erweitern, das heißt, Polen allmählich zu zerstückeln. Der Hauptantreiber war der preußische König Friedrich II. (1712/1740–1786), der in seinem ersten Politischen Testament 1752 betonte, daß Polens Nachbarn an einem schwachen Polen interessiert seien und deshalb den Adel im Kampf gegen den König begünstigen, so daß dieser Staat niemandem gefährlich werden konnte. Ganz unverblümt gab er seine Eroberungsabsichten zu erkennen: »Polen ist ein Wahlkönigtum, beim Ableben eines Königs wird es jedesmal durch Parteikämpfe in Unruhe versetzt. Daraus muß man Nutzen ziehen und durch unsere Neutralität bald eine Stadt, bald ein anderes Gebiet gewinnen, bis man schließlich alles geschluckt hat.«[33] Um den preußischen Staat abzurunden, das heißt, um die Verbindung zwischen Pommern und Ostpreußen herzustellen, würde er am liebsten das dazwischenliegende Gebiet Westpreußen friedlich, d. h. durch Verträge, erobern. Auch in seinem zweiten Politischen Testament sechzehn Jahre später spricht Friedrich II. von einer Aufteilung Polens unter die drei Großmächte. Er brauchte das Land vor allem als Rohstofflieferant und Absatzmarkt.

Nach dem Tode des sächsischen Kurfürsten und polnischen Königs August III. 1763 lehnten Rußland und Preußen alle ausländischen Bewerber um die Krone ab und einigten sich auf den polnischen Adligen Stanislaw II. August Poniatowski (1732–1798), ehemals Liebhaber und jetzt Günstling der Zarin Katharina II., der durch die nachdrückliche finanzielle und militärische Unterstützung Rußlands 1764 zum König gewählt wurde. Deshalb nahm sich Rußland in der Folgezeit das Recht heraus, sich massiv in die polnische Innenpolitik einzumischen. Ein Vorwand dafür fand sich bald. In diesem Fall waren es die katastrophalen Zustände in den Jahren 1768 und 1769, »wo Bruder gegen Bruder mit aller Erbitterung und Unversöhnlichkeit der Parteisucht focht, wo einer den andern plünderte, und die Heerstraßen mit Räubern besetzt waren«, (Seume) sowie die Lage der stark leidenden nichtkatholischen, vor allem der griechisch-orthodoxen Bevölkerungsteile, die schon länger benachteiligt und sogar verfolgt wurden, da der Sejm und die Katholiken es ablehnten, ihnen die Gleichberechtigung zu gewähren. Rußland fühlte sich verpflichtet, die Orthodoxen sowie den König zu beschützen und deren Rechte auch mit militärischer Gewalt durchzusetzen.

Gegen diese russische Einmischung und für die Durchsetzung ihrer eigenen reaktionären innenpolitischen Ziele schlossen sich daraufhin einige Adelsgruppen zusammen, was schnell zu militärischen Auseinandersetzungen zwischen Polen und Russen, König und Adel, Bauern und Adel und damit zu jahrelangen fürchterlichen bürgerkriegsähnlichen Zuständen führte, denen kein Ende gesetzt werden konnte, so daß Polen schließlich nicht mehr zu regieren war, zumal sich der König weitgehend als unfähig erwies. Daraufhin kamen Rußland, Preußen und Österreich 1772 überein, als Drohung und unter dem Vorwand, Ruhe und Ordnung wiederherzustellen sowie die verfassungsmäßigen Rechte und Freiheiten zu schützen, von drei Seiten in Polen einzumarschieren und Teile des Landes zu besetzen: Rußland einen Teil Weißrußlands, Preußen das gewünschte Westpreußen und Österreich Galizien und einen Teil der Westukraine, insgesamt 29% des polnischen Territoriums. Der Urheber des Teilungsplanes war Friedrich II., dessen Bruder Heinrich die russische Zarin dafür gewinnen konnte. Diese erste Teilung Polens wurde am 5. August 1772 durch den Sejm vertraglich bestätigt und allgemein, sowohl in Polen als auch in Europa, positiv beurteilt, und zwar als Rettung vor einem Abgleiten Polens in die Anarchie. Von Seume wurde sie ebenfalls als »Wohltat für die Menschheit« bezeichnet. Unter der Anleitung und Aufsicht der Besatzungsmächte sollte das gegenwärtige Chaos und die Zerrissenheit im Lande beseitigt, das Leben normalisiert und der

Staat gefestigt werden. Aber ein wirkliches Interesse daran hatten wohl weder die Teilungsmächte noch der polnische Adel.

In den Folgejahren versuchten der König und fortschrittliche Kräfte, Reformen durchzusetzen, über die sie in einem vierjährigen Sejm (1788–1792) berieten und die stark unter dem Einfluß der Französischen Revolution standen. Am 3. Mai 1791 nahm der polnische Reichstag überraschend eine verhältnismäßig fortschrittliche, von den Ideen der europäischen Aufklärung getragene Verfassung an, die die Wählbarkeit des Königs und das Liberum Veto abschaffte, die eine starke Zentralgewalt sichern und die nationale Zersplitterung beenden sollte, die die Rechte des Hochadels einschränkte sowie dem Bürgertum mehr Rechte und eine Vertretung im Reichstag gewährte und deren Einhaltung der preußische König gewährleisten wollte. »Eine Nation ist schon halb unterjocht«, war Seumes Kommentar dazu, »wenn sie ihre Verfassung von einer fremden Macht garantieren läßt.«

Diese Verfassung stieß natürlich auf den heftigen Widerstand der Magnaten, die sich sofort zu einer Konföderation gegen König und Verfassung zusammenschlossen und die russische Zarin, die die Garantie über die alte Verfassung übernommen hatte, um Hilfe baten. Mit der Begründung, die Ausbreitung revolutionärer Ideen und Aktivitäten in Polen und ihr Übergreifen auf Rußland zu verhindern, schickte sie sogleich ein Heer von 100 000 Mann zum Schutze der Adelsprivilegien, das die nur 30 000 Mann starke polnische Armee unter General Tadeusz Kosciuszko (1746 bis 1817) im Juli 1792 bei Dubienka besiegte. Dadurch war die Machtstellung der Magnaten wieder gesichert, der König wurde gezwungen, der Adelskonföderation beizutreten, und viele Anhänger der wieder aufgehobenen fortschrittlichen Verfassung emigrierten ins Ausland, darunter auch Kosciuszko. Der preußische König Friedrich Wilhelm II. (1744/1786–1797) hielt sein Wort nicht, sondern schlug sich auf die Seite Rußlands und sandte ebenfalls Truppen nach Polen.

Am 23. Januar 1793 beschlossen Preußen und Rußland eine weitere Aufteilung Polens unter sich, bei der Rußland etwa die Gebiete des heutigen Bjelorußlands und der Westukraine und Preußen das Gebiet zwischen Schlesien und Warschau, das sogenannte Großpolen, sowie die Stadt Danzig okkupierten. Am 17. Juli 1793 wurde der polnische Reichstag in Grodno (im noch unbesetzten Teil Polens), der von russischen Truppen

umstellt war, gezwungen, der Teilung zuzustimmen. Er tat dies als Protest gegen Preußens Wortbruch schweigend, was sogleich als Zustimmung gewertet wurde. Danach wurde die politische Lage in Polen täglich kritischer. Die mit der Teilung unzufriedenen Angehörigen des niederen Adels, des Bürgertums und der Armee bildeten geheime Widerstandsgruppen gegen die russische und preußische Polenpolitik und bereiteten einen Aufstand vor. Das Zentrum des Widerstandes war Krakau, wo am 12. März 1794 unter Führung des zurückgekehrten Kosciuszko die kriegerischen Aktionen gegen die russischen Besatzungstruppen wie gegen die einheimischen Reaktionäre begannen. Das polnische Heer, das aus etwa 6000 Mann einschließlich der nur mit Sensen und Piken bewaffneten Bauern bestand, besiegte die getrennt kämpfenden und dadurch zahlenmäßig schwächeren Russen in mehreren Gefechten und marschierte auf Warschau. In der Hauptstadt, wo sich die Bevölkerung aus dem in polnischer Hand gelassenen Zeughaus Waffen und Munition beschafft hatte, entbrannten am Gründonnerstag, dem 17. April, heftige und blutige Straßen- und Häuserkämpfe. Den 5500 hier stationierten russischen Soldaten, darunter Seume, stand eine Übermacht von über 20 000 bewaffneten Polen und 4000 Mann polnisches Militär gegenüber. Nach nur kurzer und aussichtsloser Verteidigung ihrer Gebäude zog sich der größte Teil der russischen Garnison aus Warschau zurück. Dabei wurden viele gefangengenommen und von den wütenden Polen niedergemetzelt, die auch an ihren eigenen Landsleuten, die auf seiten der Russen standen, entsetzliche Greueltaten begingen und ein furchtbares Blutbad anrichteten.
Als nach einer erfolglosen Belagerung Warschaus durch Preußen und Russen die inzwischen herangezogene russische Verstärkung unter General Alexander Suworow (1729–1800) die Stadt im November stürmte, rächten sich die Russen auf die gleiche grausame Weise an den Polen. Kosciuszko selbst war am 10. Oktober in der Schlacht von Maciejowice von den Russen geschlagen und verwundet gefangengenommen worden. Auch in den anderen Gebieten wurde der Aufstand, vor allem auf Grund der Unentschlossenheit und Uneinigkeit der Aufständischen sowie der militärischen Überlegenheit der Gegner niedergeschlagen.
Nach der Niederwerfung des Aufstandes teilten Rußland, Preußen und Österreich 1795 den Rest Polens nochmals unter sich auf und hatten damit im Bündnis mit der inneren Reaktion, den Magnaten, eine Entwicklung

Polens verhindert, die nach Reformen im Sinne der europäischen Aufklärung strebte. Nach der dritten Teilung hörte der polnische Staat endgültig auf zu bestehen; Polen war von der politischen Landkarte Europas verschwunden, und das sollte länger als 120 Jahre, bis 1918, so bleiben.
Der Führer des polnischen Nationalaufstandes und polnische Nationalheld Tadeusz Kosciuszko wurde 1796 aus der Gefangenschaft entlassen und lebte danach in den USA, in Frankreich und der Schweiz.
Seume war vom August 1792 bis August 1795, also von der Zeit kurz vor der zweiten Teilung Polens bis nach der dritten Teilung, Zeit- und Augenzeuge dieser Ereignisse, die er ausführlich und anschaulich in dem Bericht *Einige Nachrichten über die Vorfälle in Polen im Jahre 1794* schildert.

Russischer Leutnant in Warschau (1792–1795)

Hat Seume wirklich nicht lange gezögert bei dem Vorschlag des Grafen Igelström, in russische Dienste zu treten? Natürlich mußte solch ein Vorhaben gut überlegt werden, denn es bedeutete abermals jahrelange Abwesenheit von der Heimat, wenn nicht für immer. Aber was hielt ihn in Deutschland und in Leipzig, wo er für sich keine Chance sah? Eigentlich nur seine Mutter, die jetzt 54 Jahre alt war und von deren sechs Kindern nur noch zwei lebten, ihre 28jährige Tochter Johanna Regina und er selbst, ihr ältester Sohn, auf den sie schon einige Jahre hatte verzichten müssen. Und nun schon wieder? Doch solch ein Angebot war verlockend und würde ihm wahrscheinlich nicht ein zweites Mal gemacht werden. Also mußte er zugreifen, und er tat es. Jetzt bot sich ihm nach zwei gescheiterten Anläufen endlich die Aussicht auf eine sichere militärische Karriere und Existenz.
Daß es das weitentfernte und unbekannte Rußland sein sollte, war nicht ungewöhnlich. Dieses bisher von den anderen europäischen Ländern etwas abgeschlossene und geheimnisvolle Land zog im 18. Jahrhundert die Aufmerksamkeit vieler Menschen auf sich. Zar Peter I. (1672/1682 bis 1725) hatte während seiner Regierungszeit das Tor nach dem Westen aufgestoßen, um die fortgeschrittene Wissenschaft und Technik kennenzulernen und für Rußland nutzbar zu machen, Fachleute, vor allem Hand-

werker, Seeleute, Techniker und Naturwissenschaftler, ins Land zu holen und anzusiedeln. Besonders unter der aus dem kleinen deutschen Fürstentum Anhalt-Zerbst stammenden Zarin Katharina II. (1729/1762 bis 1796), die bei vielen europäischen Aufklärern wegen ihrer vergleichsweise toleranteren Politik als aufgeklärte Monarchin galt, zog es viele Deutsche, die in ihrem Vaterland keine Wirkungsmöglichkeit fanden, nach Rußland, das ein breites Betätigungsfeld auf allen Gebieten und die Chance, schnell Karriere zu machen, bot. In ihren Memoiren schrieb die Zarin, sie »sähe Rußland für Ausländer als einen Prüfstein ihrer Eigenschaften an; wer in Rußland Erfolg gehabt habe, könne sicher sein, in ganz Europa Erfolg zu haben ..., denn nirgends versteht man besser als in Rußland, die Schwächen, Lächerlichkeiten und Mängel eines Ausländers herauszufinden«.[34]

So hat es zum Beispiel der ehemalige Jenaer Theologiestudent Ostermann bis zum russischen Staatskanzler gebracht, und der Sturm-und-Drang-Dichter Friedrich Maximilian Klinger (1752–1831) stieg in Rußland rasch vom Offizier zum Erzieher des Zarensohnes, zum Kurator der Universität Dorpat und schließlich zum Generalleutnant auf. Ihn hat Seume später auf seiner Nordischen Reise 1805 in Dorpat getroffen. Der deutsche Biologe Peter Simon Pallas (1742–1811) wurde 1798 Präsident der Akademie der Wissenschaften in Petersburg, und auch der Weimarer Bühnenautor August von Kotzebue (1761–1819) stand lange Zeit in russischen Diensten, war Theaterdirektor, Staatsrat und Generalkonsul.

Was in Preußen nicht möglich war, in Rußland stand auch dem Bauernsohn Seume die Offizierslaufbahn offen. Deshalb fiel ihm die Entscheidung nicht schwer. So verließ Seume im August 1792 Leipzig und reiste über Riga und Dorpat (Tartu) nach Pleskau (Pskow), wo sich das Hauptquartier des Generals Igelström befand. Achtzehn Monate später sah Seume seine neue Lage in einem Brief an Göschen so: »Auf lange Zeit vielleicht auf immer bin ich nun für mein Vaterland gestorben. Der Verlust ist für daßelbe nicht groß, aber wohl für mich.«

Otto Heinrich (oder Ossip Andrejewitsch) Freiherr von Igelström (1737 bis 1823) war mit 19 Jahren in den russischen Militärdienst getreten, hatte erfolgreich am Türkenkrieg (1768–1774) teilgenommen, war zehn Jahre später Befehlshaber auf der Krim und seit zwei Jahren als General-en-Chef Oberbefehlshaber der russischen Truppen in Polen und Generalgouverneur in den seit 1772 von Rußland besetzten polnischen Gebieten. Kurz nach der zweiten Teilung Polens, im Januar 1793, verlegte er – nun bevollmächtigter Minister der Zarin für die russisch besetzten Teile Polens – sein Hauptquartier nach Warschau. Er hatte einen steilen militärischen Aufstieg genommen und stand mit 55 Jahren auf dem Gipfel seiner Laufbahn.

Bei diesem Repräsentanten der zaristischen Militärmacht sollte und wollte Seume Dienst tun und Karriere machen. Da Seume durch seine gute Kenntnis der griechischen Sprache und seine Gabe, einfach und verständlich mit und zu den Menschen zu sprechen, aufgefallen war, hatte man ihm in Pleskau angeboten, als Lehrer oder Pfarrer in der Stadt zu bleiben, doch Seume zog die militärische Laufbahn vor. Er stand damit zum zweitenmal auf der Seite einer unterdrückenden Macht. War er elf Jahre zuvor vermutlich gegen seinen Willen zum Militärdienst gezwungen worden, ging er jetzt freiwillig diesen Weg. Offenbar sah er darin zunächst nichts Unrechtes, zumal die erste Teilung Polens vor zwanzig Jahren auch von den anderen europäischen Ländern und sogar von den Aufklärern als Rettung Polens vor Anarchie und Chaos angesehen wurde. Aber spätestens nach der zweiten Teilung, als auch in Europa die Stimmung gegen die Teilungsmächte umschlug, müßte ihm seine zwiespältige Rolle bewußt geworden sein: einerseits um seiner Karriere willen den Unterdrückern zu dienen, andererseits als freiheitliebender Mensch mit den Unterdrückten und Aufständischen zu sympathisieren. Das kommt verschiedentlich in seinen Briefen zum Ausdruck, zum Beispiel am 5. Juni 1793 an Schiller: »Ich thue gewiß meine Pflicht als ein braver Mann, ohne mich mit vielen Gedanken zu quälen, ... aber den Menschen kann man doch nicht immer unterdrücken.« Oder wenige Jahre später, am 20. März 1798, rückblickend an Archenholtz: »Ich that damahls als Rußischer Offizier meine Schuldigkeit und dachte sodann über die Sache nach meiner Weise.« Von einem ausgeprägten politischen Bewußtsein kann man aber bei Seume damals noch nicht sprechen – das prägte sich erst später aus –, sondern eher von einem sozialen.

Als Adjutant und Legationssekretär des Generals Igelström lernte Seume in den folgenden Jahren die Politik der Großmacht Rußland unter Katharina II. aus nächster Nähe kennen. Das Gespann Igelström und Seume war nach Göschens Worten in seiner Fortsetzung von Seumes Autobiographie »eine Verbindung eigener Art. Der alte Hof- und Staatsmann war üppig, prachtliebend, sinnlich, verständig und klug; aus Diensteifer ein tüchtiger politischer Despot, übrigens ein braver Soldat, großmütig und gutmütig … Diesem Manne stand Seume zur Seite, wie wir ihn kennen; Seume, der immer die Wahrheit unverhohlen sagte und von den polnischen Angelegenheiten ganz andre Ansichten hatte, als der General und die Kaiserin.«

Obwohl von den Offizieren, unter denen viele Ausländer waren, französisch gesprochen wurde, eignete sich Seume im Laufe der Zeit etwas Russisch an. In einer späteren Schrift über Katharina II. urteilt er über diese Sprache: »Vielleicht lächelt mancher Leser, wenn er von der Grazie der Russischen Sprache hört. Der Verfasser, der nicht ganz Fremdling in dem Studium der alten und neuen Sprachen ist, kann auf Gewissen versichern, daß er nach der Griechischen keine Sprache kennt, die mehr Bestimmtheit und sonorischen Wohllaut hätte, als die Russische.« Da Seume über gute französische Sprachkenntnisse verfügte, wurde es seine wichtigste Aufgabe, den gesamten in der Kanzlei des Generals zusammenlaufenden Briefwechsel mit den Teilungsmächten zu führen und die diplomatischen Papiere, die nach der Teilung notwendig waren, in französischer und deutscher Sprache für den General und die Zarin auszuarbeiten, darunter auch Truppenbewegungspläne und Pläne zur Unterdrückung des Widerstand leistenden polnischen Volkes. Wegen dieser zweisprachigen Schreibarbeiten wurde Seume als Perewodschik oder Translateur, das heißt Übersetzer, geführt, obwohl er gar nichts zu übersetzen hatte. Die französischen Sachen wurden ihm später von zwei Franzosen abgenommen, die zu zweit in der gleichen Zeit die Hälfte der Arbeit machten, die Seume vorher allein erledigt hatte.

Mit dem Inhalt dieser Dokumente sowie mit der zaristischen Politik identifizierte sich Seume nicht, und dies brachte er auch unzweideutig zum Ausdruck. Er berichtete später, wie er einmal in einer Gesellschaft hoher Offiziere und Staatsbeamter, die über das Reichwerden in Staatsdiensten diskutierten, vom General um seine Meinung gefragt wurde. »Ew Excellenz, antwortete ich, wer im Dienst und durch den Dienst reich wird, kann nach meinen Begriffen kein strenge ehrlicher Mann seyn.« Durch diese gegen die verbreitete Korruption gerichteten Worte des sonderbaren kleinen Mannes mag sich mancher der Anwesenden getroffen gefühlt haben, aber niemand widersprach. Es war Seumes feste Überzeugung: »Nur der ist der Edelste, der das meiste für das Vaterland tut und das wenigste dafür genießt.«

Der General, der Seume nur mit »Mon cher« (Mein Lieber) oder auch mit »Philosoph« anredete, fragte ihn oft nach seiner Ansicht, ohne diese allerdings ernst zu nehmen oder ihm zu glauben, obwohl das von Seume Gesagte meist zutraf. Trotz offener Worte genoß Seume das volle Vertrauen des Generals, der nicht nur Seumes Wissen und Fähigkeiten schätzte, sondern auch seine Aufrichtigkeit und Wahrheitsliebe, seine Unbestechlichkeit und Charakterstärke, wenn er ihn auch deswegen für einen sonderbaren Menschen hielt. »Der General ließ mich übrigens sehr wacker arbeiten und hielt mich sehr freundlich«, schrieb Seume später. »Ich wohnte bey ihm und aß bey ihm, und hatte durch ihn viel Kredit ...«, so daß sich vor allem hochgestellte Besucher über die bevorzugte Behandlung dieses kleinen Angestellten im blauen Überrock bei Tisch und in der Öffentlichkeit wunderten, der außerdem ihnen gegenüber keinen besonderen Respekt zeigte.

Trotzdem war es alles andere als ein beschauliches Dasein: »Ich habe manche Nacht gesessen mit den Generalen Pistor und Bauer (um bestimmte Pläne auszuarbeiten, E. Z.), wenn die andern schliefen oder sich auf den Redouten herumtrieben. Ich mußte arbeiten dem Teufel ein Ohr ab, wie das Sprüchwort lautet, hatte kaum Zeit zum Essen und zum nöthigen Schlaf ... Der General hielt es sogar einmahl für nöthig, sich bey mir fast etwas schamröthlich zu entschuldigen. Mon cher, sagte er, ich weiß, Sie haben viel schwere Arbeit; haben Sie Geduld; man kann in gewissen Verhältnissen nicht immer wie man will: aber ich werde Sie der Monarchin Selbst nachdrücklich empfehlen; Sie sollen belohnt werden.« Womit eine Beförderung gemeint war.

In seiner Schrift über die Ereignisse in Polen verteidigt Seume seinen Dienstherrn trotz offensichtlicher Fehler gegen spätere Vorwürfe wie den des Stolzes und der Härte gegen seine Untergebenen, Russen wie Polen. Er war streng und oft heftig, meint Seume, aber bei der Vielzahl der politischen und militärischen Aufgaben, die auf ihm lasteten und die er gewissenhaft und pünktlich erledigte, konnte das nicht ausbleiben. Etwa 15 Jahre später schreibt Seume, daß Igelströms politische Rolle »auf keine Weise sehr ehrenvoll« war. »Doch war er nie der Wütherich, zu dem man ihn machte: er war nur ein Mann von der eisernen Ordonnanz.«

Obwohl Seume eigentlich nur Zivildienst leistete und nie eine Offiziersschule besucht hat, war er zunächst einige Monate Sergeant, dann Fähnrich, und im September 1793 wurde er zum Leutnant eines Petersburger Grenadierregiments ernannt, dem er aber nur auf dem Papier angehörte, mit der von Igelström in Aussicht gestellten Beförderung zum Major und der Übernahme eines Kosakenregiments. Dazu sollte es nicht kommen.

Am 29. Januar 1793 wurde Seume dreißig Jahre alt. Aus diesem Anlaß stellte er sich in dem Gedicht *Mein Geburtstag* die Frage:

Dreißig Mal ist mir das Jahr entronnen
Und was hab ich aus dem Flug gewonnen?

Er zieht aber keine wirkliche Bilanz, hält keine Rückschau auf sein Leben, sondern führt nur einige seiner negativen Erfahrungen an, daß er oft, wenn er das Leben zu genießen hoffte, in irgendeiner Gestalt dem Tod und dem Verderben begegnet ist, auf dem Meere, im Kriegslager, vor dem Kriegsgericht. Überall hat er viel Elend gesehen. Nachdem Seume das Erdenleben in den schwärzesten Farben gemalt hat – es sind dies bekannte, in vielen Gedichten Seumes wiederkehrende Gedanken, Bilder und Klagen –, muß er sich fragen, ob diese Hölle auf Erden eine Strafe des Himmels für die Schlechtigkeit der Menschen ist. Als Gegensatz dazu zeichnet er das utopische Bild einer friedlichen, glücklichen Welt, in der die Menschen ohne Not, Unterdrückung und Furcht wie Brüder miteinander leben, und fragt rhetorisch, ob er diesen Tag wohl noch erleben werde. Da er seiner Meinung nach bisher wenig für die gerechte Sache getan hat, drängt es Seume nun, seine Lebenszeit zu nutzen, um noch Gutes zu vollbringen,

Daß ich dann in meines Lebens Buche
Nicht vergebens meine Werke suche.

Mit diesem Vorsatz wollte er die zweite Lebenshälfte beginnen.

Zwischenspiel 1793 in Leipzig

Seumes Zeit in Polen wurde 1793 durch einen viermonatigen Aufenthalt in Leipzig unterbrochen. Im Mai reiste er aus Warschau ab, zurück kehrte er im September in Begleitung seines ehemaligen Zöglings, des jungen Grafen Igelström, der sein Studium in Leipzig beendet hatte und nun in Warschau als Offizier in der russischen Besatzungsarmee dienen sollte.

In Leipzig machte Seume an einem Sommertag die Bekanntschaft eines etwa gleichaltrigen jungen Mannes, des Malers Veit Hanns Friedrich Schnorr von Carolsfeld (1764–1841), der dies in seiner Lebensgeschichte schildert. Schnorr, der aus Schneeberg im Erzgebirge stammte, hatte in Leipzig Rechtswissenschaft studiert und als Notar gearbeitet, sich dann der Malerei zugewandt und war, nach zweijährigem Aufenthalt in Königsberg und Magdeburg, seit 1790 wieder in Leipzig und Schüler des Malers Adam Friedrich Oeser (1717–1799). Ein Jahr vor dem Zusammentreffen mit Seume hatte Schnorr in der Zeitschrift *Neue Thalia* dessen Gedicht *Abschiedsschreiben an Münchhausen* gelesen, das ihn derart bewegte, daß er unbedingt den Verfasser kennenlernen wollte, dessen Aufenthaltsort ihm aber nicht bekannt war.

Ein Jahr später erfuhr er von einem Freund, daß Seume sich in Leipzig aufhalte und häufig abends in der Pleiße bei Gohlis bade. Da Schnorr in Gohlis wohnte und oft den Weg nach Leipzig und zurück gehen mußte, traf er eines Tages einen Mann, der nach der Beschreibung Seume sein könnte. Er sprach ihn an – es war tatsächlich Seume –, äußerte seine Bewunderung für dessen Gedicht und lud ihn zu einem Besuch ein. »Und so geschah' es denn auch; am dritten Tage darauf trat dieser mir unvergeßliche Mann mit den Worten ein: ›Sie haben erlaubt, – hier bin ich.‹ – Diese schöne Abendstunde brachte uns Beide sehr bald einander näher: wir wurden Freunde und blieben uns unwandelbar in Freundschaft zugethan.«[35] Diese Begegnung war sicher das schönste Ergebnis von Seumes Leipziger Aufenthalt, denn Schnorr wurde Seumes bester und intimster Freund, dem er alle persönlichen Probleme anvertraute und der ihn später auf seiner Wanderung nach Sizilien bis Wien begleitete.

In Leipzig befaßte sich Seume zum zweitenmal nach seiner Dissertation mit einem militärtheoretischen Thema, und zwar in der kleinen Schrift *Über Prüfung und Bestimmung junger Leute zum Militär*. Sie wurde im

Herbst in Warschau vom Königlichen Hofbuchdrucker Dufour gedruckt, vermutlich in einer sehr kleinen Auflage, da heute weder das Manuskript noch ein gedrucktes Exemplar vorhanden ist. Auch diese Schrift hat Seume als Zeichen der Dankbarkeit und vielleicht auch zur Förderung seiner Militärlaufbahn einer hochgestellten Persönlichkeit vom Fach gewidmet, dem General Igelström, der Seumes Ausführungen am besten beurteilen konnte; eine Äußerung von dessen Seite ist aber nicht bekannt.

Zu Beginn begründet Seume die Notwendigkeit von Soldaten – auch als stehendes Heer – mit den unter den Menschen herrschenden Gegensätzen; er betont ihren Wert für die Gesellschaft als entscheidende Kraft zur Erhaltung und Verteidigung des Staates und hebt den Unterschied zwischen Soldaten, die zum Schutz benötigt, und denen, die zur Eroberung mißbraucht werden, hervor. Ausführlich geht er auf die physischen (starker, widerstandsfähiger, trainierter, gesunder Körper) und die moralischen oder geistigen Voraussetzungen (Interesse, Intelligenz, Besonnenheit, Stolz, Pflichtbewußtsein, Genügsamkeit, Ordnungssinn, Zuverlässigkeit) für den Militärstand sowie auf die Rolle der Eltern und der Erziehung ein, bevor er dies in fast poetischer Weise noch einmal zusammenfaßt »mit der Hoffnung, einige für Pädagogik nicht unwichtige Bemerkungen mitgeteilt zu haben«.

Mit dieser Schrift bricht Seume eine Lanze für den Soldatenstand – eine gewisse Verachtung alles Nichtmilitärischen klingt an –, er bringt aber nichts Neues, nur allgemein Bekanntes; man könnte den Eindruck gewinnen, er wolle mit den beschriebenen Eigenschaften nur sich selbst porträtieren. Seine Schrift enthält manch Widersprüchliches, Aussagen, die sich mit seiner Stellung in Polen nicht vereinbaren lassen, zum Beispiel wenn er »den ehrwürdigen Krieger für die gute Sache von dem Enthusiasten der Eroberungssucht und dem Menschenwürger« unterscheidet und gar von dem Soldaten oder Feldherrn als »dem Beschützer der alten geheiligten Rechte der Menschheit« spricht. Wie in seiner Dissertation verwendet Seume auch hier den Begriff Vaterland recht unbedenklich, ohne konkret zu sagen, welches Vaterland der Soldat verteidigen soll – in Deutschland vielleicht den Kleinstaat eines Territorialfürsten, denn ein Vaterland Deutschland existierte nicht. Und verteidigten die russischen Soldaten ihr Vaterland etwa in Polen? Oder sollte das gar als versteckte Rechtfertigung der aufständischen Polen verstanden werden?

Das Jahr 1793 war ein Jahr voller turbulenter politischer Ereignisse in Europa. Es war das Jahr, in dem der französische König Ludwig XVI. hingerichtet (21.1.), in Mainz die erste Republik auf deutschem Boden ausgerufen (17.3.) und in Polen die zweite Teilung des Landes (7.5.) vollzogen wurde. In Frankreich – seit 1792 Republik – setzte sich Robespierre an die Spitze des Wohlfahrtsausschusses (17.7.), herrschte der Terror der Jakobiner, und gegen das revolutionäre Frankreich wurde der 1. Koalitionskrieg (1792–1797) geführt. Auch dieser Hintergrund ist zu beachten, wenn Seume von Soldaten als Vaterlandsverteidigern schreibt. Ob er beim Schreiben an bestimmte Ereignisse dieses Jahres gedacht hat, vielleicht gar an die Soldaten des französischen Volksheeres, die mit der Kanonade von Valmy (20.9.1792) den Vormarsch der Interventionsarmee aufgehalten haben, läßt sich freilich nicht sagen. Seume theoretisiert nur über das Thema, denn er war selbst nie Soldat im positiven Sinne, immer nur Söldner einer Unterdrückungsmacht.

Er philosophiert darüber, daß Könige, Priester, Soldaten und Staaten als Schutz und Stütze notwendig sind, »solange Menschen Menschen sind, solange die ewigen Widersprüche in ihren Neigungen, ihren metaphysischen, politischen und religiösen Meinungen nicht gehoben sind …« Aber eine Staatsform, die den Forderungen und Bedürfnissen der Menschen am vollkommensten entspricht, hat er noch bei keinem Staatsphilosophen und Politiker gefunden, »am allerwenigsten die jetzigen Schwindlinge an der Seine, so gut es einige und so schurkisch es andere unter ihnen meinen mögen, können uns eine Form darbieten, in welche wir glücklich einen neuen Staat zu gießen hoffen dürften«. Dieses negative Urteil über die französischen Revolutionäre der verschiedenen Lager und ihre Philosophen ist die erste bekannte schriftliche Äußerung Seumes zur Französischen Revolution. Am ehesten stimmt er dem Engländer David Hume (1711–1776) zu, der meinte: »Die beste Regierungsform ist immer die eingeführte, wenn eine neue Umschaffung die Nation dem Untergange nahebringt, welches fast stets der Fall ist, wie die traurige Geschichte unseres Geschlechts beweiset.« Das war damals die Monarchie, für deren aufgeklärte Form, wie sie in Rußland angeblich bestand, Seume eintrat.

Ob das Seumes wahre Überzeugung war oder nicht, er konnte und wollte nicht anders schreiben, ohne eine Gefahr für seine Laufbahn heraufzubeschwören, und auf seine Laufbahn kam es ihm in Polen in erster Linie an. Deshalb hat er sich den dortigen politischen Verhältnissen bereitwillig angepaßt, auch wenn er oft anders darüber dachte und dies aussprach. Überhaupt hat er sich in dieser Zeit seiner Karriere wegen, um deretwillen er ja diese Abhandlung verfaßt hat, oftmals ausgesprochen opportunistisch verhalten. Dies zeigt deutlich, daß es ihm noch an einer fest ausgeprägten politischen Überzeugung mangelte. Diese liegt gedruckt erst knapp zehn Jahre später in der Vorrede zum *Spaziergang nach Syrakus* öffentlich vor.

Auf keinen Fall erreicht Seumes Arbeit das Niveau anderer militärtheoretischer Abhandlungen jener Zeit, die er mit erwähnt; dazu ist sie nicht tiefgründig genug. Das mag er bald selbst empfunden haben, denn im Oktober schrieb er an seinen neuen Freund Schnorr: »Ich bin bey der Wiederdurchsicht sehr übel mit meiner Geistesgeburth zufrieden.« Vielleicht ist ihm beim Wiederlesen auch seine eigene zwiespältige Rolle bewußt geworden.

Seiner Schrift hat Seume das lange Gedicht *Über Glückseligkeit und Ehre. An Stackelberg. 1793* beigefügt. Es ist eins von vielen Gedichten Seumes zu einem philosophisch-moralischen Thema. Zu Beginn stellt Seume dem Freund die Frage, was Glückseligkeit ist und ob er sie gefunden hat. Da er schweigt, wollen beide die Weisen, die Philosophen von der Antike bis zur Gegenwart, befragen. Obwohl sich die verschiedenen Philosophenschulen bekämpfen, sind sie sich einig, daß nur die Tugend glücklich macht, woraus sich die Frage ergibt, was Tugend ist. Doch da gehen die Meinungen auseinander, und keiner kennt die richtige Antwort; jeder sucht sie, aber keiner findet sie. Für viele führt die Ehre oder der Ehrgeiz zum Glück, doch sie erkennen nicht, daß das nur ein hohles Glück ist, ein »Nebel-Götze«. Da jeder Mensch unbedingt ein Stück vom Glück erhaschen will, läßt dieses Streben nach Glück, je nach den Mitteln, die man dabei verwendet, die Menschen steigen oder sinken, zu Erfolg oder Mißerfolg gelangen. Für die vielfältigen Vorstellungen von Glück, Tugend, Ehre und Ruhm und von den Wegen zum Ziel führt Seume eine Vielzahl von Philosophen, Staatsmännern und Heerführern mit ihren Ansichten und Taten vor und fragt: Wer von diesen hat denn nun das wahre Glück errungen? Darauf folgt, vielleicht etwas überraschend, die Vermutung:

... Das Ideal,
Das wir in Göttertäuschung uns erträumen,
Vom Strohdach bis zum goldnen Königssaal,
Wohnt, wohnt vielleicht in andern Weltenräumen,
Sank nicht in unser Erdenthal.

Das ist Seumes Ansicht: Es gibt auf Erden kein absolutes Glück, alles ist relativ, Gutes wie Schlechtes. Jeder soll Gottes Schöpfung genießen, sich daran erfreuen und dafür dankbar sein, sich nicht über das Glück den Kopf zerbrechen, sondern seinen Weg gehen und andere nicht stören. Mögen andere Erfolge im Krieg, in der Dichtkunst, in der Wissenschaft oder der Liebe haben, Seume will sie nicht beneiden, sondern ruhig und bescheiden leben. Dem Freund aber gibt er zum Schluß den Hinweis, daß er vergebens im Labyrinth des Lebens forscht, denn irgendwo und irgendwann kommt er an eine Grenze, hinter die er nicht schauen kann und hinter der das verborgen liegt, dem »die Menschheit sich entgegen sehnt«.

Seumes Gedicht ist charakteristisch für die damalige Zeit, denn die Begriffe Glück und Tugend spielten in den Werken und Diskussionen der Philosophen und Theologen, der Dichter und Schriftsteller, der Publizisten und Juristen im gesamten aufklärerischen Denken des 18. Jahrhunderts eine zentrale Rolle. Aber auch die einfachen, weniger gebildeten Menschen befaßten sich mit der Frage, wie man zum Glück gelangen kann, und lasen viel darüber in den zahlreichen und weitverbreiteten Almanachen und moralischen Wochenschriften, wobei höchst unterschiedliche Vorstellungen geäußert und oft Realistisches und Utopisches vermischt wurden. Das Gedicht zeigt Seumes Sicht auf diese Problematik.

»Seht, man gräbt das Grab der Menschenrechte«

Von Leipzig aus schrieb Seume am 5. Juni 1793 an Schiller nach Jena und legte zwei (eigentlich drei) Gedichte zur Veröffentlichung in Schillers Zeitschrift *Neue Thalia* bei – *Der Wilde* und *Elegie auf einem Feste zu Warschau* (außerdem das Gedicht *Über Gefühl*). Im Brief heiß es zu den Gedichten: »Wenn sie die Güte haben sollten sie drucken zu laßen, so wünsche und bitte ich, daß Sie wenigstens unter das zweite meinen Namen nicht setzen. Denn wenn Sie es unter meinem Namen in die Welt schicken, so wäre es doch möglich, daß Sie mich zugleich mit nach Sibirien schickten. Ich bin von den Wahrheiten überzeugt, und würde sie, wenn ich Nutzen sähe und die Pflicht hätte, auf Gefahr meines Kopfs laut sagen; aber beides ist wohl jetzt nicht der Fall; und ich sehe nicht ein, warum ich die Gefahr auffordern sollte. Ich schrieb es in Warschau im Vorzimmer des kommandierenden Generals an einem Tage, als Polen und Rußen gemeinschaftlich, weis der Himmel mit welcher Mischung von Gefühlen, das vollbrachte Werk der Theilung feierten.«

Diese Zeilen sagen deutlich, daß es in der *Elegie auf einem Feste zu Warschau* um ein politisch hochbrisantes Thema geht, die zweite Teilung Polens durch Rußland und Preußen, die am 23. Januar 1793 beschlossen und am 7. Mai 1793 vollzogen worden war und der der polnische Sejm in Grodno am 17. Juli 1793 unter massiver militärischer Drohung Rußlands nachträglich zuzustimmen gezwungen wurde. Eine öffentliche Kritik an dieser Maßnahme wäre für den Urheber lebensgefährlich gewesen. Für Seume als russischen Offizier hätte ein Bekanntwerden des Gedichts unter seinem Namen nicht nur den Verlust seiner Stellung bedeutet, sondern er wäre wahrscheinlich vor ein Kriegsgericht gestellt und verurteilt worden, wenn nicht zum Tode, dann zur Verbannung nach Sibirien. Deshalb seine Bitte an Schiller, den Namen des Verfassers wegzulassen. Aber Schiller hat das Gedicht wegen der politischen Thematik vorsichtshalber gar nicht veröffentlicht. Es erschien erst drei Jahre später in Leipzig im Anhang des Buches *Die Letten* von Seumes Freund Garlieb Merkel.

Seumes Situation in Polen war als Angehöriger einer Teilungsmacht, aber auch als Menschenfreund, höchst problematisch und zwiespältig, und wenn er im gleichen Brief an Schiller schreibt, daß er seine Pflicht tut, ohne sich »mit vielen Gedanken zu quälen, ... aber den Menschen ... doch nicht immer unterdrücken« kann, gibt diese Formulierung nicht ganz seine innere Haltung, seine heftige Empörung über das, was in Polen geschieht, wieder.

Am gleichen Tag, als der polnische König im Reichstag in Grodno gezwungen war, unter der Drohung der vor dem Gebäude aufgefahrenen russischen Kanonen die Teilungsakte zu unterzeichnen, fand auf Anordnung des Generals Igelström in Warschau eine Festveranstaltung statt, zu der alle angesehenen und adligen Personen der Hauptstadt geladen oder besser befohlen worden waren, so daß Polen und Russen, Unterdrückte und Unterdrücker, genötigt waren, gemeinsam, aber mit gegensätzlichen Gefühlen die Teilung, das heißt die schrittweise Vernichtung des polnischen Staates, zu »feiern«. »Mit welchem Gesicht«, schreibt Seume später darüber, »konnte in diesem Augenblick nur ein Pole in dem Versammlungssaale stehen und, wenn er die Tasse von dem Teller des russischen Bedienten nahm, diesem ins Auge sehen? Ich war Russe durch den Dienst, tat meine Pflicht mit Ingrimm, und schlich mich während der Spottfarce aus dem großen Saale in ein Seitenzimmer«, wo er die Verse der Elegie in sein Taschenbuch schrieb – als eine »Thräne bei dem Trauerstück«, wie es im Gedicht heißt. Als Trauerstück sieht Seume nicht nur die Teilung Polens an, auf die er jeden konkreten Hinweis vermeidet, sondern die gesamte Geschichte und den gegenwärtigen Zustand der Menschheit.

Das Gedicht beginnt mit einem Paukenschlag – mit der uralten philosophischen Frage: »Was ist Wahrheit?«, die einst Pontius Pilatus an Jesus gerichtet hat (Johannes 18, 38) und mit der sich die Philosophen – und nicht nur sie – seit Menschengedenken beschäftigen. Keinen Schritt auf dem Wege zur Erkenntnis und Durchsetzung der Wahrheit und damit verbunden von Gerechtigkeit ist die Menschheit in Jahrhunderten vorangekommen, trotz mancher Bemühungen und der Himmelsgabe der Vernunft, von der die Menschen freilich – Seume beklagt es immer wieder – zwiespältigen Gebrauch machen. Seine Fähigkeiten mißbrauchte der Mensch im wesentlichen dazu, die Natur zu schädigen und den Mitmenschen Böses zuzufügen. Deshalb wurde die Wahrheit, weil sie oft unbequem war, von den Mächtigen dieser Welt, von den unterschiedlichen Regimen und Parteien zu ihrem Vorteil zurechtgebogen, wurden Lügen als Wahrheit ausgegeben. Keine Philosophen und keins ihrer Systeme konnten einen Ausweg aus diesem Dilemma weisen.

Während sich die Philosophen ergebnislos um die Wahrheit streiten, ist »die Bosheit, die im Finstern schleicht«, am Werke und erfaßt die Unsicheren und Schwachen, um sie ins Unglück zu stoßen, um Knechtschaft und Elend über die Menschheit zu bringen. Mit dem Ausruf »Seht, man gräbt das Grab der Menschenrechte« weist Seume sowohl auf die gesamtmenschliche als auch auf die polnische Tragödie hin. Er taucht den Pinsel »in der Schwermuth schwarze Farben« und malt ein düsteres Bild der elenden Zustände und des Verfalls in der Welt und im polnischen Staat. Da ist die Rede von Magnaten, die ihres »Landes Fett in Schwelgerei« verzehren, von Menschenmäklern, die mit Menschenhandel reich werden und »ihre Schätze nur nach Menschenseelen« zählen, von Knechten, die »unter der Despoten Eisenstab«, »unter Frohngebot und Knutenhieb« im Staube kriechen, von alter »Möncherei«, deren Geier überall dort »mit Bastillen, Inquisitionen, Thürmen, Minen, Eisen, Blutgericht« drohen, »wo die unterdrückte Wahrheit spricht«. An Freiheit ist unter solchen Verhältnissen nicht zu denken, denn schon »der Gedanke wäre Hochverrath« in einem Lande, wo die Gerechtigkeit mit Füßen getreten wird, wo Rechtsverdreher Löcher im Gesetz aufspüren, damit reiche Schurken hindurchschlüpfen können, wo die Richter »Wohl und Weh nach goldnen Gründen« abwägen und wo für Politiker »Moralität ein Possenspiel und Gerechtigkeit nur eine Grille« ist. All das erlebte Seume konkret in Polen. Heftig prangert er die Unmoral und Heuchelei der Politik an, die sich besonders deutlich in Kriegen zeigt, wenn – oft im Namen von Freiheit und Gerechtigkeit – ungestraft Tausende Menschen umgebracht werden dürfen und die Täter als Helden gefeiert werden oder wenn, wie im Falle Polens, Staaten und Regierungen als Räuber fremder Ländereien auftreten, während ein einzelner Mörder oder ein gewöhnlicher Dieb bestraft wird:

Wenn Banditen nur mit Dolchen morden,
Bleicht man ihren Schädel auf dem Holz;
Aber wenn der Helden Troß in Horden
Länder würget, sind die Helden stolz.

Wenn der Mann dem Manne, der ihm glaubet,
Seinen Säckel stiehlet, ist's Betrug;
Aber Herrschsucht, die Provinzen raubet,
Nennt der Staatskunst hohe Schule klug.

Auch wenn Polen aus gutem Grunde nicht genannt wird, bezieht sich diese Stelle eindeutig auf die Teilung dieses Staates. Seume fühlt sich mit allen Unterdrückten brüderlich verbunden und weiß: Ein Rächer von außen kann die Armen nicht befreien, wenn sie nicht selbst den Mut dazu aufbringen, wenn sie weiter dahinvegetieren, wenn sie nicht durch den Gebrauch ihres Verstandes zur Erkenntnis ihrer Lage und zum Handeln kommen. Deshalb muß Seume auch ihnen einen Teil Schuld an ihrem Zustand geben, denn erst ihr Sklavendienst ermöglicht das Herrscherdasein ihrer Peiniger. Aber auch dort, wo ein despotisches Regime gestürzt und eine neue, eine republikanische Staatsform geschaffen wurde, wie in der Französischen Revolution, wo angeblich Freiheit und Vernunft zum obersten Prinzip gemacht wurden, wird Mißbrauch damit getrieben, werden in den Parteienkämpfen neue Bluttaten begangen. Wahrscheinlich ist es eine Reaktion Seumes auf dieses historische Ereignis, wenn er die Situation einschätzt als

Elend in der Sklaverei, und blutig,
Wo die Freiheit ihren Fittich schwingt ...

Für sich sieht Seume – zumindest im Gedicht – nur einen Ausweg aus dem Elend der Welt: die Flucht in die Einsamkeit, in die friedliche Stille der Natur, wo er in einer Felsengrotte bei einer Quelle unter einem Eichbaum leben möchte, bis ihn »einst mit leisem Tritte sanft der Tod zum großen Abend ruft«. Durch den untauglichen Schluß des Gedichts, das Seume »in einer moralischen Gährung der Seele geschrieben« hat, wird die massive Kritik und Anklage dieser Strafpredigt über Gesellschaft und Moral keineswegs entschärft. Wenn auch die Weltflucht angesichts des Unheils verständlich erscheinen mag, hätte sich Seume tatsächlich nie für solch eine Scheinlösung entschieden. Er würde vielmehr die Wahrheiten, die er im Gedicht nennt, »wenn ich Nutzen sähe und die Pflicht hätte, auf Gefahr meines Kopfs laut sagen«.

Auf Seumes Weg zum politischen Schriftsteller stellt dieses Gedicht einen wichtigen Schritt dar. Es zeigt deutlich das erwachende politische Bewußtsein des Autors während seines Aufenthaltes in Polen, auch wenn er sich noch recht allgemein zu den Zuständen in der Welt äußert und seine Aussagen mit einem religiös-moralischen Rahmen umgibt, den er einige Jahre später nicht mehr benötigt.

Der polnische Nationalaufstand 1794

Etwa ein halbes Jahr nach seiner Rückkehr aus Leipzig erlebte Seume in Warschau den Aufstand des polnischen Volkes gegen die Aufteilung und Besetzung des Landes durch ausländische Mächte. Die Situation und die

Stimmung vor dem Aufstand, den Aufstand selbst und dessen Niederwerfung sowie sein eigenes Schicksal schildert er in der Schrift *Einige Nachrichten über die Vorfälle in Polen im Jahre 1794*. Eindrucksvoll und treffend beginnt Seumes Bericht: »Der letzte Nationalaufbruch der Polen war wohl eine ganz natürliche Folge der Dinge, wenn man überlegt, wie unerwartet durch unglückliche Konjunkturen, Anarchie im Innern, Machinationen von allen Seiten, Zwist und Niederträchtigkeit seiner Bürger der Staat wieder den schönsten Teil seiner Provinzen verloren hatte. Der Schmerz des Verlustes, die Gemütsstimmung aller noch Übriggebliebenen, die allgemeine politische Gärung durch ganz Europa, der Revolutionsgeist mehrerer Provinzen, die Verzweiflung der letzten Patrioten, bewaffnete in einem unglücklichen Augenblicke den ganzen Rest der Nation zu einem Riesenkampfe, von dem man voraussehen konnte, … daß er das Ende nehmen mußte, welches er wirklich genommen hat. Das Mißvergnügen war natürlich schon allgemein und die Gärung groß, als ich am Anfang des Jahres 1793 unter dem General Igelström in Warschau mit ankam, und stieg täglich höher, so wie die politische Lage der Nation täglich kritischer wurde, und ihr Groll täglich tiefer wurzelte … Alles war wider Vermuten von außen stille, und die Polen schienen sich ihrem Schicksal ergeben zu haben: aber das Feuer glomm unter der Asche, und eine Menge hitziger Rädelsführer fachte es von Zeit zu Zeit an, damit es nicht erlöschte … Keinem braven Polen ist es zu verdenken, daß er in der Leidenschaft seine Nachbarn (Nachbarländer, E.Z.) haßte; denn bei der Trauer seines Vaterlandes, in welche es durch sie war gestürzt worden, konnte er sie nicht lieben.« Es war »wie die Stille vor dem Ausbruch eines nahen Orkans«, der im März 1794 in Krakau ausbrach und für die Polen zunächst einen günstigen Verlauf nahm, denn: »Die Verzweiflung und der letzte Funke des Nationalstolzes kämpfte in allen Polen.« Aber nach acht Monaten wurde der Aufstand niedergeschlagen.

Als sich die polnischen Truppen unter Kosciuszko Warschau näherten, ergriff auch General Igelström Maßnahmen und schickte ihnen russische Truppen entgegen. In Warschau selbst, wo der Aufstand am Gründdonnerstag, dem 17. April, begann, hatten die zahlenmäßig schwachen und getrennt stationierten Russen gegen die Übermacht der Polen, die sich aus dem in polnischen Händen belassenen Zeughaus bewaffnet hatten und alle Feinde erbarmungslos niedermetzelten, keine Chance; ihnen blieb nur der Rückzug oder vielmehr die Flucht durch die mit Leichen übersäte Stadt, allerdings oft zu spät.

Umsichtig und mutig verteidigte Igelström mit seinen Soldaten den Residenzpalast gegen die von allen Seiten anstürmenden Polen, und mehrmals konnten sie die Eindringlinge zurückschlagen. Immer war der General an den gefährlichsten Stellen zu finden, alle Warnungen verachtend, so daß zwei seiner Pferde erschossen wurden, seine Uniform durchlöchert und er selbst im Gesicht verwundet war.

Seume, der sich ebenfalls unter den Verteidigern befand, bewahrte im dichtesten Kugelhagel seine Ruhe und nutzte angeblich längere Gefechtspausen, um in irgendeiner geschützten Nische einen altgriechischen Dichter zu lesen. Lange konnte die Residenz des Generals nicht gehalten werden, und da auch alle Verhandlungen über einen Abzug gescheitert waren – die zum Stadtkommandanten und Führer der Aufständischen, General Mokronowski (1760–1821), gesandten Unterhändler waren von den Polen widerrechtlich gefangengenommen worden –, schlug sich der General am Karfreitag mit etwa 400 Soldaten und dem Mut der Verzweiflung durch den Belagerungsring hindurch zu den preußischen Truppen außerhalb der Stadt. Sein Neffe aber, der blutjunge Major Igelström, der Generaladjutant bei seinem Onkel war, befand sich nicht unter den Geretteten. Sein junges, hoffnungsvolles Leben wurde ausgelöscht, »als er als Botschafter zum König geschickt worden war. Wütend fiel der Pöbel über ihn her, schoß und hieb auf ihn zu, und ließ ihn so zerfetzt halb nackend vor dem Krakauer Tor liegen.« Sein Leichnam wurde mit vielen anderen in die Weichsel geworfen und vom Fluß dem Meere zugetragen. Seume setzte ihm mit dem Gedicht *Auf Igelströms Tod* ein Denkmal, das alle seine Freunde an ihn erinnern sollte, denn sowohl Russen als auch Polen bedauerten seinen Tod.

Seume selbst verpaßte den Anschluß, weil er sich von einem schwerverwundeten Freund im Nachbargebäude verabschieden wollte. Vor den heranstürmenden Polen flüchtete er auf den Boden des Gebäudes, wo er sich hinter einem Stapel alter Fässer verbarg und die Nacht verbrachte. Mehrmals zogen Rotten plündernder und mordender Polen johlend durch das Gebäude, suchten in allen Winkeln nach versteckten Russen und stürzten fluchend weiter, wenn sie keine gefunden hatten. Seume wurde glücklicherweise nicht entdeckt. »Das Gemetzel fing nun erst an, recht wütend und grausam zu werden«, berichtet er, »da die Polen nun entschieden überall das Übergewicht hatten und der bewaffnete Pöbel selten Gefühl für Menschlichkeit hat ... Der fürchterlichste Augenblick meines Lebens war der Sonnabend Morgens ... Es hatten sich nämlich noch einige von unsern Soldaten, mit mehrern Bedienten, Weibern und Kindern von der Ambassade (Botschaft, E.Z.) auf einen Boden des andern Flügels von dem Gebäude retiriert, den von mir nur eine dünne Bretterwand schied. Eine starke Partei vermutlich von gestern oder schon wieder heute besoffener Polen drangen auf den Boden, und die russischen Soldaten wollten den Angriff zurücktreiben. Das Gefecht fing also oben an. Stellen Sie sich vor, auf einem Obergebäude das Krachen der Schüsse, das Geklirr der Gewehre, das wütende, unartikulierte Gebrülle der Polen, das Geschrei der Russen, das Kreischen der Weiber und Kinder in der Todesangst ... Ich selbst war für mich in diesem Momente in Sicherheit; aber mein Gefühl ergriff mich mächtig; ich bebte, ich fühlte Kälte durch meine Glieder fahren, die Haare starrten unter dem Hute; ich glaube, es war selbst Todesangst, es war eine unnennbar schreckliche Empfindung, die ich in meinem Leben weder vorher noch nachher gehabt habe ... Ich hatte während der ganzen Zeit ... hinter den Tonnen meinen Degen in der Faust, um ihn an vernünftige Leute mit Anstand abzugeben oder ehrlich in der Arbeit (im Kampf, E.Z.) zu sterben, wenn mich eine Rotte Bedlamisten (Wahnsinnige, E.Z.) entdeckte; ein Tertium (Drittes, E.Z.) war schwerlich denkbar.«

Es gibt immer wieder kritische und widersprüchliche Meinungen zu Seumes Verhalten beim Aufstand der Polen. Daß er sich auf dem Dachboden eines Gebäudes versteckt hat, anstatt zu kämpfen, wird ihm einerseits als Feigheit vorgeworfen, andererseits bei der völligen Aussichtslosigkeit des Kampfes als kluge Entscheidung angesehen. Unzutreffend ist sicher die Vermutung, daß er nicht gegen die Polen kämpfen wollte, weil er Sympathie für sie empfand. Daß sich Seume vor der blindwütigen Menge in Sicherheit gebracht hat, wenn auch in eine trügerische, war keine Feigheit, sondern eine natürliche Reaktion der Selbsterhaltung. Im Kampf wäre er mit größter Wahrscheinlichkeit getötet worden. Sogar als Gefangener – hätte er sich ergeben – wäre er seines Lebens nicht sicher gewesen. Ganz und gar aussichtslos wäre es gewesen, sich als Freund der Polen zu erkennen zu geben. Niemand hätte ihn in dem wilden Getümmel gehört, erst recht nicht hätte man ihm, dem Angestellten der russischen Botschaft, geglaubt.

Hungrig und durstig – er hatte seit mehr als zwei Tagen fast nichts gegessen und getrunken – hockte Seume in seinem Versteck und wagte sich nicht hervor, da im Hof des Gebäudes »noch einige Hundert bunten Gesindels aller Art« waren, wie er aus einem Dachfenster sehen konnte, und immer wieder einige von ihnen durch das Haus bis auf den Boden polterten auf der Suche nach zurückgebliebenen Russen und nach Plünderungsgut. Nach einem etwa einstündigen Schlaf und kurzem Zögern entschloß er sich, das Versteck zu verlassen und nach unten zu gehen, da ihn Hunger und Durst zu sehr plagten. Er legte seinen Degen ab, beseitigte alle Ehrenzeichen, die ihn als Botschaftsangestellten auswiesen und schritt »entschlossenen Mutes« die Treppen hinunter auf den Hof. Zum Glück trug er über den Uniformunterkleidern nur einen gewöhnlichen blauen Überrock, so daß er in dem Gewimmel nicht auffiel und selbstsicher an den Wachen vorbeiging, das Gebäude verließ und die Straßen entlang marschierte, in denen überall tote Pferde und Mengen von Ausrüstungsgegenständen lagen, während die Leichen der gefallenen Russen und Polen bereits weggeschafft worden waren. Bei dem Aufstand sollen etwa 4400 russische Soldaten getötet oder gefangengenommen worden sein, während die Polen 2000 bis 3000 Mann verloren hatten.

Zunächst suchte Seume, an den zerstörten und geplünderten Häusern der Russen und zahlreichen siegestrunkenen Polen vorbeischlendernd, einige russenfreundliche Bekannte auf, die noch in ihren Häusern wohnten, die ihn aber voller Furcht baten, sich so schnell wie möglich wieder zu entfernen. Nach längerem Umherschweifen hielt er es für das beste, sich einer Gruppe französisch sprechender Offiziere gefangenzugeben, die ihn höflich behandelten, von denen er etwas zu essen und zu trinken bekam und die ihn vor den Zudringlichkeiten mißtrauischer Polen in Schutz nahmen, indem sie ihn als Franzosen ausgaben. Dies zeigte ihm, daß er noch nicht in Sicherheit war, auch nicht, nachdem er zur Schloßwache gebracht worden war. Die Volkswut war grenzenlos, und weder die Obrigkeit noch das Militär waren in der Lage, sie zu zügeln. Kurz vor Seumes Ankunft im Schloß waren mehrere Russen vor den Augen der Wachsoldaten getötet und am Ostermontag achtzig russische Gefangene

aus einem nichtigen Anlaß von dem aufgebrachten Pöbel auf entsetzliche Weise niedergemetzelt worden.
So befand sich Seume auch als Kriegsgefangener in Lebensgefahr. Während die Gefangenen – außer Seume noch sechzehn, meist verwundete russische Offiziere – in der Schloßwache anständig behandelt und verköstigt wurden, sah man in ihnen nach ihrer Verlegung in ein anderes Gebäude lediglich Verbrecher und traktierte sie: fast kein Stroh zum Schlafen, kein Besteck zum Essen, keine Bücher, kein Schreibzeug, kein Licht und dazu die ständige Todesdrohung durch Fanatiker, die von Zeit zu Zeit in die Gefängnisse stürmten, um bestimmte Gefangene herauszuholen und aufzuhängen. Schließlich wurde Seume dank der Fürsprache einiger gebildeter Offiziere in das Brühlsche Palais gebracht, wo ranghohe Russen und alle Mitglieder der diplomatischen Vertretung gefangen saßen, doch die Behandlung war hier genauso schlecht. In den mehr als sechs Monaten harter Gefangenschaft wurde Seume oft Augen- und Ohrenzeuge der furchtbaren Greueltaten, die die wütenden Polen an den gefangenen Russen begingen sowie an hochgestellten russenfreundlichen Landsleuten, Adligen, Offizieren, Beamten und Geistlichen, von denen mehrere führende Mitglieder wegen Landesverrats hingerichtet wurden. Als sich die Lage der polnischen Armee verschlechterte und Kosciuszko mit seinen Soldaten vor Warschau eintraf, um die Stadt durch den eiligen Bau von Verschanzungen und Laufgräben zu verteidigen, ließ er auch die Ordnung in der Stadt wiederherstellen. Die am 13. Juli begonnene Belagerung durch Preußen und Russen mußte jedoch zwei Monate später erfolglos abgebrochen werden, da diese Truppen zur Niederschlagung von Aufständen in verschiedenen Landesteilen eingesetzt werden mußten. Doch in den folgenden Gefechten erlitten die Polen immer öfter Niederlagen und hohe Verluste, bis sie schließlich am 10. Oktober in der Schlacht bei Maciejowice (bei Seume Maczewicza), 70 km südöstlich von Warschau, von den zahlenmäßig weit überlegenen Russen vernichtend geschlagen wurden und Kosciuszko verwundet in Gefangenschaft geriet. Von den 7000 bis 8000 Polen kamen nur etwa 1200 mit dem Leben davon. Um dem Aufstand ein Ende zu machen, marschierten auf Befehl Katharinas II. neue, im Türkenkrieg erprobte russische Truppen unter General Alexander Suworow in Eilmärschen auf Warschau zu und verbreiteten durch ihren Ruf unerbittlicher Grausamkeit überall panischen

Schrecken. Den 30 000 Russen standen in Warschau nur etwa 24 000 polnische Soldaten und Milizangehörige gegenüber. Nach heftigem Artilleriebeschuß stürmten die Russen am 4. November um halb sechs Uhr früh mit aufgepflanzten Bajonetten die Verschanzungen in der Vorstadt Praga und nahmen sie innerhalb von zwei Stunden ein, wobei etwa 15 000 Polen und 1800 Russen fielen oder in der Weichsel ertranken. Danach kapitulierte die Hauptstadt.

Von ihrem Gefängnis aus konnten Seume und die anderen Gefangenen einen Teil der Kämpfe verfolgen, nur die Weichsel trennte sie von dem Geschehen. Später hörten sie von den furchtbaren Greueltaten, die die wütenden Russen nach der Einnahme an polnischen Soldaten und Zivilisten begingen, als Rache für die Übeltaten, die ihre Kameraden beim Aufstand im April hatten erleiden müssen.

Am Morgen dieses 4. November, als Suworows Truppen stürmten, schrieb Seume ein langes Gedicht mit dem bezeichnenden Titel *Gebet eines Mannes, der selten betet* (auch unter dem Titel *Gebet. Am Morgen, als Suworow die Prager Linien vor Warschau stürmte*), das zwar durch die äußeren Kriegsvorgänge angeregt wurde, aber nicht direkt darauf Bezug nimmt. »Die nächste Veranlassung zu diesem Stücke«, schrieb Seume, »war die entsetzliche Seelenstimmung eines verwundeten polnischen Offiziers, der auf seiner Flucht von Praga durch Warschau, Gott weiß wohin, uns noch besuchte.« Diesen Vorfall gibt er später so wieder: »Gleich nach der Eroberung der Prager Linien kam ein ehrlicher Pole, der uns sonst in der Gefangenschaft zu besuchen pflegte, um Abschied zu nehmen. Er war Hauptmann von einem Regimente, das bei der Aktion fast zu Grunde gerichtet worden war; und er selbst war mit wenigen seiner Leute dem Tode entgangen. Eine große Träne stand dem Manne im Auge. Die Ihrigen haben wieder gesiegt, sagte er heftig zitternd, und hob den verwundeten Arm unwillkürlich empor: mein Vaterland ist nun ohne Rettung verloren. Wenn mir künftig noch jemand von Gott, Vorsehung, Gerechtigkeit und Tugend spricht, so will ich ihm die Antwort ins Gesicht speien. Dort liegen Weiber und Kinder und Greise zu Hunderten gemordet. Ihre Kameraden schlachten noch. Es sind keine Soldaten mehr dort; aber nun schänden sie Mädchen um sie dann zu töten; ich schäme mich, ein menschliches Gesicht zu tragen. Eben wollte einer von uns dem verzweifelnden Manne etwa tröstendes sagen, und den Himmel recht-

fertigen, so stürzte er mit einem fürchterlichen Fluche zur Tür hinaus; und wir sahen ihn nicht mehr.«
Aus tiefer Erschütterung darüber schrieb Seume dieses Gedicht, in dem er über den jammervollen Zustand der Welt klagt, Gott anruft und bittet, ihn trotz aller Übel und der Untaten der Menschen nicht an seiner Güte zweifeln zu lassen und ihm immer festen Halt zu geben. Natürlich weiß Seume, daß nicht Gott für der Welt »namenloses Elend« verantwortlich zu machen ist, sondern die weltlichen und geistlichen Machthaber, die zwar Gottes Namen scheinheilig im Munde führen, aber durch ihr unchristliches Handeln ständig gegen Gottes Gebote verstoßen und deren Verwirklichung verhindern. Gewiß ist das »Gebet« wegen der Heftigkeit der Klage und Anklage bei gewissen Kreisen auf Ablehnung gestoßen und in einer Rezension deshalb als »verunglückt«[36] bezeichnet worden.
Nach fast siebenmonatiger Gefangenschaft schlug für Seume am 7. November die Stunde der Befreiung. Als engster und wahrscheinlich einziger in Warschau verbliebener Mitarbeiter Igelströms begab er sich mit dem russischen Oberst Lieven sofort in das Hauptquartier der russischen Armee, um sich wieder für dienstliche Aufgaben zur Verfügung zu stellen. Hier lernte er General Suworow kennen, einen der berühmtesten russischen Heerführer, der für die Einnahme Warschaus zum Feldmarschall ernannt wurde.

Über Suworow, Kosciuszko und Poniatowski

Nüchtern und sachlich, »ohne Leidenschaft« und »ohne Vorurteile« betrachtet und beurteilt Seume in seiner Schrift *Einige Nachrichten über die Vorfälle in Polen im Jahre 1794* (1796) diese Ereignisse, das Vorgehen beider Parteien, der russischen und der polnischen, charakterisiert, vermischt mit Anekdotischem, die Hauptpersonen, den russischen Feldherrn Alexander Wassiljewitsch Graf Suworow (bei Seume auch Suwarow), den polnischen General Tadeusz Kosciuszko und den polnischen König Stanislaw II. August Poniatowski. Suworow gilt Seumes Verehrung, Kosciuszko seine Sympathie und Poniatowski seine ganze Verachtung.
Es ist nicht verwunderlich, daß Seume mit seiner lebenslangen Neigung zu allem Militärischen einem Mann wie Feldmarschall Suworow ein star-

kes Intersse entgegenbrachte, ihn sogar unendlich verehrte, obwohl er das System seiner Nation haßte. Neben einigen Seiten in seinem Polenbericht sowie in *Zwei Briefe über die neuesten Veränderungen in Rußland* (1797) widmete er ihm einen eigenen kleinen Aufsatz, *Anekdoten zur Charakterschilderung Suworows*, den er wenige Jahre später niederschrieb und der 1799 in Wielands Zeitschrift *Neuer Teutscher Merkur* erschien.

Etwas merkwürdig erscheint es, daß Seume trotz betonter Unparteilichkeit diesen Mann, der ein genialer Feldherr war und keine Schlacht verloren hat, aber wegen seiner rücksichtslosen Kriegsführung gefürchtet war und mit Beinamen wie »Henker« und »Schlächter« belegt wurde, im wesentlichen recht unkritisch betrachtet und ihn gegen alle Vorwürfe verteidigt. Man hat Seume deshalb als Enkomiasten, als Lobredner Suworows bezeichnet, jedoch, wie Seume betont, »sehr mit Unrecht«, denn »ich suchte doch nur seinen wahren Charakter zu retten und einige Phänomene zu erklären, die ihm zur Last gelegt werden«. Schließlich weist er darauf hin, daß er »dem Manne durchaus nichts zu danken habe« – aber doch wohl seine Befreiung – und daß man »also in meinen Äußerungen nichts als meine ehrliche Meinung finden« kann.

Seume stellt Suworow so umfassend und lebendig dar, daß der Leser ein anschauliches Bild von diesem kleinen, hageren Mann bekommt. Suworow war bereits 65 Jahre alt, als Seume ihn kennenlernte. »Ich habe nie einen Mann gesehen, der mich – trotz allen widersprechenden Gerüchten, die zu seinem Vorteil und Nachteil herumgehen, und unter denen gewiß manche Märchen sind – bei dem ersten Anblicke mehr an sich gezogen hätte, als Suwarow.« Obwohl er, 1730 geboren, von Kindheit an kränklich und schwächlich und deshalb vom Vater, einem adligen Offizier, nicht für die militärische Laufbahn vorgesehen war, interessierte sich Suworow schon als Junge brennend für das Kriegshandwerk, las viele militärische Bücher und härtete sich durch eiskalte Bäder im Sommer wie im Winter und durch Diät ab. Er begann den Militärdienst mit 17 Jahren und war sein Leben lang Soldat, nahm an den zahlreichen Kriegen Rußlands gegen die Preußen, Türken, Polen und Franzosen teil, brachte es dank seiner außerordentlichen militärischen Begabung bis zum Feldmarschall und erhielt zuletzt als Oberkommandierender der russischen und österreichischen Truppen gegen die Armee Napoleons in Oberitalien und der Schweiz 1799 den Titel Generalissimus. Als Mann mit scharfem

Verstand analysierte er ständig seine eigenen Feldzüge sowie diejenigen der großen Feldherrn der Weltgeschichte wie Alexander der Große, Hannibal, Cäsar und arbeitete eigene Prinzipien der Kriegskunst aus, u.a. in der Schrift *Die Wissenschaft zu siegen*, die in erster Linie darin bestand, genauen militärischen Überblick zu gewinnen, schnelle Entschlüsse zu fassen, schnell und kraftvoll anzugreifen, vor allem durch Bajonett- und Sturmangriff, ehe der Gegner seine Kräfte sammeln kann, und den besiegten Gegner durch ständige Verfolgung völlig zu vernichten. Für diese Taktik wurden die Soldaten nach dem Grundsatz »Leicht bei der Übung – schwer im Krieg; schwer bei der Übung – leicht im Krieg« ausgebildet. Suworows »ganze Kunst ist, schreckliche Energie in die Seelen seiner Leute zu bringen, die es dann für unmöglich halten, unter seiner Anführung geschlagen zu werden«. Denn er strahlte selbst Energie und Siegeszuversicht aus und genoß große Popularität bei seinen Soldaten, mit denen er oft und überall redete. Seine Ansprachen an die Truppe waren kurz und energisch, seine Befehle und Berichte von lakonischer Kürze, seine Bemerkungen oft witzig oder bissig. Trotz seiner hervorragenden Bildung – er war sehr belesen und sprach mehrere Sprachen (Deutsch, Französisch, Polnisch, Italienisch, Türkisch, Tatarisch) – und seines Reichtums lebte er nicht nur auf seinen Gütern recht bescheiden, auch im Felde teilte er das harte Leben der einfachen Soldaten. »Er ist der Abgott der russischen Soldaten … Er ist dazu gemacht, die Herzen der Kriegsleute zu gewinnen, wenn gleich nicht immer der höhern Offiziere.« Diese mochten ihn meist nicht sehr, da er ein sonderbarer Mensch war, weswegen über ihn viel Anekdotisches und Skurriles erzählt wurde. »Seines Wertes sich bewußt, fest rechtlicher Mann, aber eisern konsequenter Soldat, war er voll Eigenheiten, von denen viele wie Bizarrerien und Marotten aussahen; war äußerst strenge gegen sich und sodann auch in seinen Forderungen gegen andere, und sprach skoptisch (spöttisch, E.Z.) und sarkastisch über alles.« Das machte ihn auch bei seinen Vorgesetzten oft unbeliebt. So war Suworow 1797 wegen kritischer Bemerkungen zu einer neuen Militärdienstvorschrift bei dem neuen Zaren Paul I. (1754/1796–1801) in Ungnade gefallen und auf sein Gut verbannt, Anfang 1799 für den Italienfeldzug gegen Napoleon zurückgerufen und nach dessen Ende erneut mit Verachtung gestraft worden, denn »weder sein eigener Monarch, noch der österreichische Hof waren mit seinem Betragen zufrieden. Er hatte ohne Schonung über Fehler aller Art und ohne Rücksicht der Personen gesprochen.« Einsam und krank starb er am 18.5.1800.

Mehrmals erwähnt Seume in seinen Schriften Suworows persönliche Humanität sowie seine angebliche Grausamkeit, in deren Ruf er dadurch geraten war, daß er »zu lauter Trauerspielen«, das heißt zur Niederschlagung von Aufständen, 1774 des Pugatschow-Aufstandes und 1794 des polnischen Nationalaufstandes, eingesetzt wurde. Natürlich liegen Härte, Grausamkeit und Unmenschlichkeit in der Natur des Krieges und der Menschen; im Kriege sind die Moralgesetze, die in Friedenszeiten gelten, außer Kraft gesetzt. Dennoch kann Seume Suworow nicht freisprechen: »Suworow hat insofern Schuld, daß er seinen Untergebenen nicht genug Menschlichkeit eindringend anempfiehlt und Alles nur auf Kraft hinarbeitet, ohne zu erwägen, was unter dem Verstummen der Philanthropie sonst noch zertrümmert wird, das gerettet werden könnte. Aber seinem Charakter selbst kann man den Vorwurf der Grausamkeit mit Recht nicht machen.« Seume ist »fest überzeugt, daß er durchaus ein ehrlicher Mann und kein Wüterich war«. Er schließt mit höchstem Lob: »Ich halte ihn vor allen unsern öffentlichen Zeitgenossen für den Mann, der am meisten eigenen Charakter, die größte Energie, den umfassendsten Blick mit wahrer persönlicher Rechtschaffenheit und Humanität besitzt.«

Zur gleichen Zeit, als Suworow auf Warschau marschierte, die Stadt stürmte, die Aufständischen mit seinen Bajonetten niederwarf, die Hoffnung der Polen auf eine Änderung der Zustände im Blut ertränkte und das Ende der polnischen Nation einleitete, ging durch das fortschrittliche Europa eine Welle der Begeisterung für Suworows Gegenspieler, den Führer der polnischen Volkserhebung Tadeusz Kosciuszko. Diese beiden Militärs, Kriegshelden mit gegensätzlichen Zielen, erregten das starke Interesse der Öffentlichkeit. Während der eine als Mörder und Ungeheuer verdammt wurde, erhob man den anderen zum Nationalhelden, verehrte ihn wie einen Heiligen, obwohl seine Feinde ihn zum bösen Räuber und Rebellen machten. Kosciuszko hatte seine Ausbildung an einer französischen Militärakademie erhalten, war in der polnischen Armee vom Hauptmann zum Generalmajor aufgestiegen, von 1776 bis 1784 im nordamerikanischen Unabhängigkeitskrieg Adjutant von General George Washington gewesen und dafür 1792 zum Ehrenbürger der Französi-

schen Republik ernannt worden. Für Seume, der für Kosciuszko größte Hochachtung empfand, war er der edelste und tapferste Pole.
In seiner Schrift über die Ereignisse in Polen führt Seume einige kriegerische Aktionen in Amerika wie in Europa an, bei denen Kosciuszko mitgewirkt hat, beurteilt dessen militärische Kenntnisse und Fähigkeiten sowie seine persönliche Tapferkeit, würdigt seine Erfolge und verschweigt auch seine taktischen Fehler nicht, die er gemacht hat, vor allem beim Aufstand, denn da hätte die Sache für Rußland und Preußen »weit gefährlicher, vielleicht schrecklich werden können, wenn der Plan gehörig angelegt und ausgeführt worden wäre, und wenn ihn nicht die übereilte Hitze des Madalinsky (General der Aufständischen, E.Z) und einiger andern Hitzköpfe verdorben hätte«. Kosciuszko selbst muß ebenfalls ein Hitzkopf gewesen sein, heftig und aufbrausend, wodurch er viele seiner Anhänger abstieß, ebenso durch sein häufig eigenmächtiges Handeln. Seume vermißte in seinem Verhalten die oft gerühmte Klugheit und Mäßigung.
»Bei allem dem bleibt Kosciuszko immer ein Mann, der Achtung verdient, ein ehrlicher, rechtschaffener, braver Mann, den nur Not, heißer Partriotismus und falsche, aber doch noch wahrscheinliche Hoffnungen zu einem Schritte brachten, der seiner Nation letal (tödlich, E.Z.) wurde.« Genauso wie Suworow verteidigt Seume auch Kosciuszko, natürlich aus anderen Motiven, denn er hatte den Mut und das Wagnis unternommen, sich drei starken ausländischen Mächten und der einheimischen Reaktion entgegenzustellen, um Polen aus dem politischen Dilemma herauszuführen. Einige Jahrzehnte früher, meint Seume, wäre eine solche Aktion, mit gleicher Tatkraft durchgeführt, möglicherweise erfolgreich gewesen, und Polen würde noch bestehen: »Die Polen haben bei der letzten Revolution zu ihrem Schwanengesange den Preußen und Russen bei mancher Gelegenheit gezeigt, daß beide nicht so entschieden Meister des Handwerks sind, und hätte der vaterländische Genius die armen Sarmaten (Bewohner Polens, E.Z.) fünfzig oder nur zwanzig Jahre früher geweckt, sie wären nicht weggewischt worden aus den Völkern der Erde. Doch auch so ist die Epoche ihres Todes das Schönste von ihrem Leben seit einem Jahrhunderte.« Das ist ein trauriges, aber sympathisches Urteil über die polnischen Patrioten, die nicht nur dumpf dahinvegetierten und willenlos alles über sich ergehen ließen, sondern auf-

begehrten und heldenhaft für Recht und Freiheit kämpften und in den Tod gingen.

Abschließend stellt Seume fest: »Der polnischen Nation hat es nie an großen, mutigen und entschlossenen Männern gefehlt: die Geschichte stellt Beispiele auf, vor denen andere Nationen mit Ehrfurcht stehen.« Kosciuszko gehört in die erste Reihe dieser großen Männer.

Der Hauptschuldige an der ganzen Misere in Polen war nach Seumes Meinung der polnische König Stanislaw II. August Poniatowski, der von 1764 bis 1795 regierte, aber zumeist ein willenloses Werkzeug in den Händen der russischen Zarin Katharina II. war. Von 1756 bis 1760 war der einem alten Adelsgeschlecht entstammende Graf Poniatowski Gesandter und bevollmächtigter Minister des polnischen Staates in Petersburg und in dieser Zeit der Geliebte der Zarin. Um die Interessen Rußlands in Polen zu sichern, setzte Katharina II. 1764 seine Wahl zum neuen polnischen König durch, da sie wußte, daß er kein gefährlicher Nachbar sein würde. Der Preußenkönig Friedrich II. befürwortete die Wahl und tat Katharina damit einen Gefallen, denn er wollte vor allem keinen Sachsen, aber auch keinen neuen Sobieski als König.

Das Jahr 1763/64 war für Polen ein entscheidendes Jahr. Wäre ein anderer, ein starker König auf den Thron gekommen, der die Kraft gehabt hätte, Polen aus dem Tief herauszuführen und zu vereinen, wäre die Geschichte in diesem Teil Europas anders verlaufen. Davon ist Seume fest überzeugt. In allen seinen Schriften über Polen und Rußland findet Seume fast nur kritische und harte Worte für diesen kleinmütigen, kurzsichtigen und wenig selbständig handelnden König: »Nur Poniatowsky allein hat die Nation zu Grabe getragen ... Ein Mann von Entschlossenheit und wahrer Königswürde wäre in die Katastrophe von 71 nicht gerathen, und das Ende von 94 wäre nicht denkbar gewesen.« Poniatowskis Dankbarkeit und Ergebenheit gegenüber Rußland und Preußen nennt Seume ein Verbrechen, da ein König nur seinem Volke verpflichtet ist. Er führt den hervorragenden polnischen König und Nationalhelden Jan Sobieski als Vorbild an, der mehr als hundert Jahre zuvor, im Jahre 1683, die Türken vor Wien vernichtend geschlagen hat. Solch ein Mann hätte die polnische Nation erhalten und gestärkt, und so hätte auch Poniatowski handeln müssen. Eine Lehre sollten alle Bewerber um eine Krone aus

Poniatowskis Geschichte ziehen: nicht zum Spielball einer stärkeren Macht und dadurch am Ende ein Gegenstand der Verachtung zu werden. Seumes vernichtendes Urteil gipfelt in dem Vorwurf: »Und ein König sollte wenigstens ein Mann oder nicht König sein.«

Es muß allerdings hinzugefügt werden, daß Seume in allen seinen Äußerungen über Poniatowski dessen Bemühungen um Reformen und eine neue Verfassung vollkommen außer acht läßt, vielleicht weil es dem König an Durchsetzungskraft gegenüber der inländischen Reaktion und im Reichstag fehlte, so daß die Reformversuche nicht erfolgreich waren. Seumes Einschätzung wird Poniatowski nicht gerecht. Da dem polnischen König die männlichen und soldatischen Eigenschaften wie Mut, Entschlossenheit, Tapferkeit, die Seume sehr hoch schätzte, fehlten, übersieht er auch positive Ansätze, während er andererseits bei Suworow und Kosciuszko, auch bei Igelström, negative Erscheinungen entschuldigt, da sie sich als tapfere Krieger erwiesen haben.

Nachdem Poniatowski im Jahre 1798 gestorben war, schrieb Seume ein Gedicht mit dem Titel *Parentation. Dem Könige Stanislaus Augustus Poniatowsky*. Parentation bedeutet zwar Totenfeier oder Leichenrede, das Gedicht ist aber eine scharfe Anklage. Seume schickte es am 20.3.1798 an Johann Wilhelm von Archenholtz für dessen Journal *Minerva*, der es aber nicht veröffentlichte.

Ein zugleich satirischer und zorniger Ton durchzieht das ganze Gedicht. Gleich zu Beginn wird die Nachricht vom Tode des Königs ironisiert:

Der König starb? Es ist Gedicht!
Wie konnt' er das? der König lebte nicht.

Seumes Spott und Verachtung treffen besonders die »Männlichkeit« dieses weichlichen, weibischen Königs:

Sein Leben war nur Zeitvertreib,
Es mögen die Gardinenrichter lesen,
Ob er bei Weibern Mann gewesen;
Bei Männern war er immer Weib.

Wegen seines schönen Aussehens und seiner Schmeichelreden war er der Liebling der Frauen und ihnen willenlos ausgeliefert. Katharina II., deren Tochter Anna höchstwahrscheinlich von Poniatowski stammt, benutzte ihn als »Hauptstück ihrer Werke ... Sie winkte nur, so stand der König da.« Sogar als er während der Belagerung Warschaus einen lange hinausgezögerten Gang an die Front vor die Stadt antrat, ließ er sich von den ihn begleitenden weinenden Frauen zurückhalten:

Der Sybarit hat endlich sich entschlossen
Und ziehet langsam in das Feld;
Die Frauen, die vor ihm in Thränen flossen,
Ziehn nach und halten den Genossen.
Zwei Stadien, da steht der Held,
Bis weinend er in ihre Arme fällt.

Er eilt zurück auf seine Flaumenbetten;
Hoch zürnend floh vor ihm der Fluß.
Mag, wer nun will, das Vaterland erretten;
Der König liegt in Weiberketten.

Seume gibt noch einmal rückblickend ein Bild von den Zuständen im Lande, vom rapiden Verfall unter Poniatowskis mehr als dreißigjähriger Regentschaft, die gekennzeichnet war von Zwietracht und Haß, Eigennutz und Geldgier, Bestechung und Verrat, Lüge und Ehrlosigkeit, vor allem unter den mächtigen Adelsfamilien und im Reichstag, wo nur geredet statt gehandelt wurde »und jeder Keim von Kraft verdarb«. Diese Zerrüttung des ganzen Landes entehrte und tötete allmählich den Nationalgeist, so daß Seume sarkastisch feststellt: »Ein solches Volk war dieses Königs werth.« Ja, er steigert sich noch zu dem makabren Vorwurf: »Jetzt weinet Ihr, daß er nicht früher starb.«

Als Gegenbild zu Poniatowski hebt Seume Kosciuszko hervor, der, »des Vaterlandes letzter Sohn«, versucht hat, das Land durch entschlossenen Kampf vor dem Untergang zu retten und aus dem Chaos herauszuführen. Sein Name und seine Taten sowie die seiner Mitkämpfer werden anders im Buch der Geschichte geschrieben stehen als die des Königs. Mit diesem Urteil endet das Gedicht – ein poetisches Zeugnis für Seumes unbarmherzigen Umgang mit Poniatowski.

In Leipzig und Grimma (1795–1801)

Wieder in Leipzig (1795–1797)

Nach seiner Befreiung aus polnischer Gefangenschaft reiste Seume nach Riga zu dem kranken und verzweifelten Igelström, der wegen seines Mißerfolgs und seiner Niederlage im April 1794 beim Aufstand in Warschau bei Katharina II. in Ungnade gefallen war und seinen Sekretär jetzt dringend brauchte. Für ihn verfaßte Seume eine Verteidigungsschrift an die Zarin, in der er die genauen Umstände dieses Ereignisses sowie das Verhalten der russischen Besatzung und des Generals Igelström darlegte und seinen Chef rechtfertigte.

Vermutlich hatte Igelström der Zarin schon früher viel Gutes über seinen Sekretär berichtet und eine Beförderung vorgeschlagen, denn jetzt erhielt Seume direkt von Katharina einen ehrenvollen Auftrag, gewissermaßen als Belohnung für seine treue und gewissenhafte Pflichterfüllung. Er sollte einen jungen Offizier, den 19jährigen, durch einen Brustdurchschuß schwer verwundeten Major Muromzow, Attaché der russischen Gesandtschaft in Warschau, dessen Vater Generalleutnant, ein Freund Igelströms und Bekannter der Zarin war, nach Italien begleiten, damit der Verwundete in den Bädern von Pisa geheilt werde. Für diesen Auftrag erhielt Seume ein Jahr Urlaub. Da Igelström vermutlich Seumes Wunsch, einmal nach Italien zu reisen, kannte, hatte er Seume wahrscheinlich für diese Aufgabe vorgeschlagen, und dieser war sicher sehr froh darüber. Vor der Abreise im August 1795 hielt sich Seume noch einmal in Warschau auf, wo er durch die Straßen ging, in denen vor einem Jahr gekämpft worden war, die Ruinen der Häuser betrachtete und über die schrecklichen Auseinandersetzungen zwischen Russen und Polen nachdachte.

Seumes Reise mit Muromzow nach Italien endete in Leipzig. Eine Weiterreise nach Pisa war wegen der politischen Unruhen in Oberitalien ein zu großes Risiko. Frankreich bedrohte Norditalien, da dort ein Hauptfeind des revolutionären Frankreichs, Österreich mit dem verbündeten Sardinien, seine Truppen stehen hatte. Anfang April 1796 fiel die französische Armee unter Führung ihres neuernannten Oberbefehlshabers, des Generals Napoleon Bonaparte, von Südfrankreich aus in Italien ein und eroberte in schnellem Vormarsch in der Lombardei eine Stadt nach der anderen, so daß reisende Privatpersonen in diesen Kriegswirren leicht hätten umkommen können.

Also blieben Seume und Muromzow in Leipzig, wo der Major von zwei tüchtigen Ärzten, von Dr. Kappe und dem Chirurgen Johann Gottlob Eckoldt (1746–1809), behandelt wurde. Außerdem nutzte Muromzow den Aufenthalt in Leipzig, um seine Bildung zu vervollkommnen, wobei er in Seume den besten Mentor hatte. Von Seumes Ankunft überrascht waren Verwandte und Freunde und zugleich hocherfreut, den Russisch-Kaiserlichen Lieutenant lebend und gesund wiederzusehen, denn sie hatten angenommen, daß er bei den Kämpfen in Warschau ums Leben gekommen sei. Sein Freund, der Maler Schnorr von Carolsfeld, der zwei Jahre lang außer einem Brief aus Warschau nichts von ihm vernommen hatte, schrieb über das Wiedersehen mit Seume: »Es klopfte an meiner Thüre. Dieß Klopfen berührte mein Innerstes sonderbar. Ich rief: ›Herein!‹ – Die eintretende Gestalt schien mir ein Geist zu sein. Doch nein! – es war – Seume, der wirklich lebende Seume. – – ! – – Wenn ich nun hier mit ein paar Worten mittheilte, daß mir die Sage zu Ohren gekommen: Seume sei in dem allgemeinen Mordgetümmel in Warschau niedergehauen worden; – so bedarf es wohl keiner Beschreibung, um sich eine Vorstellung des wechselseitigen unbeschreibbaren Eindrucks unseres Wiedersehens; unserer Umarmung und unserer Gefühle zu machen. – – … Indem nun in Folge des Beschlusses in Leipzig zu bleiben, Seume und ich ein ander fast täglich sahen, und Alles was uns gegenseitig berührte oder besonders intereßirte, wechselseitig mittheilten und bei solchem Austausch unsrer Ansichten und Gesinnungen unsere gegenseitige Zuneigung stieg, zog sich das Band der Freundschaft selbst bei der Wendung so mancher Menschlichkeiten fester und fester.«[37]

Neben der Betreuung Muromzows sah Seume seine Hauptaufgabe jetzt darin, seine Erlebnisse in Polen aufzuschreiben, die Ursachen und Zusammenhänge aus seiner Sicht und so objektiv wie möglich darzustellen, um Zeugnis abzulegen von einem gewaltigen historischen Geschehen von europäischer Bedeutung. Das Buch erschien 1796 unter dem Titel *Einige Nachrichten über die Vorfälle in Polen im Jahre 1794* bei Gottfried Martini in Leipzig. Obwohl er bescheiden bekennt, daß er nicht »zum Geschichtsschreiber geschickt« ist und als untergeordneter Militärangestellter auch nicht den notwendigen umfassenden Einblick hatte, ist Seume ein hervorragendes Werk gelungen, das nach der damaligen Auffassung von Geschichtsschreibung als wahrheitsgemäße Darstellung der Gegenwart bezeichnet werden kann. Zumindest ist es ein »Beitrag zur Geschichte« von nicht zu unterschätzendem dokumentarischem Wert und auch heute noch eine interessante Lektüre. Nach einer Rezension in der *Allgemeinen Litteratur-Zeitung* »zeichnet es sich durch gutmüthige Simplicität, und durch den gefälligen Vortrag einer an sich selbst interessanten Erzählung vortheilhaft aus, und wir würden es für wahren Gewinn halten, wenn eine Reihe ähnlicher Schriften den Geschmack an faden Ritterromanen, Staatsactionen und Geistergeschichten, die oft noch in dem elendesten Deutsch geschrieben sind, endlich einmal verdrängen könnte.«[38]

Unter den deutschen Schriftstellern, die sich zum Aufstand der Polen geäußert haben, nimmt Seume eine Mittelstellung ein; seine Haltung ist weder fanatisch begeistert noch kühl distanziert, sondern sachlich und stets von dem Bemühen gekennzeichnet, besonders die Taten der kämpfenden und die Leiden der besiegten Polen gerecht zu beurteilen. Er wurde später als »Anwalt der historischen Gerechtigkeit«[39] bezeichnet. Aber trotz aller Sympathie für die aufständischen Polen und ihre Anführer ergreift Seume nicht eindeutig Partei für sie, sondern als Mitarbeiter einer Besatzungsmacht steht er offiziell auf der Seite dieser Macht, deren Geschäfte er erledigte und deren Teilungspolitik er zumindest teilweise gutheißt. Darauf weist eine Stelle seiner Schrift hin, wo es heißt: »Es ist weder meine Pflicht, noch meine Absicht, das Betragen der politischen Feinde Polens zu rechtfertigen; ob ich gleich glaube, daß es nicht schwer sein würde, eine hinlänglich gültige Apologie wenigstens in Rücksicht des Hauptverfahrens zu machen, da die Prinzipien der Politik und der Völkerverhältnisse ganz verschieden sind von den Prinzipien der inneren bürgerlichen Gerechtigkeit, und der Ausgang gezeigt hat, daß Rußland wirklich sehr viel von Polen zu fürchten hatte.« Die Bedrohung durch Polen, auf die Seume hier wahrscheinlich anspielt, lag mehr als 180 Jahre zurück, als polnische Truppen in Verbindung mit dem falschen Zaren Dimitri (Demetrius) und den Ansprüchen des polnischen Königs Sigismund III. auf den Zarenthron 1612 Moskau besetzt, dort entsetzlich gewütet und Rußland die Westukraine entrissen hatten. Doch im 18. Jahrhundert konnte von solcher Bedrohung, die das Eingreifen Rußlands und die Teilung Polens gerechtfertigt hätte, nicht mehr die Rede sein. Es gab für Seume keinen hinreichenden Grund für diese Äußerung.

Das alles ist Ausdruck einer zweifachen Moral, sowohl was die Beziehungen der Staaten untereinander als auch Seumes Position in Polen betrifft. Deshalb ist seine von ihm oft betonte Unparteilichkeit keine echte; diese existierte nur als Gedanke in seinem Kopf und als Wort auf dem Papier, nicht aber in der Tat, denn mit seiner täglichen Arbeit ergriff er objektiv Partei für die Teilungsmächte. Das hat auch der Rezensent erkannt, als er dem Verfasser zwar Wahrheitsliebe und Gerechtigkeit bescheinigt, aber Unparteilichkeit nur dort, »wo seine Verhältnisse es ihm irgend erlauben«.[40]

Alles in allem ist Seumes Haltung als russischer Offizier in Polen höchst problematisch, widersprüchlich und kritikwürdig wie in keinem anderen Abschnitt seines Lebens. Schuld daran sind die miserablen deutschen Verhältnisse, die es Seume unmöglich machten, sich eine bürgerliche Existenz nach seinen Vorstellungen aufzubauen, und ihn in ein Abhängigkeitsverhältnis von einer ausländischen Feudalmacht trieben, deren Politik er eigentlich ablehnte, deren günstiges Angebot einer Karriere er aber als Lebensmöglichkeit annahm. Möglicherweise war die Angelegenheit für Seume nicht so problematisch, wie sie aus heutiger Sicht erscheint. Er konnte mit diesem Gegensatz leben, worauf einige Briefstellen hindeuten. Wenn man heute meint, daß er konsequenterweise sein Dienstverhältnis zu Rußland spätestens nach der zweiten Teilung Polens hätte lösen müssen, um glaubwürdig zu bleiben, ist das vielleicht eine zu strenge Ansicht, die den Umständen nicht gerecht wird. Immerhin sah er in Katharina II. eine aufgeklärte Monarchin und den Dienst für sie als Ehre an, obwohl er das russische Zwangssystem ablehnte.

Durch seinen Auftrag, Major Muromzow während seiner Heilung in Leipzig zu betreuen, und vielleicht auch durch seine Polen-Schrift hatte Seume sogar Aussicht auf eine Beförderung in seiner Laufbahn, doch sollte sich diese Hoffnung recht schnell zerschlagen, denn am 6. (17.)

November 1796 starb plötzlich Katharina II. im 68. Lebensjahr. Nachfolger auf dem Zarenthron wurde ihr Sohn Paul I., dessen Regierungspolitik im Gegensatz zu der seiner Mutter stand und allem Ausländischen feindlich gesinnt war. Er ließ sofort alle im Ausland befindlichen russischen Offiziere zurückrufen, und wer nicht kurzfristig zurückkam, wurde entlassen. Das geschah auch mit Seume ohne dessen Verschulden, denn als er die Nachricht erhielt, war der Termin schon verstrichen. Außerdem war sein Auftrag noch nicht beendet; doch Seumes russischer Freund mußte, obwohl noch nicht geheilt, nach Moskau zurückkehren. Seume wurde im Frühjahr 1797 formell verabschiedet und aus der Liste der Offiziere gestrichen. Auf sein sofortiges Gesuch an den Präsidenten des Kriegskollegiums um ordentliche Entlassung aus dem russischen Militärdienst mit Pensionsberechtigung erhielt er keine Antwort, und auch wiederholte Bittschreiben an den Zaren sowie an den ihm bekannten General von der Pahlen (1754–1826), den Gouverneur von Petersburg, änderten daran nichts. Erst als er schrieb, daß er gezwungen sein werde, zu seiner Rechtfertigung die Geschichte seiner Entlassung in einer der meistgelesenen deutschen Zeitungen zu veröffentlichen, hatte er Erfolg, denn »die deutsche Publicität scheint man doch etwas zu scheuen«, wie er Münchhausen mitteilte. Ende November 1798 erhielt Seume die Urkunde über den ehrenvollen Abschied aus der russischen Armee mit der gnädigen Erlaubnis, den Militärdienst in Rußland wieder aufzunehmen. Mit dem Abschied war allerdings auch der Verlust der Pensionsberechtigung verbunden, und das sollte für Seume recht schmerzhaft werden. Er wollte nicht nach Rußland zurück, da ihm der Regierungsstil des neuen Zaren und das despotische System nicht behagte, und blieb – nun ohne Anstellung und unabhängig – in Leipzig. Seinen geringen Lebensunterhalt verdiente er mit Privatunterricht in der englischen und der französischen Sprache sowie mit etwas Schriftstellerei. »Er suchte keine Militärstelle«, schreibt Göschen, »weil nach seiner Meinung das deutsche Militär nicht für das stritt, was er für das Beste hielt, und weil er auswärtigen Kriegern nicht helfen wollte, Deutschland einst, wie er voraussah, den Folgen des Krieges auszusetzen. Er suchte kein Amt; in einem Amte durfte er das nicht öffentlich sagen, was er mündlich und schriftlich sagen wollte, und er brauchte kein Amt; denn der Unterhalt für ihn, der so wenig bedurfte, war leicht zu gewinnen, und an Erheiterung konnte es ihm nicht fehlen, weil ihm jedes gute Haus, jedes edle Herz offen stand, und er den feinsten Sinn für wahre Geselligkeit hatte.«

In Seumes Lebensbeschreibung muß auch an die Eltern, hier besonders an die Mutter, gedacht werden. Seume hat sie immer besucht, wenn er in der Heimat war, und jetzt erst recht, da er aller Wahrscheinlichkeit nach auf unbestimmte Zeit oder für immer in Leipzig bleiben würde. An den Wochenenden war er oft bei ihr im nahen Knautkleeberg. Ihr zuliebe hat er auf eine Rückkehr nach Rußland und eine weitere Karriere als Offizier verzichtet. Die Lebensmaxime dieser pflichtbewußten, lebenstüchtigen und frommen Frau lautete: »Wir müssen arbeiten, als ob wir ewig leben würden, und beten, als ob wir alle Tage sterben könnten.« Auf ihre Bitte schrieb Seume für ihre Hausandacht ein Morgen- und ein Abendlied. Die innige Frömmigkeit dieser beiden Lieder ohne tiefere philosophische oder gesellschaftliche Aussage und ihr schlichter volksliedhafter Ton entsprechen dem Denken und Fühlen christlicher Menschen und heben sie aus der Menge der Seumeschen Gedichte heraus, machen sie zu Perlen seines lyrischen Schaffens, die es verdient hätten, neben manche Kirchenlieder gestellt zu werden. Gerade weil Seume ihr und seinen Verwandten keine seiner Schriften und Gedichte zukommen ließ und mit ihnen nicht über seine politischen und religiösen Ansichten sprach, hat er seiner Mutter mit diesen Liedern ein ganz besonderes Geschenk gemacht.

Zur gleichen Zeit ließ er sie auch von seinem Malerfreund Schnorr zeichnen. Im Jahre 1798 zog die sechzigjährige Frau zu ihrer Tochter Johanna Regina nach Poserna zurück. Diese war seit 1797 mit Johann David Oehme (gest. 1834), dem Besitzer des Gasthofes »Zum blauen Krug« in Poserna, verheiratet. Ihrer Ehe entstammten vier Kinder: Johanna Sophia (1798–1876), Johann Christian Friedrich (1799–1870), Johann Gottfried (1800–1802) und Johanna Friederike (1803–1863).

»Obolen« – Literarische Kleinigkeiten

Am 20. Februar 1796 hatte Seume in einem Brief an Münchhausen seine Abneigung gegen eine Existenz als Schriftsteller ausgedrückt: »Das Schriftstellerwesen behagt mir aber im Grunde sehr wenig; und gebe der

Himmel, daß ich es nie zu meiner Resource des Unterhalts brauchen darf.« Dennoch erschien von ihm im gleichen Jahre bei Gottfried Martini in Leipzig ein kleines Bändchen mit dem etwas merkwürdigen Titel *Obolen*, dazu der Vermerk »Erstes Bändchen«; es sollten also noch mehr folgen. Was bedeutet dieser Titel? Obolen, der Plural von Obolos, waren die kleinsten altgriechischen Münzen. Deshalb ist das Wort in den heutigen Sprachgebrauch als Bezeichnung für einen kleinen Geldbetrag oder eine kleine Spende eingegangen.

Was Seume in diesem Buch anbietet, sind nach seinen Worten literarische Kleinigkeiten – Gedichte, Anekdoten und Aphorismen, eine Verserzählung und zwei philosophisch-moralische Aufsätze, alles in der Zeit von 1790 bis 1796 geschrieben. Er hofft, wie er im Vorwort schreibt, daß er nach den Obolen vielleicht eines Tages größere Münzen, Drachmen oder Minen, also Wertvolleres liefern kann oder gar ein Talent (höchste Geldeinheit, 26 kg schwerer Silberbarren, etwa 36 000 Obolen), »das noch bei den Enkeln Werth hat«. Das ist ihm mit einigen seiner späteren Schriften gelungen. Die *Obolen* sind als »kleines Dankopfer« Seumes ehemaligem, verehrungswürdigem Universitätslehrer, dem Professor der Philosophie und Medizin Ernst Platner, gewidmet, der sich wahrscheinlich kaum an den Studenten Seume erinnert haben wird.

Gleich der erste und auch längste Aufsatz in Seumes *Obolen*-Sammlung mußte wegen seiner Thematik die Aufmerksamkeit der Leser erregen. Er trägt die Überschrift *Ueber Atheismus im Verhältniß gegen Religion, Tugend und Staat* und war vermutlich von Seume als Beitrag zur Atheismus-Diskussion gedacht, die in Deutschland in der zweiten Hälfte des 18. Jahrhunderts wieder verstärkt geführt wurde. Zugleich sollte er eine Huldigung an Ernst Platner, dessen Schrift *Über den Atheismus, ein Gespräch* von 1783 Seume ebenso kannte wie die *Briefe über den Atheismus* von 1796 von dem mit ihm befreundeten Universitätsprofessor Carl Heydenreich, der mutig behauptete, daß Atheismus und sittliches Verhalten sich nicht ausschließen. Im wesentlichen basiert Seumes Abhandlung auf Platners und Heydenreichs Schriften sowie auf denen von Bayle, Shaftesbury, Bolingbroke und Lessing, die er in seiner ersten Studienzeit gelesen hatte. Er bringt also nichts grundlegend Neues, sondern verdeutlicht lediglich seine Meinung zu diesem Thema, in dessen Mittelpunkt die Fragen stehen: Kann ein Atheist tugendhaft sein, und was hindert ihn, ein

Bösewicht zu sein? Seumes Antwort läßt sich folgendermaßen zusammenfassen:

Atheisten leugnen oder bezweifeln zwar die Existenz Gottes, sie haben kein höheres Gesetz, keinen Plan, kein Gewissen, kein Zusammengehörigkeitsgefühl, keine Hoffnung und sehen sich nur als Spielball des Zufalls, sie können aber ebenso tugendhaft sein wie andere Menschen, sie müssen es sogar zu ihrem eigenen Vorteil sein. Denn alles Handeln geht vom eigenen Ich aus, beruht auf Eigennutz, Selbsterhaltung und Egoismus, und dieses Naturgesetz gilt auch für die Tugend, deren Ziel die Glückseligkeit, also der eigene Vorteil der Menschen ist. Wahres Glück ist aber nur zu erreichen durch das Wirken zum Wohle anderer, wodurch auch das eigene Wohlbefinden erhöht wird. Als Wohltäter anderer nützt der Mensch, also auch der Atheist, sich selbst am meisten, er ist glücklicher, weil er dadurch angesehener ist und sein Egoismus befriedigt wird. Eben dieser Egoismus, die eigene Sicherheit, der Gedanke, daß andere Menschen genauso handeln könnten wie sie, hindert die Atheisten, Bösewichter zu werden. Wer anderen Schaden zufügt, handelt im Grunde nur gegen sich selbst, gegen seinen eigenen Vorteil.

Tugend, Gesellschaft und Staat haben also von den Atheisten nichts zu befürchten, denn ihr System läßt sie niemals schädlich sein, so daß in einer atheistischen Gesellschaft die Sittlichkeit ebenso oberstes Gebot wäre wie in einer christlichen; gefährlich sind immer nur von ihrer Leidenschaft beherrschte blinde Fanatiker. Im Grunde streben also Atheisten nach dem gleichen Ziel wie Christen, nämlich Glück, nur auf einem anderen Weg, doch am Ende treffen sie wieder zusammen. Der Atheismus wird jedoch wegen seiner kalten und düsteren Begriffswelt nie Volksglaube werden, da jede Volksreligion auch menschlich sein, Gefühl und Phantasie anregen muß, wenn auch mitunter durch kleine Täuschungen, die aber meist wohltätig und schön sind. Seume ist völlig von der Existenz eines weisen Schöpfers und Vaters überzeugt, aber auch wenn dieser Glaube nicht der Wirklichkeit entspräche, wollte er sich diese schöne Täuschung nicht nehmen lassen, die ihm innere Ruhe gibt. So wie Seume den reinen Atheismus nur auf einen kleinen Kreis von Intellektuellen beschränkt wissen will, hat er seine Abhandlung wohl auch nur für gebildete Leute verfaßt. Sie ist aus ihrer Entstehungszeit heraus zu begreifen und dürfte für heutige Leser nur von geringem Interesse sein, da die behandelten Probleme inzwischen ziemlich bedeutungslos geworden sind. Seumes Argumentation könnte sogar bei der wachsenden Zahl von Atheisten auf Unverständnis und Widerspruch stoßen. Wer kann schon damit einverstanden sein, daß Seume den Atheisten beispielsweise Gewissen und Hoffnung, die Anerkennung von Gesetz und Plan in Natur, Denken und Handeln abspricht, sie als »isolirte, hoffnungslose, verirrte Seelen« bezeichnet oder daß er sie als potentielle Bösewichter verdächtig macht, was er zwar dann widerlegt und zu religiösen Fanatikern ins richtige Verhältnis setzt. Auch das oft beschworene »kalte, finstere, trostlose, grauenvolle Gebäude des Atheismus« ist heute längst nicht mehr das Schreckgespenst wie vor 200 Jahren, nicht zuletzt dank der raschen Entwicklung der Naturwissenschaften. Wichtig bleibt Seumes Atheismus-Aufsatz aber als Zeugnis seines eigenen Denkens.

Im zweiten Beitrag *Ueber das Spiel*, behandelt Seume das Spiel mit Karten um Geld, untersucht und beurteilt die Gründe dafür und verweist auf die Folgen. Seiner Meinung nach spielen Menschen, um Geld zu gewinnen oder zu verlieren, zum Zeitvertreib oder weil es Mode ist. Mit harten Worten verurteilt er alle Anreize zum Spielen, die gedankenlose Spielsucht überhaupt und die damit verbundene Ausnützung der Schwächeren durch die Stärkeren; für ihn verstößt diese Art von Spiel gegen jede Moral. Die Folgen des Glücksspiels können furchtbar sein, Haus und Hof können verspielt und ganze Existenzen ruiniert und Familien zugrunde gerichtet werden. Wenn Spielen aus Gewohnheit schließlich zur Spielwut wird, frißt diese bald krebsartig den Spieler auf und tötet ohne Rettung.

Die dritte größere Arbeit im ersten Band der *Obolen* – auf die wenigen Aphorismen und Anekdoten wird nicht und auf einige Gedichte an anderen Stellen eingegangen – ist die Verserzählung *Das polnische Mädchen* mit dem Untertitel »Eine Erzählung aus dem letzten Kriege«. Es ist eine Liebesgeschichte, die auf einer wahren Begebenheit beruhen soll und die mit ihrer Mischung aus Tragischem und Sentimentalem sowie einer klischeehaften Handlung mit einigen Unwahrscheinlichkeiten und einer künstlerisch anspruchslosen Gestaltung im jambischen Versmaß zur seichten Unterhaltungs-, ja zur Trivialliteratur gezählt werden muß. Sie spielt während der kriegerischen Auseinandersetzungen zwischen russischen Truppen und aufständischen Polen im Jahre 1794.

Das junge polnische Mädchen Soska, das bei ihrem alten Onkel wohnt, ruht sich auf einer Wiese von den Anstrengungen ihrer Flucht aus einem von Kosaken niedergebrannten Dorf, wo sie zu Besuch war, aus. Da brechen aus dem nahen Wald plötzlich berittene Kosaken hervor, die das ängstlich um Barmherzigkeit flehende Mädchen sogleich umringen und vergewaltigen wollen. In dem Streit, wer der erste sein soll, entscheidet ein alter Soldat, daß niemand sie haben, sondern daß sie sterben soll. Als er schon seine Pistole auf sie anlegt, stürmt der Hauptmann der Truppe heran, fällt dem Alten in den Arm und hält seinen Soldaten eine Strafpredigt über ihr Verhalten:

»Ha«, rief er grimmig, »ha, ihr Schurkenseelen!
Die Kaiserin schickt uns zum Sieg,
Und Ehre zu erfechten, in den Krieg,
Und Ihr, Ihr schändet Euch durch Morden und durch Stehlen!
Ihr machet unsre Nation
Der ganzen Welt zum Spott und Hohn.
Wo habt Ihr Menschen Menschensinn?
So wahr, so wahr ich Euer Hauptmann bin! – «

Die Kosaken werden plötzlich ganz sanft, kümmern sich um die ohnmächtige Soska und erfrischen die Erwachende mit Wasser. Der Hauptmann bittet Soska um Entschuldigung für seine Soldaten und bietet ihr seine Hilfe für den Heimweg an.

Der Onkel, der die Schreckensnachricht von dem niedergebrannten Dorf gehört hat und Soska schon für tot hält, ist über ihre Rettung hocherfreut und bietet dem Hauptmann Quartier in seinem Hause und alle seine Habe an. Doch dieser wehrt edelmütig und bescheiden ab. Er verbringt eine unruhige Nacht im Hause des Onkels, denn er hat sich natürlich in Soska verliebt, und auch beim Weiterritt am nächsten Tag denkt er nur an sie: Er möchte, daß sie seine Frau wird. Kurzentschlossen reitet er zum Haus ihres Onkels zurück. Nach zwei weiteren Tagen Aufenthalt, in denen er mit Blicken um Soskas Liebe wirbt, bittet er sie um ihre Hand. Als sich Soska aber weinend abwendet, ahnt der Hauptmann, daß sie wahrscheinlich schon einen Geliebten hat, und zieht enttäuscht wieder ins Feld. Doch unterwegs kommen ihm Zweifel: Vielleicht waren es nur Scham und Schüchternheit, die sich Soska abwenden ließen. Er kehrt zurück, aber erblickt bei der Ankunft durch ein offenes Fenster Soska und einen jungen Mann zärtlich beieinander stehen. Es ist ihr Geliebter, der aus dem Kampf um Warschau nach der Erstürmung durch russische Truppen verwundet zurückgekehrt ist. Der Hauptmann schreibt einen kurzen Abschiedsbrief, dann reitet er enttäuscht davon. Doch Seume schließt das Melodram leicht humorvoll mit einem Augenzwinkern: Wer weiß, was passiert wäre, wenn Soskas Freund nicht zur rechten Zeit zurückgekehrt wäre, denn

Mit Soska's Herzen hätt' es baß gehapert,
Und der Kosack hätt' es gewiß,
So viel sich aus dem Anschein sehen ließ,
Mit seiner Ehrlichkeit gekapert.

Nach der Lektüre der Verserzählung fragt sich der heutige Leser unwillkürlich, warum Seume solch ein Rührstück mit reichlich unlogischer Handlung geschrieben hat. Man kann darüber nur Vermutungen anstellen. Am nächstliegenden ist der Gedanke, daß er eigene Erlebnisse in Polen verarbeiten wollte – die Brutalität des Krieges und der Soldaten, aber auch die Menschlichkeit und den Edelmut einzelner Offiziere, wobei in des Kosakenhauptmanns Worten und Taten unverkennbar Seumes Haltung zum Ausdruck kommt. Gar zu gern wäre Seume wohl selbst dieser Offizier als Verkörperung der Soldatenehre gewesen. Vielleicht wollte Seume mit diesem kleinen Werk nur etwas im Geschmack des Publikums geben, die *Obolen* mit etwas Leichtem auffüllen. Die Vermutung, daß die Erzählung eine Auftragsarbeit ist oder daß sie aus finanziellen Gründen geschrieben wurde, dürfte nicht zutreffen.

Zwei Jahre später, 1798, als Seume schon in Göschens Druckerei in Grimma tätig war, erschien das zweite Bändchen der *Obolen*, das Seume dem Dichter Johann Wilhelm Ludwig Gleim (1719–1803), genannt Vater Gleim, widmete. Dieser Band beginnt ebenfalls mit einem philosophisch-psychologischen Aufsatz, der aber, verglichen mit dem Atheismus-Aufsatz des ersten Bandes, wesentlich kürzer und interessant zu lesen ist, und zwar zu der Frage: *Warum ist der Schmerz der Eltern bei dem Verluste kleinerer Kinder größer und heftiger als bei dem Verluste erwachsener?* Seume begründet dies damit, daß das Band zwischen Eltern und Kindern etwa im Alter zwischen zwei und zwölf oder vierzehn Jahren durch die größere Nähe, die Hilfsbedürftigkeit der Kinder, das Genießen ihrer Gegenwart und die Hoffnung auf die Zukunft viel enger und das

Glück der Eltern in dieser Zeit am größten ist; es ist die Zeit der schönsten elterlichen, aber auch kindlichen Gefühle, die stärker sind als die später vorherrschende Vernunft und Pflicht. Da der Mensch von Natur aus mehr Vergnügen an der Jugend aller Wesen empfindet, ist es besonders traurig, etwas in der Blüte der Hoffnung zerstört zu sehen. Daß sich Seume, der selbst nie Vatergefühle kennengelernt hat, zu einem solchen Thema äußert, und das in schönen und anrührenden Worten, ist erstaunlich. »Der kleine Aufsatz ...«, heiß es in einer Rezension, »ist mit der Innigkeit des Gefühls geschrieben, die den Vf. immer begleitet, ...«[41] Er verdient, zu allen Zeiten gelesen zu werden, was man von den übrigen Stücken des Bandes nicht behaupten kann.

Neben mehreren Gedichten sowie einer Übersetzung aus dem Werk des griechischen Geschichtsschreibers Thukydides (um 460–396 v. u. Z.) über *Die Belagerung, Eroberung und Zerstörung von Platäa*, fällt vor allem die umfangreiche Abhandlung *Ein Wort an Schauspieler und diejenigen, welche es werden wollen* auf, in der Seume ausführlich die körperlichen und geistigen Anforderungen für diesen Beruf sowie seine kunsttheoretischen Anschauungen, die vielfach auf Schillers Schriften zur Ästhetik beruhen, darlegt. Diese Ausführungen, die für unsere Zeit nichts Neues bringen, waren als kritische Hinweise zur Verbesserung der Schauspielkunst, mit der es in Deutschland nicht überall zum besten stand, gedacht. In den folgenden Jahren hat sich der Theaterenthusiast Seume noch mehrmals zum Theater geäußert, aber ein weiterer Band der *Obolen* ist nicht mehr gefolgt. Einen schriftstellerischen Fortschritt zum ersten Band konnte der Rezensent des zweiten Bandes bei Seume allerdings nicht feststellen. Es sind also »immer noch nur Obolen«, wie Seume in der Widmung an Gleim schreibt. Gleichzeitig zweifelt er an seiner Fähigkeit, etwas Größeres schaffen zu können: »Glücklichere Geister werden Talente geben; ich zweifle jetzt, daß ich je selbst eines geben werde.«

Wilhelmine Röder

Ein Jahr nach seiner Rückkehr aus Polen nach Leipzig lernte Seume im Herbst 1796 ein 19jähriges Mädchen, Wilhelmine Röder (1777–1813), kennen, das die erste große Liebe und die größte Enttäuschung seines

Lebens werden sollte. Die Bekanntschaft kam durch Seumes Freund Schnorr von Carolsfeld zustande, der im Landhaus der Röders in Gohlis der Tochter Mal- und Zeichenunterricht gab. Zum erstenmal sah Seume Wilhelmine in einer Kirche, und bald darauf traf er sie bei einem Spaziergang mit Schnorr in Gohlis wieder. Schnorr stellte Seume vor, der sich sofort in das auffallend hübsche und künstlerisch begabte Mädchen verliebte. Schnorr erinnert sich: »Wilhelmine war wirklich ein interessantes Wesen. Aus ihren schwarzen Augen leuchteten Geist und Tiefe. – Sie hatte meinen Freund öfters mit mir – ihrem Lehrer – gehen sehn; die Familie wohnte nämlich während des Sommers in dem Mühlengebäude zu Gohlis, und es traf sich zuweilen, daß sie vor dem Hause war, und so wurde ich der unschuldige Vermittler einer Liebe, die ein so schmerzbringendes Ende nahm.«[42]

Auch Wilhelmine, die von Schnorr sicher schon manches über Seumes Abenteuer gehört hatte, fand diesen etwas exotisch wirkenden und welterfahrenen Mann recht interessant, vielleicht sogar aufregend, und gewann ihn offenbar ebenfalls lieb, trotz des Altersunterschiedes von vierzehn Jahren. In den folgenden Wochen trafen sich beide oft im Park oder im Garten am elterlichen Haus, oder sie schrieben sich gegenseitig Liebesbriefe, deren Beförderung Schnorr besorgte, denn alles mußte zunächst auf Wilhelmines Verlangen heimlich geschehen. Wilhelmine wagte nicht, ihren Eltern von ihrer Beziehung zu Seume zu erzählen, da sie befürchtete, sie würden dagegen sein. Sie war überzeugt, daß Vater und Mutter diese Beziehung verbieten würden, aber das sagte sie Seume nicht. »Mein Freund«, schreibt Schnorr in seinen Erinnerungen, »drang mehr als einmal in das heiß geliebte Mädchen den Vater von diesem Verhältniß in Kenntniß zu setzen oder es ihm selbst zu gestatten. – Allein Wilhelmine wußte ihn immer noch zu beschwichtigen: noch sei es nicht rathsam. – Der Mann litt furchtbar dabei, da heimliches Wesen seiner ganzen Seele zuwider war.«[43] Und das war der Grund für diese Heimlichkeit: Wilhelmines Eltern waren reiche und angesehene Leute, der Vater ein erfolgreicher und besitzstolzer Kaufmann mit strengen Grundsätzen, Inhaber des »Goldenen Hirsches« in der Petersstraße, der hohe Anforderungen an einen Schwiegersohn stellte und vor allem von ihm erwartete, daß er eine gesicherte Stellung und sich durch eigene Tüchtigkeit einen gewissen Reichtum erworben hat, denn schließlich war seine Tochter nicht irgendwer, sondern ein vielumworbenes Mädchen, eine sogenannte gute Partie, und er wollte sie natürlich nicht an den Erstbesten verschenken. Da hatte der kleine und arme russische Leutnant Seume mit ungewisser Zukunft freilich keine Chance. Hätte er das nicht wissen, die Einstellung des Vaters durch Schnorr nicht kennen müssen? Hätte Schnorr die Aussichtslosigkeit dieser Beziehung nicht sehen und seinem Freund davon abraten müssen? War Seume vor Liebe so blind, daß er das nicht wahrhaben wollte? Wenn man seine Liebesbriefe liest, muß man das annehmen. Die folgende Stelle aus einem Brief an Göschen vom Dezember 1796 läßt das erkennen: »Da Sie wißen, daß ich durchaus nichts Verführerisches für ein junges Mädchen haben kann, das reich und ziemlich schön und wohlerzogen ist, wenn es nicht wahres Intereße des Herzens ist, so können Sie schließen, daß meine Neigung keinem gewöhnlichen flatterhaften Geschöpf zugeflogen ist: Wahl kann ich nicht sagen; denn hätte ich die Wahl gehabt, so hätte ich wohl meine Freiheit behalten, und mich um die ganze Weiberwelt nichts bekümmert.«

Im Dezember erkrankte Wilhelmine an einer schweren Erkältung und mußte längere Zeit das Bett hüten. Seume schrieb ihr fast täglich einen langen Brief voller Beteuerungen seiner Liebe und immer wieder mit quälenden Selbstvorwürfen, da er sich die Schuld an Wilhelmines Krankheit gab. Sie hatte sich wahrscheinlich bei einem Rendezvous mit Seume erkältet, während der abgehärtete Seume keine Kälte verspürte. Oder war die Krankheit von ihr nur vorgetäuscht, um sich wieder von Seume zurückzuziehen? In seinen pathetischen Briefen versicherte er ihr immer wieder, daß er nur an sie denke, er wünschte, ihr Arzt zu sein, an ihrem Bett zu sitzen und sie zu pflegen. Jedesmal findet er die überschwenglichsten Worte für seine Liebe und malt sich schon die gemeinsame Zukunft, Ehe und das Familienleben aus: »Ich fühle, Mädchen, daß bei jedem Deiner Küsse meine Seele sich immer noch zärtlicher an Dich schließt. Nie habe ich Begriffe von der Liebe eines Mädchens gehabt, jetzt ist mein ganzes Herz voll davon.« – »Du bist ein Engel für mich; ich weis gar nicht, Mädchen, wie ich Dich ganz verdienen werde: aber verdienen will ich Dich … Ich glaube, im ganzen Vaterlande ist kein Mädchen, das so gut und liebevoll wäre, als Du bist, Wilhelmine. Mädchen, ich fühle Deinen Werth in mancher ganz kleinen Nüance und liebe Dich täglich mehr … Aber weißt Du, Liebe, daß ich Dich jetzt als meine theuerste Geliebte doch noch nicht so liebe, als ich Dich lieben werde, wenn Du einst mein Weib seyn wirst … Die Geliebte ist dem Liebhaber freilich das höchste glühendste Ziel aller seiner Wünsche und Hofnung; aber das Weib muß dem Manne durchaus alles alles der ganze Zirkel seines Wesens seyn … das denke ich mir durchaus als die seeligste Periode der ganzen Erdenexistenz, wenn du mir einen Knaben oder ein liebliches Mädchen entgegen tragen wirst … Seit ich Dich so herzlich liebe, bin ich so wahr ich lebe ein anderer Mann … Ewig Dir treu und der Deinige, liebes Mädchen, ewig.«

Trotz Seumes Drängen hat Wilhelmine ihr Verhältnis dem Vater nicht offenbart, wahrscheinlich aus Angst vor seiner Reaktion. Oder wurde Seume doch nicht so geliebt, wie dieser glaubte? Wilhelmines Eltern wußten nichts von der Liebe der beiden, aber eine Verwandte und möglicherweise auch Nachbarn hatten die heimlichen Treffen bemerkt und begonnen, Seume in Wilhelmines Augen als Habenichts und Vagabund herabzusetzen. Diese negativen Meinungen zeigten bald ihre Wirkung; vielleicht waren ihr manchmal ähnliche Gedanken und Zweifel gekommen, vor allem wenn sie an eine eventuelle unsichere Zukunft mit Seume dachte, so daß ihre Entscheidung gegen ihn als ein gewisser Selbstschutz anzusehen wäre, um ihren gesellschaftlichen Status nicht zu verlieren. Denn was hatte Seume ihr zu bieten? Außer seinem aufrechten Charakter nichts, und davon konnte man nicht leben, damit konnte der soziale Abstand zwischen beiden nicht überbrückt werden. Seine Magisterwürde zählte nicht, denn sie brachte nichts ein, war also wertlos für den Aufbau einer sicheren Existenz.

Als man drohte, das heimliche Verhältnis dem Vater mitzuteilen, geriet Wilhelmine wahrscheinlich in Panik und entschloß sich zur Trennung von Seume. Beim letzten Stelldichein nahm sie innerlich von ihm Abschied; sie hatte nicht den Mut, ihm zu sagen, daß es das letztemal sein würde. Seume hatte schon eine gewisse Veränderung in Wilhelmines Wesen bemerkt, aber keinen Verdacht geschöpft. Kurz darauf erhielt er von Schnorr ihren Abschiedsbrief, in dem sie ihm darlegte, warum sie sich von ihm trennen müsse: ihr Vater sei gegen diese Liebesbeziehung und werde sie verstoßen, wenn sie daran festhielte. Seume konnte nicht glauben, daß das geliebte Mädchen so treulos handeln würde und vermutete andere Gründe. Er schrieb an Wilhelmines Vater und bat um eine

Aussprache, aber dieser ließ ihm mitteilen, daß er jeden Kontakt mit Seume ablehne. Es stellte sich heraus, daß der Vater erst durch Seumes Brief vom Verhältnis seiner Tochter erfahren hat.
Hatte Seume bisher noch eine kleine Hoffnung, so wußte er jetzt, daß die Trennung endgültig war. Im Januar 1797 schrieb er den letzten Brief an Wilhelmine, in dem er, sich selbst bemitleidend, ihr das treulose Verhalten vorwirft: »Wilhelmine, Du hast nicht großmüthig nicht redlich mit mir, nicht weise mit Dir Selbst gehandelt. Warum hast Du mir nicht Wahrheit gesagt? Glaubst Du, daß ich Wahrheit scheue, auch wenn sie mich zu Boden schlägt. Ich merkte Deine Veränderung gleich mit den Feiertagen: ich lief herum voll Angst wie ein Gejagter. Von Dir kam kein Gruß, keine liebreiche Erkundigung, keine Nachfrage nach einem Briefe, deren ich wohl sieben geschrieben und zerrißen habe. Meine Seele war auf der Folter; endlich sagte mir Sch. (Schnorr, E.Z.) das Verhältnis müße abgebrochen werden, das wolltest Du; Du, die Du mir noch vor vierzehn Tagen die heiligsten Betheuerungen schicktest: Dein Vater habe Dir alle Hofnung benommen, Dir mit seinem Fluche gedrohet. Von allen dem war nichts wahr, wie ich aus Deines Vaters Briefe sehe ... Was soll ich nun thun? ... Es scheint, als ob Du Dir ein Vergnügen gemacht hättest, meine Empfindungen zu einer solchen Höhe zu winden, um mich dann mein Nichts fühlen zu laßen. Es ist Dir ganz gelungen. Das Mädchen, das noch kurz vorher an meinem Nacken hieng, und mich um meine Treue bat, hat nun nicht einmahl den Muth zu sagen, daß es mich nicht liebt ... Ich versichere Dich, Liebe, ich werde Dich nicht aus meiner Seele verliehren. Ich habe mit keinem Mädchen in einer nähern Verbindung gestanden; Du bist das einzige, das sich ganz in meinem Herzen festgesetzt hat. Gehe hin, wo Du willst, ich werde Dich mit zu Grabe nehmen ... Du hast ein schönes Werk zerstöhrt, Liebe; das hättest Du nicht thun sollen, oder nicht sollen bauen helfen. ... Ich bin vielleicht nie wieder so glücklich eine Silbe mehr mit Dir zu sprechen; aber mein Herz wird Dich begleiten, denn ich bin unveränderlich. Seume.«
Seume und Wilhelmine schickten sich ihre Liebesbriefe zurück, und wahrscheinlich wurden Wilhelmines Briefe dann vernichtet, so daß kein schriftliches Zeugnis erhalten ist. Das Zerbrechen des kurzen Glücks stürzte Seume in eine tiefe Krise und war eine der schwersten Prüfungen für seinen Charakter. Er trug sich mit Selbstmordabsichten, aber der Ge-

danke an seine Mutter hielt ihn davon ab, das Pflichtgefühl siegte, ließ ihn die große Erschütterung gefaßter ertragen und allmählich aus seinem Seelentief herausfinden. Sobald er wieder klare Gedanken fassen konnte, gelang es ihm wahrscheinlich, sich einigermaßen Wilhelmines Zwangslage im Elternhaus vorzustellen, etwas mehr Verständnis für sie – nicht für ihre Unaufrichtigkeit – aufzubringen, so daß er ihr am Ende verzieh. Trotzdem belastete ihn diese unglückliche Liebe noch viele Jahre. Man könnte vermuten, daß Seume dadurch zeitweise zum Frauenfeind geworden ist, worauf eine Stelle in seinem letzten Brief an Wilhelmine hinzudeuten scheint: »Du bringst mich zu meiner alten Philosophie über die Weiber zurück ...« Zumindest wurden frühere Vorbehalte gegen Frauen in ihm wieder geweckt und bestätigt.

Den Nachklang dieser unglücklichen Liebe findet man in einigen Gedichten Seumes sowie in seinen späteren Werken. Am stärksten kommen seine tiefe Niedergeschlagenheit und Verzweiflung, der Verlust jeglicher Lebensfreude in den Gedichten *An die Schwermut* und *Einsame Wandlung* zum Ausdruck. Im ersten Gedicht, das sich nicht direkt auf eine Liebesenttäuschung, sondern auf das in der Menschheitsgeschichte angerichtete Unheil bezieht, ruft Seume die Göttin der Schwermut an – ein beliebtes Motiv in der Lyrik des 18. Jahrhunderts –, die ihn in die wilde und einsame Natur führen soll, wo er seinen düsteren Gedanken nachhängen kann, wo beim Anblick alter Ruinen, moosbedeckter Grüfte und umgefallener Leichensteine grausige Bilder von Raub, Mord, Krieg und anderen Plagen vor seinen Augen aufsteigen und er das Elend der Menschen beklagt. Erst am Schluß wird der Anlaß für die Entstehung des Gedichts versteckt angedeutet, wenn der Verfasser von der Tiefe spricht, in die er zu stürzen droht, und die Göttin bittet, ihn zu leiten, damit ihn »nicht Verzweiflung niederdrückt«. Offensichtlich war einem zeitgenössischen Rezensenten Seumes Situation nicht bekannt, als er über das Gedicht schrieb: »Wenn die grellsten, widrigsten Farben einem Gemälde Kraft geben können, so haben wir nie etwas stärkres gelesen, als diese Ode ... Wir wünschen ihm (dem Verfasser, E.Z.) von Herzen eine frohere Leiterinn, und vorzüglich Genesung seiner kranken Phantasie.«[44]
Deutlicher wird Seume im zweiten Gedicht, wenn er von gebrochenen Liebesschwüren und Heuchelei schreibt, die ihm die Freude am Leben und an der Natur sowie das Vertrauen zu den Menschen genommen und

seine Welt zerstört haben. Die Wandlung, auf die die Überschrift des Gedichtes hinweist, ist daran zu erkennen, daß der Verfasser den Glauben an die Menschen wiederfinden möchte, daß er den Wunsch zu sterben verwirft und trotzig den Lebensweg weitergehen will, bis er eines Tages innerlich wieder ruhig geworden ist und über das Vergangene sagen kann: »Ich habe nichts verloren!«

Versöhnlicher und beruhigter ist der Ton dreier weiterer Gedichte, in denen sich Seume direkt mit der entschwundenen Liebe auseinandersetzt; es herrschen Bilder der Erinnerung vor, obwohl Gefühle des Zorns und der Enttäuschung nicht fernbleiben, aber es ist nicht mehr die tiefe Verzweiflung zu spüren, die sich mit Todesgedanken trägt.

Ein Gedicht hat die ungewöhnliche Überschrift Νικα δε και σιδηρον – (Sie besiegt auch Eisen), die Seume einem griechischen anakreontischen Gedicht entnommen hat, in dem es um die Schönheit als Waffe der Frau geht. Entsprechend dieser Überschrift schwärmt Seume in den ersten Strophen von dem geliebten Mädchen, dessen Bild ihm ständig vorschwebt, dessen Zauber ihn ganz gefangennimmt, das ihn neue Glut durch seine Adern strömen und all seine Schulweisheit vergessen läßt. Aber bald muß er erkennen, daß ihn eine Kluft von ihr trennt, daß sie seine Frau nicht werden soll und kann. Schuld daran ist das Geld ihrer Eltern und sein fehlendes Talent zum Reichwerden. Er wünscht, daß er selbst reich oder sie arm wäre, nur damit sie zusammen sein können; dann würde er gern alles für sie tun und sogar sein Leben für sie wagen. Obwohl seine Wünsche nicht in Erfüllung gehen können, weil das verfluchte Gold zwischen ihnen steht, will er nicht verzweifeln, sondern nach dem Sturm der Gefühle wieder zur Ruhe kommen, und bis an das Grab

Soll Dein Nebelbild mich noch erfreun;
Und wie an dem Blumenkelch die Biene,
Häng' ich an dem Namen Wilhelmine,
Und er wird mir noch Erquickung sein.

In dem Gedicht mit der nichtssagenden Überschrift *Ein Lied im gewöhnlichen Tone* – vielleicht sind Liebe und Enttäuschung als gewöhnliche Ereignisse im Menschenleben gemeint – zieht die ganze Liebesgeschichte zwischen Seume und Wilhelmine an den Augen des Lesers vorüber. Mit überschwenglichen, schwärmerischen Worten stellt Seume dar, wie sich die Liebe zwischen beiden entwickelte, von der ersten Bekanntschaft in der Kirche über die anfänglich schüchternen Gespräche bis zum höchsten Gefühl beider füreinander und feierlichen Liebesschwüren:

Sie rief mir zu, daß nur durch meine Liebe
In ihrem Leben Leben sei;
Und elend wär's und eine Wüstenei,
Wofern mein Herz nicht ihrem Herzen bliebe.

Plötzlich erfolgt der Umschwung. Nach kaum hundert Tagen gibt Wilhelmine »mit kaltem Ernst« Seume, der nie an ein Ende ihrer Liebe gedacht hat, den Abschied und zerstört alle seine Hoffnungen. Noch lange kann er den Verlust nicht fassen. Er wirft Wilhelmine Treulosigkeit vor und nennt sie Verräterin, spricht sich aber auch selbst nicht von Schuld frei:

Wie konnt' ich mich so knabenhaft verlieren?
Ich Thor, ich hatte ja kein Gold.

Vergessen kann und will er aber nicht, auch nicht mehr klagen; zurück bleibt das Gefühl der Wehmut über verlorenes Glück und der Gedanke an Verzeihung.

Etwas abgeklärter und distanzierter erscheint Seumes Haltung zu seiner enttäuschten Liebe in dem Gedicht *Rückerinnerung. An meinen Freund Münchhausen*, in dem diese Liebe nur eine Erinnerung unter vielen ist. Auch hier wird der Ablauf der Beziehung gefühlvoll geschildert, bis plötzlich »des Schicksals Stimme« die Geliebte »unerbittlich« »fort ins fremde Brautgemach« rief und er ihr »mit tiefverbiss'nem Grimme, zähneknirschend« und weinend nachsah. Doch es gibt kein langes Klagen mehr und keinen niederdrückenden Kummer, auch wenn Wilhelmines Bild stets vor seinen Augen schwebt und ihr Zauber noch in seiner Seele wohnt. Er hat Abstand gewonnen:

Doch vergessen will ich sie, vergessen,
Welche Seligkeit sie mit sich nahm;
Bitter war der Kelch mir zugemessen,
Und ich trank ihn ohne langen Gram.

Aber diese Worte, als Selbstermunterung gedacht, waren eher eine Selbsttäuschung. Denn später, als Korrektor bei Göschen, marschierte Seume manches Mal von Grimma nach Leipzig ins Theater, um Wilhelmine von fern in ihrer Loge zu sehen. Darauf weist eine Stelle im *Spaziergang nach*

Syrakus hin: Als Seume in Palermo auf seine zu besohlenden Stiefel wartete, las er in dem antiken Dichter Theokrit und übersetzte den Liebesgesang des Riesen Polyphem an seine geliebte Meeresnymphe Galatea aus dem Griechischen ins Deutsche. Dabei ergaben sich für ihn »eigene nunmehr nicht unangenehme Reminiszenzen meiner übergroßen Seligkeit, wenn ich ehmals meine teuer gekaufte Spätrose der kleinen Schwester meiner Galatea geben konnte, und wenn ich drei hyperboreische Meilen (drei nördliche Meilen = etwa 27 km, von Grimma nach Leipzig, E.Z.) auf furchtbarem Wege in furchtbarem Wetter meinen letzten Gulden in das Schauspiel trug, um aus dem dunkelsten Winkel der Loge nicht das Schauspiel sondern die Göttin zu sehen. Ich hatte mit meinem Cyklopen gleiches Schicksal und brauchte mit ziemlichem Erfolg das nehmliche Mittel.« Das heißt, Seume schrieb sich seinen Liebeskummer mit Gedichten vom Herzen.

Lange trug Seume ein Miniaturbild Wilhelmines, das Schnorr gemalt hatte, bei sich, bis es auf Sizilien entzweibrach. Den kleinen Vorfall beschreibt er im *Spaziergang nach Syrakus*. Bei der Besteigung des Monte Pellegrino (auch Erkta) bei Palermo hatte Seume ein Liedchen vor sich hingesungen und nicht weiter auf den Weg geachtet, »und kaum hatte ich die letzte Zeile gesungen und wollte die erste wieder anfangen, so fiel ich auf die Nase, welches mir selbst auf dem Aetna nicht begegnet war, … die Nase blutete mir. Besser die Nase, als das Herz, dachte ich. Auch dieses war mir wohl ehedem etwas enge gewesen; jetzt war ihm längst wieder leicht. Ich hatte aus Gewohnheit noch ein kleines, niedliches Madonnenbildchen an einer seidenen Schnur am Halse hangen … Das Original (Wilhelmine, E.Z.) hatte mich königlich betrogen. Jetzt nahm ich es unwillkürlich von der linken Seite, nach welcher sich das Idolchen immer neigte; schloß unwillkürlich das Glas auf, nahm das elfenbeinerne Täfelchen heraus und erschrak, als ich es heftig unwillkürlich in zehen Stücke zersplittert zwischen dem Daumen hielt … Ich hielt die Trümmerchen in der Hand; Freund Schnorr mag verzeihen: er hatte mit Liebe an dem Bildchen gepinselt. Einige Minuten hielt mich Phantasus (Gott des Traumes, E.Z) noch mit Wehmut am Original; ich saß auf einem Felsenstücke des Erkta, und sah es (das Original = Wilhelmine, E.Z.) im Geist an der Spree im goldenen Wagen rollen. Rolle zu; und so flogen die Stücke mit der goldenen Einfassung den Abgrund hinunter. Ehemals wäre ich dem

Bildchen nachgesprungen; noch jetzt dem Original. Aber ich stieg nun ruhiger den Schneckengang nach der Königsstadt hinab; ... Ich vergaß das Gemälde; möge es dem Original wohl gehen!«

Man kann das Zerspringen und Wegwerfen des Bildchens symbolisch als Schlußstrich unter diesen Abschnitt von Seumes Leben, als endgültiges innerliches Loslösen von Wilhelmine ansehen. Aber eine tiefe Liebe hallt oft lange nach, und so war es auch bei Seume; wehmütige Gedanken an das Original kamen immer wieder auf, obwohl er behauptete, keine unangenehmen Erinnerungen mehr zu haben.

Eine Reminiszenz an Wilhelmine findet sich auch im Reisebericht *Mein Sommer 1805*: »Jeder Mensch hat seine eigenen Heiligentage, Bonaparte wie der Papst; also auch ich. Ehemals war einer meiner großen Heiligentage der fünf und zwanzigste April. Die Ursache liegt bei mir ziemlich tief in der Sakristei der Seele ... Der Aprilheiligentag ist nun etwas obsolet geworden, vermutlich weil er – April war; nicht eben durch meine Schuld.« Der 25. April war Wilhelmine Röders Geburtstag, deren Verhältnis zu ihm Seume nach neun Jahren ironisch als Aprilscherz bezeichnet.

Auch die *Apokryphen* aus den Jahren 1806 und 1807 enthalten zwei Bemerkungen über Seumes Beziehung zu Frauen, vor allem zu zwei Frauen, von denen eine Wilhelmine Röder war: »Vor meinem vierzigsten Jahre ist mir das Geschlecht im allgemeinen sehr gleichgiltig gewesen; aber einige große konvulsivische Leidenschaften droheten mein ganzes Wesen zu zerstören ...« – »Zwei Mal war ich nahe an dem Entschlusse mich dem Tode zu geben; beide Male für ein Weib oder aus Wahnsinn für sie. Das erste Mal hing die Ausführung von einem kleinen bedingten Umstande ab, der nicht eintrat; das zweite Mal überwog der Gedanke an meine Mutter ...«

Zum Thema »Seume und die Frauen« heißt es in der Fortsetzung von Seumes Autobiographie durch Göschen: »Seume hatte Empfänglichkeit für die Reize des schönen Geschlechts, er war mehrere Male wirklich verliebt mit der ganzen Stärke und Heftigkeit seines Gemüts. Ich würde dieses, als etwas ganz gewöhnliches, das den mehrsten Geschöpfen zu begegnen pflegt, gar nicht erwähnen, noch weniger bemerken, daß er wie alle ätherische und kräftige Menschen, den Kopf dabei ein wenig verloren habe, wenn es nicht auffallend gewesen wäre, daß die beiden letzten Gegenstände seiner Liebe reiche Mädchen waren. Er suchte ihren Reichtum nicht, aber da sie reich waren, ließ er sich hier gehen, und strebte nach einer ehelichen Verbindung mit dem Gegenstand seiner Liebe, weil, wenn er ein Opfer seiner Überzeugung und deren lauter Verkündigung werden sollte (d. h. wenn er inhaftiert werden oder ums Leben kommen sollte, E. Z.), welches gar nichts unmögliches war, die Gattin nicht verlassen von Familie und Vermögen sein möchte. Gewiß haben mehrere Mädchen Eindruck auf ihn gemacht, aber wenn sie arm waren, so suchte er gleich Anfangs Herr über eine solche Liebe zu werden, und ihrer Macht zu entgehen.« Leider wissen wir dazu nichts aus Seumes eigenem Mund, aber es ist wohl klar, daß er sich in Liebesangelegenheiten verantwortungsbewußt verhielt.

Wilhelmine Röder heiratete am 13. Mai 1798 George Henri Favreau (1774–1825), einen reichen jungen Kaufmann aus einer Berliner Hugenottenfamilie und Teilhaber eines Seidenhauses in Leipzig. An Wilhelmines Mann schrieb Seume einen Brief, in dem er sein Verhältnis zu Wilhelmine kurz beleuchtet und beiden immer wieder Glück wünscht. Andererseits fühlt sich Seume offenbar berufen, über Wilhelmines Charakter urteilen und dem jungen Ehemann Ratschläge erteilen zu müssen. Es heißt in dem Brief: »Ob Madam gegen mich ganz gut gehandelt hat, kann ich nicht entscheiden, eben so wenig als Sie; da wir beide nicht gleichgültig sind. Ich vergebe ihr gern und wünsche ihr Glück; es war ja nie etwas anders der Wunsch meines Herzens. Einige meiner Freunde wollen mir Glück wünschen, dass die Sache so gekommen ist; sie überzeugen fast meinen Kopf, aber mein Herz blutet bey der Ueberzeugung … Ihre Frau ist gut, ich habe sie tief beobachtet, und ich würde nicht im Stande gewesen seyn, mein Herz an eine Unwürdige zu verlieren. Daß zwischen uns nichts Strafbares vorgefallen ist, dafür muß Ihnen mein Charakter und meine jetzige Handelsweise bürgen … Sie hat Fehler: sie kann hassen, verzeiht nicht leicht, und ist leichtsinnig. Sie haben also keinen leichten Gang mit ihr. Sie müssen ihr manchen Fehler vergeben, und selbst keinen begehen.«

Es ist recht seltsam, daß ein enttäuschter Liebhaber an den Mann seiner ehemaligen Geliebten schreibt. Man kann diesen Brief Seumes als Zeugnis seiner ehrlichen und aufrechten Haltung ansehen, aber auch als Unverschämtheit und Einmischung in die Ehe des jungen Paares, das darüber kaum erfreut gewesen sein dürfte, zumal Seume stellenweise einen unangebracht belehrenden und anmaßenden Ton anschlägt, wenn auch nicht in böser Absicht. Eine Reaktion auf diesen Brief ist nicht bekannt. Wilhelmine lebte mit ihrem Mann zuerst in Berlin – daher die Anspielung auf den goldenen Wagen an der Spree im *Spaziergang nach Syrakus* –, dann wieder in Leipzig. Sie starb am 17. Dezember 1813 auf ihrem Rittergut bei Merseburg, erst 36 Jahre alt.

Seumes Beziehung zu Wilhelmine Röder fordert zu der Frage heraus: Was wäre gewesen, wenn beide geheiratet hätten? Es ist schwer zu sagen, ob Seume in der Ehe mit Wilhelmine glücklich geworden wäre. Trotz der überschwenglichen Liebesbeteuerungen und freudigen Zukunftsvorstellungen über ein gemeinsames Leben in Seumes Briefen muß man skeptisch sein, vor allem wegen der unterschiedlichen sozialen Stellung der Partner. Wenn aber der Kaufmann Röder seinen Schwiegersohn trotz fehlender Begabung und Neigung mit in sein Geschäft aufgenommen hätte? Seume als Geschäftsmann, als merkantilische Seele, kann man sich kaum vorstellen. Aber die Notwendigkeit, sich eine Existenz aufzubauen und für den Unterhalt einer Familie zu sorgen, hätte seinem Leben auf jeden Fall eine andere Richtung gegeben. Sehr fraglich ist, ob er dann seine berühmten Wanderungen nach Italien und nach dem Norden hätte unternehmen können. Die Reisebücher wären nicht entstanden, vermutlich auch seine späteren politischen Schriften nicht, statt dessen vielleicht andere literarische Sachen, und die deutsche Literatur hätte höchstwahrscheinlich einen gesellschaftskritischen Schriftsteller weniger.

Es ist aber nicht gewiß, ob Seume ein lebenslanges Eheleben durchgestanden hätte, denn die Zwänge einer Ehe hätten ihn in seiner Lebensweise sicher eingeengt. Das haben wohl auch die Freunde erkannt, die ihn zum Scheitern der Liebesbeziehung eher beglückwünschen wollten.

Über Katharina II., Paul I. und die Monarchie

Zu Ostern 1797 erschien Seumes zweite politisch-historische Schrift unter dem Titel *Über das Leben und den Karakter der Kaiserin von Rußland Katharina II.*, ohne den Namen des Verfassers und mit dem fingierten Verlagsort Altona. In Wirklichkeit war das Werk in Leipzig bei Georg Joachim Göschen gedruckt worden und eine, in acht Tagen angefertigte, Auftragsarbeit für Göschen, der damit einen ähnlich großen Erfolg zu erzielen hoffte wie wenige Jahre vorher mit Schillers *Geschichte des Dreißigjährigen Krieges* im *Historischen Calender für Damen*.

Der Anlaß für diese Schrift war Katharinas Tod im November des Vorjahres. In einem Vorwort bezeichnet Seume sein Werk nur als Flugschrift – man sollte keine allzu hohen Ansprüche stellen –, er wollte es aber nicht als bloßes Gelegenheitsprodukt angesehen wissen: »Sie ist keine geordnete vollständige pragmatische Biographie: denn dazu fehlt es dem Verfasser nicht allein an Materialien ..., sondern auch an Kräften zur würdigen Behandlung.« Tatsächlich hat sich Seume, wie damals vielfach üblich, das ihm fehlende Material und die notwendigen Kenntnisse aus anderen Büchern verschafft, aus denen er zitiert, oft ohne diese Stellen als Zitate zu kennzeichnen, also abgeschrieben hat.

Da Katharina in Rußland viel Liebe, Dankbarkeit und Ehrfurcht genießt, im Ausland aber manch Negatives über sie verbreitet und sie als weiblicher Tyrann hingestellt wird, behauptet Seume, ihr Leben und ihre Verdienste für die deutschen Leser unparteiisch darstellen zu wollen. Entstanden ist dabei das idealisierte Bild der aufgeklärten Monarchin Katharina, die nach Seumes Meinung zusammen mit Peter dem Großen, Karl XII. von Schweden und dem Preußenkönig Friedrich II. zu den wichtigsten Persönlichkeiten im Europa des 18. Jahrhunderts gehört, »denn nie hat wohl ein Mann, und noch weniger ein Weib, in so großen, glänzenden, gefahrvollen Verhältnissen, mit so viel Mut, so viel Standhaftigkeit und Weisheit zur Wohltat für so viele Völker gewirkt und gearbeitet, wie diese Monarchin«. Diese Grundhaltung zieht sich durch die ganze Schrift, die nur eine von vielen Katharina-Schriften war und nichts Neues brachte. Heutige Historiker und Kenner der Geschichte Katharinas II. werden viel daran auszusetzen haben.

Zunächst gibt Seume einen Überblick über das Leben der ehemaligen Prinzessin Sophie Friederike Auguste von Anhalt-Zerbst bis zu ihrer Thronbesteigung 1762 als russische Zarin Katharina II. in Verbindung mit der Entwicklung Rußlands in dieser Zeit und dem Charakter, der Politik, der Gefangennahme und dem Tod ihres Gemahls Peter III. Sodann beleuchtet er ihre Außenpolitik, ihre Rolle bei den Teilungen Polens, die er als »Wohltat für die Menschheit« verteidigt, die beiden Türkenkriege 1768–1774 und 1787–1791 und den Krieg gegen Schweden

1788–1790, in denen Katharina trotz der Expansionsbestrebungen Rußlands nicht als Aggressorin, sondern als Verteidigerin der Sicherheit des Landes erscheint.
In diesen Teil hat Seume eine aufschlußreiche Erörterung über die Unvermeidbarkeit von Kriegen eingefügt, in der er darlegt, daß es für die Beziehungen zwischen den Völkern keine allgemeingültigen Gesetze wie innerhalb eines Staates geben kann, »weil keine entscheidende Macht da ist, den Übertreter zu bestrafen, oder überhaupt den Willlen des Gesetzes mit Zwang zu vollziehen«, daß es durch die unterschiedlichen Interessen und Sicherheitsbestrebungen der Völker notwendigerweise zu Streitigkeiten und Kriegen kommt, die für Seume »Prozesse der Völker, wo leider die Gerechtigkeit nicht mehr bestimmen kann«, sind und wo »der größte Teil beider Parteien wirklich überzeugt war das Recht auf ihrer Seite zu haben«. Höchst fragwürdig ist seine Behauptung, aus der der Soldat Seume herauszuhören ist, daß wir in Kriegen »zwar viel traurige Zerrüttungen und Verwüstungen, und die Menschheit oft auf ihrer allerniedrigsten Stufe treffen, aber bei weitem nicht so viel allgemeine fest entschiedene Ungerechtigkeit finden, als die gutherzigen sentimentalen Moralisten ... in ihren Klagen aufstellen«.
Anschließend wendet sich Seume der Innenpolitik zu. Katharina II., die ein beachtliches Programm im Sinne der Aufklärung verwirklichen wollte, ging von der Überzeugung aus, daß nur Freiheit und gesetzliche Sicherung des Besitzes die Grundlage für die Entwicklung der Wirtschaft und die Blüte des Landes ist. Seume würdigt ihre Bemühungen, mehr Ordnung im Lande zu schaffen, ihre Leistungen auf dem Gebiete der Armengesetzgebung, der Presse- und Personalfreiheit, der Verbesserung des Verwaltungs- und Justizwesens, der Entwicklung der Städte, der Förderung von Industrie, Ackerbau und Handel, der Ansiedlung von Kolonisten an der Wolga und auf der Krim, der Gründung von Bildungsanstalten und Errichtung von Normalschulen, deren Besuch für ärmere Kinder frei war, der Förderung von Wissenschaft, Kultur und Kunst sowie der Verschönerung und Erweiterung der Hauptstadt Petersburg. Aber so wie Seume die Aggressivität der russischen Außenpolitik übersieht, beschönigt er auch die innenpolitischen Maßnahmen, daß man den Eindruck gewinnt, in Rußland herrschten paradiesische Zustände, obwohl er einräumt, daß manche Vorhaben wegen bürokratischer Widerstände nicht

oder nicht so wie geplant durchgesetzt werden konnten, daß die Presse- und Personalfreiheit nur unvollkommen und nur zeitweise bestand, und zwar vor dem Bauernaufstand unter Pugatschow 1773–1775; danach schreckte Katharina vor weiteren fortschrittlichen Maßnahmen zurück. Gegen weitverbreitete Mißstände wie Bestechung, Bereicherungssucht, Unterschlagung, Ämtermißbrauch und Intrigen konnte Katharina jedoch oft nicht vorgehen, da sie darüber bewußt in Unkenntnis gehalten wurde. Für die Leibeigenschaft und die elende Lage der Bauern, ausgenommen die estnischen, livländischen und kurländischen, findet Seume gerade in der Blütezeit des Feudalismus in Rußland keine anklagenden oder zornigen Worte, im Gegensatz zu späteren Schriften; im Gegenteil, aus der Tatsache, daß die Leibeigenschaft schon so lange im Zarenreich besteht, schlußfolgert er unlogisch, »daß diese Sklaverei wenigstens bei dem Kern der Nation so tief und drückend nicht war, als man sich im Auslande vorstellt.«

Schließlich geht Seume noch auf Katharinas Lebensgewohnheiten und ihren Charakter ein, den er als liebenswürdig, gütevoll und human bezeichnet: er hebt ihren feinen und klugen Umgang mit Menschen hervor, weist aber auch als nachteilig auf ihre zu große Güte bei Belohnungen und zu große Nachsicht bei Bestrafungen hin. Er schnüffelt nicht in ihrem Liebesleben, wie das viele ihrer Biographen mit Vorliebe tun, sondern tut dies mit einem Satz ab: »Es ist kein Geheimnis, daß die Kaiserin in der Physik der Liebe etwas leidenschaftlich war: sie verletzte dadurch niemandes Rechte«; deshalb sollte man sie moralisch nicht zu streng beurteilen.

Seume vergleicht Katharina II. mit der anderen großen Persönlichkeit der russischen Geschichte des 18. Jahrhunderts, mit Peter I. Während dieser die russische Nation geschaffen, den Staat militärisch ausgebaut und den Grundstein für Kultur und Bildung des Volkes gelegt hat, versuchte sie dem Staatswesen mehr Humanität zu geben. Sie war die Erzieherin und Lehrerin der russischen Nation und hat tatkräftig das Werk Peters I. fortgeführt. Abschließend faßt Seume die weltgeschichtliche Rolle Katharinas zusammen: »Bei manchen Fehlern, die auf ihre Rechnung geschrieben werden können, bleibt doch Katharina die Zweite nicht allein in der Geschichte Rußlands, sondern in der Geschichte der Welt eine außerordentliche Regentin, und man könnte für sie eher den Namen der Einzigen behaupten, als für den großen König Friedrich den Zweiten von

Preußen. Friedrich findet gewiß in der Geschichte der Männer noch mehr, wie er war: es würde aber schwer werden noch eine Frau zu finden, die mit Katharinen durchaus verglichen werden könnte.«

Obwohl Seumes Schrift keine Lobschrift sein und keinen Tadel enthalten sollte, wie er am Anfang schreibt, ist es doch eine Lobschrift mit wenigen kritischen Tupfern geworden, in der Katharina II. als Musterbeispiel einer aufgeklärten Monarchin dargestellt wird. Vielleicht konnte und wollte Seume nichts anderes schreiben, nicht nur aus Verehrung für die Zarin, sondern weil er ihrer Politik seine kurze Offizierslaufbahn verdankte. Obwohl sich die Meinung der westeuropäischen Aufklärer und Öffentlichkeit über die hochgelobte Katharina II. nach der zweiten Teilung Polens 1793 und erst recht nach der Auflösung des polnischen Staates 1795 negativ geändert hatte, beeinflußte das Seumes positive Haltung zu ihr offensichtlich nicht.

Nebenbei bemerkt, kam über Seumes Katharina-Biographie die Bekanntschaft zwischen ihm und dem Altphilologen und Direktor des Gymnasiums in Weimar Karl August Böttiger (1760–1835) zustande, aus der sich ein reger Briefwechsel entwickelte. Obwohl Böttiger ebenfalls von den negativen Seiten des Despotismus in Rußland unter Katharina II. wußte, fragte er am 29.6.1797 bei Göschen an: »Wer ist der Verfasser der bei Ihnen herausgekommenen Schrift ›Über das Leben Katharinas‹? Jetzt, da ich mit der würdigen Frau von der Recke über diese einzige Herrscherin viel gesprochen habe, finde ich diese Schrift vortrefflich, und ich möchte sie gern mit Nachdruck nennen und empfehlen.«[45]

Nachdem nach Katharinas Tod ihr Sohn Paul den Thron bestiegen und die ersten Maßnahmen getroffen hatte, schrieb Seume, offenbar wieder als Auftrag in Eile, seine letzte Arbeit über Rußland, wenn man von den nur wenige Seiten umfassenden *Anekdoten zur Charakterschilderung Suworows* von 1799 absieht. Diese erschien ebenfalls 1797 bei Göschen in Leipzig unter dem Titel *Zwei Briefe über die neuesten Veränderungen in Rußland seit der Thronbesteigung Paul's des Ersten*, diesmal mit dem Namen des Verfassers und dem fingierten Druckort Zürich, aber ohne Verlag. Worüber Seume hier schreibt, kannte er nicht mehr aus eigener Anschauung.

Der Thronfolger, Katharinas Sohn Paul I. (1754/1796–1801), wollte anders regieren als seine Mutter, zu der er kein gutes Verhältnis hatte. Er machte alle ihre Neuerungen rückgängig und ließ den alten Zustand wiederherstellen. Die neuen Justizverordnungen wurden aufgehoben, die Privilegien der Provinzen erneut eingeführt und damit Macht, Willkür und Vorrechte des Adels zum Nachteil der ärmeren Bevölkerung gestärkt. In diesem Zusammenhang tritt zum erstenmal in Seumes Schriften eine ausführliche Verurteilung der Privilegien auf: »Schon in dem Worte Privilegien … liegt nach geläuterten Begriffen des Staatsrechts eine Ungerechtigkeit, ein Widerspruch. Eine Ausnahme vom Gesetz auf einzelne Individuen oder Gesellschaften ist eine Beleidigung der Uebrigen, die dem Gesetz unterthan sind.« Auch die Durchsetzung einer strengen Zensur bei allen Druckerzeugnissen durch den Zaren kann Seume nicht gutheißen, denn meist wird dadurch nur das Gegenteil erreicht und der Regierung Furcht nachgesagt, und »Furcht ist überall ein schlimmes Zeichen, am Allermeisten bei Männern, die am Ruder sitzen«.

Eingehend behandelt Seume die Veränderungen, die Paul I., ein Bewunderer Preußens, beim Militär vorgenommen hat, besonders die neue Kleiderordnung, die Wiedereinführung von Zopf und Locken, alles zum Nachteil und Mißfallen der Soldaten und mit höheren Kosten für die Staatskasse verbunden, aber auch das Durchsetzen einer strengeren Disziplin und Ordnung. Empörung und Unverständnis löste die Entlassung einiger hoher Staatsdiener und Militärs aus kleinlichen Gründen aus, unter ihnen die Generale Suworow und von Pahlen, ehemaliger Gouverneur von Riga. Dagegen hat der Zar sofort nach Regierungsantritt den gefangenen polnischen General Kosciuszko und sämtliche Anhänger des polnischen Nationalaufstandes freigelassen. Von den Ausländern, die sich länger im Lande aufhalten wollten, verlangte Paul, daß sie und ihre Nachkommen für immer dableiben, eine unbillige Forderung, die bei den betreffenden Personen auf Widerstand stieß. Auch ausgesprochene Lächerlichkeiten ersann der überspannte Regent. Er verbot das Tragen runder Hüte, weil »die verdammten Jakobiner« sie trugen – als ob dadurch das Eindringen jakobinischer Ideen verhindert werden könnte. Er führte die lange abgeschaffte unsinnige Ehrenbezeigung wieder ein, daß beim Herannahen der Zarenkarosse alle Kutschen anhalten, die Insassen aussteigen und sich vor dem Zaren verbeugen müssen.

Im Zusammenhang mit einigen in Angriff genommenen Verbesserungen und Erleichterungen auf dem Gebiete der Finanzen und des Handels, die vor allem auch dem Adel zugute kamen, kommt Seume auf das Problem der Freiheit im Staate zu sprechen, die für ihn zuallererst Personalfreiheit, das heißt das Recht auf Erwerb von Grundbesitz, bedeutet. Erstmals kritisiert er ziemlich offen die Unfreiheit der Masse der russischen Bevölkerung, besonders die Sklaverei der Bauern: »Rußland hat nicht den vierten Theil der intensiven Kraft, die es haben könnte, wenn seine Einwohner freie Leute wären ... Wer will mit Lust blos für Andere pflanzen, für Andere arbeiten, für Andere bauen? Kein Sclav thut mehr, als er muß; und er wäre ein Thor, wenn er mehr thäte ... Wo der Kern der Nation Sclav ist, kann und wird Keiner für seine Freiheit Sicherheit haben, der nicht in die Kaste der Unterdrücker tritt.« Wenig später schränkt er dies mit einer fragwürdigen Behauptung wieder ein: »Die Knechtschaft ist zwar im eigentlichen Rußland sehr mild; denn eine ganze so energische Nation läßt sich in die Länge nicht mit unerträglichen Ketten belasten.« Da in Rußland allein der Adel das Vorrecht hat, Grund und Boden zu besitzen, fährt Seume fort, genießt auch allein der Adel persönliche Freiheit oder Personalität, »denn wer nicht Grundstücke gesetzlich besitzen kann, hat nur halbe Personalität im Staate.« Durch derartige krasse rechtliche Unterschiede, Ungerechtigkeiten, wird die Entwicklung von Fleiß, Wohlstand und Kultur auf dem Lande stark behindert. In einem solchen Staat möchte Seume nicht leben. Er empfiehlt deshalb: »Gemäßigte kirchliche und politische Freiheit ist die sicherste Stütze eines jeden Throns und der sicherste Grund zum Wohlsein des Volkes.« Aber eine gewaltsame Beseitigung sozialer Mißstände lehnt er ab: »Immer besser, die Regierung kann dem Volke Freiheit ertheilen, – ein sehr uneigentlicher Ausdruck! – als das Volk steht auf, der Regierung Artikel vorzuschreiben.« Freiheit oder auch nur die Illusion von Freiheit soll also nach Seumes damaliger Auffassung immer im Dienste des Staates stehen, der Erhaltung der staatlichen Ordnung dienen, denn bei Personalfreiheit der russischen Bauern wäre es nicht zum Pugatschow-Aufstand gekommen. Aber Personalfreiheit allein ist nicht die wahre Freiheit, und auch die Freiheit, die der Staat gewährt, ist es nicht, weshalb das Wort Freiheit nicht der passende Ausdruck ist; was er unter wahrer Freiheit versteht, läßt Seume offen.

Schließlich beschäftigt ihn die Frage, ob Paul I. die unter Katharina II. abgeschaffte Todesstrafe wieder einführen wird, denn Seume hält sie für unbedingt notwendig und bezeichnet sie als Wohltat für den Staat, für die Opfer von Gewaltverbrechen und für die Menschheit, obwohl er überzeugt ist, »daß die reine Gerechtigkeit der Todesstrafen sich nicht erweisen läßt; aber ebenso wenig läßt sich die reine Gerechtigkeit eines Krieges erweisen«.

Wie allen Monarchen bescheinigt Seume auch Paul I. gute Charakterzüge, vor allem Ordnungsliebe und strenge Gerechtigkeit. Wenn der Zar mitunter heftig werden konnte, hält Seume doch den Vorwurf der Ungerechtigkeit für unbegründet, da Paul I. zumindest immer den Willen hatte, gerecht zu handeln. Sogar bei den nachteiligen Änderungen unterstellt Seume dem Monarchen gute Absichten, nämlich den Wunsch nach Verbesserungen.

Trotzdem findet Seume Pauls Vorgehen unbegreiflich. Aber all das sind Seumes persönliche Ansichten, denn er kannte ja die Person, über die er schrieb, nicht. Das meinte auch ein zeitgenössischer Rezensent dieser Schrift: »Was indeß die werthe Unpartheylichkeit betrifft, allemal bleibt eines ihrer Haupterfordernisse, den Gegenstand, den man beurtheilen will, auch bis auf den Grund zu kennen; und hierzu scheint Herr S. bey weitem nicht lange genug in R. sich aufgehalten zu haben. Alles was er von daselbst bis jetzt erfolgten Abänderungen in der Staatsverwaltung uns erzählt, weiß Jedermann schon aus öffentlichen Blättern, ohne durch diese Briefe irgend einen Aufschluß von Wichtigkeit, irgend eine nähere Bekanntschaft mit dem Innern des Landes, oder mit den handelnden Personen selbst zu gewinnen.«[46]

Von den drei politisch-historischen Schriften Seumes aus den Jahren 1796 und 1797 hat, wie gesagt, die über Polen wegen der historisch zuverlässigen Darstellung und als Augenzeugenbericht heute noch den größten Wert, während die über Katharina II. als bloße Zusammenstellung von Texten aus anderen Werken wissenschaftlich bedeutungslos ist und die über Paul I. auf das geringste Interesse stoßen dürfte, aber Seumes einsetzende Gesellschaftskritik darin bemerkenswert ist. Diese offenen und kritischen Worte konnte Seume nur wagen, weil er nicht mehr in russischen Diensten stand, also keine Nachteile zu befürchten hatte.

In allen drei Schriften findet man verstreut Seumes gesellschaftliche Auffassungen, aus denen eins deutlich wird: Seume befürwortet und verteidigt die Monarchie, und zwar die aufgeklärte absolute Monarchie mit

einem guten, menschlich fühlenden, vernünftig denkenden und handelnden Monarchen an der Spitze, der reformbereit ist und verantwortungsvoll für das Wohl und die Sicherheit seiner Untertanen sorgt. Diese Staatsform, wie sie zum Beispiel von Katharina II., Maria Theresia, Friedrich II. von Preußen und Joseph II. praktiziert wurde, stellt für ihn die bestmögliche Staatsform zwischen den beiden verderblichen Extremen Despotie und Republik dar, wobei er freilich den Unterschied zwischen Monarchie und Despotie nicht definiert, sondern dies dem persönlichen Urteil der Menschen überläßt. Das kennzeichnende Merkmal eines solchen idealen Staates sollte neben dem allgemeinen Wohlstand und der Übereinstimmung der Interessen aller Klassen vor allem die Personalfreiheit aller Bürger sein. Die von ihm geforderte Beseitigung der überall bestehenden Leibeigenschaft würde den Staat von seiner schlimmsten Krankheit befreien, die Produktion und den Wohlstand erhöhen und dem Ausbruch von Unruhen und Revolutionen vorbeugen, denn eine Revolution ist immer Schuld der Regierung oder des Monarchen, wie das Beispiel der Französischen Revolution zeigt. »Die Revolutionen werden immer durch innere Krankheiten verursacht ... Wo die Grundlage der Regierung Gerechtigkeit, Volkswohl und Humanität ist, hat Niemand etwas Besseres zu wünschen ...« Eine Revolution lehnt Seume ab, da sie seiner Meinung nach keine Besserung bringt.
Als starke hemmende Kraft im Staat sieht Seume den Adel an, der zwar einerseits eine Stütze des Throns, aber durch ausgeprägten Kastengeist auch die Schwäche der Monarchie ist und oft viele gute Vorhaben des Monarchen verhindert. Privilegien – Seume unterscheidet zwischen guten und schlechten – sollten, wenn sie ungerecht sind, beseitigt, ansonsten in den Händen des Monarchen konzentriert werden, um dadurch den Adel allmählich zu entmachten oder abzuschaffen. Solche Vorstellungen von einem idealen monarchischen Staat waren utopisch.

Garlieb Merkel und »Die Letten«

Im Frühjahr 1796 kam Garlieb Helwig Merkel (1769–1850) nach Leipzig, um Medizin zu studieren. Der Sohn eines Landpfarrers stammte aus Livland, einer Landschaft zwischen Dorpat und Riga, die heute zu Estland und zu Lettland gehört. Nach dem Tode seines Vaters hatte er den Schulbesuch in Riga abbrechen und sich als Schreiber und Hofmeister durchschlagen müssen. In dieser Zeit schrieb er ein Buch über das Leben der Bewohner seiner Heimat, dem er den Titel gab *Die Letten, vorzüglich in Liefland, am Ende des philosophischen Jahrhunderts*, das sich vor allem gegen die Unterdrückung des Volkes durch die deutschen adligen Grundbesitzer richtet und die Aufhebung der Leibeigenschaft fordert. Für dieses anklagende und kämpferische Werk, das unter russischer Herrschaft nicht gedruckt werden konnte, suchte Merkel in Leipzig einen Verleger, den er in Heinrich Gräff fand.

Seume hatte den Namen Garlieb Merkel schon einmal gehört, als er mit General Igelström im Herbst 1792 durch Livland gereist war, bevor dieser mit Seume nach Warschau ging. Auch Merkel muß Seumes Namen schon begegnet sein. In Leipzig lernten sich beide nun persönlich kennen. Wie ihre Bekanntschaft zustande kam, schildert Merkel in einem Erinnerungsbuch: »Graß, der Maler und Dichter, hatte mir eine Adresse an eine alte Dame zu Leipzig mitgegeben, die viel Gutmüthigkeit mit Bildung des Geistes verband. Ich trug das Blättchen hin, fand sie krank, schickt' es ihr hinein, mit der Bezeichnung meiner Wohnung, und ging fort, um einen Spaziergang zu machen. Als ich nach Hause kam, fand ich einen Fremden, der in meinem Vorzimmer mit starken Schritten auf- und abging, einen kleinen magren Mann, in einem sehr bescheidnen Ueberrocke, mit einem Blicke, dessen Bestimmtheit zu der hellen Bläue seiner Augen nicht zu passen schien, einem buschigten Backenbart und schlichtem braunen Haar. Er brachte mir ein Kompliment von der Professorin, mit der Bitte, den folgenden Mittag bei ihr zu essen. Ich versprach zu kommen, wenn es möglich sey. ›Was, möglich!‹ erwiederte der Fremde; ›Sie müssen bestimmt zusagen, und auch kommen. Heut' ist sie wirklich krank, und zu morgen bittet sie Gesellschaft für Sie.‹ Dieser Ton fiel mir an einem Bedienten auf, denn dafür hielt ich ihn. Nun gut, antwortete ich; ich werde gewiß die Ehre haben. Mit diesen Worten schloß ich meine Thür auf. – Der Fremde ging rasch vor mir hinein, warf seine Pandurenmütze auf den Tisch, und rief, indem er mir die Hand entgegen reichte: ›So seyn Sie denn herzlich willkommen in Deutschland! – Ich heiße Seume.‹ Wir hatten uns während seines Aufenthalts in Liefland dem Namen nach kennen gelernt, aber nie gesehn. Mit lebhafter Freude umarmt ich ihn. Er hatte die Dame, die auch seine Freundin war, besucht; sie hatte ihm von dem erhaltenen Briefchen erzählt, und er war nun darauf bestanden, ihre Botschaft an mich zu übernehmen. Unsere Bekanntschaft verwandelte sich bald in eine vertraute Freundschaft.«[47]

Als Merkels Fremdenführer zeigte Seume ihm die Sehenswürdigkeiten und bekannte Persönlichkeiten der Stadt sowie die Schönheiten der Umgebung; sie unternahmen ausgedehnte Spaziergänge und weite Ausfahrten, an denen auch Seumes Schützling Muromzow und Schnorr von Carolsfeld teilnahmen. Sie besuchten Dessau und den Wörlitzer Park, fuhren bis nach Berlin, wo Seume und Muromzow als interessante Zeitgenossen und Augenzeugen der Kämpfe in Warschau sogar dem preußischen Prinzen Louis Ferdinand (1772–1806), der später im Kampf gegen Napoleon bei Saalfeld fiel, vorgestellt wurden.

Im Herbst 1796 ging Merkel nach Jena, um das Medizinstudium fortzusetzen. Dort stattete er Schiller einen Besuch ab, und Seume sah den berühmten Dichter ebenfalls, als er vier Wochen später seinen Freund in Jena besuchte. Im Frühjahr 1797 brach Merkel das Studium ab und wurde freier Schriftsteller. Er lebte in Weimar, Frankfurt/Oder und ab 1799 in Berlin, wo er 1803 die Zeitschrift *Ernst und Scherz* herausgab, die er 1804 mit August von Kotzebues Zeitschrift *Der Freimüthige* zusammenlegte. Auch »in den folgenden Jahren«, schreibt Merkel über seine Beziehung zu Seume, »machten wir gegenseitig zuweilen Reisen von zehn oder zwanzig Meilen, um ein paar Tage mit einander zu leben, und der früheste meiner Freunde in Deutschland war fast auch der letzte derselben, den ich sah. Er hatte mich im Oktober 1806 in Berlin besucht; zwei Tage vor der Schlacht bei Jena schieden wir nach einer langen, trüben Unterredung – auf immer.«[48] Da Merkel als entschiedener Gegner Napoleons diesen publizistisch bekämpfte, mußte er nach dessen Sieg über Preußen im Oktober 1806 Deutschland verlassen. Als Herausgeber der Zeischrift *Der Zuschauer* in Riga schrieb er weiter scharfe Artikel gegen Napoleon und setzte sich für ein russisch-deutsches Bündnis gegen den Eroberer ein. Nur noch einmal, im Jahre 1816, kam Merkel für kurze Zeit nach Deutschland und blieb danach bis zu seinem Tode in seiner Heimat, wo er am 9. Mai 1850 auf seinem Gut Depkinshof bei Riga starb.

Nach Leipzig also hat Merkel das Manuskript seines Buches über die Letten mitgebracht und es Seume vorgelesen, um dessen Meinung zu erfahren. Seume war beeindruckt, obwohl ihm vieles aus eigener Anschauung bekannt war, und machte Merkel Mut, »einen der Menschheit so wichtigen Gegenstand« unbedingt an die Öffentlichkeit zu bringen, falls Merkel sich stark genug fühlen sollte, etwaige negative Folgen wie den Verlust des Vaterlandes in Kauf zu nehmen.

Ende August 1796 erschien das Buch in Leipzig mit der Jahresangabe 1797 und hatte größeren Erfolg als erwartet; es wurde in mehrere Sprachen übersetzt. Merkel schreibt über die Geschichte, den Charakter und die Situation der livländischen Letten. Ende des 12. Jahrhunderts begannen deutsche Feudalheere, die sich zu Ritterorden zusammengeschlossen hatten, die baltischen Gebiete der Esten, Liven, Letten, Kuren, Litauer und Pruzzen militärisch zu unterwerfen, zu kolonisieren und zu christianisieren, wobei Krieger und Priester gemeinsam mit Gewalt und Predigt vorgingen, den Einheimischen das Christentum aufzwangen, sie versklavten und die Entwicklung einer eigenen Nation und Kultur verhinderten. »Die Geschichte der Estländischen, Liefländischen und Kurländischen Bauern liegt in der Geschichte des Deutschen Ordens«, schreibt Seume in seinem Aufsatz über Katharina II., »einer Geschichte, die der Deutschen Nation auch nicht sehr zur Ehre gereicht.« Auch wenn das Gebiet seit 1721 zu Rußland gehörte, hatte die Minderheit der deutschen Adelsherren sowohl die Städte, in denen sie wohnten, als auch das Land, auf dem sich ihr Großgrundbesitz befand, fest in der Hand. Die Bauern mußten auf den Feudalgütern harte Frondienste und außerdem eine große Anzahl Abgaben leisten; sie selbst lebten unter den erbärmlichsten Bedingungen und waren der Willkür ihrer despotischen Herren recht- und schutzlos ausgeliefert. Merkel prangert das unmenschliche Eroberer-regime der deutschen Feudalherren, ein Regime, wie man es sich in Westeuropa nicht vorstellen konnte, mit leidenschaftlichen Worten an und erregte damit großes Aufsehen, vor allem in seiner Heimat, wo edeldenkende Menschen ihm für seinen Mut und seine Offenheit danken werden, wie Seume meinte.

Als der Redakteur des *Neuen Teutschen Merkur*, Karl August Böttiger, 1798 Seume um ein paar Zeilen über Rußland bat, schrieb dieser statt dessen eine Rezension über Merkels Buch, die Böttiger aber nicht drucken ließ, da nach Merkels Meinung dieser Text von wenig Interesse für die Leserschaft wäre und er wegen der politischen Aussage Nachteile für den

Verfasser befürchtete. Seumes Manuskript blieb erhalten und wurde erstmals 1976 in der Zeitschrift *Neophilologus* (Nr. 60) veröffentlicht.
Was Seume schreibt, übertrifft an Offenheit und Schärfe alles bisher von ihm Geschriebene. Mit gleicher Leidenschaft und gleichem Zorn wie Merkel prangert er das Unrecht an, das die deutschen Unterdrücker den lettischen Bauern zufügten, die Einteilung der dortigen Menschen in Despoten und Sklaven, die »sinnlose, verjährte sogenannte Ordnung, welche der Tod der Menschenrechte ist«. Da die vollkommen rechtlosen Bauern der Gnade und Ungnade, der Willkür der feudalen Despoten ausgeliefert waren, greift Seume hier zum erstenmal den weltlichen und religiösen Begriff der Gnade offen an, verwirft ihn und fordert Gerechtigkeit statt Gnade für die Menschen: »Und es ist keine größere Herabwürdigung der Menschennatur, als wenn der Mensch mit seiner Existenz und Subsistenz, die er rechtlich fordern kann und soll, von der ungewissen Herzensgüte und Gnade anderer abzuhängen gezwungen wird. Aus Gnade möchte ich nicht einmal selig werden. Es soll Gerechtigkeit sein und keine Gnade … Gerechtigkeit war immer die beste Politik.« Auch den Hinweis auf bestimmte Gesetze läßt Seume nicht gelten, denn »Gesetze mögen da wohl sein, aber keine Gerechtigkeit; auch außer Russland kein seltener Fall, daß zuweilen die Gerechtigkeit unter Gesetzen stirbt.« Unter Katharina II. war durch die Justizreform und die Einsetzung von Generalgouverneuren die Rechtslage auch der lettischen Bauern leicht verbessert worden, aber Paul I. hat 1796 alles wieder aufgehoben und sämtliche Vorrechte des Adels wiederhergestellt.
Alles das, was Merkel in seinem Buch schildert, war in Livland jedermann bekannt und wurde nicht einmal von den Adelsherrschaften geleugnet, sondern sie behaupteten, daß man die Letten zu ihrem eigenen Wohl nicht anders als despotisch behandeln könne, da eine menschlichere Behandlung angeblich keinen Erfolg habe. Seume warnt vor der Rache der Unterdrückten, die in einem Aufstand ausbrechen kann, wenn die Unterdrückung anhält und kein Recht geschieht. Auf die gewaltige Kluft zwischen dem Reichtum der wenigen und der Armut der vielen – auch in anderen Ländern – eingehend, verkündet er eine allgemeingültige Wahrheit: »Nicht dasjenige Land ist verhältnismäßig vorzüglich mächtig und glücklich, das viele sehr reiche Individuen hat, sondern dasjenige, dessen allgemeiner Wohlstand des Reichtums der Einzelnen entbehren kann.«

Daß die Aufhebung der Leibeigenschaft für den Adel nur ein Gewinn sein kann, hatten andere fortschrittlich denkende Geister schon nachgewiesen. Das steht auch für Seume außer Zweifel, aber er sieht das Problem komplexer: »Die Frage ist nicht, wer im Einzelnen gewinnt oder verliert, sondern was ist Gerechtigkeit und Menschlichkeit? was ist das Wohl des Staates, das Wohl des Gesamten?« Für Seume galt der Grundsatz: Bonum publicum suprema lex. – Das Gemeinwohl ist das oberste Gesetz. Das Wohl des Gesamten sollte durch eine gute Verfassung gewährleistet werden, in die vor allem »die ersten Lehren des Naturrechts und des allgemeinen Staatsrechts«, mit anderen Worten, die Menschen- und Bürgerrechte, aufgenommen werden müssen, wie sie von der französischen Nationalversammlung am 26.8.1789 verkündet, aber nicht verwirklicht worden waren.

Doch Seumes Vorstellung von der besten Staatsform zielt noch nicht auf eine Republik nach französischem Vorbild, sondern auf einen stabilen Staat mit einem guten und starken Monarchen an der Spitze, der die Grundsätze einer vernunftgemäßen Verfassung und die natürlichen Menschenrechte durchsetzt und garantiert: »Ich bin selbst ganz fest überzeugt und würde selbst in Paris meine Meinung nicht ändern, daß eine geordnete, gesetzmäßige, auf Gerechtigkeit gegründete, nach Menschennatur und Menschenleidenschaft berechnete Monarchie für die Nationen die glücklichste Regierungsverfassung sei: aber ich bin ebenso sehr überzeugt, und werde es auch an der Newa nicht verschweigen, daß die Verletzung der ersten heiligen Menschenrechte die Kraft des Staates untergräbt, das Wohl der meisten und wichtigeren Bürger vernichtet und endlich seine ganze Existenz in Gefahr setzt.«

Das sind Sätze, wie man sie bislang von Seume noch nicht vernommen hat. Zweihundert Jahre später, im Jahre 1990, war in einer internationalen politischen Zeitschrift eine ähnliche Meinung zu Staatsformen zu lesen: »Dabei ist es den Menschen im großen und ganzen völlig egal, wer sie regiert: Scheiche, Sekretäre, Senatoren oder Maharajas, Hauptsache, sie werden nicht niederträchtig behandelt und man erzählt ihnen keine Märchen, Hauptsache, man kann unter ihnen leben, ohne am Hungertuch zu nagen. Dann darf es auch getrost eine entwickelte Monarchie sein.«[49]

Dieser von Seume gewünschte Staat entspricht etwa einer konstitutionellen Monarchie, verbreitet auch Republik genannt, denn unter Republik

verstand man einen Verfassungsstaat, unabhängig von der äußeren Staatsform – eine exaktere Begriffsbestimmung gab es noch nicht.
Seumes Gesellschaftskritik geht in seiner Rezension weit über das hinaus, was er in seinen bisherigen Schriften geäußert hat, und hätte ihm sicher Nachteile bringen können. Aber darüber machte er sich keine Sorgen, er ließ in dieser Hinsicht jetzt alle Vorsicht außer acht. An Merkel schrieb er am 10.5.1797: »Je älter ich werde, desto leichtsinniger werde ich, oder vielmehr, desto leichter wird mein Sinn. Mit der Welt setz ich mich täglich auf einen festern Fuß, so daß ich alle Stunden mit ihr abrechnen kann.«
Eines jedenfalls hat die Rezension der *Letten* deutlich gezeigt: Hier hat Seume, frei von Zwängen und Rücksichten, seinen politischen Standpunkt offen und ohne Zögern dargelegt, und vermutlich hatte er diesen Standpunkt schon länger, mußte sich aber zurückhalten. Sehr unwahrscheinlich ist es, daß er seine Position innerhalb kurzer Zeit derart auffallend verändert haben sollte. Deshalb muß, nach Bekanntwerden der Rezension, die Annahme revidiert werden, daß sich Seumes radikaler politischer Standpunkt erst nach 1800, mit dem *Spaziergang nach Syrakus*, herausgebildet hat. Als Beweis, daß Seume schon länger so dachte, wie er es in seiner Rezension niederschrieb, kann auf jeden Fall seine *Elegie auf einem Feste zu Warschau* aus dem Jahre 1793 gelten, die damals wegen des brisanten Inhalts nicht veröffentlicht wurde und erst 1796 im Anhang zu Merkels Buch *Die Letten* erschien, gewissermaßen als Zeichen der Übereinstimmung mit Merkels gesellschaftlicher Anklage.

Korrektor bei Göschen in Grimma (1797–1801)

Als der arme Leutnant Seume sich im Herbst 1796 in die aus einer wohlhabenden Familie stammende Wilhelmine Röder verliebte und ihr und ihren Eltern gegenüber nicht ganz mittellos erscheinen wollte, hatte er die feste Absicht, eine Existenz zu gründen. Deshalb wandte er sich im Dezember 1796 mit einem Brief um Rat an Göschen, den er durch die Übersetzung eines englischen Romans seit 1788 kannte: »Bester Herr Göschen, so lange ich die Ehre habe Ihnen bekannt zu seyn, haben Sie Sich beständig mit so viel Offenherzigkeit, Güte und Theilnahme gegen mich bezeigt, daß ich mit Recht Ursache zu haben glaube, Sie für meinen wahren Freund zu halten ... Sie sind Mensch und ernsthafter Mann genung die wahren menschlichen Gefühle gehörig zu würdigen und zu achten. Ich liebe: ich hätte nie geglaubt, mich je mit festem Ernst in einem solchen Falle zu finden; aber es ist nun so ... Ich will Ihren Rath, als den Rath eines verständigen, erfahrenen, anerkannt rechtschaffenen Mannes, wenn Sie mir erlauben, als den Rath eines Freundes ... Mein Mädchen ist ziemlich reich, eine Qualität, die sonst die Liebhaber eben nicht in Verlegenheit setzt, die mir aber viele Unruhe macht. Was soll ich thun? Sagen Sie mir. Ich muß Ihnen offenherzig bekennen, philosophiren Sie darüber wie Sie wollen, ohne das Mädchen hat mein Vaterland hat die übrige Welt für mich weiter kein sonderliches Intereße ... Nun ist die Frage, wie soll ich für mich und sie unabhängig von dem Gelde ihres Vaters ein Etablißement finden (eine Existenz gründen, E.Z.), das mich in den Stand setzt, einigermaßen anständig zu leben. Mit der akademischen Laufbahn ist es nichts, ob ich gleich schon rechtlicher Docent bin ... Das Soldatenwesen taugt für Familienverhältniße noch weniger; die Gründe sehn Sie gewiß leicht ein ... Ich habe eine Menge Entwürfe gemacht, und sie wieder verworfen. Nun ist mir der Gedanke eingefallen, Buchhändler zu werden ... Meine etwaigen Kenntniße sind Ihnen bekannt; von dem Handwerke selbst verstehe ich nicht ein Jota... Es ist mir nicht um den Buchhandel, nicht um Geld, nicht um Ruhm, ich bin sehr offenherzig, um nichts zu thun, als um das Mädchen; und nur darum um ein leidliches Auskommen zu einer sehr frugalen Oekonomie. Geben Sie mir Ihre Meinung, Ihren Rath, Ihre Unterstützung.«

Es war ein weiterer Anlauf Seumes, eine normale bürgerliche Existenz aufzubauen und sich, diesmal mit Heiratsplänen verbunden, in die Gesellschaft einzugliedern, nachdem vorangegangene Versuche als Theologe, Soldat und Akademiker fehlgeschlagen waren. Seume war zwar zu dieser Zeit noch russischer Militärangehöriger, hatte aber trotz guter Aussichten nicht die Absicht, wieder nach Rußland in die dortige Barbarei zurückzukehren.

Göschen hatte für die nächsten Jahre mehrere große und anspruchsvolle Vorhaben geplant und brauchte zu deren Verwirklichung einen tüchtigen, gewissenhaften und gebildeten jungen Mann. Deshalb bot er Seume die Stelle eines Korrektors und gleichzeitig Oberaufsichtsführenden in seiner Druckerei an, die dieser annahm und im Oktober 1797 – nach seiner Entlassung aus russischen Diensten – antrat. Durch das Scheitern seiner Beziehung zu Wilhelmine Röder war der wirtschaftliche Druck weggefallen, der ursprünglich zu Seumes Stellensuche geführt hatte, so daß er am 10.5.1797 an Garlieb Merkel schreiben konnte: »Einige vorteilhafte Engagements sind mir schon angetragen worden; ich finde sie aber nicht nach meinem Geschmack, da ich eben kein Geld brauche. Nun habe ich mich aber verbindlich gemacht einige Zeit in Göschens Offizin als Korrektor zu arbeiten; dann gedenke ich nach Italien zu gehen …«

Aus der zunächst nur geschäftlichen Beziehung zwischen dem Verleger Göschen und dem Korrektor Seume wurde bald ein herzliches Vertrauensverhältnis und eine lebenslange Freundschaft. Göschen gilt in der deutschen Buch- und Geistesgeschichte als einer der bedeutendsten Verleger, als Verleger der klassischen Autoren Klopstock, Wieland, Goethe und Schiller und als Wegbereiter der Buchkunst in Deutschland. Bis zum Ende des 18. Jahrhunderts war Deutschland in der Buchgestaltung weit hinter den westeuropäischen Ländern zurückgeblieben, da die deutschen Buchdrucker der Meinung waren, daß Bücher nicht besonders schön zu sein brauchten. Göschen, der darüber anders dachte, studierte die typographische Arbeit bekannter englischer, französischer und italienischer Drucker, übernahm ihre Erfahrungen und wollte fortan mit eigens für ihn geschnittenen lateinischen Lettern, der Antiqua, statt der üblichen Fraktur drucken. Gleichzeitig richteten sich Göschens Bemühungen auf die Verbesserung der Typographie, der Druckfarbe, der Pressen, der Papierglättung und der Einrichtung des Satzes. Dadurch entstanden elegante Ausgaben ohne Luxus, elegant in ihrer Einfachheit und Schönheit, mit korrektem Text, übersichtlicher Satzgestaltung, sauberem und gleichmäßigem Druck auf glattem und schönem Papier. Mit Göschens Wirken, vor allem in den Jahren 1793 bis 1806, erreichte Deutschland den Anschluß an den europäischen Stand auf dem Gebiet der Buchkunst.

Seit 1785 besaß Göschen in Leipzig eine Verlagsbuchhandlung und seit 1793 auch eine Druckerei. Wegen hinderlicher Zunftbeschränkungen in Leipzig verlegte er diese Druckerei im Juli 1797 nach Grimma, einer 30 km südöstlich von Leipzig an der Mulde gelegenen Kleinstadt, in das Haus Nr. 11 am Markt. Hier konnte er mit landesherrlicher Genehmigung ohne jede Einschränkung drucken und auch fremde Aufträge ausführen, was ihm in Leipzig verwehrt war. Göschens Verlagsgeschäft,

Buchhandlung und Winterwohnung blieben zunächst in Leipzig, von wo aus Göschen die Firma leitete. Günstige Vermögensverhältnisse hatten es ihm Ende des Jahres 1795 erlaubt, ein Landgut in Hohnstädt bei Grimma zu kaufen, das er als Sommersitz für seine Familie um- und ausbauen ließ. An der Südseite wurde ein kleiner Garten mit Weinbau und an der Ostseite ein herrlicher Park im englischen Stil angelegt, der, am Abhang einer Anhöhe gelegen, mit mehreren Terrassen und Weinlaubengängen zur Mulde hin abfiel und einen romantischen Eindruck machte. Hohnstädt war ein kleines Dorf auf einer Anhöhe etwa zwei Kilometer nördlich von Grimma und Göschens Landhaus von seiner Grimmaer Druckerei aus zu Fuß in einer halben Stunde zu erreichen. Göschen war froh, dem Stadttrubel in Leipzig in diese reizvolle parkartige Landschaft im Tal der Mulde, nur fünf bis sechs Wegstunden von der Messestadt entfernt, entrinnen zu können. Als Freund der Natur und des Landlebens beschrieb Göschen seinen Bekannten enthusiastisch diesen fast paradiesischen Ort, wie in einem Brief an Wieland: »Ich glaube, ich habe mir einen Zuwachs an Gesundheit und Leben erkauft in einem artigen Gebäude und einem Garten in einer der schönsten Gegenden der Welt. Mein Haus liegt auf einem Berge, unter mir fließt die Mulde und liegt die Stadt Grimma. Alles ist englischer Garten durch die Natur. Unzählige Dörfer und Rittergüter beherrscht mein Blick, alles ist Reiz und Leben und auf dem Berge atme ich die reinste Luft.«[50] Hier genoß er, wie er an Schiller schrieb, »eine schöne Ruhe, getheilt durch Arbeiten für mein Geschäft und für den Landbau.«[51] Hier sollten Göschens Frau und Kinder sowie der Hauslehrer den Sommer über wohnen, während Göschen selbst wochentags seinen Geschäften in Leipzig nachging und nur am Wochenende zu Fuß nach Hohnstädt kam, um sich von seiner Arbeit zu erholen.
So lebte denn auch Seume in den nächsten vier Jahren »hier in der reizenden Natur, in den Bergen und Schluchten, an den lieblichen Ufern der Mulde«. Auch er pries in den Briefen an seine Freunde, hier an Böttiger, die landschaftliche Schönheit des Muldentals: »Sie haben uns nur halb besucht, da Sie nicht in Hohenstädt gewesen sind. Hohlen Sie die schönere Hälfte bald nach. Sie können nirgends eine so reitzende Landschaft, ausgeschmückt mit allen Schönheiten, auf einer Promenade von zwey Stunden finden … Melanchthon, der Sanfte, war der nehmlichen Meinung, als ihn einst seine Amtsreise durch das Muldenthal führte.«

Aus seiner Grimmaer Zeit stammt wahrscheinlich auch ein Gedicht, das Seume seinem Freund Dr. Johann August Otto Gehler (1762–1822), Ratsherr und Baumeister in Leipzig, gewidmet hat und das mit der romantischen Schilderung eines Abends im Muldental beginnt:

Einsam durchirr' ich von Fels zu Fels
Die Gruppen der Berge des Muldenthals;
Ruhe wallt sanft in dem Fluß hin durch sie,
Und des Dorfs Herdengeläut' tönt in der Schlucht.

Röthlicher glühet der Tempel dort,
Und später noch flötet die Nachtigall;
Schauerlich wird's in dem Hain, wenn das Lied
Nun verhallt, wird's in des Thals Einsiedelei.

In Göschens Druckerei in Grimma arbeiteten etwa vierzig Arbeiter an sechs, später an acht Pressen. Der Leiter der Druckerei war Georg Friedrich Höhm, den Seume wegen seines majestätischen Auftretens mit »Exzellenz« anredete, und Korrektor der Privatgelehrte Christian Gottlob Lorent. Dazu kam nun Seume als Korrektor und Lektor, der gleichzeitig die Oberaufsicht über sämtliche Druckereiarbeiten führen sollte. Er wurde von Göschen bei allen Entscheidungen von der Annahme eines Manuskripts bis zur Ausstattung und Fertigstellung des Buches mit einbezogen. Sämtliche Arbeitsanweisungen von Göschen in Leipzig, sowohl an die Angestellten in der Druckerei als auch auf dem Landgut, gingen über Seume, der sie weiterleitete und der wiederum über alle Vorgänge und Probleme in der Druckerei und den Fortgang der landwirtschaftlichen Arbeiten in Hohnstädt brieflich an Göschen nach Leipzig berichtete. Seume wohnte im Druckereigebäude und erhielt ein Jahresgehalt zwischen 240 und 320 Talern, das vierteljährlich ausgezahlt und meist von Seumes Freund Schnorr verwaltet wurde. Von den Beschäftigten wird übereinstimmend bezeugt, daß Seume immer mit einem freundlichen Wort und einem guten Rat zur Hand war und mit allen in bestem Einvernehmen stand.

Nach der Herausgabe von *Goethes Schriften* (1787–1790) sowie Schillers *Geschichte des Dreißigjährigen Kriegs* (1790–1793) und neben der Gesamtausgabe von Wielands Werken (1794–1802) war die Hauptaufgabe von Göschens Verlag die Herausgabe von Klopstocks Werken, der *Oden* in zwei Bänden (1798) und des *Messias* in vier Bänden (1800). Für Seume, der die Gedichte Friedrich Gottlieb Klopstocks (1724–1803) mit Begeisterung las und den berühmten Dichter sehr verehrte – er hatte 1796 ein Huldigungsgedicht *An Klopstock* in den *Obolen* veröffentlicht –, lag sicher ein besonderer Reiz darin, die Werke des verehrten Meisters zu lektorieren, doch wurde diese Arbeit leider zum Ärgernis für Verleger und Korrektor. Klopstock erwies sich als ein schwieriger Autor, kleinlich, rechthaberisch und nörglig. Trotz sorgfältiger Korrektur war er schon mit dem ersten Band der *Oden* unzufrieden, weil er darin Wörter oder Silben fand, die nach seiner Meinung fehlerhaft waren, die aber als echte Fehler schon in seinem Manuskript standen und von Seume demzufolge korrigiert werden mußten. Klopstock hielt aber seine Manuskripte für fehlerfrei und sah sie als allein maßgebend für den Druck an. Erschwerend für den Korrektor wirkte sich die Uneinheitlichkeit der deutschen Orthographie und Grammatik aus. Als Richtschnur benutzten die Korrektoren in Göschens Druckerei zwei Werke des bekannten Lexikographen Johann Christoph Adelung (1732–1806), die auch von Wieland, Goethe und Schiller verwendet wurden: *Vollständige Anweisung zur deutschen Orthographie* (1788) und *Versuch eines vollständigen grammatisch-kritischen Wörterbuches der hochdeutschen Mundart* (1793). Da aber Klopstock wie andere Autoren auch seine Schreibweise für die richtige hielt, kam es häufig zu Meinungsverschiedenheiten zwischen Verleger und Autor. Außerdem achtete Seume, da ihm die Suche nach orthographischen und grammatischen Fehlern bald zu eintönig wurde, mehr und mehr auch auf stilistische und metrische Mängel, die er dann eigenmächtig verbesserte und darüber mitunter echte Fehler übersah. Die Folge davon war, daß sich Klopstock bei Göschen beschwerte, der auf Klopstocks Forderung hin manches neu drucken und folglich finanzielle Einbußen hinnehmen mußte. Nach einem tadelnden Brief Göschens beteuerte Seume in seiner Antwort am 3.3.1798, daß er zwar alle Aufmerksamkeit, deren er fähig sei, auf seine Arbeit verwandt habe, daß er sich aber ein Talent für diese Beschäftigung zugetraut habe, welches er von Natur aus nicht besitze, und daß ihm der Gedanke, Göschen Schaden verursacht zu haben, unerträglich sei. »Ich sitze manchmahl von früh Sieben bis nach Fünf Nachmittags, ziemlich ununterbrochen«, heißt es im Brief, »und bohre auf dem Papiere herum. Meine eigenen Gedanken hindern mich oft, indem sie den Autor anders festhalten und verfolgen als sie sollten. Sehr leicht, daß die Sylben- und Wortstecherey leidet, wenn meine Seele sich von irgend einem Gedanken oder einem Bilde nicht losreißen kann. Sie verlieren bey der Arbeit, und ich gewinne nichts ... Wir haben beide eine nicht glückliche Probe gemacht.« Er gestand, daß diese Arbeit nicht für ihn oder er nicht für diese Arbeit sei, und bat Göschen, »gelegenheitlich an einen Mann zu denken, der die Arbeit, die Sie mir übertragen haben, mit beßerer Genauigkeit besorgen könne«. Und er fügt hinzu: »Die Veränderung wird auf keine Weise unsere freundschaftlichen Verhältniße stören ...«

Klopstocks endlose Klagen hatten Seume fast die Lust genommen, an dieser Ausgabe weiter mitzuarbeiten. Er war durch Klopstocks Art, sich nur an Göschen zu wenden und den kleinen Lektor und Handlanger zu übergehen, verärgert und betrachtete das als Geringschätzung seiner Person. Als der Dichter auch an der im Februar 1799 fertiggestellten Prachtausgabe des *Messias* einiges auszusetzen hatte, platzte Seume der Kragen, und er schrieb ohne Göschens Wissen einen geharnischten Brief an Klopstock, in dem er diesem seine Fehler im einzelnen nachwies und alle Korrekturen ausführlich begründete. Natürlich würdigte Klopstock den unverschämten Korrektor keiner Antwort, er gestand aber Göschen die Richtigkeit der meisten Korrekturen ein. Schließlich wurden die Meinungsverschiedenheiten durch die erhöhte Genauigkeit und die geduldige und gewissenhafte Arbeit Seumes beigelegt, und der Dichter beruhigte sich allmählich.

An die Schwierigkeiten mit Klopstock erinnert sich Seume gegen Ende seines Reiseberichts *Mein Sommer 1805*, nachdem er in Ottensen bei Altona Klopstocks Grab besucht hat. »Du weißt«, schreibt er einem fiktiven Freund, »daß ich bei dem Drucke von Klopstocks Oden und seiner Messiade die Handlangerarbeit eines Korrektors verrichtete. Der alte Herr muß wirklich ein autosephaähnliches (autoritäres, E.Z.) Ansehen behauptet haben. Er wies diktatorisch auf sein Manuskript, das doch nicht ohne kleine Fehler war. Daraus entstanden Differenzen, oft über Adiaphora (Nebensächliches, E.Z.). Er berief sich auf sein Papier, das aber wider ihn zeugte; und ich schrieb ihm im heiligen Eifer einmal einen sehr freimütigen Brief, voll von Anerkennung seines wahren großen Werts, aber mit Aufstellung sehr vieler kleiner Unrichtigkeiten. Er ließ mir mündlich etwas grämlich sein Concedo (Zustimmung, E.Z.) antworten, hatte sich aber gegen Herder, wie mir Herder selbst sagte, bitter über mich beklagt, daß ich unbarmherzig mit ihm umgegangen sei.«

Seume lektorierte noch eine Vielzahl anderer Bücher, eigentlich die gesamte Produktion jener Jahre. Neben Ifflands und Wielands Werken, vor allem dem vierbändigen Roman *Aristipp und einige seiner Zeitgenossen* (1800/1801), waren es vorwiegend Sachbücher und Reiseberichte, wie zum Beispiel *Venus Urania. Eine philosophische Abhandlung über die Natur der Liebe* (1798) von Friedrich Wilhelm von Ramdohr, das Lehrgedicht *Die Gesundbrunnen* (1798) von Valerius Wilhelm Neubeck, *Reise durch Deutschland, Dänemark, Schweden, Norwegen und einen Theil von Italien in den Jahren 1797, 1798, 1799* (1801) von Carl Gottlob Küttner und *Reise in die mittäglichen Provinzen von Frankreich im Jahr 1785 bis 1786* (1791–1805) von Moritz August von Thümmel. Durch diese Arbeit bahnten sich freundschaftliche Beziehungen Seumes zu Wieland, Küttner und Thümmel an, und den beiden großen Reisebüchern verdankte Seume viele Anregungen für seine eigenen späteren Reiseberichte. Auch Grammatikbücher bearbeitete Seume, und schließlich erhielt er von Göschen noch eine besondere, etwas ungewöhnliche Aufgabe. Er sollte ein dichterisches Werk, dessen Inhalt nach der ersten Auflage 1791 bei Göschen negativ beurteilt worden war, gründlich überarbeiten, da der 1797 verstorbene Autor dies nicht mehr selbst tun konnte. Es handelte sich um *Bliomberis. Ein Rittergedicht in zwölf Gesängen* von Johann Baptist Edler von Alxinger (1755–1797) aus Wien, dessen erstes Ritterepos *Doolin von Maynz* bereits von Göschen verlegt worden war. Diese strapaziöse Arbeit, bei der Seume den größten Teil der Verse geändert und auch Göschen kräftig mitgewirkt hat, dauerte fast ein Jahr und fand nach ihrer Veröffentlichung guten Anklang bei den Kritikern.

Daß Seume in den Grimmaer Jahren mit seiner Lebenssituation und der ganzen Welt aber ziemlich unzufrieden war, daß er nicht wußte, was er in Zukunft mit sich anfangen sollte, wenn sein Arbeitsverhältnis bei Göschen abgelaufen sein würde, daß er oft niedergeschlagen war und sich nutzlos vorkam, daß er eine andere Existenzmöglichkeit suchte, weil er glaubte, Göschen zur Last zu fallen, und daß dieser ihn nur noch aus reiner Freundschaft beschäftigte, das alles zeigen Briefe an seine Freunde. Sogar Gedanken an den Tod und Betrachtungen über den Selbstmord, den er nicht für gesetzwidrig hielt, aber für sich ablehnte, kommen darin vor; darüber äußert sich gewöhnlich niemand, der mit sich und der Welt in Einklang lebt. An Münchhausen schrieb er sehr deutlich: »Mich däucht, lieber Münchhausen, ich will nicht viel mehr schreiben, ich bin mit der Welt nicht sonderlich zufrieden. Meine Ideen werden mir öffentlich nicht erlaubt, weder bey Euch noch hier, noch an der Seine, noch an der Newa ... Mein Leben ist zur Hälfte schon gelebt: wenn ich sterbe, wird man doch hoffentlich hier und da sagen: sie haben einen guten Mann begraben.« (3.8.1799) – »Ich habe alle Fächer durchsucht: ich paße in keins. Das Quentchen Gute, das ich vielleicht noch zu thun und zu genießen habe, ist ein Nichts gegen das ungeheuer schlechte ewige Alltagszeug, dem ich entgegensehe. Quaeritur, was ist zu thun? So fort zu bleiben, ist faul und feige: in eine andere Welt zu gehen, ist voreilig und närrisch. Mit jedem Schritt tappt man hier tiefer ins Dunkle ... Ich hatte in meiner Jugend einmahl die Grille, ein Großschmidt werden zu wollen ... Wäre es nicht beßer, ich wäre es jetzt? Ein Amboß ist doch immer solider, als eine Federspitze ... Es ist in der Welt nichts verdammter, konfiscirter und gefährlicher als Gedanken. Behält man sie bey sich, giebts Kopfschmerzen von innen; läßt man sie in äußere Formen übergehen, so giebts Kopfschmerzen von außen. Seelig sind die armen an Geist! ... Sie erinnern Sich vielleicht, daß ich Ihnen in Amerika sagte, es würde aus mir nie etwas werden; das wiederhohle ich jetzt mit lebhaftem Gefühl, nachdem ich von allen Thürmen gesehen habe.« (Ende 1799)

Bei aller Unzufriedenheit und Unklarheit sah Seume die einzige Zukunftschance für sich doch wieder beim Militär, da er, wie er meinte, zu nichts anderem zu gebrauchen sei. Schon 1798 hatte Gleim ihm vorgeschlagen, in preußische Dienste zu treten, doch hatte Seume wegen der Standesschranken schließlich abgelehnt. Ein Jahr später kam ihm dieser Vorschlag wieder in den Sinn, und da riet ihm Böttiger, ein entsprechendes Gesuch an den Generaladjutanten des preußischen Königs, Oberstleutnant von Köckeritz, zu richten. Seume stimmte im Brief vom 29.8.1799 zu, war sich aber von vornherein über den Ausgang im klaren: »Dem Herrn von Köckeritz will ich schreiben, ob ich gleich davon nicht den geringsten Vortheil für mich erwarte; denn ich kenne das Wesen und Unwesen der großen Welt endlich gut genug, um zu wißen, daß sehr wenig aus reiner Humanität und das meiste nach Systemgang und durch

zufällige oft kleinliche Verhältniße geschieht. Denn das können Sie gewiß glauben, wenn ich mit irgend einem Strohkopf von Junker in Konkurrenz komme, ... so muß ich zurück stehen: und es geschieht mir kein Unrecht und ich klage nicht; denn das ist System.«
Doch auf sein Gesuch erhielt Seume trotz Unterstützung durch Böttiger und Iffland, den er im Juni 1799 bei einem Gastspiel in Leipzig kennengelernt hatte, keine Antwort. »... und diese verächtliche Behandlung«, schrieb er am 3.5.1800 an Böttiger, »die mich übrigens eben nicht sehr befremdet, demüthiget mich auf keine Weise.« Schon vorher hatte er Münchhausen mitgeteilt: »In Sächsische oder preußische Dienste zu gehen, wozu sich vielleicht Gelegenheit fände, dazu habe ich eben nicht Lust; in französische auch nicht und in oesterreichische noch weniger. Hier mißfällt mir die Sache, dort das System, dort die Art der Ausführung.« Es blieb also alles unklar und ihm vorerst weiterhin nur das Korrekturlesen.
Entspannung von der unbefriedigenden Arbeit in der Druckerei fand Seume vor allem im Kreis der Familie Göschen. Fast täglich war er im Sommer ein gern gesehener Gast auf Göschens Landsitz, wo er auch ein ständiges Zimmer in einem Nebengebäude hatte. Göschen war seit 1788 mit Johanna Henriette geborene Heun (1765–1850) verheiratet, und das Ehepaar führte ein glückliches Familienleben mit acht Söhnen und zwei Töchtern, von denen allerdings vier Söhne schon im Kindesalter starben; zu Seumes Zeit in Grimma gehörten fünf Kinder zur Familie. Göschen war gern heiter und gesellig und trotz einfacher Haushaltführung immer gastfrei; deshalb war sein Haus in Hohnstädt an den Wochenenden oft voller Gäste, von denen Christian Gottfried Körner (1756–1831) mit Sohn Theodor Körner (1791–1813), Friedrich Schiller, Schnorr von Carolsfeld und natürlich Seume die bekanntesten waren. Der Maler Schnorr würdigt Göschens Gastfreundschaft in seinen Lebenserinnerungen: »Noch kann ich mich von Hohenstädt nicht trennen ohne der verehrten und liebenswürdigen Göschenschen Familie ... mit dem innigsten Gefühle der Dankbarkeit ... zu gedenken: denn auch uns wurde in diesem theuern Kreise so manche frohe Stunde zu Theil! – Und es waltete dort fürwahr bei einem seltnen Herzenszuge der Gastfreundschaft, ein wahrhaft idyllisches Leben! Ein Jeder war willkommen, der anspruchslos mit einer herzlichen Aufnahme zufrieden, in das Haus trat. – Und in der

That! Es wechselten nicht selten, aus der Nähe wie aus der Ferne, Besuche sehr gebildeter und bedeutender Personen hier über die Schwelle; und die sogenannten Kuhstuben (Zimmer über dem Kuhstall, E.Z.) beherbergten manchen lieben und geistreichen Gast. Denn unsers Göschens Bekanntschaft – vermittelt durch eine seltnere Bildung nach Innen wie nach Außen – war eine der ausgebreitetsten … Auch liebte diese Familie Kunst und Wissenschaft; und das musikalische Instrument stand selten ohne übende Hände.«[52]

Derartige gesellige Zusammenkünfte mit niveauvollem Gedankenaustausch im Hause einer bekannten oder weniger bekannten Persönlichkeit waren sehr beliebt und verbreitet und ein Teil der damaligen Lebenskultur. Göschens Landsitz könnte mit einer zeitgenössischen Bezeichnung der Musenhof von Grimma mit Göschen als Mittelpunkt genannt werden. Die Stunden in diesem Haus waren für Seume Stunden geselliger Freude und heiteren Lebensgenusses, denn er war trotz seiner ernsten äußeren Erscheinung nicht der finstere und verschlossene Eigenbrötler, als der er mitunter hingestellt wurde. Die Geburtstage der Familienmitglieder waren in dem herrlichen großen Park am Landhaus stets Hauptfeste für Familie, Freunde und Dorfbewohner mit Theateraufführungen und Umzügen, Maskeraden und Jahrmarktsbuden, Ständchen und Tänzen, bei denen auch Seume als Dichter, Regisseur und Schauspieler mitwirkte.

Über Seume und eins dieser Feste, den Geburtstag von Frau Göschen am 20.9.1801, schreibt der berühmte Arzt und Maler Carl Gustav Carus (1789–1869), der als Schüler in Leipzig die Kinder Göschens kannte und mit seinen Eltern oft in Hohnstädt war: »Namentlich war Seume … immer in dem Göschenschen Hause … und seine scharfe altsoldatische Persönlichkeit verfehlte nicht, auch mir ein Interesse abzugewinnen. Ich erinnere mich eines ländlichen Festes in der Besitzung der Göschenschen Familie in Hohenstädt bei Grimma, wozu meine Eltern geladen waren. Abends war in dem hübsch angelegten terrassierten Garten bei lustiger Illumination eine Art von Jahrmarkt dargestellt, und Madame Göschen, als Geburtstägerin, wurde denn durch alle dortigen Herrlichkeiten geleitet. Manch heiterer Scherz kam dabei zum Vorschein, aber die ernstesten Wünsche sollten dann als Schlußpunkt des Ganzen durch einen Einsiedler auf der untersten Terrasse in einer Grotte dargebracht werden. Diesen

Einsiedler stellte Seume vor, und in seiner braunen Kutte mit dem langen Barte und alten treuherzig tüchtigen Gesicht nahm er sich ganz angemessen für diese Rolle aus.«[53]

Auch von einem Don Quijote-Spektakel wird berichtet, bei dem Frau Göschen als Dulcinea von dem Ritter Don Quijote in Gestalt des langen und dürren Malers Schnorr und seinem Knappen Sancho Pansa aus Göschens Rittersitz entführt und auf Don Quijotes Burg, das Rittergut Böhlen, gebracht wurde. Seume war dabei ein Herold zu Pferde. Ein andermal, zu Göschens Geburtstag, wurde das Trauerspiel *Kleopatra* von Kotzebue als Travestie vorgeführt, wobei der schnurrbärtige Seume zur Belustigung der Zuschauer eine Frauenrolle hatte.

Wie in der Druckerei und in Göschens Familie war Seume auch bei den Menschen in Grimma, Hohnstädt und der Umgebung angesehen und beliebt, vor allem weil er stets ein aufmunterndes Wort fand und tatkräftig mit Hand anlegte, wo es notwendig war. Darüber werden in Hohnstädt noch heute mancherlei Geschichten und Anekdoten erzählt und von einer Generation zur anderen weitergegeben. So hat er im März 1799 bei der Rettung des von der Zerstörung durch den jährlichen Eisgang der Mulde bedrohten Sommerhäuschens eines Bekannten auf den Muldenwiesen unterhalb von Hohnstädt, mit einem Sturmhaken auf einer Eisscholle stehend, geholfen, denn es war ihm »ein Bedürfniß zuzugreifen, wo etwas Gutes gethan werden kann«, schrieb er darüber an Gleim. Als er einmal sah, wie ein gutsherrlicher Reiter auf einen Dorfjungen zugaloppierte, um ihn zu erschrecken, und kurz vor dem Jungen das Pferd sich aufbäumen ließ, soll Seume dem Tier in die Zügel gefallen sein und dem Mann die Leviten gelesen, dem Jungen aber den Rat mitgegeben haben, sich nie verblüffen, das heißt einschüchtern zu lassen. Manche derartige Begebenheiten sind jedoch nicht verbürgt und mögen erst später erfunden worden sein.

»Sein Umgang waren einige gebildete Familien jener Gegend«, schreibt Göschen in der Fortsetzung von Seumes Autobiographie. Dazu gehörte neben dem Rittergutsbesitzer Hans August von Bissing (geb. 1771) in Altenhain und dem Pfarrer Johann Samuel Vertraugott Schieck (1756 bis 1828) in Pomßen auch der Rektor der Fürsten- und Landesschule Grimma, Johann Heinrich Mücke (1735–1799). Im Frühjahr 1799 waren innerhalb eines Monats drei Freunde Seumes gestorben: am 18.2. der

Leipziger Professor Johann Hedwig mit 69 Jahren, am 11.3. Johann Heinrich Mücke mit 64 Jahren und am 18.3. der Leipziger Maler Adam Friedrich Oeser mit 82 Jahren. An Böttiger nach Weimar schrieb Seume: »Hedwig, Mücke und Oeser waren alle drey sehr väterlich freundschaftlich gegen mich ... Ihr Tod, fast zur gleichen Zeit, rührte mich also mehr, als das größere Publikum. Wollen Sie beygefügten Distichen eine Stelle in dem Merkur gönnen, so werde ich Ihnen als dem Manne verbunden seyn, der mir einen kleinen Denkstein für mein Herz setzen hilft ...« Mit den Distichen ist Seumes Gedicht *Oesers Manen* gemeint, eine Elegie, in der er die drei Verstorbenen würdigt. Über Mücke heißt es darin etwas pathetisch:

Dort kommt wieder ein Zug zurück von dem Hügel des Kirchhofs;
Mücke, der Redliche, starb: heiliges Wandels war er,
Wie der Irdischen hier auf Erden nur wenige leben,
Ohne Tadel als Mensch, Vater und Lehrer und Freund.

Das Gedicht wurde im April 1799 in der von Böttiger herausgegebenen Zeitschrift *Der Neue Teutsche Merkur* veröffentlicht.

Fünf Jahre nach Mückes Tod erschien in der *Zeitung für die elegante Welt* Nr. 16 vom 7.2.1804 ein kurzer Beitrag von Seume mit der Überschrift *Einige Worte über einen verdienten Schulmann, den verstorbenen Rector Mücke in Grimma*, in dem Seume seinen Freund gegen ungerechtfertigte öffentliche Vorwürfe wegen bestimmter pädagogischer Mittel und Methoden an den sächsischen Fürstenschulen, namentlich der zu Grimma, die der ehemalige Fürstenschüler Johann Ernst Daniel Bornschein in einer Schmähschrift erhob, in Schutz nimmt.

Seume besaß auch in hohem Maße die Gabe, auf die Herzen der Jugend zu wirken. Göschens Kinder, die er im Reiten, Schwimmen und Turnen unterrichtete, hingen sehr an ihm und holten ihn jedes Jahr zu Weihnachten von Grimma nach Leipzig, wo die Familie ihre Winterwohnung hatte. Über Seumes Umgang mit Jugendlichen und seine ungewöhnlichen Erziehungsmethoden schreibt Göschen, daß er die Jünglinge »durch Lehren und Beispiel bildete, zur Entbehrung und Ertragung gewöhnte. War der Winterabend recht unangenehm, so stand er bei anbrechender Nacht von seiner Arbeit auf, ging noch zu diesem oder jenem Freunde auf dem Lande, und gebot dem Zögling in einer Stunde ganz allein nachzukommen. Hatten sie dann wieder ausgeruhet, so wandelten sie in dicker Finsternis durch Schneegestöber und Sturm, durch Hügel, Berge und Hohlwege nach Grimma zurück. Es wurde auch wohl zu Mittage beim allerschlechtesten Wetter des Monats Dezember ein Spaziergang von sechs tüchtigen Stunden nach Leipzig beschlossen, um dort in das Schauspiel zu gehen, welches um sechs Uhr Abends anfängt. War das Stück geendigt und eine warme Suppe gegessen, so ging die Reise unaufhaltbar gleich zurück, und der Mentor und sein Zögling kamen bald nach Mitternacht wieder in ihrer Wohnung an. Nicht allein die Härte des Winters, sondern auch die Hitze und die Gefahr des Sommers soll die Jugend ertragen lernen. Ein Freund lebte allein auf dem Lande und litt viel von dem Einfluß der Gewitter auf seinen Körper. In einer schrecklichen Mitternacht flogen Blitze auf Blitze vom Himmel und ein Donnerschlag unterbrach den andern; da dachte Seume an seinen Freund, machte sich stracks mit seinem Zögling auf, und erschien bei dem Leidenden als ein freundlicher Engel in der gefährlichen Nacht ... Die Jünglinge wurden durch diese strenge Erziehungsart zwar hart aber nicht rauh, stark aber nicht wild; sie blieben in ihrem Innern sanft, und fähig des schönen Genusses der stillen häuslichen Freuden, welche auch ihr Lehrer so gern und so innig genoß. Wenn seine Freunde ein Familienfest feierten, so durfte Seume nicht fehlen und sie haben ihn da recht herzlich froh gesehen.«

Trotz der aufreibenden Korrektorenarbeit und der ereignisarmen Jahre in Grimma erinnerte sich Seume immer gern an die glücklichen Stunden in Göschens Häuschen in Hohnstädt, das ihm, dem ruhelosen und umtriebigen Menschen ein Hort der Ruhe und des Friedens war. Am 17.10.1801 schrieb er an Göschen: »Sie wissen, ich bin eher ein harter als gefühlvoller Mensch und pflege am allerwenigsten mit meinen Empfindungen zu Markte zu ziehen; aber mein Schicksal sey welches es wolle, es wird unauslöschlich in meiner Seele bleiben, wie glücklich ich oft in Ihrem Hause oder sonst mit Ihnen gewesen bin.« Vor allem in den Briefen, die Seume von seiner Wanderung nach Italien an Göschen schrieb, klingt immer wieder die Sehnsucht nach dem schön gelegenen Hohnstädt im lieblichen Muldental an, obwohl er in der Fremde viele herrliche Landschaften gesehen hat.

Freundschaft mit Gleim

In den Grimmaer Jahren schloß Seume enge Freundschaft mit dem 44 Jahre älteren Dichter Johann Wilhelm Ludwig Gleim (1719–1803), der seit 1747 als Domsekretär in Halberstadt lebte, recht wohlhabend war und mit einer Vielzahl von berühmten Zeitgenossen – es waren etwa vierhundert – in Briefwechsel stand. Gleim war einer der beliebtesten anakreontischen Dichter; er besang in der Art des altgriechischen Lyrikers Anakreon (6. Jh. v. u. Z.) in seinen Gedichten vor allem den heiteren Lebensgenuß, Liebe und Wein – ganz im Sinne des verspielten Rokoko. Kräftigere Töne schlug er in den erfolgreichen und volkstümlichen *Kriegsliedern eines preußischen Grenadiers* über den Siebenjährigen Krieg an, in denen er auch den preußischen König Friedrich II. verherrlichte, den er kulthaft verehrte. Große Verdienste um die deutsche Literatur erwarb sich Gleim durch die Förderung junger, meist mittelloser Dichter, die er finanziell oder durch seine weitreichenden Beziehungen unterstützte, sie in sein Haus einlud und bei sich wohnen ließ, so daß zeitweise ein Halberstädter Dichterkreis als ein geistiges Zentrum für Deutschland – ähnlich wie Weimar, aber nicht von dieser Bedeutung – mit Gleim als Mittelpunkt entstand.

An diesen großmütigen Helfer, an »Vater Gleim«, wie er liebevoll genannt wurde, hatte sich einst auch der 23jährige Seume mit einem Anliegen und um Rat gewandt. Aus Emden, wo er gezwungenermaßen peußischen Militärdienst verrichtete, schrieb Seume unter dem Pseudonym Joh. Friedr. Normann am 17.10.1786: »Ich schätze und bewundre Gleim, den Dichter, und verehre Gleim den Menschenfreund. Der müste ganz unwißend oder ganz fühlloß und unpatriotisch sein, dem nicht einmahl Ihre Gesänge die Seele zur Begeisterung für Vaterland erhoben. Dies macht mich so kühn, ganz unbekannt und unempfohlen Ihnen zu schreiben.« Anschließend schildert Seume sein bisheriges Schicksal von der Schulzeit in Leipzig an, bis er schließlich mit seinem Anliegen herauskommt: »Mein Genius lispelte mir Ihnen zu schreiben, und ich thats. Ich weiß eigentlich nicht, was ich von Ihnen will; aber in meinem Innern schlug mirs zu, als wenn Gleim, der Menschenfreund, der Günstling der Musen, der Stolz seiner Nation, der Geliebte seines Königs für mich etwas thun könnte und wollte. Folgende zwei Gedichte übersende ich

Ihnen, nicht als Empfehlungen meiner Talente, denn ich fühle, fühle nur zu oft, wie sehr ihnen Bildung und Richtung fehlt, sondern blos als Zeugniße meiner Seele und meines willfährigen Bestrebens. Ich überlaße mich zuweilen meiner Neigung zur Dichtkunst, ... und gegenwärtige Stücke werden Ihnen sehen laßen, ob es vielleicht nicht ganz unglücklich geschieht ... Wolten Sie, großmüthiger Mann, mich vielleicht eines Blickes würdigen – was läßt sich nicht von der Seele von der Edelmuth Gleims erwarten? – mich mit einigen Zeilen von Ihrer Hand beehren und mir sagen, ob jemahls meine Arbeit eine Gestalt gewinnen könnte, oder ob ich die Feder nicht mehr ergreifen müße.«

Gleims Antwortbrief ist nicht erhalten, doch teilt Seume in einem Gedenkaufsatz nach Gleims Tod mit, daß sich Gleim damals als Kritiker angeboten habe, »der frei und offenherzig mit Ihnen spricht«, und gleichzeitig habe er bei den beiden Gedichten »die Kleinigkeiten gründlich und strenge« durchgenommen, so daß »seine ganze Beurteilung einer Verurteilung ziemlich ähnlich sahe«. Einen weiteren Briefwechsel gab es nicht, bis Gleim im Jahre 1797 nach Leipzig kam, um seinen Dichterfreund Christian Felix Weiße zu besuchen. Dabei erkundigte er sich auch bei Göschen nach einem gewissen Seume, der ihm als Schriftsteller durch seine Schrift über die Ereignisse in Polen 1794 und vielleicht auch durch den ersten Band der *Obolen* aufgefallen war und den er aufsuchen wollte, aber nicht antraf, weil dieser inzwischen in Grimma wohnte und arbeitete. Als Seume davon erfuhr, schrieb er Gleim einen Brief, der leider nicht erhalten ist, in dem er offenbar den ersten Briefkontakt von vor elf Jahren erwähnte, an den sich Gleim aber, wie aus seiner Antwort vom 1.12.1797 hervorgeht, nicht erinnerte. Da Seume als Korrektor bei Göschen gerade Klopstocks Oden bearbeitete, nutzte Gleim diese günstige Gelegenheit, ihn um die baldige Zusendung dieses Werkes zu bitten.

In den folgenden Jahren wandte sich Gleim mit dem Wunsch nach Büchern aus Göschens Verlag oder bei einer Auskunft über den Stand der Herstellung bestimmter Bücher, zum Beispiel von Wielands Werken, öfter an Seume. Durch dessen Verlagstätigkeit gefördert, aber nicht nur aus diesem Grunde, entwickelte sich ein lebhafter und freundschaftlicher, für Seume, wie er später bekannte, »in mehrern Rücksichten wichtiger« Briefwechsel, bei dem sich beide Partner häufig über Literarisches, sehr oft über Persönliches und über Politisches austauschten.

Im Februar 1798 widmete Seume den gerade erschienenen zweiten Band der *Obolen* »Unserm guten Vater Gleim mit inniger Liebe und wahrer Ehrfurcht« und versicherte: »Ich habe nie Ihr Angesicht gesehen; aber ich habe mich oft von Ihrem Geiste genährt; und der Rath, den Sie einst dem unerfahrenen Jüngling ertheilten, ist in meiner Seele geblieben.« Als Gegengabe schickte Gleim seine Gedichtsammlung *Das Hüttchen* (1794) an Seume und deutete den Wunsch an, Seume möge Gleims Hüttchen, wie er sein Haus hinter dem Dom in Halberstadt nannte, kennenlernen, doch die Arbeit erlaubte Seume einen solchen Besuch nicht.

Da Gleim von irgendwoher erfahren hatte, daß Seumes materielle Lage nicht gut sei und er Hilfe nötig habe, schickte er ihm zwei Monate später, am 23.4.1798, eine Anweisung über 100 Reichstaler mit der Bedingung, niemandem etwas davon zu sagen. Da Gleim aber offenbar falsch informiert worden war, stellte Seume dies in einem längeren Antwortbrief am 1.5.1798 richtig, indem er seine Lebensweise anschaulich schildert: »Man hat Ihnen nicht die Wahrheit gesagt, Vater Gleim; aber es ist sehr verzeihlich, daß man geglaubt hat die Wahrheit zu sagen. Meine Erscheinung und meine Lebensart läßt vielleicht einen solchen Schluß machen; und er beleidiget mich auf keine Weise. Erlauben Sie mir aber, daß ich bey dieser Gelegenheit einiges über meine eigene Individualität sage. Das Schicksal hat mich freylich hierher und dorthin geführt; aber ich bin recht sehr zufrieden. Von Hause habe ich nie etwas zu hoffen gehabt, und habe mich deswegen sehr früh mit der Gnüglichkeit bekannt gemacht. Mein Temperament unterstützt mich. Ich trinke keinen Wein, keinen Kaffeh, keinen Liqueur, rauche keinen Tabak, und schnupfe keinen, eße die einfachsten Speisen, und bin nie krank gewesen, nicht auf der See und unter den verschiedensten Himmelstrichen. Meine stärkste Ausgabe ist Obst. Ich habe weder in Amerika noch in Rußland einen Pelz getragen: meine Panazee (Allheilmittel, E.Z.) ist Diät und Bewegung. Wenn ich des Tags zuweilen nicht Zeit habe, laufe ich des Nachts meilenweit spazieren. Mir ist es einerley ob ich mit einem Tambour eine Brotrinde von der Trommel oder sechzehn Gerichte von Silber eße: ich habe beides gethan, und mich bey beiden gleich wohl befunden. Nun denken Sie, ob mir bey dieser Frugalität wohl eigentlich Mangel zustoßen könne? Ich bin einige Zeit Unteroffizier mit nichts als meiner Löhnung gewesen, und sollte in meinen jetzigen Verhältnißen nicht auskommen? ... Sana mens in corpore sano (Ein gesunder Geist in einem gesunden Körper, E.Z.) ist ohne alles Übrige der herrlichste Reichthum. Göschen müßte der Mann nicht seyn, für den er im Publiko gilt, wenn er einem Manne, mit dem er in der freundschaftlichsten Verbindung steht, das gewöhnlichste sollte fehlen laßen ... Ich habe noch Geld in Leipzig stehen und kann bey meiner Lebensart wohl schwerlich Mangel leiden.« Er wolle deshalb von dem Geld keinen Gebrauch machen, teilte Seume mit und versprach aber, sich Gleim anzuvertrauen, wenn er einmal Hilfe brauche. Weil Gleim aber das Geld nicht zurückfordern werde, nahm es Seume doch an.

»Was Sie, lieber Herr Seume, von Ihrer Lebens Art mir sagen«, schrieb Gleim am 9.5.1798 zurück, »beweist mir, daß Sie glücklicher und reicher als ein König sind.« Gleichzeitig bat er um Seumes Porträt für seinen kleinen Musen- oder Freundschaftstempel, wie er die Räume nannte, in denen die Bildnisse bekannter Zeitgenossen und persönlicher Freunde hingen, die er seit seinem Amtsantritt in Halberstadt auf eigene Kosten von Künstlern hat malen lassen. Diese Sammlung war im Jahre 1800 auf 120 Porträts angewachsen und kann heute noch im Gleimhaus in Halberstadt besichtigt werden. Schon einen Monat nach Gleims Wunsch konnte ihm Seume mitteilen, daß sein Bild, das Schnorr von Carolsfeld malte, fast fertig sei, und er fügte hinzu: »Ich brächte freilich lieber das Original selbst.« Mitte Juli schickte Seume das Bild ab, »mit mancherley Empfindungen«, wie es im Begleitbrief heißt. »Es thut mir wohl auf diese Weise unter Ihre Freunde gesetzt zu werden; aber weit wohlthätiger würde es mir noch seyn, wenn ich nur eine Viertelstunde als solcher ... in Ihrem Hüttchen an Ihrer Hand sitzen könnte. Ich werde doch sehen es möglich zu machen bald einige Tage zu Ihrem Heiligthum hinüber zu pilgern.«

Immer wieder schrieb Seume von seiner Absicht, Gleim zu besuchen, aber immer wieder hinderte ihn die viele Arbeit daran. Dafür hätte er den greisen Dichter gar zu gern einmal in Hohnstädt begrüßt, dessen Schönheit er enthusiastisch in seinen Briefen pries: »Wenn Sie zu uns kämen, Sie würden ein wahres kleines Elysium finden, das uns die Natur an der Mulde gegeben hat. Man wallfahrtet aus Leipzig zu uns, wenn man sich wenigstens eine Idee von der Schönheit der Natur schaffen will; und der sanfte Melanchthon wollte einst nur hier leben, wenn es von ihm abgehangen hätte.« Seume sah aber auch ein, daß eine Reise nach Hohnstädt für den fast achtzigjährigen Gleim zu beschwerlich wäre: »Nun muß ich wohl für dieses Jahr auf die Hoffnung Verzicht thun Sie noch hier bey uns zu sehen. Die schöne Jahreszeit geht zu Ende und ich würde selbst für sie in Sorgen seyn, wenn ich Sie nun der ungewißen Witterung ausgesetzt wißen sollte. Aber wenn Sie noch einmahl hier in Hohenstädt wären, wir alle alle würden uns unendlich freuen ... die Natur scheint ihren Lieblingen hier eine Wiege gebaut zu haben. Alle hundert Schritte haben einen andern Anblick und jeder hat schönere Nüanzen ... Ich kenne doch viele schöne Gruppen in der alten und neuen Welt; ich würde aber schwerlich eine gefälligere Mischung des Schönen der Natur in meinem Gedächtniß aufzufinden hoffen.«

Der Gedanke, daß er und Gleim sich noch nicht persönlich kennengelernt hatten, ließ Seume keine Ruhe. Im Oktober 1798 riß er sich für zwei Wochen von seiner Arbeit los und wanderte kurzentschlossen nach Halberstadt zu Gleim. Über den Empfang und den Aufenthalt dort schreibt Seume 1803 nach Gleims Tod in seinem Nachruf *Einige Blumen auf Gleims Urne*: »Er hatte mich oft eingeladen, und sobald ich vierzehn Tage abmüßigen konnte, nahm ich meinen Stab und wandelte hinüber. Ein ältliches, ehrliches, treuherziges Menschengesicht, das in dem Hause Diener, Haushofmeister, Sekretär und Minister in Einer Person zu sein schien, fragte mich beim Eintritt um meinen Namen. Ja, Lieber, erwiderte ich, den möchte ich nun eben jetzt nicht gern sagen; ich bin überzeugt, daß ich auch ohne Namen gut aufgenommen werde ... Er ging und kam zurück, und führte mich mit der Nachricht oben in das Bilderzimmer, der alte Herr würde sogleich mit seinem Anzug fertig sein und erscheinen, und ließ mich allein. Oesers und mein Bild waren die letzten, und standen als Neulinge noch auf einem Tische an die Wand gelehnt. Als ich mich rund herum unter der Menge etwas orientierte, kam Er: die Rührung versagte mir im Augenblick schickliche Worte, ich ging auf ihn zu, sahe ihn fest an, faßte seine Hand und wollte sie zum Munde führen. Ach mein Gott, Sie sind Seume, sagte er, fiel mir um den Hals und führte mich auf das Sopha; und wir waren in Augenblicken freundliche Bekannte von mehrern Olympiaden. Fünf Tage war ich früh und spät in seinem Hause, und er führte und fuhr mich mit beispielloser Güte überall herum ...«

Gleim wollte nach dem Besuch Seume eigentlich mit Extrapost nach Grimma zurückfahren lassen, doch dieser hatte sich vorgenommen, nach

Wernigerode und weiter zum Brocken und durch den Harz zu wandern, um die wunderschöne herbstliche Natur und die großartige Landschaft zu genießen. Von Wernigerode marschierte Seume zuerst nach Ilsenburg und dann zum Brocken hinauf. In Rübeland besichtigte er die bekannten Tropfsteinhöhlen, bei Blankenburg wahrscheinlich die Burgruine Regenstein, und in Thale stieg er zur Roßtrappe empor. Über Mägdesprung, Ballenstedt, Eisleben, wo ihn vor allem Luthers Geburts- und Sterbehaus interessierte, und über Halle ging es nach Grimma zurück.

Gleich nach seiner Rückkehr schrieb er am 20.10.1798 an Gleim: »Hier sitze ich wieder in meiner Klause, lege eben einen Bogen aus der Offizin weg und bin mit meiner Seele bey Ihnen in Halberstadt. Diese vier Tage waren mehr als eine Olympiade werth, wo ich in allen Spielen den Preis gewonnen hätte ... Auf dem Harze habe ich recht in der Natur geschwelgt, und das Andenken an Halberstadt und meinen patriarchalischen Freund war immer die Würze eines jeden Mahls.«

Als Gegengeschenk wollte Seume seinem Freund etwas von den Früchten der Grimmaer Gegend schicken, und da die Weintrauben und die Pflaumen nicht so gut und auch schlecht zu transportieren waren, schickte er einen Korb Borsdorfer Äpfel, »so lieblich als sie an den Ufern der Mulde wachsen, wo doch wohl das Paradies nicht gestanden haben mag«.

Wie sehr Seume die Begegnung mit Gleim beeindruckt hat, zeigen auch seine nächsten Briefe: »Ich kann mit meiner Seele noch gar nicht von Halberstadt weg; es ist, als ob mich immer noch eine Zauberey anfeßelte. Bald sitze ich mit Ihnen auf dem Sopha; bald wandeln wir auf Spiegels Bergen (südlich von Halberstadt, E.Z.) ... Bald spähe ich vom Brocken nach dem Halberstadter Dom, nur um hinter demselben Gleims Hüttchen zu denken.« (29.10.1798) – »So wahr ich lebe, diese waren meine glücklichsten Tage; und ich habe doch auch schöne Tage gelebt!« (20.11.1798)

Obwohl Seume im Jahre 1800 immer noch Hoffnung hatte, Gleim in Leipzig oder gar in Hohnstädt zu sehen, da dieser wegen eines Augenleidens nach Leipzig reisen wollte, kam es nicht dazu, so daß sich Seume vornahm, gegen Ende des Sommers nochmals nach Halberstadt zu wandern. Doch auch daraus wurde nichts, und bald danach bat Gleim, ihn nicht zu besuchen, da er nicht mehr die Kräfte hätte, Besucher zu empfangen. So blieb der Besuch im Oktober 1798 die einzige Begegnung zwischen beiden, und bis zu Gleims Tod bestand nur noch eine briefliche Verbindung, eine herzliche und von gegenseitiger Hochachtung geprägte. Während Gleim kaum noch dichtete, schickte Seume dem Freund stets seine neuen literarischen Produkte, so den Gedichtband *Rückerinnerungen von Seume und Münchhausen*, die Gedichte *Oeser's Manen*, *Parentation* und *Das scheidende Jahrhundert* sowie die Gedichtausgabe von 1801. Oft kam es darüber zu einem Meinungsaustausch. Zur Ausgabe von Seumes Gedichten konnte sich Gleim schon nicht mehr äußern, wie er gern wollte, da er wegen des sich verschlimmernden Augenleidens kaum noch in der Lage war, Gedrucktes und Geschriebenes zu lesen. Er mußte seine Briefe diktieren, sich viele Sachen vorlesen lassen und Seume bitten, größere Buchstaben zu schreiben. Das war drei Jahre vor seinem Tode. Nach einer Staroperation im August 1801, die nicht erfolgreich verlief, erblindete Gleim ganz.

Verständlicherweise nahm in Seumes Briefen seine Tätigkeit in Göschens Druckerei einen verhältnismäßig breiten Raum ein, auch der Ärger mit Klopstock, dessen Freund und Bewunderer Gleim war, die gesamte unbefriedigende und lähmende Korrektorenarbeit, die er als undankbare Handlangerei empfand, aber auch sein Verhältnis zu Göschen und immer wieder persönliche Probleme, Unzufriedenheit und Selbstzweifel, vage Lebenserwartungen und Zukunftsvorstellungen. Da das stundenlange Stillsitzen und Fehlersuchen ganz gegen Seumes nach Bewegung drängende Natur war und allmählich auch den Geist tötete, suchte er verzweifelt nach Auswegen aus dieser mißlichen Situation, die er auch Gleim gegenüber beklagte: »Ich fürchte, die sitzende literärische Lebensweise wird meiner Gesundheit in die Länge nicht behagen; und ich werde vielleicht gelegenheitlich wieder in Kriegsdienste zu gehen suchen. In Rußland könnte dieses sehr leicht geschehen, da es mir dort nicht an Verbindungen fehlt; aber ich will mein Vaterland nicht wieder gegen eine halbe Barbarey vertauschen.« Eher würde er nach Preußen gehen, wie Gleim es vorgeschlagen hatte, weil er das preußische Militär schätzte, aber er kannte auch die Schwierigkeiten bei einer Anstellung und wollte sich in seinem Alter nicht als Unterleutnant nach Ostfriesland oder Ostpreußen schicken lassen.

»Ich stehe nun mit Göschen so«, schrieb Seume am 30.8.1798 nach knapp einjähriger Tätigkeit, »daß ich mich immer von ihm trennen kann ohne ihm zu schaden und mich zu kompromittiren. In die Länge würde ich doch das Sylbenwesen nicht aushalten … Was ich ins künftige mit meiner Existenz anfangen werde weiß ich noch nicht. Das akademische Wesen will mir nicht gefallen. Es ist zu wenig praktisches Leben dabey. Wenn vielleicht ein Mann als Führer und Freund für einen jungen Menschen auf Schulen oder Reisen gesucht würde, … so würde ich mich selbst empfehlen, da ich aus meinem Karakter gewiß bin, daß ich nichts verderben würde.« Und am 20.10.1798 steht mitten in der Schilderung seiner Harzwanderung, als er in Wernigerode von einem Bekannten auf einen Druckfehler in Klopstocks Werken hingewiesen wurde: »Wenn ich so fort korrigiere fürchte ich nur, mein ganzes Leben wird ein Druckfehler werden; darum werde ich wohl bald das ganze Korrektorwesen radicitus (von Grund auf, E.Z.) korrigieren müßen.«

Bei aller Ungewißheit über die eigene Zukunft stand zumindest das eine für Seume fest: Damit sein Leben kein Druckfehler wird, wollte er die Tätigkeit bei Göschen in ein paar Jahren beenden und zu Fuß nach Italien gehen. Was er dann machen würde, war unklar, aber er ahnte wohl, daß er keine sichere Lebensstellung, weder beruflich noch familiär, mehr erlangen würde, weshalb er das Kommende trotzig, aber auch gleichmütig erwartete.

Erhoffte sich Seume wirklich einen Ratschlag von Gleim für die Zeit nach seiner Italienreise, oder war es nur rhetorisch, wenn er den Dichter im August 1800 auffordert: »Sagen Sie mir einmahl, als der wirklichste meiner Freunde, was ich mit meiner Existenz anfangen soll, damit ich etwas Gutes thue und zugleich für Leib und Seele Beschäftigung habe … Wenn ich nur etwas für die Welt brauchbares gelernt haette! Ist je eines Menschen Wissen Stückwerk gewesen, so ist es das meinige. Für die meisten Lagen des Lebens fehlt mir die nöthige Stimmung. Wieder Soldat zu werden wäre vielleicht das Einzige, das mir zu rathen wäre, wenn ich mir eine neue Bahn irgendwo eröffnen könnte …«

Dieses unentschlossene Schwanken zwischen einer akademischen und einer militärischen Laufbahn bezeichnete Seume oft etwas scherzhaft als Amphibienleben oder Amphibionslage und sich selbst als »militärisch literärisches Amphibion« (Januar 1810 an Wieland).

Jedenfalls sah Seume seine Lebensaufgabe nicht in der Schriftstellerei, die ihm im Grunde nur Ersatz für fehlendes praktisches Wirken war, so wie er an Gleim schon einmal geschrieben hat, daß »Versmachen und überhaupt Literatur mir nur ein Parergon (Nebenwerk, E. Z.) ist, das ich nicht treiben würde, wenn ich etwas wesentlich beßeres thun könnte.« Damit, daß er nichts wesentlich Besseres mehr tun konnte, hatte sich Seume abgefunden.

Während Seume und Gleim in literarischen und persönlichen Dingen meist übereinstimmten, gingen ihre Meinungen oft auseinander, wenn sie auf die Politik zu sprechen kamen. Dann äußerte sich Seume recht ausführlich und offen, besonders über die Russen, Preußen und Franzosen, trotz seiner Behauptung, daß ihm die Welthändel ziemlich fremd seien, weil er gewöhnlich keine Zeitungen lese, und daß er sich am wohlsten befinde, wenn er nicht an Politik denke. Er hatte sich inzwischen zu bestimmten Aspekten der Französischen Revolution, wie der Verkündung der Menschenrechte, eine positive Meinung gebildet, und da Gleim ein Gegner dieser Revolution und Napoleons war, werden ihm wohl solche Sätze von Seume nicht gefallen haben: »Die Franzosen haben sehr gute Grundsätze; die Ausführung ist meistens schlecht und die Anwendung oft das Gegentheil. Indeßen hat doch ihre Wahrheit schon so viel tiefe Wurzeln, daß sie schwerlich werden ausgerottet werden. Sie beruhen auf Vernunft; und nur gänzliche Anarchie könnte sie wieder aus tilgen ... Die Franzosen, deren Verehrer ich eben nicht bin, haben doch einige sehr gute Lektionen im Staatsrecht gegeben, die man wohl beherzigen sollte, wenn man thun will, was zum Frieden dient.« Auch Seumes damaliger Auffassung, daß Napoleon ein großer Mann sei – »wir wollen nur sehen, ob er ein guter und weiser Mann ist« –, hat Gleim sicher nicht zugestimmt. Trotz aller Differenzen führte jeder politische Streit zu einem versöhnlichen Ende.

Gelegentliche Meinungsverschiedenheiten konnten das freundschaftliche Verhältnis zwischen Seume und Gleim jedoch nicht trüben, da sie viele Gemeinsamkeiten und in vielen Dingen übereinstimmende Auffassungen hatten. Immer wieder hebt Seume Gleims große Güte und Humanität hervor, bangt er um dessen Gesundheit, wenn einmal längere Zeit kein Brief eintraf, oder er entschuldigt sich für eigene Säumnis, versichert, welch große Freude ihm jeder Brief von Gleim bereitet, wie froh er über jedes Lob, wie hilfreich jeder Tadel ist und wie stolz es ihn macht, ihn zu seinen Freunden zu zählen.

Auch während seiner Italienreise dachte Seume oft an seinen Freund und an die gemeinsamen Stunden in Halberstadt. Aus Venedig schrieb er ihm am 5.2.1802: »Ich lehnte mich an einen Marmor und war viele Minuten in Ihrem Hüttchen ... Das waren schöne Tage, als ich bey Ihnen war, als wir freundschaftlich auf dem Sopha stritten, und Sie dem gutmüthigen Hitzkopf väterlich vergaben, wenn ihn sein Eifer etwas über das Ziel trieb. Ich komme gewiß auf meiner Rückkehr einige Tage zu Ihnen, wenn Sie den Pilger nicht verschmähen.«

Daß er diesen Besuch bei Gleim unterlassen und ihm auch nicht sofort nach seiner Rückkehr geschrieben hat, war eine Nachlässigkeit von Seume, die nicht zu ihm paßte. Gleim erfuhr erst von Böttiger aus Weimar, daß Seume wieder zurück war, und war verärgert. Als Böttigers Mahnung bei Seume eintraf, war dieser gerade dabei, an Gleim zu schreiben. Er bedauerte in seinem Brief, daß er nicht gekommen war, der Umweg wäre ihm nicht zu groß gewesen, aber seine fast leere Geldbörse hätte ihn zur Eile nach Leipzig gezwungen. Gleichzeitig deutete er einen baldigen Besuch in Halberstadt an, zu dem es aber nicht mehr kam.

In Gleims letztem erhaltenem Brief vom 5.12.1802 klingt es wie ein Abschiednehmen von Göschen, wenn er dessen Leistungen würdigt und einen letzten Wunsch äußert: »Unser Elzevier (berühmte niederländische Druckerfamilie, mit der Gleim Göschen vergleicht, E.Z.), macht sich durch seine Druckerey unsterblich. Könnte ich noch sehen, so quälte ich ihn, eine ganz kleine Sammlung meiner besten Gedichte, durch Sie auf die Nachwelt kommen zu laßen.« Im Antwortbrief geht Seume sogleich mit Freuden auf Gleims Wunsch ein, zumal auch Göschen sich schon mehrmals wegen einer schön gedruckten Auswahl von Gleims Gedichten in zwei Bänden geäußert hatte, und verspricht, sich an der Arbeit zu beteiligen, auch wenn er nicht mehr bei Göschen angestellt sei.

In seinem letzten Brief an Gleim im Januar 1803 kündigt Seume abermals für das Frühjahr einen Besuch in Gleims Hüttchen an; er geht ausführlich auf Gleims *Nachtgedichte*, die dieser ihm geschickt hatte, ein und schließt mit dem Wunsch: »Der Himmel erhalte Sie uns nur noch einige Jahre, damit wir noch Ihre Arbeiten von Ihrer letzten Hand in einem schönen Gewand bekommen; das ist jetzt einer der Lieblingswünsche Ihres dankbaren Freundes.«

Bald danach erhielt Seume aus Halberstadt die Nachricht von Gleims Tod am 18. Februar 1803, wenige Wochen vor seinem 84. Geburtstag. In dem Nachruf *Einige Blumen auf Gleims Urne*, der am 10.3.1803 in der *Zeitung für die elegante Welt* erschien, hält Seume Rückschau auf seine Beziehung zu Gleim und würdigt seinen väterlichen Freund und Wohltäter. Auch ein Gedicht, *Den Manen Gleim's*, widmete Seume ihm, dem »Harfner mit dem Silberhaar«, worin es heißt:

Ich schreibe stolz der Liste der Verehrer
Des Mannes meinen Namen ein:
Er war mein Freund, mein Vater und mein Lehrer;
Und soll als Mensch mein Muster sein.

Es läßt sich kaum ein schönerer Nachruf auf einen Toten denken. In einem Brief an Böttiger, in dessen Zeitschrift *Der Neue Teutsche Merkur* das Gedicht veröffentlicht wurde, faßt Seume seine Gefühle für Gleim in dem Satz zusammen: »Meine Seele ist voll von dem Andenken des Mannes, welches in mir leben wird, so lange ich selbst bin.«

»Kurzes Pflichten- und Sittenbuch für Landleute«

Da Seume recht gut mit den einfachen Menschen zu reden und ihnen Sachverhalte zu erklären verstand, machte ihm Göschen eines Tages den Vorschlag, doch einmal ein kleines Buch über die Moral für die Menschen auf dem Lande zu schreiben. Ein ähnliches Buch für Stadtbürger gab es schon, und Göschen wünschte ein gleiches auch für die Bauern, etwa in der Art von Zacharias Beckers *Noth- und Hülfsbüchlein für Bauersleute*, vielleicht in der Hoffnung auf den gleichen Erfolg. Es sollte sich offenbar in die große Anzahl von Büchern zur Volksaufklärung einreihen.

Diese sogenannte Volksaufklärung war eine Bewegung im 18. Jahrhundert, die ihren Höhepunkt gegen Ende des Jahrhunderts erreichte und sich bis ins 19. Jahrhundert fortsetzte und die sich mit Hilfe von populärwissenschaftlichen Büchern vor allem an die unteren Volksschichten in Stadt und Land, ganz besonders an Bauern und Handwerker, wandte, um ihnen für ihr Leben und ihre Arbeit eine praktische Hilfe zu geben, aber auch um ihr Denken und Verhalten positiv, das heißt im Sinne des bestehenden Gesellschaftssystems, zu beeinflussen. So wurden den Bauern zuerst na-

turwissenschaftliche und ökonomische Kenntnisse sowie neue landwirtschaftliche Methoden zur Verbesserung ihrer Arbeit vermittelt. Später, seit etwa 1770, verlagerte sich der Schwerpunkt der unterhaltsam sowie in Dialog- und Katechismusform geschriebenen Bücher immer stärker auf die religiöse, moralische und politische Erziehung der Leser. Die Autoren entwarfen ein ideal-utopisches Bild von einer wohlgeordneten Gesellschaft, in der jeder, Volk wie Obrigkeit, den für ihn bestimmten Platz hat und durch die gewissenhafte Erfüllung seiner Pflichten zum Wohl des Gemeinwesens beiträgt, in der demzufolge eine Harmonie zwischen den Klassen, zwischen Herren und Untertanen, also eine Menschengemeinschaft besteht, die mit der Wirklichkeit nicht übereinstimmte.
Diese Aufklärungsbestrebungen gingen über ein bestimmtes Maß nicht hinaus, sondern beschränkten sich im wesentlichen darauf, den arbeitenden Menschen die von Gott gewollte Eingliederung in den Obrigkeitsstaat und die Erfüllung ihrer Pflichten bewußtzumachen, wobei von ihren Rechten weniger die Rede war und sie auch nicht zur Kritik an den Zuständen ermuntert wurden. Man spricht deshalb von einer minimalen – auch was die Schulkenntnisse betrifft – oder verkürzten Aufklärung, die dem Ziele diente, den Feudalstaat und die Unterwerfung der Menschen aufrechtzuerhalten. Daß in den Büchern wie im Schulunterricht die christliche Religion, die dem Volk Zufriedenheit, Ergebenheit und Demut predigte, als eine der Hauptstützen der Feudalordnung den wichtigsten Platz einnahm, versteht sich von selbst. Deshalb wurde diese Richtung der Aufklärung auch von den meisten Feudalherren, vom Gutsbesitzer bis zum König, bereitwillig unterstützt. Für die Bauernaufklärer war es allerdings nicht einfach, mit ihren Büchern die Bauern tatsächlich zu erreichen, denn diese waren häufig an eine Guts- oder Grundherrschaft gebunden, geistig nicht in der Lage, neue Kenntnisse aufzunehmen und anzuwenden und meist auch nicht bereit oder willens, sich bilden und erziehen zu lassen, so daß es mehr Mißerfolge als Erfolge gab.
Den genannten Zielen sollte auch das von Göschen vorgeschlagene Buch dienen. Seume war einverstanden, entwarf eine Skizze und arbeitete im Winter 1798/99 das *Kurze Pflichten- und Sittenbuch für Landleute* aus. Die Arbeit an dem Buch habe ihm Freude gemacht, da er etwas geschrieben habe, was die Leute verstehen könnten, schrieb er Göschen, als er ihm das Werk schickte. Es wurde aber damals nicht gedruckt, weil Göschen

einige Änderungen wünschte, zu denen Seume weder Zeit noch Lust hatte. Vor seiner Wanderung nach Italien schenkte Seume das Manuskript seinem Freund, dem Pfarrer Schieck in Pomßen, als Andenken, falls er aus Italien nicht zurückkehren sollte. Nach Seumes Tod veröffentlichte Schieck das Buch 1811 bei Göschen mit einem Vorwort und unter dem Titel *Ein Nachlaß moralisch-religiösen Inhalts von J. G. Seume*. Das Honorar verwendete Schieck dazu, eine neue Altar- und Kanzelverkleidung für die Kirche des Dorfes Großsteinberg bei Grimma anzuschaffen. Über das Buch schrieb Göschen an Böttiger: »Wie werden die Leute staunen! Wie, werden sie sagen, Seume war ein so frommer, tieffühlender, religiöser, und wenn wir nicht mit Worten spielen oder uns an rasche Worte halten, die uns hie und da in seinen andern Werken begegnen, ein so wackerer Christ!«[54] Diese Sätze Göschens weisen deutlich auf den Gegensatz zwischen Seumes moralisch-religiösem Buch und seinen zahlreichen kritischen Äußerungen zu Christentum und Kirche in seinen späteren Werken hin, die der christlich-fromme Göschen abzuschwächen versucht, wenn er sie als »rasche Worte« bezeichnet. Auch Pfarrer Schieck versuchte, im Vorwort zur Buchausgabe Seume auf eine rein religiöse Gesinnung festzulegen: »Diese Blätter sind doch ein schönes Zeugniß für unsers verewigten Freundes religiöse Weltansicht und jenen frommen Sinn, den er wohl in seinen Handlungen, aber nicht in seinen übrigen Schriften andern Inhalts auszusprechen Gelegenheit hatte … Wenn etwas seinen Glauben an eine unsichtbare Welt beurkundet, und ihn bey Menschen rechtfertigt, denen er mit Unrecht verdächtig war, so sind es diese Bekenntnisse und Gefühle eines Herzens, das in Wahrheit, Freundschaft und Liebe, wie in Gott lebte und webte. Und wenn sie das auch nicht wären, so sind es doch Worte Seumens, dessen Mund für seine Freunde verstummt ist, und als solche werden sie seinen Freunden immer theuer bleiben.«[55]

Da hat Seume also ein Buch geschrieben, das außerhalb seines sonstigen literarischen Schaffens zu stehen scheint, das Leser und Literaturwissenschaftler gleichermaßen überrascht, verwirrt oder gar sprachlos macht und zu Kontroversen herausfordert, weshalb es manche Biographen kurzerhand verschweigen. Verschiedene Vermutungen über die Entstehung wurden geäußert, die aber nicht zu beweisen sind: Hat Seume hier etwa – im Auftrage Göschens – gegen seine Überzeugung geschrieben? Das würde seiner stets betonten Aufrichtigkeit widersprechen. Oder wurde das Buch nachträglich vom Herausgeber überarbeitet und durch religiöse Aussagen ergänzt? Das wäre möglich und war damals auch üblich, obwohl der Herausgeber Schieck davon nichts im Vorwort erwähnt. Es ist aber zweifelhaft, ob Schieck oder Göschen dies dem Andenken ihres Freundes angetan hätten. Unbegründet ist eine weitere Vermutung, die davon ausgeht, daß Seume erst während seiner Wanderung durch Italien im Jahre 1802 durch die dort gemachten Erfahrungen seine Meinung zu Politik und Religion gründlich geändert hat. Diese Hypothese übersieht, daß Seume bereits früher während seiner Tätigkeit in Polen ähnliche Erfahrungen gemacht und sich 1798 in der Rezension von Merkels Buch *Die Letten* radikal zu gesellschaftspolitischen Problemen geäußert hat. Das wichtigste Gegenargument ist jedoch die Tatsache, daß Seume schon frühzeitig, spätestens seit seiner ersten Studentenzeit 1780/81, zwischen Religion und Kirche unterschieden hat. Er war gewiß ein religiöser Mensch, wie viele seiner Gedichte zeigen, aber er hatte seine eigene Auffassung von Religion und Gottesverehrung. Die kürzeste und maßgebende Auskunft über seine religiöse Haltung gibt er in seiner Autobiographie: »Ich verehrte die Bibel und versagte dem moralischen Teil derselben den Eingang in meine Seele nicht. Ich verehrte Moses, Christum, aber nach meiner Weise und nicht nach dem System.« Die Vorstellung, daß die Menschen nach einem starren, orthodoxen, von der Kirche vorgeschriebenen System an Gott glauben und ihn verehren sollen, war ihm unerträglich und wie eine Art Glaubenszwang. Jesus galt ihm nicht so sehr als Sohn Gottes, sondern als großer Sittenlehrer. Die Kirche als Institution samt Geistlichkeit und Papst war ihm immer höchst verdächtig. In scharfen Worten verurteilte er den Mißbrauch des Christentums durch die Kirche zur Unterdrückung ganzer Völkerstämme wie der Indianer in Nordamerika und der Balten in den Ostseeprovinzen, das Streben nach weltlicher Macht, den Reichtum und die Verschwendungssucht des hohen Klerus, das Schmarotzertum der Mönche, die Intoleranz und die Ketzerverfolgungen sowie viele andere Gebrechen und Verbrechen insbesondere der katholischen Kirche.

Äußerst kritisch stand Seume etablierten Kirchen sowie der herrschenden Religion gegenüber. Das bedeutet nicht, daß Seume irgend jemandem den Glauben nehmen oder ihn lächerlich machen wollte, denn ihm war »jeder Volksglaube heilig, der einem ehrlichen Manne Beruhigung ge-

währt«. Seine religiösen Anschauungen waren wesentlich vom Deismus geprägt, der die Meinung vertrat, daß Gott die Welt geschaffen, aber in den weiteren Lauf der Welt nicht mehr eingegriffen, sondern ihn der Vernunft der Menschen überlassen habe, daß nicht Bibel und Kirche gottgefälliges Verhalten lehren, sondern die menschliche Vernunft und Moral. Damit unterwarfen die Deisten den religiösen Glauben der Prüfung durch die Vernunft und schieden alles Widersprechende aus, so daß am Ende eine Religion übrigblieb, die als natürliche Religion bezeichnet wurde oder, wie bei Immanuel Kant (1724–1804), als Vernunftreligion, aus der der Mensch seine Pflichten als göttliche Gebote erkennen soll. Vernunft und Moral stehen auch für Seume in religiösen Fragen an erster Stelle, und Äußerungen dazu findet man bei ihm immer wieder, wie in den Briefen an Münchhausen: »Ob unser Herr Gott wohl die Welt zur Glückseeligkeit geschaffen hat? Die Frage macht unter den Philosophen einen gewaltigen Lärm und jeder modelt darnach das Grundprinzip seiner Moral. Ich sollte doch denken, das wäre seine Absicht gewesen; wir verhunzen und verfumfeien nur alles so jämmerlich, dass Gottes Machwerk kaum mehr sichtbar ist.« – »Sie haben Recht, ich ehre die Religion als etwas sehr göttliches, wenn ich gleich nie zu der Fahne irgend eines positiven Religionslehrers schwören möchte. Sie ist mir der Beschluß von allem, was gerecht, human, freundlich und tröstend für die Zukunft ist. Aber dazu gehört nichts als das Göttliche in uns, unsere eigene Natur; wer dazu Furcht vor Strafe und Hoffnung auf Belohnung braucht, ist ein Miethling. Alles Gute belohnt und alles Böse bestraft sich nothwendig selbst. Wen die Aussicht des Himmels gut macht, der ist noch ziemlich schlecht und fast nicht viel mehr werth als der den die Furcht vor der Hölle abhält ein Bösewicht zu seyn.« Diesen Worten, die sich für eine Religion im Dienste des Menschen, für eine Verbesserung des Diesseits ohne Spekulation auf das Jenseits und ohne christliche Heuchelei aussprechen, kann jeder ehrliche Gläubige zustimmen.
Wie spiegelt sich Seumes Haltung im *Kurzen Pflichten- und Sittenbuch für Landleute* wider? Das Buch besteht aus 39 kürzeren Kapiteln, die in der Art eines Essays, einer Pedigt oder eines Erbauungsbuches verfaßt sind und in denen Seume eine volkstümliche, zugleich christliche wie weltliche Tugendlehre entwickelt, die den Bauern helfen soll, ihr tägliches Leben zu verbessern und glücklicher zu werden.

Seume beginnt mit Gedanken über Gott, Religion und Gottesdienst, geht dann auf die Pflichten uns und anderen gegenüber ein, legt dar, wie man Körper, Seele und Geist pflegen, wie man arbeiten und tugendhaft leben, mit Mitmenschen umgehen, seine Kinder erziehen, sich gegen die Obrigkeit verhalten, dem Vaterlande dienen, sich vor Lastern und schlechtem Verhalten hüten soll, stellt schließlich in zwei Gesprächen die Tugend dem Laster sowie das Leben auf dem Lande dem in der Stadt gegenüber und schließt mit einer Betrachtung über Tod und Zukunft.

Deutlich zeigt sich der Einfluß des Deismus darin, daß Seume als Beweis für die Existenz Gottes die Ordnung in der Natur und im Menschen selbst anführt. In der Religion, deren höchstes Gesetz die Liebe zu Gott und zu unserem Nächsten ist, sieht er die beste Führerin durch das Leben in guten und schlimmen Zeiten. Tugendhaft leben, Taten christlicher Nächstenliebe vollbringen und seine Pflichten erfüllen ist ihm der wahre Gottesdienst, wichtiger als alle äußerlichen Zeremonien. Ein guter Christ ist nicht der, der nur regelmäßig in die Kirche geht: »Das Beten wäre Sünde, wenn man darüber seine Arbeit vergessen wollte … Der Himmel erhört nur das Gebet des Tugendhaften; und tugendhaft ist nur, wer seine Pflicht thut.«

Um so glücklich wie möglich zu werden und andere glücklich zu machen, ist es unsere Pflicht, uns selbst zu vervollkommnen und wahrhaft tugendhaft zu werden. Die wichtigste Pflicht des Menschen ist die Arbeit – dazu ist er geboren, sie erhält das Leben, schafft Wohlstand und Gesundheit, lehrt Ordnung, Mäßigkeit und Sparsamkeit. Die Vor- und Nachteile, den Nutzen und die schädlichen Folgen bestimmter menschlicher Verhaltensweisen, Tugenden und Laster führt Seume den Lesern mit Beispielen, Sprichwörtern und Bibelzitaten vor Augen und fügt zur Vertiefung oft noch ein moralisches Gedicht, meist von Gellert, hinzu. So behandelt er bei den Tugenden beispielsweise Gerechtigkeit, Güte, Dankbarkeit, Friedfertigkeit und Mut, bei den Lastern Gottlosigkeit, Lieblosigkeit, Zanksucht, Neid, Haß, Heuchelei, Faulheit, Hochmut, Spiel- und Trunksucht. Unter den Tugenden nimmt die Gerechtigkeit die erste Stelle ein. Im Grunde sind die allgemeinen Verhaltensregeln, die Seume anführt, lauter Selbstverständlichkeiten, die mit gesundem Menschenverstand leicht zu verwirklichen sein müßten, doch Seume wußte, daß dies ideale, also utopische Vorstellungen sind. Damit es in der Welt besser wird, dafür weiß Seume keinen anderen Rat als alle anderen Aufklärer seiner Zeit: »Nur wenn die Menschen durchaus besser werden, können wir mit Grund bessere Zeiten hoffen.« Deshalb fordert Seume dazu auf, das Leben im Diesseits durch vernünftiges Denken und Handeln zu verbessern, wozu die Religion ihren Beitrag leisten soll: »Diese Erde soll für uns kein bloßes Jammerthal und unser Leben darauf nicht Elend sein. Die Menschen thun sehr übel, wenn sie es dazu machen; sie handeln wider den Willen Gottes und gegen ihr eigenes Glück, gegen ihre Vernunft.« Bei der Besserung der Menschen und der Welt muß mit der Jugend angefangen werden, meint Seume und legt ein Programm zu deren Bildung und Erziehung dar, das allerdings nur minimale Schulkenntnisse vorsieht: Lesen, Schreiben, Rechnen, etwas Geschichte und Erdkunde, vielleicht das Spielen eines Musikinstruments und als wichtigstes Fach Religion, vor allem als Unterricht in den Pflichten eines jeden gedacht.

In mehr als einer Hinsicht bemerkenswert ist das Kapitel über den Gehorsam gegen die Gesetze und die Obrigkeit. Es ist nicht nur eines der wenigen Kapitel, in denen das Wort Gott nicht vorkommt, sondern Seume verlangt, daß sich alle Untertanen in die staatliche Ordnung fügen, fordert aber von der Obrigkeit die gleiche Erfüllung aller Pflichten gegenüber den Untertanen. Denn die Obrigkeit wurde ursprünglich vom Volk aus den eigenen Reihen gewählt. »Diese Fürsten und Könige und Obrigkeiten, welchen Namen sie auch haben mögen, haben die heilige Pflicht übernommen, für das Wohl des Volkes zu wachen, die Gesetze unverbrüchlich zu halten, für Gerechtigkeit und öffentliche Sicherheit zu sorgen und Alles zu entfernen, was dem ganzen Staate schaden oder einzelnen Gliedern an ihren Rechten und Befugnissen Eintrag thun könnte.« Das Bemerkenswerte daran ist, daß Seume den historischen Ursprung der Obrigkeit betont und den angeblich göttlichen Ursprung ganz außer acht läßt. Er führt zwar den bekannten ersten Satz des 13. Kapitels des Römerbriefs des Apostels Paulus – »Seid untertan der Obrigkeit, die Gewalt über Euch hat!« – an, läßt aber die Fortsetzung – »Denn es ist keine Obrigkeit ohne von Gott; wo aber Obrigkeit ist, die ist von Gott verordnet.« – weg, offenbar weil sie der Vernunft widerspricht und von Seume abgelehnt wird, der sich damit auf die Seite der Kritiker des Gottesgnadentums stellt. Dies erscheint auch als wichtiges Indiz gegen eine vermutete spätere Bearbeitung des Buches.

Sollte die Obrigkeit ihre Pflichten schlecht oder nicht erfüllen oder ihre Befugnisse überschreiten oder mißbrauchen, gesteht Seume den Untertanen das Recht zu, dagegen vorzugehen. Gleichzeitig warnt Seume aber vor der Anwendung von Gewalt, vor Aufruhr und Bürgerkrieg: »Der grausamste, blutigste Krieg ist ein kleines Uebel gegen ein solches Ungeheuer von Aufruhr Aller gegen Alle. Es ist dann nicht mehr Sicherheit der Person und der Güter. Parteien wüthen gegen Parteien, eine siegt über die andere, und aus Furcht und allgemeinem Mißtrauen mordet immer eine ärger als die andere. Tod und Blutgericht ist etwas Gewöhnliches; es schützt nicht Unschuld, nicht Klugheit. Viele Jahre vergehen in Angst und Schrecken, ehe sich aus den Trümmern der alten Ordnung wieder eine leidliche neue erhebt ... An solchen fürchterlichen Beispielen können Obrigkeiten und Untertanen lernen, welche entsetzliche Folgen es hat, wenn beide ihre Pflichten vernachlässigen.« Wahrscheinlich sah sich Seume auch durch Nachrichten von den Greueln während der Revolution in Frankreich zu dieser Mahnung veranlaßt.

Wie froh ist er dagegen, daß seine Landsleute »unter der Regierung eines guten, väterlichen Fürsten alle Wohlthaten einer heilsamen Ordnung genießen«. Gemeint sind die Sachsen und der sächsische Kurfürst Friedrich August III., dessen friedliche und gerechte Politik Seume lobpreist und dessen Land er als »ein Beispiel und Muster guter und glücklicher Menschen« bezeichnet.

Hier ist deutlich Seumes konservative Haltung zu erkennen; er will keine Umwälzung, er wendet sich nicht gegen die bestehende Gesellschaftsordnung, sondern gegen Ungerechtigkeit, Unmoral und Unordnung. Zur Besserung der Gesellschaft soll jeder durch eigene Besserung beitragen, jeder an seinem Platz, der ihm in der göttlichen Weltordnung zugewiesen ist. Wer diese Ordnung stört oder daraus auszubrechen versucht, handelt gegen sein eigenes Wohl, findet keinen festen Halt mehr, wird unglücklich und beleidigt damit Gott. Seume spricht hier aus eigener Erfahrung, und deshalb fordert er die Bauern auf, nicht gegen ihre soziale Stellung aufzubegehren, sondern mit ihrem Stand und ihrer Bestimmung zufrieden zu sein und zu bleiben: »Vernunft, Tugend, Arbeit, Mäßigkeit, Vertrauen auf Gott, der unser Vater und allgemeiner Versorger ist, sind in jeder Lage Mittel, ein ruhiges und zufriedenes Herz zu bekommen und zu erhalten.« Damit ist in Kürze das wesentliche Ziel des Buches formuliert, das sich nur an die ärmeren, nicht an die reichen und vornehmen Bauern wendet, die man nicht beneiden sollte, da Reichtum meist Sorgen, Ängste, Geiz und andere Qualen mit sich bringt und Feinde schafft. Das Kapitel endet mit einer Verherrlichung des anstrengenden, aber gesunden Lebens auf dem freien Lande gegenüber dem ungesunden Dasein in den engen und schmutzigen Städten und mit dem beruhigenden Vers:

Genieße, was Dir Gott beschieden,
Entbehre froh, was Du nicht hast;
Ein jeder Stand hat seinen Frieden,
Ein jeder Stand hat seine Last.

Wenn die Menschenwelt so harmonisch wäre, wie sie Seume wünscht, müßten alle zufrieden sein, und keiner dürfte sie verlassen wollen. Da sie aber schlecht ist, schlägt Seume in einem abschließenden Gedanken über den Tod und die Zukunft, womit das Jenseits gemeint ist, einen anderen Ton an: »Wer wollte sich eine ewige Fortdauer in dieser Welt wünschen, welche Schwachheit und Unvollkommenheit, Leichtsinn, Thorheit und Bosheit gegen Gottes Absicht oft zur Wohnung des Kummers und Elends macht, hier, wo die Tugend öfters leidet, das Laster öfters glücklich ist; wo man die Glücklichen beneidet und der Bekümmerten vergißt; wer wollte in diesem Sitz der Angst, der Schmerzen und der Ungerechtigkeit ohne Ende zu leben wünschen!« Seume vertritt aber nicht die Meinung, daß die Menschen im Jenseits um so glücklicher sind, je schlechter es ihnen auf Erden ging, er predigt nicht das alte Entsagungslied, sondern fordert im Gegenteil dazu auf, nach Glück zu streben, worauf jeder Anspruch hat – wie es auch in der amerikanischen Unabhängigkeitserklärung formuliert ist –, und den Genuß des Lebens zu erhöhen. Die Aussicht auf das Leben nach dem Tode soll Warnung für die Bösen und Trost für die Guten sein – ein schwacher Trost freilich für tugendhafte und pflichtbewußte Menschen, die vielfach unter der Ungerechtigkeit der Welt leiden müssen und manches Mal versucht sind, Gott dafür anzuklagen, daß von seiner vielgepriesenen Güte und Allgegenwart auf der Erde wenig zu spüren ist.

Mit dem *Pflichten- und Sittenbuch* hat Seume ein Buch für Menschen einer bestimmten Volksschicht geschrieben, deren Leben und Arbeit er aus eigener Erfahrung gut kannte. Deshalb konnte er trotz seiner höheren philosophischen Bildung seine Schreibweise dem Verständnis, dem

Denkvermögen sowie der christlichen und bäuerlichen Vorstellungswelt dieser Menschen anpassen. Seine Darlegungen und Gedankengänge sind nicht kompliziert, sondern allgemeinverständlich; er schreibt nur über Dinge, die seine Leser begreifen können. Es geht ihm auch nicht um Religion und theologische Belehrung der Bauern, sondern um moralische Ratschläge für ihre Lebenspraxis. »Ich habe mich bemüht«, heißt es in seiner kurzen Vorrede an seine lieben Freunde vom Lande, »mit wahrer Ueberzeugung in Eure Seelen zu sprechen ... Es wird gewiß meine größte Belohnung sein, wenn ich erfahre, daß recht Viele von Euch dadurch mehr Belehrung zum Leben, mehr Abscheu vor dem Bösen, mehr Befestigung im Guten, mehr Ermunterung, Trost und Beruhigung im Leiden, mehr wahren Frohsinn im Glück bekommen haben, und daß Mancher dadurch hier und da besser und glücklicher geworden ist.«

Das konnte Seume freilich nicht erfahren, aber vielleicht hat er sich schon beim Schreiben vorgestellt, wie an einem Sonn- oder Feiertag oder an einem langen Winterabend beim Schein einer Kerze im Kreise einer bäuerlichen Familie aus seinem Buch vorgelesen und darüber gesprochen wird, denn für gläubige Menschen war das Buch sicher eine erbauliche Lektüre. Bei heutigen Lesern dürfte das Buch allerdings kaum noch auf Interesse stoßen. Doch vor zweihundert Jahren entsprach es als Volksaufklärungsbuch und Ethik für Bauersleute genau dem Bild und den Absichten des moralisierenden Jahrhunderts der Aufklärung. Diese definiert Seume als »richtige volle bestimmte Einsicht in unsere Natur, unsere Fähigkeiten und Verhältnisse, heller Begriff über unsere Rechte und Pflichten und ihren gegenseitigen Zusammenhang«.

Seume verfolgte die besten Absichten, die auch seinen pädagogischen Intentionen entsprachen, leistete aber mit diesem Buch objektiv einen Beitrag zur Erhaltung und Festigung der bestehenden gesellschaftlichen Ordnung, die er nicht umwälzen, sondern nur reformieren, deren Ungerechtigkeiten er beseitigen wollte; denn ein gut funktionierender Staat, ob Monarchie oder Republik, mit einem vernünftigen Oberhaupt braucht vernünftige Bürger genauso wie eine gut funktionierende und gerechte Obrigkeit. Damit steht das *Pflichten- und Sittenbuch* nicht im Widerspruch zu Seumes sonstigen politischen Ansichten. Vermutlich fand es aber keine größere Verbreitung.

Man kann sich denken, daß Seume nach der Belastung durch die Druckereiarbeiten kaum noch Zeit fand und vielleicht auch keine Lust mehr zu eigener schriftstellerischer Gedanken- und Schreibarbeit hatte. Darauf lassen kurze briefliche Äußerungen Seumes schließen, zum Beispiel im August 1798 an Münchhausen: »Ich beschäftige mich jetzt mit Litteratur äußerst wenig ...« Wie bereits in einem Brief an Gleim erwähnt, war Versemachen und Literatur für Seume nur ein Parergon, eine Nebenbeschäftigung, und am 14.4.1799 schrieb er nochmals an Gleim: »Meine Amtsarbeit hält mich so fest, daß ich nur selten einen eignen Gedanken zu Papier bringe; und mich däucht, weder ich noch die Welt sind dabey schlimmer daran.«

Dennoch war Seumes Schriftstellerei in seiner Grimmaer Zeit nicht geringfügig. Im Jahre 1798 erschien der zweite Band der *Obolen*, ein Jahr später der Aufsatz *Anekdoten zur Charakterschilderung Suworows*, und dazwischen schrieb er das *Kurze Pflichten- und Sittenbuch für Landleute*. Er arbeitete an dem längeren Lehrgedicht *Asträa*, verfaßte die Verserzählung *Adelaide*, gab die erste Sammlung seiner Gedichte heraus und veröffentlichte zwei kürzere biographische Abrisse über die Maler Oeser und Schnorr. Für vier Jahre bei knapper Freizeit ist das eine beachtliche Leistung. Aber im literarischen Gedächtnis der Deutschen blieb davon fast nichts.

In dem Brief, den Seume am 20.10.1798, kurz nach seinem Besuch bei Gleim in Halberstadt, an diesen schrieb, steht der Satz: »Die erwähnte Asträa von mir ist ein Anfang einer größeren Arbeit, von der ich noch nicht weiß ob, wann und wie ich fortfahren werde.« Diese Arbeit, die ihn im Herbst 1798 beschäftigte, sollte ein längeres Gedicht mit geschichtsphilosophischer Thematik, ein sogenanntes Lehrgedicht, werden, das er aber nicht vollendete. Das vorhandene, nur wenige Seiten umfassende Bruchstück des ersten Teils wurde erst 1806 unter dem Titel *Der Geburtstag. Aus einem größeren Gedichte, Asträa genannt* gedruckt, nachdem Böttiger eine Veröffentlichung im *Neuen Teutschen Merkur* abgelehnt hatte. In Seumes Anmerkung dazu heißt es: »Das Gedicht wird drei Theile haben. Erstens, was der Mensch nach den unverdorbenen Grundanlagen seiner Natur einst war; also ein philosophisches Gemälde eines wenigstens theilweise nicht unwahrscheinlichen goldenen Jahrhunderts. Zweitens, was der Mensch durch Irrthum, Betrug und Bedrückung aller Art geworden ist; also leider eine nicht ganz erbauliche Synopse (Übersicht, E.Z.) der Geschichte. Drittens, was der Mensch dessen ungeachtet mit Anstrengung seiner reinen Kraft noch werden könnte; also eine moralisch-kosmische Epanorthose (Verbesserung, E.Z.).« Er fügte gleich hinzu, daß er nicht wisse, wann er es fortsetzen könne.

Ähnlich äußerte sich Seume in der Vorrede zu dem ebenfalls 1806 erschienenen Reisebericht *Mein Sommer 1805*: »Ich war Willens, noch ein Werk zu schreiben, das mir noch einige Zeit nach meinem Tode sollte leben helfen: aber meine Verhältnisse erlauben mir nicht den dazu gehörigen Zeitaufwand in Vorbereitung und Ausführung; und die Zeit wird bald kommen, wo auch die Kräfte dem Willen nicht folgen, wenn sich gleich die Muße fände.« Auch hier ist Asträa gemeint, das offenbar eins seiner Hauptwerke werden sollte.

Lehrgedichte, die als didaktische Literaturgattung und als gehobene Art der Vermittlung von Bildung im 18. Jahrhundert verbreitet und beliebt waren, behandelten in anspruchsvoller und ernster Weise, auch in Verbindung mit erzählerischen, lyrischen und dramatischen Bestandteilen, Themen aus Naturwissenschaft, Medizin, Philosophie, Theologie, Geschichte und anderen Wissensgebieten. Das berühmteste Lehrgedicht der deutschen Literatur ist sicher *Die Metamorphose der Pflanzen* (1798) von Goethe.

Seume griff für sein Gedicht auf eine Gestalt der antiken Mythologie zurück. Asträa (griech. Astraia – »Sternenmädchen«), die Tochter des Zeus, auch Dike (griech. Recht) genannt, galt als Göttin der Gerechtigkeit, lebte im einstigen goldenen mythologischen Zeitalter mit anderen Göttern unter den Menschen, doch als sich nach dem silbernen und ehernen Zeitalter auf der Erde plötzlich Betrug, Gewalt und viele andere Greuel ausbreiteten und damit das eiserne Zeitalter begann, verließ Asträa nach allen anderen Göttern als letzte die Erde. Seitdem glänzt sie als Sternbild Jungfrau am Himmel, und die Menschen hoffen – jedoch vergebens – auf ihre Wiederkehr.

Seume fand dieses Motiv in der antiken Literatur bei Ovid und Vergil gestaltet. In der deutschen Literatur tritt Asträa bei politischen und sozialkritischen Autoren wie Forster und Schubart, vor allem nach der

Französischen Revolution, als Symbol für die Gerechtigkeit auf, die aus der menschlichen Gesellschaft verschwunden ist, und für die Wiederherstellung eines früheren, gerechten Zustandes auf der Erde. Auch Seume verwendet Asträa in diesem Sinne in seinen Gedichten.

Das Bruchstück aus Seumes geplanter Asträa-Dichtung versetzt uns zurück in patriarchalische Zeiten, als Asträa noch auf der Erde weilte, und schildert in Hexametern die Feier zum hundertsten Geburtstag eines Patriarchen, der an diesem Tag den Jüngling Sadik mit seiner Urenkelin Mehala als liebendes Paar verbindet. In Grimma fehlte Seume die Zeit, um das Vorhaben zu Ende zu bringen. Später muß er gespürt haben, daß seine nicht sehr originelle Nachahmung früherer Idyllendichtung nicht mehr zeitgemäß war und daß er nach den politischen Ereignissen seit 1789 den Gedanken der Gerechtigkeit nicht mit Hilfe einer mythologischen Figur dichterisch überzeugend gestalten konnte, daß also das Projekt mißlingen mußte.

War *Asträa* noch als ernsthafte Dichtung und sogar als ein Hauptwerk gedacht, weiß man bei einem weiteren gereimten Werk jener Jahre nicht recht, was man davon halten soll. Es ist *Adelaide. Eine ländliche Erzählung*, die um 1800 entstand. Die etwas kitschig-romantische Geschichte mit einer klischeehaften, einfallslosen und konstruiert wirkenden Handlung ist schnell erzählt: Adelaide, die hübsche und umworbene achtzehnjährige Tochter des reichen und angesehenen Bauern Paul Werner, weist alle reichen Freier ab, weil sie Anton Hell, den tüchtigen Sohn einer armen Witwe und Gefährten ihrer Kindheit, liebt, worüber Adelaides Eltern zunächst nicht sehr erfreut sind. Sie wollen aber ihrer Tochter die Entscheidung überlassen, vor allem nachdem ein Nachbar mit guten Gründen von einem reichen Schwiegersohn abgeraten und Anton empfohlen hat. Als Soldaten aus der Stadt Anton überfallen, um ihn zum Militär zu zwingen, und den sich Wehrenden bewußtlos schlagen, aber durch hinzukommende Nachbarn vertrieben werden, merken die Eltern, wie sehr sich Adelaide um Anton sorgt und ihn liebt, und haben nun nichts mehr gegen eine eheliche Verbindung der beiden. Der Vater kann jetzt sogar nicht schnell genug beim Pfarrer das Aufgebot bestellen, und die Geschichte endet mit der Hochzeit.

In epischer Breite und mit langen, verschachtelten Sätzen im jambischen Versmaß fließt diese handlungsarme und langweilige Geschichte auf fast fünfzig Druckseiten dahin und ist damit doppelt so lang wie *Das polnische Mädchen*, das zur gleichen Literaturgattung gehört. Auch hier stellt sich der Leser die Frage nach Sinn und Zweck dieser belanglosen Geschichte. Hat eine wirkliche Begebenheit in der ländlichen Umgebung von Grimma Seume dazu angeregt, oder wollte er eine bestimmte moralische Verhaltensweise darstellen? Oder hatte er nur Lust, neben den ernsten Arbeiten wieder einmal etwas Leichtes und Anspruchsloses im Geschmack des Publikums zu schreiben? Vielleicht war es ursprünglich nicht für die Öffentlichkeit, sondern nur zum Vorlesen im Freundeskreis gedacht. Möglicherweise ist es auch noch ein Nachklang seiner eigenen Erfahrung mit Wilhelmine Röder, nur mit anderem Ausgang. Jedenfalls ist es ein Stück Trivialliteratur und kein literarischer Hochgenuß.

Viele von Seumes Gedichten waren bisher verstreut in verschiedenen Zeitschriften, als Anhang zum Bericht über Polen und in den zwei Bändchen der *Obolen* veröffentlicht worden. Im Sommer 1800 wollte Seume seine Gedichte sammeln. Der Grund war, daß er diese Ausgabe – so schreibt er in der Vorrede – seinem Vaterland und seinen Freunden, bevor er nach Italien wandert, als Andenken hinterlassen wollte, falls er von dort nicht zurückkäme. Wegen der scharfen gesellschaftskritischen Aussagen mancher Gedichte und der strengen Zensurbestimmungen in Sachsen konnte er seinem Freund Göschen dieses verlegerische Risiko nicht zumuten und wandte sich deshalb an den Verleger Johann Friedrich Hartknoch d.J. (1768–1819), der in politischen Dingen ebenso dachte wie Seume.

Hartknoch stammte aus Riga, wo er nach dem Tod seines Adoptivvaters 1789 dessen Buchhandlung weitergeführt hatte und wegen Verbreitung angeblich revolutionärer Literatur unter dem Zaren Paul I. 1797 kurze Zeit in Petersburg im Gefängnis saß. Nach seiner Entlassung war er 1798 nach Deutschland gegangen und hatte in Leipzig eine Verlagsbuchhandlung eröffnet. 1799 zog er nach Rudolstadt und 1802 nach Pillnitz bei Dresden. Seume kannte Hartknoch schon aus Riga, und dieser war bereit, Seumes Gedichte zu drucken, allerdings ohne Verlags- und Ortsangabe. Am 10.2.1801 konnte Seume eins der ersten Exemplare an Gleim schicken mit dem Bemerken: »Ich weiss wohl, dass einige Stücke nicht Ihren Beyfall haben werden ...« Und das nicht wegen irgendwelcher lyrischer Formfragen, sondern wegen der rücksichtslosen Offenheit, mit der Seume bestimmte politische Erscheinungen behandelte. Seume war aber überzeugt, »dass man über diese Dinge sprechen, und zwar in diesem Tone oder noch eingreifender sprechen müsse«. Tatsächlich wurden Seumes Gedichte wegen der Kritik an den adligen und klerikalen Machthabern sofort nach Erscheinen im erzreaktionären und erzkatholischen Österreich verboten.

Schon im August 1800 hatte Seume an Gleim geschrieben: »Meine Gedichte werden jetzt gedruckt und werden mich wahrscheinlich – nicht empfehlen: ich kann mir aber nicht helfen. Wahrheit und Überzeugung und offene Ehrlichkeit über alles …« Diese Gesinnung spricht auch aus dem wahrscheinlich von Seume selbst verfaßten lateinischen Motto, das er der Gedichtsammlung voranstellte: »Veritatem sequi et colere, tueri justitiam, aeque omnibus bene velle ac facere, nil extimescere.« (Der Wahrheit folgen und sie hochhalten, die Gerechtigkeit durchsetzen, allen gleichermaßen wohlwollen und wohltun, nichts fürchten.) Das gleiche Motto stellte er auch vier weiteren Werken voran.

Drei Ausgaben der Gedichte erschienen noch zu Seumes Lebzeiten: die erste 1801 mit 45 Gedichten, die zweite, um sieben Gedichte vermehrte, 1804 und die dritte 1810 mit 63 Gedichten – das sind etwa zwei Drittel der Gedichte, die sechzig Jahre später fast vollständig als *Sämmtliche Gedichte* in den *Prosaischen und poetischen Werken von J. G. Seume* (Gustav Hempel Verlag Berlin) erschienen sind. Zu jeder der drei Ausgaben hat Seume eine Vorrede geschrieben, wo er seine Meinung zu den lyrischen Produkten darlegt: »Es geschieht ihnen vielleicht zu viel Ehre, wenn man sie Gedichte nennt, aber ich konnte kein schicklicheres Wort für ihre Bezeichnung finden, und unter dieser allgemeinen Rubrik mögen sie also mit hingehen. Größtentheils sind es nur Ausdrücke des Herzens oder Aeußerungen von Gedanken, die vielleicht nur in der Individualität und den Verhältnissen ihres Urhebers gegründet sind, ob ich gleich sehr Vieles für allgemeine Wahrheit halte.« (Zur ersten Ausgabe) – »Das größte Verdienst dieser Verse ist vielleicht, daß sie im strengen Sinne unserer neuen Kritik keine Gedichte sind. Was die Kunst dadurch verliert, gewinnt die lebendigere Theilnahme an wahren menschlichen Verhältnissen und findet sich nicht selten dabei in ihrer eigenen Heimath.« (Zur zweiten Ausgabe) Ähnlich äußerte sich Seume in einem späteren Aufsatz: »Ich nehme es mir zu keiner Schande, daß in meinen Gedichten keine

Dichtung ist, und daß das Meiste rein in Gedanken oder Gefühlen aus der Seele hervorgeht. Wenn es mir nicht aus irgend einem Grunde Bedürfniß ist, etwas zu sagen, so sage ich nichts, und sage allezeit nur, was ich denke und empfinde.«

Diese Sätze kennzeichnen den Charakter der Seumeschen Lyrik. Er schrieb nicht Gedichte um der Gedichte willen, um etwas Schönes und Klangvolles zu schaffen, sondern um seine ihn überwältigenden und mitunter heftigen Gefühle und Gedanken, deren Anlaß immer in der Realität lag und oftmals moralischer Art war, ungeschminkt zu vermitteln und diese den Leser nachempfinden zu lassen. Daß dies schwierig, wenn nicht unmöglich war, hat Seume in einer seiner Apokryphen selbst erkannt: »Es geht mir mit meinen Versen wie Lessings Maler mit seinen Bildern (in «Emilia Galotti», 1. Aufzug, 4. Auftritt, E.Z.). Ehe sie aus Herz und Kopf durch die Fingerspitzen aufs Papier kommen, ist das Beste verlorengegangen; und ich wundere mich oft, daß es nun so kalt daliegt, da es von innen so glühend war.«

Ein komplizierter dichterischer Schaffensprozeß fand bei diesen Gedichten ohnehin nicht statt; offensichtlich hatte Seume dazu weder Lust noch Ausdauer, noch das künstlerische Vermögen. Worauf es ihm ankam, war die Darlegung der Wahrheit, sowohl der ihn allein betreffenden als auch der allgemeingültigen. Die lyrische Form war für ihn zweitrangig und wurde vor allem deshalb verwendet, weil ihm die »Erbsünde« des Dichtens zur Gewohnheit geworden war und das zu Sagende in Versform eindringlicher auf den Leser wirken kann als in Prosa. Die Zeilen blieben oft so stehen, wie sie ihm aus der Feder flossen, die Arbeit an der Form war Seumes Sache nicht, da darunter die Aussage litt, auf deren Wahrheitsgehalt er größten Wert legte. Auch darauf wies Seume in den Vorreden zu den Gedichten hin: »Ich zweifle, daß meine Sprache je so glatt und geschmeidig werden wird, als man zu wünschen scheint; ich habe es manchmal versucht, aber immer im Poliren meinen Charakter weggefeilt und sodann die ganze Arbeit aus Aerger weggeworfen.« (Zur ersten Ausgabe)

Seume sah sich selbst nicht als Dichter, jedenfalls nicht nach der damals herrschenden Ansicht der Klassiker und Romantiker, dazu hatten seine Gedichte zu viele Mängel. Er war außerdem einer nicht mehr ganz zeitgemäßen Literaturrichtung, der Aufklärungsdichtung, verbunden, deren

Lyrik eher der Prosa nahe kam, nüchtern und arm an bildlichen Ausdrükken war, oft lehrhaft über ethische Fragen reflektiert, um eine bestimmte Wahrheit darzulegen oder zu einer moralischen Erkenntnis zu führen.

Die Frage, ob Seume ein Dichter ist, beschäftigte auch Göschen. In seiner Fortsetzung von Seumes Autobiographie schreibt er diplomatisch: »Besteht das Wesentliche der Poesie in hoher Begeisterung, kühnen Gedanken, in tiefem Gefühl des Großen und Schönen, in Gebilden, welche in der Seele entstehen, und welche die Seele wahr, lebendig, ergreifend, wohlklingend und melodisch ausspricht, so ist Seume ein Dichter, ohngeachtet er kein romantisches Gedicht gemacht hat; sondern nur das poetische Talent zur Unterstützung jener Ideen benutzte, für welche er seine Nation empfänglich machen wollte.«

Jedem Leser wird eins auffallen und ihn vielleicht vom Lesen mancher Gedichte abhalten: die übermäßige Länge vieler Gedichte. Seume wollte das Thema eines Gedichts möglichst erschöpfend behandeln, so daß Gedichte mit 30 bis 40 Strophen und mehr keine Seltenheit sind.

Diese Weitschweifigkeit bei guten Gedanken nennt auch ein anonymer Rezensent von Seumes Gedichten als Hauptmangel. Doch bescheinigt er dem Verfasser neben Belesenheit in der antiken und der englischen Literatur auch andere positive Züge: »Auf glühende Begeisterung und glänzende Darstellung, auf ein freyes, schönes Spiel der Einbildungskraft, oder mühsame Politur scheint er, seiner eignen Aeußerung nach, selbst wenig Anspruch zu machen. Dagegen zeichnen sich diese poetischen Aufsätze durch originelle Weltansichten, tiefes Gefühl, warme Liebe zur Menschheit und bittern Haß gegen ihre Unterdrücker, durch Energie des Ausdrucks und manche überraschende Wendung so vorteilhaft aus, daß man auch kein Freund des Vfs. zu seyn braucht, um das Andenken, das er uns hinterläßt, dankbar anzunehmen.« Vor allen anderen Gedichten hält der Rezensent das *Abschiedsschreiben an Münchhausen* für ausgezeichnet. Wahre Gedichte sind für sein Empfinden auch *Der Paß* und *Der Maimorgen*, wohingegen er vieles, vor allem Gesellschafts- und Zeitkritisches wie *Parentation* und *Apotheose* – eine Satire auf den Erfinder der Akzise –, »lieber nicht in Versen gelesen hätte«. Andere Gedichte sind ihm »zu gedehnt, und dieses ist der Hauptfehler der ganzen Sammlung, welcher durch die oft gezwungene Anstrengung des Tons noch fühlbarer wird. Der Dichter sagt immer bey jeder Gelegenheit alles, was sich sagen läßt, erschöpft gründlich jede Materie, als wäre eine Abhandlung zu schreiben ...«[56]

Bereits drei Jahre vorher hatte ein anderer Rezensent Seumes Gedichte als mittelmäßig bezeichnet und dem Verfasser gestehen müssen, daß »seiner Muse weder der hohe lyrische Schwung der Ode, noch die tiefe Trauer der Elegie, noch das innige Gefühl oder die kunstlose Leichtigkeit des Liedes eigen zu seyn scheinen. Die guten Stellen seiner Gedichte verlieren sich unter der Last einer gewissen Schwerfälligkeit der Gedanken, der Bilder und des Versbaues, welche Allen gemein ist, und das unaufhörliche Ringen und Unterliegen des Dichters unter dem Gewicht seines Stoffes erregt eine fortdauernde unangenehme Empfindung bey dem Leser.«[57]

Seume maß allerdings Kritiken nicht allzuviel Bedeutung bei, da er wußte, daß deren Urteil oft unterschiedlich, ja gegensätzlich ausfällt. Schon in der Vorrede zur ersten Ausgabe der Gedichte merkte er an, daß der eine Kritiker das tadelt, was der andere lobt, und umgekehrt, und daß auch Seume selbst oft anderer Meinung ist als die Kritiker. Wo er die Berechtigung der Kritik anerkannte, hat er manchmal zu ändern versucht, manchmal aber auch nicht; doch vier Jahre später, bei der zweiten Ausgabe, gibt er zu, daß er sich nicht bessern kann, und begründet das mit den »Eigenheiten seines Charakters« und »seiner bessern Ueberzeugung«. Offenbar hatte sich Seume in der Lyrik mehr zugetraut, als er zu leisten vermochte, und das auch erkannt. Deshalb gibt er am Schluß seiner Vorrede zur dritten Ausgabe der Gedichte seinen Lesern den Rat: »Sei zufrieden, lieber Leser, mit meinem guten Willen und dem Maß meiner Kräfte.«

Trotz der Schwächen müssen Seumes Gedichte Anklang gefunden haben, und Seume selbst stellte vor der zweiten Ausgabe 1804 fest, daß er mit der Aufnahme der Gedichte beim Publikum zufrieden sein könne. Das beweisen auch die drei Auflagen des Lyrikbandes zu Seumes Lebzeiten innerhalb von zehn Jahren. Dieser Erfolg setzte sich in der ersten Hälfte des 19. Jahrhunderts fort. Bis 1843 erschienen zwei weitere Auflagen, von drei Nachdruckausgaben und den Gesamtausgaben von Seumes Werken abgesehen. Daran konnte auch Goethes spätere negative Meinung nichts ändern, die Kanzler von Müller mit Datum vom 7.7.1826 mitteilte und die zunächst die Öffentlichkeit nicht erreichte und auch nicht für sie bestimmt war: »Seumes Gedichte trüben Goethes Phantasie; so griesgrämisch, mißwollend, sanskulottisch, nichts Höheres über sich anerkennen wollend, möge er die Dichter durchaus nicht.«[58]

Worauf die langjährige Wirkung von Seumes Gedichten, die heute noch ihre Anhänger haben, beruht, läßt sich nur vermuten. Diese ging wahrscheinlich nicht so sehr von den gesellschaftspolitisch-kritischen Gedichten aus, die sich meist auf ein konkretes Ereignis bezogen, sondern eher von den Gedichten, die auf persönlich Erlebtem beruhten, das ansprach und nachempfunden werden konnte, oder die ein Thema aus dem bürgerlichen Leben aufgriffen und den Geschmack des Publikums trafen. Dabei nahmen die Leser in Seumes Gedichten die prosaische Schreibweise hin, wenn sie nur seine aufrechte Gesinnung und seine interessanten Gedanken darin spürten.

Darauf hat schon 1799 ein Rezensent der *Obolen* aufmerksam gemacht: »Der Stil ist in den Gedichten und prosaischen Aufsätzen ungefähr der nämliche ... Es wimmelt übrigens darin von Härten des Ausdrucks und des Verses, die man indessen, da sie doch mit Gedanken verbunden sind, einer glattgeschliffenen Harmonie bloßer Worte vorziehen wird.«[59] Gerade dieser nüchterne und glanzlose Stil in der Lyrik, auch als »herbe Lyrik«[60] bezeichnet, zusammen mit dem Gedankengehalt war die besondere Fähigkeit Seumes, seine individuelle Eigenart gemäß dem Schillerschen Satz: »Alles, was der Dichter uns geben kann, ist seine Individualität.«[61] Sie muß auf viele Leser anziehend gewirkt haben.

Unterstützt wurde die Wirkung Seumescher Lyrik, aber auch der Prosa, von seiner Fähigkeit und Neigung zu Sentenzen, zu kurzen, treffenden, zugespitzten und einprägsamen Formulierungen, von denen manche in den Zitatenschatz des deutschen Volkes eingegangen sind. Einige Beispiele seien angeführt:

Mit Wahrheit ist man überall der Welt,
Sowohl den Bösen als den Frommen,
Beim ersten Augenblick nicht sehr willkommen;
...
Der Nachwelt reiner, warmer Dank
Ist überall der schönste Grabgesang.
(Aus: *Epistel an Herrn Falk*)

Betrügen und betrogen werden,
Nichts ist gewöhnlicher auf Erden.
(Aus: *Verlangtes Gutachten über Menschen und ihren Umgang)*

Und er schlug sich seitwärts in die Büsche.
(Aus: *Der Wilde)*

Der Weise fragt nicht, ob man ihn auch ehrt:
Nur er allein bestimmt sich seinen Werth.
(Aus: *Einem Kleinmüthigen)*

Wo man singet, lass' Dich ruhig nieder,
Ohne Furcht, was man im Lande glaubt;
Wo man singet, wird kein Mensch beraubt:
Bösewichter haben keine Lieder.
(Aus: *Die Gesänge)*

Freilich muß man sich bei der Lektüre seiner Gedichte etwas Zeit nehmen, um in ihre Ideenwelt einzudringen. Dann wird man viele interessante und mitunter sehr aktuelle Gedanken und immergültige Wahrheiten entdecken.

Das letzte Wort dazu soll Seumes Freund Wieland haben, der nach Seumes Tod, am 16.7.1810, an Böttiger schrieb: »Die Gedichte unseres verewigten Freundes, die mir durch ihren innern reinen Goldgehalt und durch ihre charakteristische Originalität vorher schon so lieb waren, sind mir nun, da ich sie als ein köstliches Vermächtniß an seine Freunde betrachte, unschätzbar und werden, so lange ich noch lebe, nie von meinem Tische kommen.«[62]

Seume hat nicht nur selbst Gedichte geschrieben, sondern auch fremdsprachige, vorwiegend englische, Gedichte übersetzt, von denen einige ausgezeichnet gelungen und in Sammlungen von Seume-Gedichten zu finden sind. Seume scheint es schon bald nach dem Erlernen des Englischen gereizt zu haben, sich an Übersetzungen zu versuchen, vermutlich bereits während seiner Militärzeit in Amerika und Emden, spätestens aber während seines zweiten Studiums, als er auch den Roman *The Fair Syrian (Honorie Warren)* für Göschen übersetzte. Möglicherweise hatte er sogar eine Zeitlang die Absicht, als Übersetzer auf sich aufmerksam zu machen und seinen Lebensunterhalt damit zu verdienen. Entsprechende Äußerungen Seumes dazu gibt es nicht. Die bekanntesten dieser Lyrikübersetzungen sind *Das verödete Dorf (The Deserted Village)* von Oliver Goldsmith (1728–1774), *Anfang von Dr. Youngs erster Nacht (Night Thoughts)* von Edward Young (1683–1765), *Allgemeines Gebet (Universal Prayer)* von Alexander Pope (1688–1744) und *Elegie. Geschrieben auf einem Dorfkirchhofe (Elegy written in a Country Churchyard)* von Thomas Gray (1716–1771).

Daß Seume auch aus dem Griechischen übersetzt hat, überrascht bei seiner Vorliebe für diese Sprache nicht. Neben Prosaübersetzungen aus den Werken des Thukydides und Xenophons schuf er kongeniale Übersetzungen zweier Idyllen Theokrits, *Der Kyklop* und *Der Ochsenhirt*, beides Klagen verschmähter Liebhaber. Seume, der bis zwei Jahre vor seinem Tode immer wieder übersetzte, wies damit seine hohe Sprachbegabung sowohl in der Mutter- als auch in den Fremdsprachen nach.

»Die Zeit der Dichtung ist vorbei«

Das 18. Jahrhundert, das Jahrhundert der Aufklärung, war ein Jahrhundert hervorragender geistiger und kultureller Leistungen, der Verkündung der Menschenrechte und des klassischen Humanitätsideals wie auch ein Jahrhundert schrecklicher europa- und weltweiter Kriege, die sich im 19. Jahrhundert fortsetzten und unermeßliches Unheil und Leid für die Menschen brachten. Von einem Jahrhundertwechsel eine Wende zum Besseren in der Weltpolitik zu erwarten, ist eine Illusion, die Seume nie hatte. Er nahm jedoch, wie andere Dichter und Schriftsteller auch, dieses seltene Datum zum Anlaß, um in einem Gedicht mit dem Titel *Das scheidende Jahrhundert* Rückschau zu halten und seine Sicht auf das Weltgeschehen, hauptsächlich auf die Ereignisse in Frankreich seit 1789, darzulegen. Schon am 30.3.1799 hatte er seinem Freund Münchhausen geschrieben: »Was aus dem politischen Wirrwarr werden wird, mag der Himmel wißen, und ich weiß warlich selbst nicht wem ich die Oberhand wünschen soll. Für die Humanität scheint auf keiner Seite viel tröstliches zu erwarten zu seyn.«

Der politische Wirrwarr – das waren sowohl die Machtkämpfe und bürgerkriegsähnlichen Zustände in Frankreich als auch die sogenannten Koalitionskriege seit 1792, in denen die Kräfte der Gegenrevolution in Europa danach strebten, die Französische Republik militärisch niederzuwerfen, die Errungenschaften der Französischen Revolution zu beseitigen und die Monarchie wiederherzustellen. Daß selbst ein solch kritischer Kopf wie Seume sich dabei für keine Seite zu entscheiden vermochte, zeigt die allgemeine Unsicherheit bei der Beurteilung dieser Ereignisse, zumal jede der gegensätzlichen Parteien die gleichen inhumanen Mittel anwandte, um ihre Ziele zu erreichen, so daß die Menschen vermutlich von keiner Macht etwas Gutes zu erwarten hatten.

Seine Enttäuschung und Empörung darüber drückte Seume in dem genannten Gedicht aus. So wie Schillers aus gleichem Anlaß entstandenes Gedicht *Der Antritt des neuen Jahrhunderts* mit der Suche nach einem Zufluchtsort für Frieden und Freiheit in der Welt, beginnt auch Seumes Gedicht mit einer verzweifelten Frage:

Wer wird der Menschheit noch ihr Heiligthum verbürgen?

Dieses Heiligtum, die Humanität, das friedliche Miteinanderleben, konnte bisher und kann auch künftig von keiner Macht, keinem politischen System garantiert werden; dieses Heiligtum wird überall mit Füßen getreten, wie die Situation auf dem europäischen Kontinent zeigt, die Seume mit drastischen Worten schildert. Den Forderungen der Philosophen und Aufklärer zum Hohn bedrückt in fast allen Ländern die feudalabsolutistische »Tyrannei mit ihrer Eisenruthe« die Untertanen, während in dem angeblich freiheitlichen Frankreich das Volk die durch die Revolution gewonnene, aber trügerische Freiheit, eine »Frevelfreiheit«, verflucht, da unter ihrer Herrschaft ebensolche Greuel begangen werden wie unter dem alten Regime. Zehn Jahre vorher hatte es den Anschein gehabt, als würde mit der Französischen Revolution die Morgenröte der Freiheit, der Gerechtigkeit und der Humanität anbrechen. Doch die Hoffnung der Menschen auf die Rückkehr von Asträa, der antiken Göttin der Gerechtigkeit, zur Erde wurde trotz Abschaffung des Feudalsystems und Verkündung der Menschenrechte enttäuscht:

Die Morgenröthe schwand, und auf der neuen Oede
Bleibt kaum ein Strahl Vernunft.

Die Ideologen des neuen Regimes in Frankreich sind für Seume lediglich »neue Schwindler«, die das Volk genauso belügen und indoktrinieren wie die des alten. Die royalistischen Kräfte bekämpfen das neue System als Gegenrevolution im Innern und mit Interventionsarmeen von außen und bringen Tod und Verwüstung über Land und Leute. Anschaulich und sprachgewaltig schildert Seume die Zerstörung friedlicher Landschaften und die Leiden der arbeitenden Menschen »unter der Verheerung Ungewittern«.

Alle bisherigen Regierungssysteme, ganz gleich welche Bezeichnung sie trugen, herrschten mit Gewalt und Unterdrückung, Willkür und Betrug; nur die Methoden und die Namen änderten sich:

Was ist der Unterschied, wer Länder ausgesogen?
Ob der Satrap, ob der Prälat?
Ob Fürstenschwelgerei, ob freche Demagogen?
Die That bleibt stets die That.

Für die Zukunft sieht Seume wie auch Schiller, in dessen Gedicht es um den imperialistischen Machtkampf zwischen England und Frankreich um die Vorherrschaft in der Welt geht, kaum Hoffnung, daß sich der Zustand der Menschheit bessert, daß sich Vernunft und Humanität durchsetzen werden. Am Ende bleibt Seume nur der ohnmächtige Wunsch an einen imaginären Genius der Menschheit – ein in der Literatur des 18. Jahrhunderts beliebtes Sinnbild –, die Hoffnung auf Vernunft und Menschlichkeit nicht gänzlich aus dem Leben verschwinden zu lassen.

Trotz der pessimistischen Bilanz rät Seume jedoch nicht wie Schiller resignierend zur Flucht aus der brutalen Wirklichkeit in »des Herzens stille Räume«, in die Freiheit eines Traumreiches. Hier wird der grundlegende Unterschied zwischen Seumes Auffassung von Dichtung und der der deutschen Klassik, vor allem nach 1793/94, deutlich. Während Goethe und Schiller die ästhetische Erziehung, die harmonische innere Entwicklung des Menschen als Weg zur Freiheit, zur Bildung einer Nation und zur Verbesserung der gesellschaftlichen Verhältnisse ansahen und ihre Rebellion gegen die deutsche Misere in höhere Regionen, in das Reich des schönen Scheins, verlegten, wo sie das Idealbild der bürgerlichen Welt schufen, ist dies für Seume nicht akzeptabel. Seine Humanitätsidee ist nicht abstrakt und einer idealisierten Antike entnommen, sondern entstammt der Realität. Er fordert eine wirklichkeitsverbundene, der Wahrheit verpflichtete Literatur, die auch politisch sein muß, wenn sie dem Menschen dienen soll, und in der es keinen welt- und zeitfernen Zufluchtsort vor der miserablen Gegenwart gibt.

Diese Dichtungskonzeption, die Seume in den Vorreden zur 2. Auflage der *Gedichte*, vor allem aber zum *Spaziergang nach Syrakus* und auch zu *Mein Sommer 1805* darlegt und in seinen nach 1800 entstandenen Werken verwirklicht, ist das Ergebnis seiner weltanschaulichen Entwicklung und findet den prägnantesten Ausdruck in den programmatischen Anfangszeilen eines seiner späteren Gedichte:

Die Zeit der Dichtung ist vorbei,
Die Wirklichkeit ist angekommen;
Und hat des Lebens schönen Mai
Unwiederbringlich weggenommen.

Damit distanziert sich Seume von jeglicher realitätsfernen Dichtung, von der feingeistigen Kunstauffassung der Klassik wie vom Mystizismus und Subjektivismus der Romantik, zu denen er nie eine innere Beziehung hatte. Seumes Forderung widerspiegelt die neue, sozialkritische und kämpferische Funktion der Literatur zu Beginn des 19. Jahrhunderts, die in der Folgezeit mit Ludwig Börne, Heinrich Heine und den Dichtern des Vormärz einen Höhepunkt erreichte.

Die großen Wanderungen (1801–1805)

Der Traum, nach Italien zu gehen

»Froh empfind ich mich nun auf klassischem Boden begeistert«, schrieb Goethe in den *Römischen Elegien* über seinen Aufenthalt in Italien von 1786 bis 1788, und er mag damit vielen Reisenden im 18. und 19. Jahrhundert, die der damals verbreiteten Italiensehnsucht folgten, aus dem Herzen gesprochen haben, vielleicht auch Seume. Einmal in diesem Land des klassischen Altertums gewesen zu sein, um die antiken Bau- und Kunstwerke zu bestaunen, von einem längst entschwundenen Schönheitsideal zu schwärmen und vielleicht einen römischen oder griechischen Autor in der Originalsprache zu lesen, dabei seinen geistigen Horizont zu erweitern und die miserablen Verhältnisse in den deutschen Kleinstaaten zu vergessen, galt für wohlhabende und gebildete Angehörige des Adels und des Bürgertums, vor allem für Künstler und Gelehrte, als erstrebenswert. Alles Römische, römische Sitten und römisches Recht, die lateinische Sprache und das klassische Humanitätsideal galten als Vorbild, die Beschäftigung damit hob über die Enge des eigenen Lebens hinaus. Schönster dichterischer Ausdruck dieser Italiensehnsucht ist Goethes Mignon-Lied *Kennst du das Land, wo die Zitronen blühn ...?* Für die Menschen, die sich eine solche Reise nicht leisten konnten, und das war die überwiegende Mehrheit, waren deshalb Reiseberichte nach den Romanen der beliebteste Lesestoff.

Seit wann Seume den Wunsch hatte, nach Italien zu wandern, wissen wir nicht. »Der Gang ist lange Zeit eine meiner Lieblingsträumereyen gewesen«, schrieb er am 31.12.1801 aus Wien an Böttiger. Ob dieser Wunsch schon in seiner Schulzeit in Borna und Leipzig durch die Lektüre antiker Schriftsteller im altsprachlichen Unterricht geweckt wurde oder erst vier oder fünf Jahre vor seiner Wanderung, bleibt ungewiß. Die erste schriftliche Äußerung Seumes stammt aus dem Jahre 1797, als er beabsichtigte, in Göschens Dienst zu treten. Am 10.5.1797 teilte er seinem Freund Garlieb Merkel mit: »Nun habe ich mich aber verbindlich gemacht einige Zeit in Göschens Offizin als Korrektor zu arbeiten; dann gedenke ich nach Italien zu gehen …« Und sein Malerfreund Schnorr von Carolsfeld, der Seume nach Italien begleiten wollte, vermerkt in seiner Lebensbeschreibung, daß unter ihnen im Frühjahr 1797 der Gedanke entstand, »in einem der nächsten Jahre eine Reise nach Italien zu unternehmen«.[63]

Über Seumes Motive für eine solch lange, strapaziöse und überdies gefährliche Reise gibt es keine einheitliche Meinung. Das kommt daher, daß Seume in seinen Briefen und Werken keine eindeutige Aussage zu Sinn und Zweck der Reise gemacht, sondern immer wieder nur sonderbare Begründungen für dieses Vorhaben gegeben hat. Er wollte seine Reise als eine Art Zeitvertreib oder als Narretei erscheinen lassen, wie die folgenden Anmerkungen zeigen: »Jetzt schwärme ich nun im Geiste auf dem Aetna herum, und die politischen Händel sind mir deswegen vorzüglich zuwider, weil der Wirrwarr mich hindert einen Spaziergang nach Syrakus zu machen und dort den Theokrit bey einer Syrakuser Traube zu lesen. Es muß recht herrlich seyn so dort einige Wochen in der schönen Natur und dem Geiste der griechischen Vorzeit zu schwelgen.« (An Gleim am 20.11.1798) – »Meine Personalität denke ich künftiges Jahr nach Italien zu tragen. Alle Vorkehrungen sind schon so ziemlich getroffen … Mein Vaterland verliert wie ich merke nichts, wenn mich auch ein Banditendolchstich dahin fördern sollte; und ich will doch einmahl in den Aetna gucken und auf der Syrakuser Landspitze eine griechische Idylle lesen.« (An Böttiger am 3.5.1800) – »Ich will mir bloß kosmisch das Zwerchfell etwas aus einander wandeln, ohne einen andern nähern Zweck …« (An Böttiger im Oktober 1801)

Während Böttiger von Seumes Unternehmen begeistert war, sahen Göschen und Gleim keinen Nutzen darin. Am 30.11.1800 klagte Göschen in einem Brief an Böttiger: »Seume will übers Jahr nach Italien. Warum, das weiß er und die Götter, und ich mag mich darum nicht bekümmern … Er ist ein braver Mann, aber seine Reise scheint mir nicht hinlänglich gerechtfertigt zu sein.«[64] Seume sollte lieber seine Lebensgeschichte schreiben, meinte Göschen. Doch dazu war Seume noch nicht bereit. »Mit der Lbsbeschreibung hats noch Zeit«, heißt es in einem Brief an Schnorr im

Herbst 1801, »erst wollen wir leben, dann schreiben. Viel gelebt und wenig geschrieben! besser als umgekehrt.«
Vor allem Gleim versuchte am 14.1.1800 mit allen möglichen Argumenten, Seume das Vorhaben auszureden: »Sie wollen nach Rom und nach Athen verreisen, lieber Seume! Sie der Sie die Wd (Wilden, E.Z.) der Menschen sahn, wollen in Rom und in Neapolis die Zahmern aufsuchen; thun Sies, lieber Seume, nicht! Mit den Wilden die Sie Kennen lernten waren Sie zu frieden, mit den Zahmern werden Sies nicht seyn! Wollen Sie die Fußstapfen der Menschen, die wir unsere Claßiker zu dencken pflegen nur betreten? Die sind längst nicht mehr. Wollen Sie die Trümmer ihrer Villen besehn? Was hätten Sie davon! Heinse, Herder, Fritz Stolberg, Jacobi, haben Sie besehn, und man sagte, Sie wären zufriedener mit sich, und dem, der solche Trümmer werden lies zu den Ihrigen nicht wieder zurückgekommen – Verreisen also, Sie mein lieber braver Seume, doch nur nicht ...« Es sei schon genug gereist, fährt Gleim fort, er solle doch im Lande bleiben und bei Göschen junge Korrektoren heranbilden, er müsse einer unserer Klassiker werden, es nur wollen und die niedergerissenen Tempel der Humanität wieder mit aufbauen helfen. Gleim schließt mit der Aufforderung an Seume, all dies dem Vater Gleim zu versprechen, der ihn, wenn er Göschen wäre, schon längst zu seinem Gehilfen – wahrscheinlich Teilhaber – gemacht hätte.
In ähnlicher Weise bemühte sich Gleim etwa ein Jahr später, am 11.2.1801, nochmals: »Sie begeben sich in große Gefahren. Wer weiß, wo Sie ein Unthier oder ein Unmensch ums Leben bringen wird! Bleib zu Hause rath ich, lieber Genius Seume, und nehre Dich redlich! Wie viele Reisende meiner Bekanntschaft kamen unweiser, als sie abreisten, aus Italien und Griechenland zurück!«
Seume ließ sich jedoch durch keine Einwände von seinem Entschluß abbringen und antwortete am 6.2.1800: »Nach Italien zu gehen bin ich doch gesonnen, wäre es auch nur um einige Oden des Horaz unter seinem Himmel zu lesen. Mir das Zwerchfell etwas auseinander zu wandeln, dürfte auch nicht übel seyn. Leben Sie nur noch so lange, bis ich Ihnen erzähle wie sich Theokrit in der Nachbarschaft der Arethuse liest, wenn ich auch die Quelle nicht finde.« Nach einem Hinweis auf Göschens Zwerchfelleiden, das dieser sich durch anhaltendes Sitzen zugezogen hat, fügt er noch hinzu: »Das will ich nun verhüten; und das kann nur durch

starke Bewegung geschehen; und wenn diese nun einmahl auf den Aetna anstatt in das Muldenthal gehet, was wärs denn Schade?«

Ähnlich launig wie in den Briefen äußert sich Seume auch in seinem Reisebericht an zwei Stellen über die Gründe für seine Wanderung. Als er in Wien bei der Verlängerung seines Passes von einem grimmigen Beamten gefragt wurde, was er in Sizilien wolle, schreibt Seume: »Hätte ich ihm nun die reine platte Wahrheit gesagt, daß ich bloß spazierengehen wollte, um mir das Zwerchfell auseinander zu wandeln, das ich mir über dem Druck von Klopstocks Oden etwas zusammen gesessen hatte, so hätte der Mann höchst wahrscheinlich gar keinen Begriff davon gehabt, und geglaubt, ich sei irgendeinem Bedlam (Irrenhaus, E.Z.) entlaufen. Ich will den Theokrit dort studieren, sagte ich.«

In Terracina, zwischen Rom und Neapel, kam Seume im Wirtshaus mit ein paar reichen Leuten ins Gespräch. »Die Herren waren ganz verblüfft zu hören, daß ich von Leipzig nach Agrigent tornistern wollte, bloß um an dem südlichen Ufer Siziliens etwas herumzuschlendern und etwa junge Mandeln und ganz frische Apfelsinen dort zu essen.«

Hinter diesen unernst erscheinenden, zum Teil skurrilen Äußerungen lassen sich jedoch ernsthafte Motive für Seumes Gang nach Syrakus erkennen, und zwar zwei Motive von ungleicher Art. Zum einen ist es Seumes Begeisterung für die Antike, vor allem für griechische Sprache und Literatur, worauf die häufige Erwähnung Theokrits, eines um 300 v.u.Z. in Syrakus geborenen griechischen Dichters, hinweist. Zum anderen wird deutlich, daß Seume einen starken Drang nach ausgiebiger und kraftvoller Bewegung hatte, weshalb er den Marsch von etwa 6000 km überwiegend zu Fuß unternahm. Mit diesem gewaltigen sportlichen Kraftakt wollte er auch seine körperliche Leistungsfähigkeit erproben.

Zu diesen beiden Motiven, Antike und Bewegung, kommt ein drittes hinzu: eine wachsende Unzufriedenheit Seumes mit seinen persönlichen Lebensumständen in seiner Grimmaer Zeit. Sein Brotherr Göschen wußte wohl schon länger davon, wenn er von ihm las: »... an meiner Personalität ist nicht viel gelegen. Es giebt sogar Perioden, wo es mir vorkommt, daß ich auf der Welt wenig Gutes mehr zu thun und zu genießen habe. Doch wahrscheinlich brauche ich nur Thätigkeit; denn zum spekulativen (grüblerischen, E.Z.) Menschen bin ich, wie Sie wohl finden werden, nicht gemacht.« (Oktober 1801)

Auch Gleim erfuhr aus Seumes Briefen wiederholt von diesem Mißmut: »Auf künftige Weinachten habe ich Goeschen den Handel gekündiget; und er sieht selbst ein, dass ich mich, wenn ich so fort fahre, zusammen hypochondere (trübsinnig werde, E.Z.) und doch nichts gescheidtes zu Werke bringe. Wenn es also zu Ende des Jahres bey den Hetruriern (Italiener, E.Z.) nicht allzu wild ist, denke ich abzupilgern, da ich zu Hause vor der Hand nichts vernünftigeres zu thun weiss.« (10.2.1801) – »Die Zeit meiner Pilgerschaft rückt immer näher, und ich kann nicht bergen, dass ich mich darauf freue, nach so manchem durchsessenen Jahre wieder etwas auf die Beine zu kommen. Vielleicht tritt auch mein Kopf dabey in bessere Fugen, und die linke Seite erweitert sich. Man versitzt sich in die Länge an Leib und Seele:« (25.8.1801)

Die jahrelange eintönige Korrektorenarbeit, das stundenlange Sitzen und angestrengte Starren auf Buchstaben, zudem Klopstocks häufige Nörgelei und die noch nicht überwundene unglückliche Liebe zu Wilhelmine Röder hatten Seume immer öfter in eine depressive Stimmung versetzt. Er brauchte Luft, Licht und Freiheit der Bewegung, dringend eine Veränderung der Tätigkeit und des Ortes, um körperlich, geistig und seelisch gesund zu bleiben. Damit sein Gehirn über dem »Silbenwesen« nicht ganz vertrocknete, mußte er nach vier Jahren bei Göschen weg von Grimma, aus der Enge des Muldentales hinaus in die Ferne.

Seume sah es gewissermaßen als seine Bestimmung an, durch die Welt zu wandern, solange es ihm seine Füße erlaubten. So hatte er auch, wahrscheinlich im Oktober 1801, an Jacques Tapernon, den französischen Sprachlehrer in Emden, geschrieben: »It is my fate to ramble up and down the globe. I shall be quiet, when I can move no more my feet.« (Es ist mein Schicksal, die Welt kreuz und quer zu durchwandern. Ich werde [erst dann] zur Ruhe kommen, wenn ich meine Füße nicht mehr bewegen kann.)

Auch die Öffentlichkeit sollte von Seumes geplanter Wanderung erfahren. Das geschah Anfang des Jahres 1801 mit der Herausgabe seiner Gedichte. Im Vorwort zu dieser Ausgabe schreibt Seume ebenso leichthin wie in seinen Briefen davon, »einen Gang nach Sicilien zu machen, das mir, seitdem ich in der Welt mich etwas umzusehen anfing, vor allen Ländern der Erde freundlich zulacht ... Freylich habe ich in Italien nichts zu thun, als vielleicht nur der Mediceerin (antike Statue der Venus von Medici, E.Z.) ein wenig auf und in die Händchen und dem Vater Aetna in den Mund zu sehen und eine Idylle Theokrits auf der Landspitze von Syrakus zu lesen: aber ich sehe nicht, warum mir diese Grille nicht ebenso lieb seyn soll, als einem andern die seinige.« Dabei ging Seume mit dem letzten Satz geschickt allen Fragen nach dem Sinn und Unsinn seines Unternehmens aus dem Wege – es war eben seine Grille, so wie er auch im Oktober 1801 an Böttiger schrieb: »... Sicilien kann ich nicht missen: das ist nun meine Grille.«

Kurz vor dem Abmarsch nach Italien gab es plötzlich noch eine kleine Schwierigkeit mit Schnorr. Dieser hatte für sich ein Reisestipendium beim Ministerium in Dresden beantragt, das aber wegen der unsicheren politischen Lage in Italien abgelehnt wurde mit dem Hinweis, es später noch einmal zu versuchen. Deshalb wollte Schnorr die Reise verschieben, doch Seume war damit nicht einverstanden und schrieb ihm etwas erzürnt: »Wenn wollen Sie gehn? Wenn Sie ein alter Kerl werden? Ihr Feuer kann verrauchen, und Ihre Knochen werden morsch: dann brauchen Sie Ruhe! ... Ich kann meinen Plan jetzt nicht aufgeben, ohne ihn ganz wegzuwerfen. Das letzte will ich nicht; ich muß ihn also jetzt ausführen ... Göschen habe ich den Handel aufgesagt ... Also ich muß fort. Bey mir ist es Nothwendigkeit.«

Seumes Gang nach Syrakus – war es nun eine Grille oder eine Notwendigkeit? Die Antwort lautet: Es war beides. Den Theokrit in Syrakus oder auch einen anderen antiken Autor an klassischer Stätte zu lesen, kann man wohl als Grille, als Laune ansehen, jedoch auf dem ernsthaften Hintergrund von Seumes Vorliebe für die Antike. Die Notwendigkeit dagegen bestand für Seume darin, seinen ausgeprägten Bewegungsdrang zu befriedigen und sich gleichzeitig aus der beengenden provinziellen Lebenssituation in Grimma zu befreien sowie sich räumlich von seiner unglücklichen Liebe zu entfernen, um sein inneres Gleichgewicht wiederzuerlangen. Um so besser, wenn sich Grille und Notwendigkeit miteinander verbinden ließen.

Schließlich bleibt die Frage, ob auch die Absicht, die politischen und sozialen Verhältnisse in Italien kennenzulernen, bei der Planung von Seumes Wanderung eine Rolle spielte. Das ist nicht auszuschließen, doch gibt es dafür keinerlei Hinweise von Seume. Man ist, wie oft bei ihm, auch hier auf Vermutungen angewiesen. Möglicherweise ist der gesellschaftspolitische Aspekt erst im Verlaufe der Reise, vor allem durch Seumes schlimme Erfahrungen in Rom, Neapel und Sizilien sowie durch seine Begegnung mit Napoleon in Paris, oder vielleicht gar erst beim Niederschreiben des Reiseberichts stärker in den Vordergrund getreten. Ein solch gewaltiges Unternehmen, wie es Seumes neunmonatige Fußwanderung von Grimma nach Syrakus und über Paris zurück war, bedurfte einer langfristigen Vorbereitung. Schon zwei Jahre vor Antritt der Reise begann Seume damit. Da er nicht zu den wohlhabenden Kreisen gehörte, sollte zuerst die finanzielle Seite gesichert werden. Deshalb wandte sich Seume bereits am 29.12.1799 mit einer Bitte an seinen begüterten Dichterfreund Gleim in Halberstadt: »Ich bin nehmlich gesonnen mit dem Jahre 1801 eine Tour nach Italien und Sicilien zu machen. Es wäre doch Schande, wenn ein Mensch mit so guten Knochen und so vielem Enthusiasm nicht einmahl den klaßischen Boden durchwanderte. Zu diesem Gange werde ich wohl schwerlich das Geld aus meinen Mitteln ersparen. In Leipzig könnte ich es zwar wohl haben, aber ich trage mancherley Bedenklichkeiten es hier zu thun. Und dann kenne ich keinen Mann, der für meinen Kopf und für meine Ehrlichkeit lieber 200 Thl wagen würde als Sie. Wenn also die Periode heran rückt, meine Gesundheit es erlaubt und die Umstände es sonst nicht verbiethen, dürfte ich wohl Ihre Güte in Anspruch nehmen. Göschen würde mir das Geld freylich auch sogleich vorschießen, das bin ich gewiß. Aber er ist in seinen Verhältnißen ein Mann, der für sich und seine Familie auf jede Summe denken muß ... Es wäre doch möglich, daß ich unglücklich wäre, wer kann alle Unfälle verhüten; dann, erlauben Sie mir, glaube ich, würden Sie den Verlust leichter verschmerzen, als er.« Seume wollte das Geld ja nicht geschenkt haben, sondern es später – wahrscheinlich vom Honorar seines Reisebuches – zurückzahlen.

Ohne weiteres schickte Gleim, trotz aller Einwände gegen Seumes Unternehmen, bereits zwei Wochen später die ausdrücklich als Vorschuß bezeichnete Summe mit der Bedingung, zu niemandem darüber zu sprechen. An eine Rückzahlung, fügte er hinzu, solle Seume vorläufig überhaupt nicht denken, sondern erst, wenn er so reich sei wie der reichste Bankier. Nach Gleims Tod am 18.2.1803 fühlte sich Seume nicht länger an das Versprechen der Geheimhaltung gebunden, und in dem Gedenkaufsatz *Einige Blumen auf Gleims Urne* würdigte er dessen großzügige Unterstützung.

Auch Böttiger wollte Seume, als er von dessen Vorhaben erfuhr, sogleich ein Reisegeld von 400 bis 500 Reichstalern von dem Verleger Cotta verschaffen, wenn er von unterwegs Reiseberichte liefern würde. »Das würde ich aber schwerlich thun«, meinte Seume dazu am 19.5.1800 an Gleim, »wenn ich auch noch keinen Deut haette; und noch viel weniger nun, da ich geborgen bin. Es ist immer drückend, Obliegenheiten zu haben, wodurch man einigermassen von dem Willen eines andern abhängt.« Seumes fester Vorsatz war es, sich nach Lösung des Arbeitsverhältnisses bei Göschen in keine neue Abhängigkeit zu begeben. Er wollte frei und unabhängig wandern, ohne Druck und erneute Pflichten, nur seinem eigenen Willen folgen, sich von niemandem etwas vorschreiben lassen, wenn auch das großzügige finanzielle Angebot eines angesehenen Verlegers verlockend gewesen sein mag.

Ein gefüllter Geldbeutel reichte jedoch noch nicht aus, um in die Welt hinauszuwandern, vor allem nicht von einem Land ins andere. Dazu mußte vorher ein Paß beantragt werden, in Seumes Fall in Wien für den Marsch durch die Länder der österreichisch-habsburgischen Monarchie. Über die bürokratischen Hindernisse dabei entrüstete sich Seume in einem Brief vom 25.8.1801 an Gleim: »Ob man gleich in Wien mein Buch (die Ausgabe der Gedichte, E.Z.) unter die verdammten geworfen hat, so schreibt doch Retzer (Joseph Friedrich Freiherr von Retzer [1754–1824], Bücherzensor in Wien, E.Z.) dass ich ihm brüderlich willkommen seyn würde. Nur wird es einige Schwierigkeit mit dem Passe haben. Er hat mich an den Gesandten des Kaisers in Dresden gewiesen; und dieser macht, wie ich von Bekannten weiss, allerhand Bedenklichkeiten. Ich will den Auftrag einem Freunde in Dresden geben, dessen Eifer und Klugheit ich traue, und werde sehen wie die Sache geht. Es ist doch traurig um eine Polizey, die so entsetzlich engbrüstig ist. Ich finde es sehr billig, dass man gegen Ruhestörer und Verdächtige aufmerksam und strenge ist; die Zeitläufe mögen es nothwendig machen: aber man treibt den Excess des Misstrauens bis zur Inhumanität, und gewinnt damit nichts.« Wie Seume später berichtet, wurde die Paßangelegenheit in Dresden jedoch zu seiner vollen Zufriedenheit erledigt.

Um eingermaßen sicher reisen zu können, mußte Seume die politische Entwicklung in Italien verfolgen, deren »Wirrwarr« für seinen Spaziergang nach Syrakus bisher nicht günstig war, denn seit 1796 fanden in Norditalien Kämpfe zwischen der französischen Armee unter dem Oberbefehl Napoleons und österreichischen Truppen statt, die am 9.2.1801 mit dem Frieden von Lunéville beendet wurden. Österreich war besiegt und mußte Oberitalien an Frankreich abtreten, das dadurch die Vorherrschaft in Italien erlangte. Zwar war die Voraussetzung für Seumes Wanderung durch Italien damit gegeben, aber eine Sicherheitsgarantie für ihn war das nicht. Seume war sich der Gefährlichkeit seines Vorhabens bewußt, die noch dadurch erhöht wurde, daß er zu Fuß und von Wien an allein ging. Von Böhmen bis Sizilien trieben Räuber, zum Teil marodierende Soldaten, ihr Unwesen.

Kurz vor dem Abmarsch nach Italien unternahm Seume in der zweiten Novemberhälfte 1801 zusammen mit Freund Schnorr und dem Engländer Henry Crabb Robinson (1775–1867), damals Student in Jena, eine Trainingswanderung nach Weimar, wo sie Wieland, Böttiger, Herder, Goethe, Schiller und dem Schauspieldichter August von Kotzebue kurze Besuche abstatteten. Robinson berichtete später darüber in seinem Buch *Ein Engländer über deutsches Geistesleben im ersten Drittel dieses Jahrhunderts* (1871). Auf dem Rückweg verweilte Seume einige Tage bei seiner 63jährigen Mutter in Poserna.

Schnorr blieb bei seiner Familie in Leipzig und traf alle notwendigen Vorbereitungen für die Reise. Am 5. Dezember verließ er Leipzig in Richtung Grimma und übernachtete in Altenhain bei dem befreundeten Gutsbesitzerehepaar von Bissing, das ihm versprach, sich um seine achtjährige Tochter Ottilie zu kümmern, falls ihm etwas zustoßen sollte. Am nächsten Tag traf er in dem nahegelegenen Grimma ein, wo Seume inzwischen seinen Tornister gepackt hatte, der folgendes enthielt: einen blauen Frack, zwei Westen, zwei Paar Hosen und Unterziehhosen, zwei Paar Strümpfe, vier Halstücher, zwei Schnupftücher, ein Paar Schuhe, ein Paar Pantoffeln, einen Flickbeutel und eine Bürste, außerdem zwei Notizbücher und etwa ein Dutzend griechische und lateinische Autoren, darunter Homer, Vergil, Theokrit, Anakreon, Horaz und Tacitus. Vom Schuhmacher Heerdegen in Leipzig hatte sich Seume ein Paar solide Stiefel anfertigen lassen.

Am Morgen des 6. Dezember, des Abmarschtages, schrieb Seume noch einen Abschiedsbrief an Göschen: »Eben schnalle ich zusammen und nehme das glücklichste Omen mit, das nur erscheinen konnte ... Der Himmel gebe mir das Glück sie alle wohl wieder zu sehen. Ich habe der schönen Tage sehr viele bey Ihnen genossen, und werde, wenn mir das Wünschen einfällt, mir mehr derselben vom Schicksal erbitten. Mein Gefühl sey mein Dank, Ihr Lob und Ihre Bezahlung. Grüßen Sie die Mutter mit den Kleinen und nennen dann und wann meinen Namen unter den Glücklichen, denen der Himmel Seele fürs Leben und Herz für seine Freunde gegeben hatte.«

Einen Abschiedsgruß von Seume und Schnorr veröffentlichte auch die *Leipziger Zeitung* am 17.12.1801: »Wir haben den 6. dieses Monats unsere Reise über Wien nach Italien angetreten. Abschiednehmen ist von keiner Seite ein angenehmes Geschäft ... Wir glauben, daß unsere Freunde von unseren guten Wünschen überzeugt sind, so wie wir nicht zweifeln, daß uns die ihrigen folgen, und hoffen wir sie alle glücklich und vergnügt wiederzusehen.«[65] Und die *Allgemeine Litteratur-Zeitung* schrieb in ihrem Intelligenzblatt, dem Nachrichtenteil der Zeitung: »Der Maler Hr. Veit Hans Schnorr in Leipzig und der als Schriftsteller bekannte ehemalige russische Lieutenant Hr. M. Johann Gottlob Seume haben zusammen kürzlich eine literarische artistische Reise nach Italien angetreten.«[66]

Göschen hatte an Seumes Abreisetag an Böttiger geschrieben: »... Seumes Stelle ist mehr als besetzt; für die Druckerei, meine ich, für das Herz kann er mir nicht ersetzt werden.«[67] Er erinnerte auf seine Weise an den in die Fremde marschierenden Freund, indem er in seinem Garten in Hohnstädt an Seumes Lieblingsplatz, von dem aus man damals einen Blick auf die Felder, Wälder, Wiesen und Dörfer des jenseitigen Muldenufers hatte, eine Gedenkplatte setzen ließ mit einem Distichon von Schiller, das Seumes Lebenshaltung treffend wiedergibt:

Eil' in die Furche der Zeit Gedanken und Taten zu streun,
Die, von der Weisheit gesät, still für die Ewigkeit blühn.

Wanderung nach Syrakus und zurück (Dezember 1801–August 1802)

Am 6. Dezember 1801, einem Sonntag mit warmem, fast frühlingshaftem Wetter, traf Schnorr in Seumes Stadtwohnung am Grimmaer Marktplatz ein, um mit ihm den Fußmarsch nach Sizilien anzutreten. »Nachdem nun auch Seume den Tornister aufgenommen, und jeder seinen Reisestock ergriffen hatte, zogen wir von hinnen«[68], schrieb er später in seinen Erinnerungen. Seumes Reisebericht beginnt ebenso lapidar: »Ich schnallte in Grimme meinen Tornister, und wir gingen. Eine Karawane guter gemütlicher Leutchen gab uns das Geleite bis über die Berge des Muldentals …«

Ihr Weg führte vom Markt über die nahe steinerne Muldenbrücke mit dem hohen hölzernen Mittelteil, die mehr als 80 Jahre zuvor von dem berühmten sächsischen Oberlandesbaumeister Daniel Pöppelmann (1662 bis 1736) erbaut worden war, dann die Anhöhen am jenseitigen Ufer der Mulde hinauf, wo heute die Leisniger Straße verläuft, bis zur jetzigen Hospitalschenke. Damals stand dort das Georgenhospital, das von 1241 an für Leprakranke, später für kranke Frauen genutzt wurde, und die heute noch vorhandene Kapelle, in der sich eine Altarwand mit der Figur des Sankt Georg, den Drachen tötend, befand. Hier setzte sich Seume für kurze Zeit in die Kapelle und betete, »daß der Himmel mir geben möchte billige, freundliche Wirte und höfliche Torschreiber von Leipzig bis nach Syrakus, und zurück auf dem andern Wege wieder in mein Land; daß er mich behüten möchte vor den Händen der monarchischen und demagogischen Völkerbeglücker«, die den Menschen ihr mehr oder weniger schlechtes System aufzuzwingen suchen. Dann blickte er abschiednehmend in das Muldental hinunter – die Sicht dorthin war damals noch frei und nicht durch Häuser und die Bäume des heutigen Stadtwaldes versperrt: »Nun sah ich zurück auf die schöne Gegend, die schon Melanchthon so lieblich fand, daß er dort zu leben wünschte; und überlief in Gedanken schnell alle glücklichen Tage, die ich in derselben genossen hatte: Mühe und Verdruß sind leicht vergessen. Dort stand Hohenstädt mit seinen schönen Gruppen, und am Abhange zeigte sich Göschens herrliche Siedelei, wo wir so oft gruben und pflanzten und jäteten und plauderten und ernteten, und Kartoffeln aßen und Pfirschen: an den Bergen lagen die freundlichen Dörfer umher, und der Fluß wand sich gekrümmt durch die Bergschluchten hinab, in denen kein Pfad und kein Eichbaum mir unbekannt waren. Die Sonne blickte warm wie im Frühling, und wir nahmen dankbar und mit der heitersten Hoffnung der Rückkehr von unsern Begleitern Abschied. Noch einmal sah ich links nach der neuen Mühle auf die größte Höhe hin, die uns im Gartenhause zu Hohenstädt so oft zur Grenze unserer Aussicht über die Täler gedient hatte, und wir wandelten ruhig die Straße nach Hubertusburg hinab.« Diese poetisch-romantische Szene hat viel später ein unbekannter Maler auf einem großen Gemälde darzustellen versucht, das in einem Gastraum der Seume-Gaststätte »Zur Linde« (heute Gaststätte »Athen«) in Hohnstädt zu sehen ist.

Nach einem herzlichen Empfang und der ersten Übernachtung in Altmügeln, etwa 25 km von Grimma entfernt, wurden Seume und Schnorr am nächsten Morgen von den Dorfbewohnern mit dem Gesang von Goethes Mignon-Lied *Kennst du das Land, wo die Zitronen blühn ...?* auf den Weg nach Meißen geschickt, wo sie ebenso herzlich willkommen geheißen wurden und übernachteten. Schon da tauchte der angesichts der vielen Unsicherheiten der langen Reise verständliche Wunsch auf: »Wenn wir uns doch die freundlichen Bekannten an der südlichen Küste von Sicilien bestellen könnten!«

Seumes Erfahrungen mit Haupt- und Residenzstädten und ihren Einwohnern, von denen die meisten irgendwelche Hofangestellten waren, müssen nicht die besten gewesen sein, wenn er bei der Annäherung an Dresden bemerkt: »Es wehte mich oft eine kalte, dicke, sehr unfreundliche Luft an, wenn ich einer Residenz nahe kam ... Ungezogenheit und Impertinenz ist bekanntlich am meisten unter dem Hofgesinde der Großen zu Hause ... und Hof heißt oft nur ein Ort, wo man keine Höflichkeit mehr findet ...« Der erste Gang in den entsprechenden Hauptstädten führte Seume stets zur Polizei oder Paßstelle, um sich seinen Reisepaß für den Marsch durch das folgende Land verlängern zu lassen. In Dresden erhielten die Reisenden in der österreichischen Gesandtschaft ihre Papiere für alle Länder des österreichischen Kaisertums zu ihrer Überraschung unbürokratisch, schnell und freundlich mit der Unterschrift des Grafen Metternich (1773–1859), des späteren Fürsten und österreichischen Staatskanzlers, der in Dresden seine diplomatische Laufbahn begann.

Trotz eines mehrtägigen Aufenthaltes in dieser Stadt zeigte Seume kein Interesse an den berühmten Sammlungen, er bemühte sich nicht um einen Besuch in der Gemäldegalerie, aber er sah sich einige Theateraufführungen an. Am 12. Dezember erlebte er überraschend ein Ereignis mit, das ihn zu einem sarkastischen Kommentar veranlaßte: »Heute früh wurde ich durch den Donner der Kanonen geweckt und erfuhr beim Aufstehen, daß dem Hause ein Prinz geboren war. Vielleicht macht der Herr in seinem Leben nicht wieder so viel Lärm, als bei seiner Ankunft auf unserm Planeten.« Es war der spätere König Johann (1801/1854 bis 1873), der als zweiter Sohn des sächsischen Prinzen Maximilian und dessen Frau Caroline von Parma das Licht der Welt erblickte. Er interessierte sich später tatsächlich kaum für militärische, sondern mehr für geistige Dinge, studierte alte Sprachen und befaßte sich mit griechischer Literatur. Seit einer Italienreise, zwanzig Jahre nach Seume, fesselte ihn besonders Dantes *Göttliche Komödie*, von der er in etwa zwanzigjähriger Arbeit eine ausgezeichnete Übersetzung anfertigte und unter dem Pseudonym Philalethes (»Freund der Wahrheit«) veröffentlichte.

Vom sächsischen Fürstenhaus hatte Seume überhaupt eine erstaunlich gute Meinung: »Die Fürsten dieses Hauses sind zum Glück ihrer Länder seit mehr als einem Jahrhundert meistens Kinder des Friedens.« Angesichts der Teilnahme Sachsens am Nordischen Krieg, an den drei Schlesischen Kriegen und dem Interventionskrieg gegen das revolutionäre Frankreich im 18. Jahrhundert erscheint das Urteil trotz der Einschränkung »meistens« etwas geschmeichelt, aber es trifft im wesentlichen auf den unkriegerischen Charakter der sächsischen Herrscher zu. Den gegenwärtigen Regenten, Friedrich August III., nennt Seume einen »wirklich vortrefflichen Kurfürsten«.

Von Dresden führte der Weg der Wanderer nach Pirna, von dort südwärts zu den Höhen des Osterzgebirges, wo sie von Schnee überrascht wurden, und weiter nach Peterswalde (Petrovice), dem ersten Ort hinter der sächsisch-böhmischen Grenze. Meinungen über die Zollkontrolle, den Zustand der Wirtshäuser, das Essen und die Bedienung findet man in Seumes Bericht häufig, wenngleich nicht immer so günstig wie im folgenden: »Unser Wirtshaus in Peterswalde war so gut, als man mit gehöriger Genüglichkeit es sich nur immer wünschen kann. Der Zollbeamte, der den Paß bescheinigte, war freundlich. Die Mahlzeit war nicht übel und die Aufwärterin gar allerliebst niedlich und artig.« Das Gegenteil erlebte Seume in der nächsten Herberge in Budin (Budyne): »Der Wirt zur goldenen Rose in Budin hatte ein gutes Haus von außen und ein schlechtes von innen. Eine Suppe von Kaldaunen, altes dürres Rindfleisch und ein sehr zäher, lederner Braten von einer Gans ...; noch schlechter waren die Betten: aber am schlechtesten war der Preis ... Übrigens lasse ich die Qualität der Wirtshäuser mich wenig anfechten. Das beste ist mir nicht zu gut, und mit dem schlechtesten weiß ich noch fertig zu werden.«

Von Peterswalde herab erreichten Seume und Schnorr bei Aussig (Usti) wieder das Elbtal. Seume konnte nicht ahnen, daß er in weniger als neun Jahren 15 km westlich von Aussig, in Teplitz (Teplice) seine letzte Ruhestätte finden würde. Die Elbe durchschneidet hier, von Lobositz (Lovosice) bis hinter Aussig, das Böhmische Mittelgebirge und bildet eine einmalig schöne Landschaft, »romantisch wild, links und rechts an dem Flusse hohe Berge mit Schluchten, Felsenwänden und Spitzen«, eine Landschaft, die viele Maler, darunter Caspar David Friedrich und Ludwig Richter, fasziniert und zu künstlerischen Werken angeregt hat.

Mehr noch als ein offenes Auge für die Schönheiten der Natur hatte Seume einen scharfen Blick für das Verhältnis der Menschen zur Natur, dafür, welchen Gebrauch sie von ihren Gaben machen, ob sie sie nutzen oder vernachlässigen. Deshalb spielte für ihn bei der Beurteilung einer Gegend nicht die landschaftliche Schönheit die wichtigste Rolle, sondern das kulturvolle Aussehen, das ihr die Menschen gegeben haben, die Bebauung, die Pflege und die wirtschaftliche Nutzung. Ein negatives Beispiel sah er gleich nach Verlassen des Böhmischen Mittelgebirges. »Ich freute mich, als ich hinter Lowositz in Böhmen auf die Ebenen kam, und hoffte nun einen beträchtlichen Grad von Wohlstand und Kultur zu finden, da der Boden rundumher außerordentlich fruchtbar zu sein schien. Aber meine Erwartung wurde traurig getäuscht. Die Dörfer lagen dünn, und waren arm; noch mehr als in dem Gebirge. Man drosch in den Herrenhöfen auf vielen Tennen und die Bauernhäuser waren leer und verfallen; die Einwohner schlichen so niedergedrückt herum, als ob sie noch an dem härtesten Joche der Sklaverei zögen.«

Um von einer Gegend einen Gesamteindruck zu bekommen, ihr Panorama zu genießen und sie auch unter dem Gesichtspunkt ihrer militärischen Eignung für Angriff und Verteidigung zu betrachten, bevorzugte

Seume einen erhöhten Standort, einen Aussichtspunkt, einen Berg oder einen Turm: »Die vorletzte Anhöhe von Czaßlau gewährt eine herrliche Aussicht, rechts und links, vorwärts und rückwärts, über eine fruchtbare mit Dörfern und Städten besäete Fläche. Mich deucht, es wäre hier einer der besten militärischen Posten, so leicht und richtig kann man nach allen Gegenden hinabstreichen.«

Über seinen Aufenthalt in größeren Städten – die nächste von Lobositz aus war Prag – äußert sich Seume bei Gelegenheit zu seinem Leser folgendermaßen: »Du mußt und wirst von mir nicht erwarten, daß ich Dir eine topische, statistische, literarische oder vollständig kosmische Beschreibung von den Städten gebe, wo ich mich einige Zeit aufhalte. Dazu ist mein Aufenthalt zu kurz; die kannst Du von Reisenden von Profession oder aus den Fächern besonderer Wissenschaften gewiß besser bekommen. Ich erzähle Dir nur freundschaftlich, was ich sehe, was mich vielleicht beschäftigt oder wie es mir geht.« Und an anderer Stelle heißt es: »Übrigens bin ich nicht nach Italien gegangen, um vorzüglich Kabinette und Galerien zu sehen …« Als Reiseführer, etwa für Bildungstouristen, läßt sich Seume nicht verwenden, da verweist er auf fachkompetente Reisebücher, aus denen er übrigens selbst manche Angaben übernimmt. Im Mittelpunkt seiner Reiseschilderung stehen immer die eigene Person, die eigenen Erlebnisse. Meist besichtigte er in den Städten einige Sehenswürdigkeiten und Kirchen, besuchte Theater, Bibliotheken und Museen, so in Prag den Hradschin. Doch stets war sein Grundsatz, den er später einmal bei der Besichtigung von Schlössern in Petersburg äußerte: »Von den Häusern, es mögen Schlösser oder Hütten sein, sind mir immer die Bewohner das wichtigste … Ich habe nicht außerordentlich viel Sinn für das, was außer dem Menschen ist.«

Von Prag marschierten Seume und Schnorr zunächst 55 km ostwärts nach Kolin und über das dortige Schlachtfeld, wo im Siebenjährigen Krieg die Österreicher am 18.6.1757 die Preußen unter Friedrich II. besiegt und zur Räumung Böhmens gezwungen hatten – für Seume eine Gelegenheit zu historischen Betrachtungen über Siege und Niederlagen des verehrten Königs.

Die Strecke von Prag über Kolin und weiter über Czaslau (Caslav), Iglau (Jihlava) und Znaim (Znojmo) nach Wien war eine der bedeutendsten und belebtesten Handelsstraßen in Europa, die von Leipzig her kam und von Seume schon bis Prag benutzt worden war. An der mährisch-österreichischen Grenze gefielen ihm bei Znaim die liebliche Landschaft und die vielen Weinberge so gut, daß er hier zu wohnen wünschte. Kritisch bemerkte er aber: »Der Boden mit den großen weitläufigen Weinfeldern könnte, da er überall sehr gut zu sein scheint, doch wohl besser angewendet werden, als zu Weinbau. Die Armen müssen billig eher Brot haben, als die Reichen Wein ... und mit den Weingärten scheint mir entsetzlich viel guter Boden verdorben zu sein.«

Als die Wanderer am 26. Dezember in Wien ankamen, wurde Seume von Kopf bis Fuß und sein Tornister höchst gründlich durchsucht, weil man ihn für einen Juden hielt, der vielleicht Juwelen oder Brabanter Spitzen einschmuggeln wollte. Während des vierzehntägigen Aufenthaltes in der Stadt suchte Seume bekannte Persönlichkeiten auf, an die er Empfehlungsschreiben hatte, lernte er das Theaterleben kennen und besorgte sich einen neuen Paß für Italien, zunächst bis Venedig, wobei er von dem deutschen Präsidenten der italienischen Kanzlei in ziemlich grober und unhöflicher Weise behandelt wurde, obwohl er sonst überall auf Freundlichkeit traf. Aufgefallen ist Seume sofort, daß in der stockkonservativen Hauptstadt eine eigenartige Atmosphäre herrschte, eine politische Ruhe und »übergroße Ängstlichkeit«. Niemand wagte aus Furcht vor der österreichischen Geheimpolizei in der Öffentlichkeit über politische Dinge zu sprechen, und als Seume einmal ein paar Takte der Marseillaise vor sich hinsummte, wirkte das schockierend auf die umstehenden Leute.

Da man in Wien schreckliche Dinge von dem Weg nach Italien und von Italien selbst erzählte, entschloß sich Schnorr, nicht weiter mit Seume zu wandern, sondern noch einige Zeit hier zu bleiben, die Kunstakademie zu besuchen und im April nach Paris zu gehen, wo sich beide wieder treffen wollten. Als Ehemann und Vater durfte er sein Leben nicht leichtfertig aufs Spiel setzen. Es war vor allem ein Künstlerkollege, der Wiener Maler und Direktor der Kunstakademie Heinrich Friedrich Füger (1751 bis 1818), der Schnorr nachdrücklich von einem Marsch nach Italien abriet. »Ich entschloß mich endlich nach vielem Kampf in Wien zu bleiben«, heißt es in Schnorrs Lebenserinnerungen. »Seume selbst war bang' um mich; denn ihm war Ähnliches von den Gefahren, Räubern in die Hände zu fallen, berichtet worden. Weit ruhiger werd' ich gehen ohne sie, sagte er gerührt. Durch mich wird niemand unglücklich, fügte er hinzu, wenn ich ja umkomme, u.s.w. Vierzehn Tage blieb mein Freund noch in Wien, dann – ging er alleine weiter.«[69]

Am 10. Januar 1802 verließ Seume Wien und marschierte nach Süden der Steiermark entgegen. Schnorr begleitete den Freund ein Stück Wegs aus der Stadt hinaus, und beide nahmen Abschied voneinander in der Hoffnung, sich in Paris wieder zu treffen.

Seume mußte durch fast ein Dutzend Staaten wandern. Besonders in Oberitalien herrschte seit den französisch-österreichischen Kämpfen ein arges Durcheinander. Daß Franzosen und Österreicher in manchen Gegenden unterschiedlich beliebt waren und Seume wegen seines Aussehens mitunter für einen Franzosen gehalten wurde, vergrößerte oder verringerte die Gefahr für ihn. Aber er ließ sich nicht so leicht bange machen. »Ich gehe getrost vorwärts«, heißt es in seinem Reisebericht schon beim Marsch durch Böhmen, »und verlasse mich etwas auf einen guten, schwerbezwingten Knotenstock, mit dem ich tüchtig schlagen und noch einige Zoll in die Rippen nachstoßen kann. Freund Schnorr wird auch das seinige tun; und so müssen es schon drei gut bewaffnete, entschlossene Kerle sein, die uns anfallen wollen. Wir sehen nicht aus, als ob wir viel bei uns trügen, und auch wohl nicht, als ob wir das wenige das wir tragen so leicht hergeben würden.« Jedenfalls hielt Seume seine Art zu reisen für die sicherste: »Wer würde Reichtümer in meinem Reisesacke suchen? Mein Aufzug war nicht versprechend; und um nichts schlägt man doch nirgends die Leute tot.« Diese leichtfertige und unbegründete Ansicht konnte leicht zum tödlichen Irrtum werden, zumal Seumes Tornister aus Seehundfell mit einem Dachskopf darauf äußerlich einen recht wertvollen Eindruck machte und auch im Innern Wertvolles vermutet werden konnte.

Der Gedanke, unterwegs ums Leben zu kommen, war nicht gerade angenehm, hatte aber für Seume nichts Furchterregendes, da er bereit war, jederzeit aus der Welt abzutreten. Einer seiner Grundsätze war: »Wer den Tod fürchtet, hat das Leben verloren.« Tatsächlich ist Seume dreimal in Italien in eine gefährliche Situation geraten, die ihm einmal fast das Leben gekostet hätte.

Neben der Gefahr von Raubüberfällen waren schlechte Straßen und Herbergen sowie die Unbilden des Wetters zusätzliche Erschwernisse einer Fußreise. Darüber war sich Seume aber von Anfang an im klaren: »Wenn man nicht mit Extrapost fährt, sondern zu Fuße trotzig vor sich hinstapelt, muß man sich sehr oft sehr huronisch behelfen.« Um die größte Sommerhitze im Süden mit eventuellen Krankheiten zu vermeiden, ist Seume ja gerade Anfang Dezember in Grimma losmarschiert, so daß er bereits Anfang März in Rom, am 1. April in Syrakus und Mitte Juni schon auf dem Rückweg in der Schweiz war.

Nach dem Abschied von Schnorr tornisterte Seume (eine schöne Wortneubildung, die er häufig gebraucht) mit einem seltsamen Gefühl, doch »fröhlichen Mutes« allein den Bergen entgegen, überquerte in fast knietiefem Schnee auf dem Semmering-Paß (985 m) die Ostalpen und erreichte durch die Täler der Mürz und der Mur am 14. Januar Graz, die Hauptstadt der Steiermark, mit dem schon von weitem sichtbaren, hochgelegenen Schloß, »eine der schönsten großen Gegenden, die ich bis jetzt gesehen habe«.

In Cilli (Celje) in Slowenien wäre Seumes Wanderung fast zu Ende gewesen und nicht nur seine Wanderung, denn hier »hätte ich auch bald meine irdische Laufbahn geschlossen«. Das Wirtshauszimmer, in dem er übernachtete, war frisch geweißt und wegen der großen Kälte überheizt, so daß die dadurch entstandenen Dämpfe bei Seume gegen Morgen zu starken Schweißausbrüchen, Schwächeanfällen, zu Übelkeit und zeitweiliger Bewußtlosigkeit führten und ihm jede Bewegung schwerfiel. Mit letzter Kraft konnte er sich taumelnd ins Freie retten, wo er sich beim Gehen in der frischen Luft langsam wieder erholte. Es war eine lebensbedrohliche Situation, auch wenn er später dachte: »Doch vielleicht kam mir dieses auch nur so gefährlich vor, weil ich keiner solchen Phänomene von Krankheit, Ohnmacht und so weiter, gewohnt bin.«

Nachdem Seume in Laibach (Ljubljana) seine im Gebirge arg strapazierten Stiefel hatte besohlen lassen und mit einem Führer in einigen Karsthöhlen herumgekrochen war, ließ er beim Weitermarsch das winterliche Gebirge endgültig hinter sich und traf am 23. Januar bei frühlingshaftem Wetter in der italienischen Hafenstadt Triest an der Adria ein. Hier wohnte er zufällig in dem gleichen Gasthof, in dem der Begründer der Altertumswissenschaft, Johann Joachim Winkelmann (1717 bis 1768), am 8.6.1768 ermordet worden war. Die Sache war aber in der Stadt schon ziemlich vergessen, und auch Winkelmanns Grab war nicht zu finden.

Etwa auf halbem Weg zwischen Triest und Venedig liegt die Stadt Udine, wo Seume am 29. Januar einen Ruhetag einlegen und seinen 39. Geburtstag »recht stattlich« begehen wollte. Doch daraus wurde nichts. Schon bei seiner Ankunft widerfuhr ihm etwas, womit ein Fußwanderer immer rechnen muß. Trotz aller Nachfragen und guter Geldangebote fand er kein Quartier in Wirtshäusern und Wachstuben, da alles überfüllt war. Nach stundenlangem Umherlaufen kam er schließlich in einem Haus unter, wo es nicht einmal etwas zu essen gab. Verärgert und nur mit einer Semmel und ein paar Äpfeln als Proviant marschierte er am nächsten Tag, seinem Geburtstag, davon und konnte sich erst, da er zu Mittag kein Gasthaus fand, am Abend wieder sättigen. Überraschungen ähnlicher Art hat Seume auf seiner langen Wanderung öfters erlebt, sei es, daß er auf bärbeißige Beamte wie in Wien oder Venedig oder Wirte wie in Sankt Oswald traf, sei es, daß er in einem Gasthaus in Prewald aus Versehen in das Schlafzimmer der hübschen Wirtin geriet, sich in Venedig vor einigen aufdringlichen Straßendirnen nur mit ein paar kräftigen russischen Flüchen retten konnte oder in einem Faschingstreiben in Imola, wo er rasiert und klistiert werden sollte, seinen Knotenstock gebrauchen mußte, um zu entkommen.

In Venedig, wo sich Seume vom 3. bis 11. Februar aufhielt, hatte er eines der nachhaltigsten Erlebnisse seiner ganzen Reise, ein einmaliges Kunsterlebnis. Im Hause eines Kunstsammlers sah er die Marmorskulptur der Hebe, der griechischen Göttin der Jugendschönheit, von dem italienischen Bildhauer Antonio Canova (1757–1822), die er andächtig bewunderte und mit Worten der höchsten Begeisterung beschrieb: »Jetzt ist meine Seele voll von einem einzigen Gegenstande, von Canovas Hebe. Ich weiß nicht, ob Du die liebenswürdige Göttin dieses Künstlers schon kennst; mich wird sie lange, vielleicht immer beherrschen ... Ich will, ich darf keine Beschreibung wagen, aber ich möchte weissagen, daß sie die Angebetete der Künstler und ihre Wallfahrt werden wird ... Du denkst wohl, daß ich bei dem marmornen Mädchen etwas außer mir bin, und so mag es allerdings sein ... Diese einzige Viertelstunde hat mir meine Reise bezahlt; so ein sonderbar enthusiastischer Mensch bin ich nun zuweilen. Es ist die reinste Schönheit, die ich bis jetzt in der Natur und in der Kunst gesehen habe ... ich habe bloß die Göttin angebetet, auf deren Antlitz alles, was der weibliche Himmel Liebenswürdiges hat, ausgegossen ist.«

Ein anderer berühmter Bildhauer, der Däne Bertel Thorwaldsen (1768 bis 1844), schuf 1816 ebenfalls ein Standbild der Hebe, von dem ein Abguß im Park von Göschens Wohnhaus in Grimma-Hohnstädt in einer Grotte unterhalb des Freundschaftstempels steht. Jeder Besucher wird beim Anblick dieser bezaubernden Gestalt Seumes Begeisterung für die andere Hebe verstehen, die ihn sogar zu einem Gedicht anregte.
Den Gegensatz zu den großen und kleinen Kunstwerken bildete vielfach die Wirklichkeit auf den Straßen und Plätzen. In einigen Gegenden und größeren Städten Oberitaliens sah er neben prunkvollen Bauten, Kirchen und Palästen große Armut, viele Bettler und ungeheuren Schmutz, so in Venedig, Padua und Bologna. »Das Traurigste ist in Venedig die Armut und Bettelei. Man kann nicht zehn Schritte gehen, ohne in den schneidendsten Ausdrücken um Mitleid angefleht zu werden; und der Anblick des Elends unterstützt das Notgeschrei des Jammers.« – »Überall war der Segen des Himmels mit Verschwendung über die Gegend ausgeschüttet, und überall war in den Hütten die jämmerlichste Armut.« – »Hier in Bologna fand ich überall eine exemplarische Unreinlichkeit, die an Schweinerei grenzt: und wenn man der häuslichen Nettigkeit der Italiäner überhaupt kein großes Lob geben kann, so haben die Leute in Bologna den größten Schmutz aufzuweisen.« Im Gegensatz zu den prächtigen Häusern der Reichen erfreuten nützliche Bauwerke Seume um so mehr, zum Beispiel eine Wasserleitung, die ein Papst, wahrscheinlich Paul V. (1605 bis 1621), für die Stadt Rimini hatte bauen lassen: »Eine Wasserleitung halte ich überall für eins der wichtigsten Werke und für eine der größten Wohltaten; und hier in Italien ist es doppelt so. Wenn ein Papst eine recht schöne wohltätige Wasserleitung bauet, kann man ihm fast vergeben, daß er Papst ist.«
Von Bologna hatte Seume geradewegs Kurs auf Rimini am Adriatischen Meer genommen und weiter nach Ancona. Ursprünglich wollte er an der Adriaküste entlang bis nach Kalabrien an der Südspitze Italiens laufen, um dort nach Messina auf Sizilien überzusetzen. Da er aber überall wegen seines etwas französischen Aussehens vor den wilden franzosenfeindlichen Bergbewohnern der Abruzzen gewarnt wurde und man deshalb schon jetzt für seine »arme erschlagene Seele« betete, änderte er die Richtung und marschierte über Macerata, Foligno, Spoleto und Terni quer durch die wildromantischen und nicht weniger gefährlichen Apen-

ninen mit schönen Tälern und engen, finsteren Felsenschluchten, in denen es ebenfalls nicht an Räuber- und Mordgeschichten mangelte, »und in einigen Schluchten der Berge waren die Arme und Beine der Hingerichteten häufig genug hier und da zum Denkmal und zur schrecklichen Warnung an den Ulmen aufgehängt: aber ich habe die Gabe zuweilen etwas dümmer und ärmer zu scheinen, als ich doch wirklich bin; und so bin ich dann glücklich auf dem Kapitol angelangt.«

Am 2. März traf Seume in Rom ein, wo er einige hier lebende Deutsche aufsuchte, darunter den Maler Johann Christian Reinhart (1761–1847) und den Kunsthistoriker Karl Ludwig Fernow (1763–1808), der 1803 Professor in Jena wurde und seit 1804 Bibliothekar der Herzogin Anna Amalia in Weimar war. Auch den Bildhauer Canova, den Schöpfer der Hebe, sah Seume in Rom, und sogar mit dem Kardinal und Altertumsforscher Stefano Borgia (1731–1804), dem er einen Brief überbrachte, hatte er ein herzliches Gespräch in lateinischer Sprache. Bereits nach zwei Tagen verließ Seume die Stadt wieder in Richtung Neapel.

In einem Wirtshaus zwischen Rom und Neapel war es, wo Seume zum erstenmal seinen ganzen Mut beweisen mußte und durch sein bestimmtes Auftreten sich und einen Kameraden aus einer gefährlichen Situation rettete, als ein Trupp bewaffneter Männer um Mitternacht von der Wirtin die Herausgabe ihrer beiden Gäste, in denen sie offensichtlich französische Spione vermuteten, verlangten, um mit ihnen kurzen Prozeß zu machen.

Einige Tage nur verbrachte Seume in Neapel, diesem Traum vieler Italienreisender. Bei einem Ausflug in die nähere Umgebung konnte er das paradiesische Kampanien bewundern, »wo die Natur alle ihre Gaben bis zur höchsten Verschwendung ausgegossen hat«. Dann reiste er zu Schiff nach Palermo an der Nordküste Siziliens, wo er am 21. März ankam. Auch hier führte ihn sein erster Gang zu einem Mann, für den er Briefe aus der königlichen Kanzlei in Wien hatte, dem königlichen Bibliothekar Pater Sterzinger, der Seume wiederum Empfehlungsschreiben an bedeutende Männer in Agrigent, Syrakus, Catania und Messina mitgab und ihm damit das Fortkommen auf der Insel sehr erleichterte. Während Seume seine Stiefel in Palermo zum zweitenmal besohlen ließ, las er inzwischen im Theokrit und übersetzte ein Stück daraus ins Deutsche, den bereits erwähnten Liebesgesang des Riesen Polyphem an die Nymphe

Galatea, wobei Erinnerungen an Seumes eigenes Liebeserlebnis aufkamen, die ihn nun nicht mehr schmerzten.
Seume hatte bereits in Grimma bei seinen Reisevorbereitungen die Bücher anderer Sizilienreisender des 18. Jahrhunderts studiert, auf die er in seinem Reisebericht öfter verweist und die ihm nun halfen, sich auf der Insel zu orientieren. Außerdem kamen ihm bei der Besichtigung antiker Stätten und Gegenstände oft historische und philologische Schulkenntnisse zustatten. Denn die Insel hatte in ihrer langen und wechselvollen Geschichte viele Ansiedler und Eroberer erlebt: Phöniker, Griechen, Karthager, Römer, Vandalen, Ostgoten, Byzantiner, Sarazenen, Normannen. Im Jahre 580 v. u. Z. war Sizilien griechische Kolonie geworden, den Namen jedoch erhielt Sizilien (griech. Sikelia, früher Sikania) nach frühen Einwanderern, den Sikelern oder Sikulern, die auf die vorher eingewanderten Sikanier stießen. Mitunter verwendet Seume für Sizilien auch die alte und oft von Dichtern gebrauchte Bezeichnung Trinakria, die von den »drei Landspitzen«, also von der »dreieckigen« Gestalt der Insel herrührt.
Sizilien von Nord nach Süd, von Palermo nach Agrigent, zu durchqueren war wegen der Unwegsamkeit nur auf einem Maulesel und mit einem Führer möglich. Obwohl Seume die Route nach Agrigent weiter westlich über einige antike Stätten nehmen wollte, führte ihn sein Eseltreiber direkt durch das gebirgige Innere auf Agrigent zu.
»Italien ohne Sizilien macht gar kein Bild in der Seele: hier ist erst der Schlüssel zu allem«, schrieb Goethe in seiner *Italienischen Reise*. Hier bündeln sich alle Probleme Italiens wie in einem Brennspiegel, vor allem der Verfall der Landwirtschaft und der Dörfer trotz fruchtbaren Bodens, die krasse Armut, Unterdrückung und Aberglauben, die hemmende Rolle von Regierung, Kirche und Mönchswesen. Die überall anzutreffende Armut empörte Seume dermaßen, daß er glattweg die dafür Verantwortlichen hätte erschießen lassen können: »So wie man sich von der Hauptstadt entfernt, wird es ziemlich wild. Wir kamen durch einige ziemlich unbeträchtliche Örter, und der Abfall der Kultur und des äußerlichen Wohlstandes war ziemlich grell... Aus Vorsicht hatte ich für mich in Palermo Brot gekauft, das beste und schönste, das ich je gesehen und gegessen habe. Hier war es mir eine Wohltat, und ich selbst konnte damit den Wohltäter machen. Die Leutchen im Hause, unter denen ein Kranker

war, segneten die fremde Hülfe: denn das wenige Brot, das sie selbst hatten, war sehr schlecht. Ist das nicht eine Blasphemie in Sicilien, das ehemals eine Brotkammer für die Stadt Rom war? Ich konnte meinen Unwillen kaum bergen ... Nie habe ich eine solche Armut gesehen, und nie habe ich mir sie nur so entsetzlich denken können. Die Insel sieht im Innern furchtbar aus. Hier und da sind einige Stellen bebaut; aber das Ganze ist eine Wüste, die ich in Amerika kaum so schrecklich gesehen habe. Zu Mittage war im Wirtshause durchaus kein Stückchen Brot zu haben. Die Bettler kamen in den jämmerlichsten Erscheinungen, gegen welche die römischen auf der Treppe des spanischen Platzes noch Wohlhabenheit sind: sie bettelten nicht, sondern standen mit der ganzen Schau ihres Elends nur mit Blicken flehend in stummer Erwartung an der Türe. Erst küßte man das Brot, das ich gab, und dann meine Hand. Ich blickte fluchend rund um mich her über den reichen Boden, und hätte in diesem Augenblicke alle sicilische Barone und Äbte mit den Ministern an ihrer Spitze ohne Barmherzigkeit vor die Kartätsche stellen können. Es ist heillos.«

Wo Seume auch hinkam, in den Städten wie auf dem Lande, machte er die Erfahrung, daß die Regierung, die ihren Sitz in Neapel hatte, nicht an einer erfolgreichen wirtschaftlichen Entwicklung der Insel interessiert war, sondern nur an den Steuern: »... die Regierung scheint sich durchaus um nichts zu bekümmern. Nur zuweilen schickt sie ihre Steuerrevisoren, um die Abgaben mit Strenge einzutreiben ... Nur der dritte Teil der Insel ist bebaut, und dieser ziemlich schlecht ... Ehemals schickte man bei der großen Bevölkerung Korn nach Rom, und die Insel wurde für ein Magazin der Hauptstadt der Welt gehalten. Neulich ist man genötiget gewesen, Getreide aus der Levante kommen zu lassen, damit die wenigen ärmlichen südlichen Küstenbewohner nicht Hunger litten.« Kalt überlief es Seume, als ihm ein Steuerrevisor völlig ungerührt von seiner Tätigkeit erzählte: »Wir müssen, sagte er, in der Insel herumreisen, die rückständigen Steuern einzutreiben, und im Namen des Königs (Ferdinand IV. [1751–1825], König von Neapel, E.Z.) den Leuten Kleider, Betten und das übrige Hausgeräte wegnehmen, wenn sie nicht zahlen können.«

Obwohl Seume mitunter in Klöstern übernachtete, verurteilt er das schmarotzerische Dasein der Mönche und bezeichnet sie als »Druckfehler des Menschenverstandes«, als »Ungeziefer des Staats« und als Filzläuse der Menschheit.

Auch auf Sizilien wurde Seume immer wieder vor Räubern und Mördern gewarnt, und deshalb trug er bei seinem Rundgang durch die Insel vorsichtshalber statt seines wertvollen Tornisters einen ärmlichen Habersack auf dem Rücken, in dem sich nur ein paar Hemden, zwei Bücher und etwas Proviant befanden und der oben zugebunden war. »Meinen stattlichen Tornister hatte ich, um ganz leicht zu sein, und auch aus Klugheit, versiegelt in Palermo gelassen; denn er fand überall so viel Beifall und Liebhaber, daß man mir einige Mal sagte, man würde mich bloß meines Tornisters wegen totschlagen.« In diesem Aufzug, mit dem schmalen und unansehnlichen Rucksack, mit einem breitkrempigen Hut auf dem Kopf und dem schweren Knotenstock in der Hand, hat ihn der Maler Johann Christian Reinhart in Rom in Rückenansicht gezeichnet. Diese bekannte Zeichnung zierte später das Titelblatt der Erstausgabe von Seumes Reisebuch.

Ohne Führer wanderte Seume von Agrigent über Alicata nach Terra Nuova (Gela) etwa 70 km an der Südküste Siziliens entlang, der unsichersten Gegend der ganzen Insel, wie man ihm gesagt hatte. Und tatsächlich wurde er dort von drei bewaffneten Reitern barsch angehalten, ausgefragt, durchsucht – zum Glück nur sein Rucksack –, schließlich aber, da wohl Person wie Sachen einen zu ärmlichen Eindruck machten, zu einem Schluck Wein eingeladen und mit guten Wünschen verabschiedet. »Was war nun von den Leuten zu halten?« fragte sich Seume danach. »Aus gewöhnlicher Vorsicht hatte ich die Uhr tief gesteckt; sie war also nicht zu sehen; mein Taschenbuch, in welchem ungefähr noch sieben und zwanzig Unzen in Gold liegen mochten, war inwendig in einer Tasche hoch unter dem linken Arm und wurde also nicht bemerkt. Die Leute hatten keine Uniform und durchaus kein Zeichen als Polizeireiter: übrigens waren sie für Sicilien sehr anständig gekleidet. Gewehr und Dolche trägt in Unteritalien zur Schande der Justiz und Polizei jedermann … Ich denke immer, meine anscheinende Armseligkeit hat mich gerettet, und die Uhr und die Unzen hätten mir den Hals brechen können … Und doch bin ich überzeugt, das war immer noch die sicherste Art, da ich allein war.«

Um sein Ziel schneller zu erreichen und den großen Bogen um die Südostspitze der Insel herum nach Syrakus nicht gehen zu müssen, ging Seume von Terra Nuova aus nicht mehr südostwärts an der Küste entlang, sondern direkt nach Osten in Richtung Syrakus (Luftlinie etwa

90 km). Da dieses Gebiet sehr gebirgig und unwegsam ist und Seume ohne Führer war, konnte er sich oft schlecht orientieren und verirrte sich mehrmals. So kam er statt nach Syrakus immer mehr nach Norden in die Städte Niscemi, Caltagirone und Palagonia, und als er schließlich über Lentini doch noch die Ostküste erreichte, war er in Augusta, etwa 30 km nördlich von Syrakus. Um nicht nochmals in die Irre zu gehen, mietete er sich einen Führer für den Weg nach Syrakus, wo er am 1. April durch das Stadttor einmarschierte. Er war am Ziel seiner Wanderung angelangt.

Syrakus hatte eine jahrhundertelange, oft kriegerische Geschichte, die Seume aus den antiken Geschichtsschreibern kannte. Von Griechenland, genauer von Korinth, im Jahre 734 v. u. Z. auf der Insel Ortygia vor der sizilianischen Ostküste gegründet und bald durch mehrere Stadtteile auf dem Festland erweitert und von einer gewaltigen Stadtmauer umgeben, nahm Syrakus (griech. Syrákusai) einen schnellen wirtschaftlichen Aufschwung und entwickelte sich zur bedeutendsten Stadt Siziliens im Altertum, bis sie im Jahre 212 v. u. Z. von den Römern erobert, Sitz des römischen Statthalters wurde und damit ihre Selbständigkeit verlor.

Das Syrakus um 1800 gefiel Seume bei weitem nicht so, wie ihm sicher das antike gefallen hätte, da die Stadt im Laufe der Zeit immer mehr verfallen und die Einwohnerzahl erheblich zurückgegangen war. Während seines viertägigen Aufenthaltes in der Stadt besichtigte Seume jeden Tag antike Trümmerstätten, Tempel und Amphitheater, Kirchen und Katakomben, auch die berüchtigten Steinbrüche, die im Altertum als Gefängnis dienten. Teils ging Seume allein, teils mit dem verdienstvollen italienischen Naturwissenschaftler und Altertumsforscher Saverio Landolina (1743–1813), der hier wohnte und an den Seume empfohlen worden war.

Auf der kleinen Insel Ortygia südlich der Stadt fand Seume nichts Sehenswertes außer dem Tempel der Göttin Minerva (Athene) und der Quelle Arethusa. Voller Entrüstung bemerkte er, daß um den Minervatempel in der Neuzeit eine christliche Kirche mit einer kleinen Kapelle der Stadtheiligen Lucia herumgebaut und das antike Bauwerk verdorben worden war.

Die Quelle mit dem poetischen Namen Arethusa, die sich im südlichen Teil von Ortygia in der Nähe des Meeres befindet, war für Seume »eine der schönsten und sonderbarsten, die es vielleicht gibt … Sie quillt zuweilen rot, nimmt zuweilen ab und bleibt zuweilen ganz weg, daß man trocken tief in die Höhle hineingehen kann ... Das Wasser ist gewöhnlich rein und hell, aber nicht mehr, wie ehemals, ungewöhnlich schön. Ich stieg so tief als möglich hinunter und schöpfte mit der hohlen Hand: man kann zwar das Wasser trinken, aber süß kann man es wohl kaum nennen; es schmeckt noch immer etwas brackisch ... Alles Wasser auf der kleinen Insel hat die nehmliche Beschaffenheit, und gehört wahrscheinlich durchaus zu der nehmlichen Quelle.« Da man im Altertum glaubte, daß es zwischen dem Fluß Alpheios auf dem Peloponnes in Griechenland und der Quelle eine unterirdische Verbindung gibt, entstand eine Sage, die der römische Dichter Ovid im Fünften Buch seiner *Metamorphosen* (Verse 572–641) wiedergibt. Danach soll die Nymphe Arethusa von dem in sie verliebten und sie bedrängenden Flußgott Alpheios hierher geflohen und von der Göttin Artemis in eine Quelle verwandelt worden sein, Alpheios sie aber unter dem Meere verfolgt und sich hier mit ihr vereinigt haben.

Nun stand Seume an der Quelle, die das eigentliche Ziel seiner Wanderung war und die ihm als Synonym für Syrakus und Sizilien überhaupt galt. Natürlich las er einige griechische Idyllen des Theokrit an der Arethuse. Es muß ein besonderes Gefühl gewesen sein, diesen Dichter dort zu lesen, wo er vor über zweitausend Jahren gelebt hat. Doch Seume war ein viel zu nüchterner Mensch, um seine Gefühle kundzutun; er meinte nur lapidar: »Jetzt sitze ich hier und lese den Theokrit in seiner Vaterstadt.«

Eines Tages hatte sich Seume mit Landolina an das äußerste westliche Ende von Syrakus begeben. Da saß er auf der höchsten Stelle der alten Festungsanlage, sah auf die Stadt und den Hafen, das Meer und die Insel hinunter und rief sich manche historischen Ereignisse ins Gedächtnis. Doch der Blick hinab auf die »ungeheuere Fläche der ehemaligen Stadt, die nun halb als Ruine und halb als Wildnis daliegt«, und auf die wenigen Häuser des neuen Syrakus versetzte ihn in eine melancholische Stimmung. Landolina resümierte die einstige Größe und den gegenwärtigen Zustand der Stadt lakonisch mit zwei Sätzen: »Das waren wir!« und »Das sind wir!« und hat damit wohl auch Seumes gedankliches Fazit seines etwas enttäuschenden Aufenthaltes in Syrakus ausgesprochen.

Mit Syrakus hatte Seume das Ziel, den südlichsten, den Wendepunkt seiner Wanderung erreicht. Nun ging es wieder nordwärts, zuerst nach Catania, für Seume »der lieblichste Ort, den ich in Sicilien gesehen habe«

und wo er gern leben würde. Von hier aus wollte Seume unbedingt auf den Ätna steigen, den mit 3323 m höchsten Vulkan Europas. Schon in Agrigent an der Südküste Siziliens aus einer Entfernung von 130 km hatte er den »Berg«, wie er von den Einwohnern genannt wurde, »in den fernen Wolken« undeutlich sehen können. Kaum hatte Seume fünf Tage später, am 30. März, die Stadt Palagonia im Ostteil der Insel verlassen, bot sich ihm über ein Flußtal hinweg einer der »überraschendsten Anblicke«. Vor ihm, obwohl immer noch 50 km entfernt, stand auf einmal »furchtbar der Ätna mit seinem beschneiten Haupte, von dessen Schädel die ewige lichte Rauchsäule in der reinen Luft emporstieg und sich langsam nach Westen zog«.

Auch der Ätna fand eine Erklärung in der griechischen Mythologie. Danach soll Zeus den Berg auf den von ihm besiegten Riesen Typhon gewälzt haben, und wenn dieser sich rührte, bebte die Erde und wurden Feuer und Lava aus dem Krater gestoßen. Außerdem soll sich im Berg die Werkstatt des griechischen Schmiedegottes Hephaistos und seiner Gesellen, der riesenhaften Kyklopen, befinden. Die Sizilianer nennen den Kraterschlund auch »la casa del diavolo« – das Haus des Teufels.

Seume wurde von einem Einwohner gewarnt, der ihm »schreckliche Dinge von der Kälte in der obern Region des Riesen« erzählte; »es würde unmöglich sein, meinte er, schon jetzt in der frühen Jahrszeit noch zu Anfange des Aprils hinaufzukommen. Er erzählte mir dabei von einigen Westphalen, die es noch bei der nehmlichen Jahrszeit gewagt hätten, aber kaum zur Hälfte gekommen wären und doch Nasen und Ohren erfroren hätten. Ich ließ mich aber nicht niederschlagen; denn ich wäre ja nicht wert gewesen, nordamerikanischen und russischen Winter erlebt zu haben.«

Die Besteigung am 7. April sollte das beeindruckendste Erlebnis auf Seumes Reise werden – von ganz anderer Art als der Besuch in Syrakus. In Nikolosi am Fuße des Berges schloß sich Seume fünf englischen Offizieren an, die mit der gleichen Absicht hierhergekommen waren. Um Mitternacht brach die Gruppe auf einigen Mauleseln, mit zwei Bergführern und einem Proviantträger zur Bergtour auf. Seumes Schilderung der Ätnabesteigung gehört zu den eindrucksvollsten Kapiteln seines Reiseberichts. Der Aufstieg führte durch die verschiedenen Vegetationszonen zunächst bis zur Schneeregion, wo die Maultiere zurückgelassen wurden und die Bergsteiger bei schneidender Kälte durch hohen Schnee stapfen und auch klettern mußten. Unterwegs konnten die Männer das herrliche Naturschauspiel eines Sonnenaufgangs erleben: »... die Sonne tauchte eben glühend über die Berge von Kalabrien herauf und vergoldete was wir von der Meerenge sehen konnten, die ganze See und den Taurus zu unsern Füßen. Ganz rein war die Luft nicht, aber ohne Wolken; desto magischer war die Szene. Hinter uns lag noch alles in Nacht, und vor uns tanzten hier und da Nebelgestalten auf dem Ozean.«

Auf dem Weg zum Gipfel war Seume allen seinen Begleitern voraus und schließlich »zur Ehre der deutschen Nation der Erste an dem obersten Felsenrande der großen ungeheuern Schlucht, in welcher der Krater liegt ... Hier standen und saßen und lagen wir, halb in dem Qualm des aufsteigenden Rauchdampfes eingehüllt, und keiner sprach ein Wort, und jeder staunte in den furchtbaren Schlund hinab, aus welchem es in dunkeln und weißlichen Wolken dumpf und wütend herauftobte ... Die Schlucht, ungefähr eine kleine Stunde im Umfange, lag vor uns, wir standen alle auf einer ziemlich schmalen Felsenwand, und bückten uns über eine steile Kluft von vielleicht sechszig bis siebenzig Klaftern (etwa 100 bis 125 m, E.Z.) hinaus und in dieselbe hinein. Einige legten sich nieder, um sich auf der grausen Höhe vor Schwindel zu sichern. In dieser Schlucht lag tief der Krater, der seine Stürme aus dem Abgrunde nach der entgegengesetzten Seite hinüber warf. Der Wind kam von der Morgensonne und wir standen noch ziemlich sicher vor dem Dampfe; nur daß hier und da etwas durch die Felsenspalten heraufdrang.« Seume hätte gern einmal unten am Krater gestanden, aber er sah rundherum »keine Möglichkeit, vor den ungeheuern senkrechten Lavablöcken, bis hinunter ganz nahe an den Rand des eigentlichen Schlundes zu kommen.« Außerdem könnte ein solches Wagnis leicht tödlich enden, denn bei einer geringen Änderung der Windrichtung kann man in den giftigen Schwefeldämpfen ersticken. Aber schon der Blick vom obersten Rand des Kraters hinab war beeindruckend genug: »Es kochte und brauste und wütete und tobte und stürmte unaufhörlich aus ihm herauf.«

Das Gefühl, diesen Vulkan bezwungen zu haben, der 2000 m höher als der Vesuv ist, auf dem höchsten Punkt Siziliens, ja ganz Italiens südlich der Alpen zu stehen, höher als der Watzmann und die Zugspitze, sowie der weite Blick von oben auf die bezaubernde Landschaft der Insel, auf den Golf von Catania und das Ionische Meer bis hinüber nach Kalabrien – all das war überwältigend und unvergeßlich, vergleichbar nur noch mit der Ansicht des Golfs von Neapel.

Seume muß sich trotz des vier Monate langen strapaziösen Marsches von Grimma bis hierher in einer hervorragenden körperlichen Verfassung befunden haben, da er den Aufstieg auf den Ätna ohne Schwierigkeiten bewältigt hatte, während sich einige seiner englischen Weggefährten schmerzhafte Erfrierungen an Fingern und Zehen zugezogen hatten. Goethe, der fünfzehn Jahre vorher, Anfang Mai 1787, in Catania war, blieb das Erlebnis der Ätnabesteigung versagt; wegen des tiefherabreichenden und unüberwindlichen Schnees zu dieser Jahreszeit war ihm dringend von diesem gefahrvollen Unterfangen abgeraten worden, und so war er nur auf den Monte Rosso gestiegen, einen wesentlich kleineren Doppelberg, der beim Ausbruch des Ätna 1669 entstanden war.

Hier an der Ostküste Siziliens hatte Seume nunmehr seine so oft geäußerten Absichten, den Theokrit an der Quelle Arethusa zu lesen und den Ätna zu besteigen, verwirklicht; damit hatte sein »Spaziergang« den Höhepunkt erreicht. Ohne längeren Aufenthalt marschierte er nun über Taormina nach Messina, das 1783 durch ein Erdbeben stark zerstört worden war und jetzt wieder aufgebaut wurde, dann bei schlechtem Wetter, Regen und Schnee, durch reißende Flüsse an der wilden Nordküste entlang nach Palermo zurück, um dort das Schiff nach Neapel zu nehmen. Seumes letzte Unternehmung, bevor er Sizilien verließ, war ein Aufstieg zum Monte Pellegrino, einem breiten Felsmassiv nordwestlich von Palermo, auf dem er schon einmal, gleich nach seiner Ankunft, gewesen war. Der Berg, zu deutsch Pilgerberg, trug seinen Namen nach den vielen Wallfahrern, die dort zu einer Höhle hinaufpilgern, in der die heilige Rosalie, die Schutzheilige von Palermo, vor siebenhundert Jahren gelebt haben soll und in welcher ihr zu Ehren eine Kapelle erbaut worden war. Hier passierte Seume das bereits erwähnte Mißgeschick, daß bei einem leichten Sturz im Gestein das porzellanene Miniaturbildchen Wilhelmine Röders, das er an einem Faden um den Hals trug, zerbrach und er die Stücke in den Abgrund warf, damit symbolisch seine endgültige Befreiung von diesem unglücklichen Liebeserlebnis andeutend.

Eine andere weibliche Gestalt jedoch tauchte in Seumes Gedanken auf, als er »in einer melancholisch ruhigen Stimmung über Vergangenheit und

Gegenwart« Siziliens nachdachte – Ceres, die römische Göttin des Ackerbaus und des Getreides und Schutzgöttin der Insel. In seiner Phantasie hörte Seume die Göttin klagen, aber nicht wie in dem antiken Mythos über ihre verlorene Tochter Proserpina (griech. Persephone), sondern noch schmerzlicher über den Zustand der Insel, auf der sie der Sage nach geboren wurde. Ihre Klage schrieb er in einer Elegie, *Trauer der Ceres*, nieder, in der er die stolze – und idealisierte – Vergangenheit des Landes der jammervollen Gegenwart gegenüberstellt. Obwohl Seume Mythologischem eher abgeneigt war, läßt er hier, wie später in der Elegie *Die Dryade*, bewußt eine mythologische Gestalt auftreten, um konkrete Probleme der Gegenwart, den Niedergang Siziliens in allen Bereichen, zu verdeutlichen und anzuprangern.

Vier Wochen hat Seume für den Rundgang durch Sizilien gebraucht, und nach drei Tagen in Palermo schiffte er sich am 21. April wieder nach Neapel ein. Dort besuchte er die vielen berühmten Stätten in der Umgebung, die er beim ersten Aufenthalt nicht gesehen hatte: Pozzuoli, Cumae und das antike Luxusbad Bajae westlich von Neapel, Portici, Herculaneum und Pompeji am Fuße des Vesuvs und weiter im Südosten Salerno und die Tempel von Pästum. In Pompeji schaute er sich bei den Ausgrabungen um, die seit etwa 50 Jahren vorgenommen, aber erst im 19. Jahrhundert systematisch betrieben wurden.

Natürlich stieg Seume auch auf den Vesuv, der mit einer Höhe von 1281 m »gegen den Aetna nur ein Maulwurfshügel ist«, doch erregt er »durch seine klassische Nachbarschaft vielleicht ein größeres Interesse, als irgend ein anderer Vulkan der Erde«. Der Aufstieg war allerdings nicht einfach. »Der Sand und die Asche machen das Steigen entsetzlich beschwerlich: man sinkt fast so viel rückwärts, als man vorwärts geht.« Dafür wird man, wenn man oben am Kraterrand angelangt ist, mit einer unbeschreiblich schönen Aussicht auf den Golf von Neapel und das »schöne blühende magische Land« ringsumher belohnt, wo die Menschen immer mit der Bedrohung durch den Vulkan leben, über den Seume sogleich ein Gedicht einfiel. Hatte er schon beim Aufstieg durch die drückende Gewitterschwüle und furchtbare Hitze gewaltigen Durst bekommen, so schaute Seume beim Abstieg verzweifelt nach etwas Wasser aus. Da begegnete ihm eine lebende italienische Hebe, die ihn so bezauberte, daß er seinen Durst fast vergessen hätte. »Ein artiges, liebliches Mädchen brachte uns endlich aus einem der obersten Weinberge ein großes, volles Gefäß. So durstig ich auch war, war mir doch das Mädchen fast willkommener als das Wasser: und wenn ich länger hier bliebe, ich glaube fast ich würde den Vulkan gerade auf diesem Wege vielleicht ohne Führer noch oft besuchen.« Seume wäre kein Mann, wenn ihn auf seiner Tour neben der Landschaft und der Kunst nicht auch weibliche Schönheit beeindruckt hätte. In Sizilien hatte er allerdings vergebens nach idealen griechischen Frauengestalten Ausschau gehalten und nur in Messina und Palermo einige gesehen.

Ganz schnell wurde er immer wieder vom Anblick landschaftlicher und weiblicher Schönheit in die politische Realität zurückgeholt, und was er von der Praxis der neapolitanischen Regierung erfuhr, entrüstete ihn gewaltig. Der Kontrast konnte nicht größer sein: hier ein unschuldiges junges Mädchen, das durstigen Wanderern Wasser reicht, und dort ein vierzigfacher Mörder, der nicht bestraft wird, weil ihn die Regierung braucht – um politische Gegner zu beseitigen und die Bevölkerung in Unterwerfung und Angst zu halten. Seumes Kommentar dazu: »Die Amnestie des Königs hat die Armee und die Provinzen mit rechtlichen Räubern angefüllt. Er nahm die Banditen auf, ... er belohnte sie königlich, gab Ämter und Ehrenstellen; und jetzt treiben sie ihr Handwerk als Hauptleute der Provinzen gesetzlich ... Freund, wenn ich ein Neapolitaner wäre, ich wäre in Versuchung aus ergrimmter Ehrlichkeit ein Bandit zu werden und mit dem Minister anzufangen. Welche Regierung ist das, die so entsetzlich mit dem Leben ihrer Bürger umgeht! Kann man sich eine größere Summe von Abscheulichkeit und Niederträchtigkeit denken?«

Ähnlich schlimme Zustände fand Seume in Rom und im Kirchenstaat vor, und einen großen Teil Schuld daran mußte er den Franzosen geben, die während ihrer Feldzüge in Italien zwischen 1796 und 1800 und nach dem Sieg in der Schlacht bei Marengo am 14.6.1800 die Vorherrschaft über die Apenninenhalbinsel erlangt und einige kurzlebige, von Frankreich abhängige Republiken gegründet hatten, von denen manche nach teilweisem Abzug der französischen Truppen in »unsägliches Elend« und »schreckliche Anarchie« zurückfielen. Auch »die Römer haben nun wieder Überfluß an Kirchen, Mönchen, Banditen«, vor allem seit Napoleon im Sommer 1801 ein Konkordat mit dem Vatikan unter Papst Pius VII. (1742/1800–1823) geschlossen hat, das von Seume in höchstem Maße mißbilligt wurde, da es die Trennung von Kirche und Staat und andere gegen die Kirche gerichtete Maßnahmen aus der Revolutionszeit in Frankreich und Italien aufhob und vielfach die alten Verhältnisse wiederherstellte. Die Folge davon war: »In Rom arbeitet man mit allen Kräften an der Wiederherstellung aller Zweige der Hierarchie und des Feudalsystems ... Die Mönche glänzen von Fett, und segnen ihren Heiland Bonaparte. Das Volk hungert und stirbt, oder flucht und raubt, nachdem es mehr Energie oder mehr fromme Eselsgeduld hat.« – »Rom ist oft die Kloake der Menschheit gewesen, aber vielleicht nie mehr als jetzt. Es ist keine Ordnung, keine Justiz, keine Polizei ... Die Heerstraßen sind voll Räuber; die niederträchtigsten Bösewichter ziehen bewaffnet im Lande herum. Bloß während meiner kurzen Anwesenheit in Rom sind drei Kuriere geplündert und fünf Dragoner von der Begleitung erschossen worden. Niemand wagt es mehr, etwas mit der Post zu geben.«

Trotz dieser großen Unsicherheit war auch Seume mitunter leichtsinnig. Von Neapel nach Rom fuhr er mit der Kurierpost, um schneller voranzukommen. In einer waldigen Gegend vor Rom lief er der Kutsche an einem Berg allein voraus und fiel sogleich vier Räubern in die Hände, die ihm den Dolch an die Kehle setzten, ins Gebüsch zerren und ausrauben wollten und nur durch die nachfolgende Kutsche daran gehindert wurden.

Am schlechtesten kommt in Seumes Urteil die katholische Kirche mit ihren höheren Würdenträgern und dem Mönchswesen weg, und das mit Recht, da diese »Christen« nur an Macht und Reichtum denken, sich nicht um das Volk und die Armen kümmern, sogar Verbrecher beschützen, die sie für ihre Zwecke brauchen, und überhaupt allen Geboten ihres Religionsstifters Hohn sprechen: »Da mästen sich wieder die Mönche, und wer bekümmert sich darum, daß das Volk hungert? Die Straßen sind nicht allein mit Bettlern bedeckt, sondern diese Bettler sterben wirklich daselbst vor Hunger und Elend. Ich weiß, daß bei meinem Hiersein an einem Tage fünf bis sechs Personen vor Hunger gestorben sind. Ich selbst habe Einige niederfallen und sterben sehen. Rührt dieses das geistliche Mastheer?« Schließlich kommt er zu einem wahrhaft vernichtenden Urteil über die Welthauptstadt des Christentums: »Man kann hier sein und sich wohl befinden, nur muß man die Humanität zu Hause lassen.«

Beim Anblick der gewaltigen Peterskirche vergleicht Seume unwillkürlich diesen »herkulischen Bau« mit der »stillen Größe der alten Kunst«

und meint, daß diese Kirche »einst mit ihrer Kolonnade die größte Ruine von Rom« sein wird. Später erhielt er von seinem Freund Fernow ein Gedicht über die Peterskirche, die für diesen das mißverstandene Christentum, Aberglaube, Lüge und Intoleranz symbolisiert. Seume revanchierte sich mit einem Gedicht über das Kapitol der alten Römer. So wie Fernow mit äußerster Schärfe – das Gedicht mußte für den Abdruck im *Neuen Teutschen Merkur* gekürzt werden – den Mißbrauch der christlichen Lehre durch die katholische Kirche geißelt und auf den endlichen Sieg von Vernunft, Wahrheit und reinem Christentum hofft, so warnt Seume eindringlich vor der Verherrlichung der Römerfreiheit und des Römerrechts, deren Grundlagen Raub und Sklaverei waren. Sein eigenes Gedicht hat Seume in seinen Reisebericht mit aufgenommen, leider nicht auch das viel interessantere und aktuellere von Fernow.

Durch das Zusammentreffen mit Räubern vorsichtiger geworden, fuhr Seume von Rom über Florenz bis Bologna in der Postkutsche, und von dort ging er wieder zu Fuß weiter, da man hier bis zur Schweizer Grenze in der ehemaligen Cisalpinischen und jetzigen Italienischen Republik ziemlich sicher reiste. Nur mit größtem Widerwillen hielt sich Seume in Siena, südlich von Florenz, auf, da der hiesige Erzbischof Antonio Felice Zondadari (1740–1823) vor wenigen Jahren, im Sommer 1799, in dieser Stadt ein erschreckendes Beispiel »christlicher Humanität« gegeben hat: »Der heilige Geruch des Erzbischofs benahm mir alle Lust nur aus dem Wirtshause zu gehen ... Neuerlich in der Revolution hat er sich durch seine heroische Unvernunft ausgezeichnet. Die Juden mochten bei Ankunft der Franzosen den Glauben gewonnen haben, daß sie auch Menschen seien, und sich also bürgerlich einige Menschlichkeiten erlaubt haben. Nach Abzug der Franken hielt der christgläubige Pöbel zu Siena im Sturm über die verruchten Israeliten Volksgericht, und führte dreizehn der Elenden lebendig zum Scheiterhaufen. Einige mutige vernünftige Männer baten den Erzbischof sein Ansehn zu interponieren (einzusetzen, E.Z.), damit die Abscheulichkeit nicht ausgeführt würde. Die Energie des Glaubens aber weigerte sich standhaft gegen die Zumutungen der Menschlichkeit, und die Unglücklichen wurden zum frommen Schauspiel der Christenheit lebendig gebraten. Als die Volksexekution nach Hause zog, gab der geistliche Vater den Kindern mit Wohlgefallen seinen Segen.« Was Seume nicht erwähnte: weitere

Juden wurden vor Kirchen erschlagen, die ihnen den Schutz verweigert hatten.

Zu diesem schrecklichen Geschehen aus der jüngsten Vergangenheit passen denn auch Seumes Gedanken zu dem christlichen Symbol des Kreuzes, die ihm beim Anblick von Grabkreuzen kamen, als er die Apenninen überquerte: »Ich muß Dir bekennen, daß ich von dem Kreuze gar nicht viel halte. Warum nimmt man nicht etwas besseres aus der Bibel? Das Emblem scheint von der geistlichen und weltlichen Despotie in Gemeinschaft erfunden zu sein, um alles kühne Emporstreben der Menschennatur zur knechtischen Geduld niederzudrücken, und diese subalterne Tugend zur höchsten Vollkommenheit der Moral zu erheben ... Christus hat gewiß seiner Religion keinen so jämmerlichen Anstrich geben wollen, als sie nachher durch ihre unglücklichen Bonzen bekommen hat.« Mit dieser Ansicht hat Seume ebenso Anstoß erregt wie mit der Meinung, daß das Kreuz »die permanente Guillotine der Vernunft« ist und daß Kruzifixe überall aufgestellt und gezeigt werden, um die Masse der Menschen vom Nachdenken über ihre eigene fortwährende Kreuzigung durch das Feudalsystem abzuhalten.

In Mailand wurde Seume von dem polnischen General Dabrowski (1755 bis 1818), der beim polnischen Nationalaufstand 1794 unter Kosciuszko gekämpft hatte und jetzt in Italien polnische Legionen aufstellte, freundlich aufgenommen. Hier sah er auch die schönsten Frauen von ganz Italien, das Mädchen vom Vesuv vielleicht ausgenommen. Doch eine von ihnen, eine junge Frau, die mit einem Körbchen sein Zimmer im Gasthaus betrat, um nach seinen Wünschen zu fragen, weil er offenbar für einen reichen Ausländer gehalten wurde, und die ihn leicht hätte in Versuchung führen können, wies er mit einem mürrischen »Niente« (Nichts) ab, so daß er über sein unhöfliches Verhalten selbst verärgert war. Warum hat Seume diese an und für sich unwesentliche Episode, die ihn zudem in einem ungünstigen Licht erscheinen läßt, überhaupt in seinen Reisebericht aufgenommen? Er hätte sie, wie er selbst gesteht, auch »anders oder gar nicht erzählt haben« können. Wollte er vielleicht dem Leser zeigen, wie standhaft er gegen weibliche Verführungskünste war? Denn die Mailänderin fragte nicht nur »in lieblich lispelndem Ton«, sondern »schien ihre Erscheinung mit den feinsten Hetärenkünsten berechnet zu haben«, und sie nahm trotz Seumes unangemessener Reaktion »mit unbeschreiblicher Grazie Abschied«. Der Vorfall sowie Seumes Bezeichnungen »junge, schöne Sünderin«, »Versucherin« und sogar »Teufelin« für die Frau könnten auf eine gewisse Scheu und Verschlossenheit oder auch Ängstlichkeit gegenüber weiblichen Wesen hindeuten, die durch das unglückliche Wilhelmine-Erlebnis hervorgerufen oder verstärkt worden waren. Möglicherweise hatte er ein gespaltenes Verhältnis zu Frauen: er bewunderte oder verehrte sie aus der Ferne, aber war scheu, verkrampft und abweisend in ihrer Nähe. Sicher fehlte ihm jene lockere und gefällige Art im Umgang mit Frauen, die eine Kontaktaufnahme erleichtert; wahrscheinlich hätte bei ihm eine Frau den ersten Schritt zur Annäherung tun müssen. Ein Misogyn, ein Frauenfeind, aber war Seume nicht; er verteidigte die Frauen mit ihren Schwächen gegen die viel größeren Fehler und Dummheiten der Männer: »Ob die Weiber so viel Vernunft haben als die Männer, mag ich nicht entscheiden; aber sie haben ganz gewiß nicht so viel Unvernunft«, heißt es in den *Apokryphen.* Auf jeden Fall war er überzeugt, »daß sie – nicht schlimmer sind als die Männer«.

Am 14. Juni verließ Seume Mailand und im Eilmarsch auch Italien in Richtung Schweiz über den Lago Maggiore und durch das Tessin. Bereits vier Tage später überquerte er von Airolo aus, wo der russische Feldherr Suworow drei Jahre vorher im gleichen Gasthaus wie Seume gewesen war, bei kaltem Wetter, dichtem Nebel und hohem Schnee den Sankt-Gotthard-Paß. In nur einem Tag marschierte er bergauf und bergab bis nach Flüelen am Vierwaldstätter See, dessen herrliche Landschaft ihn sehr beeindruckte. Mit einem Boot ließ er sich nach Luzern, dann über den Zuger und über den Züricher See nach Zürich fahren. Hier hielt er Rückschau auf seinen Gang durch Italien, und der Leser erhält in dieser Zusammenfassung nochmals ein lebendiges Bild von den Zuständen vor allem in Rom und Neapel. Dann ging er zu Fuß über Schaffhausen, Basel und Besançon bis nach Dijon, wo er die Eilpostkutsche nach Paris nahm.

In Frankreich waren zu Seumes Erstaunen Quartiere, Essen und Betreuung wesentlich besser, billiger und freundlicher, obwohl auch hier viele Gebiete unter den kriegerischen Folgen der Revolution zu leiden hatten. »Es war ein Vergnügen zu wandeln; überall sah man Fleiß und zuweilen auch Wohlstand.« Der Gegensatz zu der Verwahrlosung und der Not in Italien war deutlich genug, besonders auch auf dem Lande.

In Paris hoffte Seume, wieder mit Freund Schnorr zusammenzutreffen, um gemeinsam nach Hause zurückzukehren, aber dieser war wegen Geldknappheit schon eine Woche vorher abgereist, nachdem er vergeblich auf einen Brief von Seume gewartet hatte, und so bezog nun Seume Schnorrs leerstehendes Zimmer. In den sechzehn Tagen vom 6. bis 21. Juli, die sich Seume in der französischen Hauptstadt aufhielt, besah er die Stadt und ihre Sehenswürdigkeiten und Kulturstätten gründlich, so die Nationalbibliothek, den Louvre und Versailles, und selbst Napoleon bekam er zu Gesicht. Ein Vergleich, den er zwischen Paris und Rom zog, fiel auf dem Gebiete der alten Geschichte und der Kunst für Rom, auf dem Gebiete der Wissenschaft, der Literatur und des Lebensgenusses aber für Paris aus.

Beim Rückweg nach Deutschland marschierte Seume über Châlons und Nancy geradewegs auf Straßburg zu. Selbstverständlich stieg er hier auf das Straßburger Münster, wo er die »herrliche Aussicht auf die ganze große, schöne, reiche Gegend und den majestätischen Fluß« genoß. Diese Kathedrale und den Dom von Mailand hielt er für »die größten Monumente gotischer Baukunst«. In der Thomaskirche besichtigte Seume das monumentale Grabmal eines berühmten Sachsen, des Grafen Moritz von Sachsen, Marschall von Frankreich (1696–1750). Dieser, einer der bedeutendsten Feldherrn der ersten Hälfte des 18. Jahrhunderts, war der zwar uneheliche, aber begabteste und seinem Vater ähnlichste Sohn des sächsischen Kurfürsten August des Starken und der Gräfin Aurora von Königsmark. Er war 1720 in den französischen Militärdienst getreten und hatte als Heerführer zahlreiche Siege für Frankreich in mehreren dynastischen Kriegen errungen.

Auf heimatlichem Boden in Deutschland, wo Seume seinen Weg über Mainz, Frankfurt, Fulda, Erfurt und Weimar nahm, fühlte er sich wieder wohl und sicher und lobte den Wohlstand, den er fast nirgends in höherem Grade angetroffen hatte, als ein Zeichen für die gute Regierung eines Landesherrn: »Um einen Fürsten zu sehen, braucht man nicht eben seine Schlösser zu besuchen, oder gar die Gnade zu genießen, ihm vorgestellt zu werden. Oft sieht man da am wenigsten von ihm. Seine Städte und Dörfer und Wege und Brücken geben die beste Bekanntschaft.« Was ihm allerdings in manchen wohlgeordneten Landschaften, hier in der Gegend von Meiningen, »nicht einleuchten wollte, war, daß man überall so viel herrliches Land mit Tabakspflanzungen verdarb. Dieses Giftkraut, das sicher zum Verderben der Menschen gehört, beweist vielleicht mehr als irgend ein anderes Beispiel, daß der Mensch ein Tier der Gewohnheit ist.«

Von Vacha, wo ihm Erinnerungen an seinen erzwungenen Militärdienst vor 21 Jahren einholten, ritt Seume nach Schmalkalden, um seinen Freund Münchhausen, den er 19 Jahre nicht gesehen hatte, zu besuchen. Über diese Begegnung, die mit einer Verstimmung endete, wurde bereits berichtet.

Freudig wurde Seume in Weimar von Wieland, Böttiger und der Herzoginmutter Anna Amalia (1739–1807) empfangen. An Gleim schrieb Böttiger darüber: »Seume war vorige Woche zwei Tage hier, von Sizilianischer Sonne gebräunt, voll Ingrimm gegen Napoleons Täuschungskünste ... Dringen Sie darauf, daß er Ihnen seine Klage der Ceres und sein Lied über Pästum, beide an Ort und Stelle gedichtet, mittheilt. Er las sie bei der Herzogin mit großem Beifall vor.«[70]

Nach einem kurzen Besuch bei seiner Mutter in Poserna, die schon von dem Überfall der Räuber auf ihren Sohn gehört hatte und deswegen in Sorge war, traf Seume schließlich wieder in Leipzig und am 24. August in Grimma und Hohnstädt ein. »Mir deucht«, damit endet Seumes Reisebericht, »daß ich nun einige Wochen ehrlich lungern kann. Wer in neun Monaten meistens zu Fuße eine solche Wanderung macht, schützt sich noch einige Jahre vor dem Podagra. Zum Lobe meines Schuhmachers, des mannhaften alten Heerdegen in Leipzig, muß ich Dir noch sagen, daß ich in den nehmlichen Stiefeln ausgegangen und zurückgekommen bin, ohne neue Schuhe ansetzen zu lassen, und daß diese noch das Ansehen haben, in baulichem Wesen noch eine solche Wanderung mit zu machen.« Das sollte drei Jahre später, im Sommer 1805, geschehen.

Bei seinem Spaziergang nach Syrakus und zurück ist Seume nach der heutigen politischen Landkarte durch sieben Länder und Staaten gewandert: Deutschland, Tschechien, Österreich, Slowenien, Italien, Schweiz und Frankreich; nach den damaligen politischen Verhältnissen waren es einige mehr. Dabei hat er schätzungsweise zwischen 5500 und 6000 Kilometer zurückgelegt, den größten Teil zu Fuß, nicht gerechnet die Fahrten auf dem Wasser. Nach seiner eigenen Schätzung waren es mehr als 800 Meilen. Es war eine gewaltige körperliche und sportliche Leistung, auf die Seume stolz war. An Gleim schrieb er wenige Wochen danach: »Mein

Gang freut mich, wäre es auch bloß in dem Gedanken, daß ich die Kraft hatte ihn zu machen ...«

Darüber hinaus hatte dieses Unternehmen eine besondere Bedeutung für Seumes Selbstwertgefühl, worauf er im Vorwort zu seinem Reisebericht bei der Darstellung seiner bisherigen Lebensumstände hinweist: »Meine meisten Schicksale lagen in den Verhältnissen meines Lebens; und der letzte Gang nach Sicilien war vielleicht der erste ganz freie Entschluß von einiger Bedeutung.« Waren es bisher, von seiner Kindheit an, meist widrige äußere Umstände, die sein Leben bestimmten und ihn zu nicht immer vorteilhaften Entscheidungen zwangen oder ihm die Entscheidung abnahmen, so hatte er diesmal als völlig unabhängiger Mann, wenn man von der Entscheidung für den russischen Militärdienst absieht, frei über sich und sein Leben entscheiden können. Aus Italien und Frankreich kam er mit einem durch seine Leistung gestärkten Selbstbewußtsein zurück.

Zum Schluß könnte nochmals die Frage nach Sinn und Zweck der Wanderung gestellt werden. Neben Bewegung und Besuch antiker Schauplätze wäre als weiteres wesentliches Motiv für die Reise anzusehen, daß Seume auch die politischen und sozialen Verhältnisse in Italien kennenlernen wollte, die in ihrer Vielgestaltigkeit und durch das Zusammentreffen von Altem und Neuem deutlich die verheerenden Auswirkungen der Politik Napoleons zeigten und gleichsam ein Abbild des zukünftigen Europa unter napoleonischer Herrschaft darstellen konnten. In Seumes Reisebericht gibt es eine Episode, die dies bestätigt. In einem Wirtshaus in Otrikoli, nördlich von Rom, war Seume mit einem intelligenten Einwohner über politische Dinge ins Gespräch gekommen. »Er war ein starker, heißer Politiker, und ... mit der Lage der Dinge und vorzüglich mit den allerneuesten Veränderungen nicht sonderlich zufrieden; und meinte weislich, die Sachen könnten so keinen Bestand haben ... Er kannte die heutigen Staatsverhältnisse ungewöhnlich gut und war in der alten Geschichte ziemlich zu Hause ... Er sprach skoptisch vom Papste und schlecht von den Franzosen ... Dieser Otrikolaner war seit langer Zeit der erste Mann, der meinen Spaziergang richtig begriff, und meinte, daß sein Vaterland auch jetzt noch ihn verdiene, so tief es auch gesunken sei.«

Es ist typisch für Seume, daß er es auch hier, wie so oft, bei Andeutungen beläßt und nichts Genaueres über seinen Anteil an dem Gespräch mitteilt. Dieser wird vermutlich nicht groß gewesen sein, da er die schlimmen Zustände, von denen sein Partner sprach, erst in Rom, Neapel und Sizilien kennenlernen sollte. Aber er könnte gesagt haben, daß er nicht gekommen sei, um beim Anblick antiker Ruinen von der Vergangenheit zu schwärmen, daß er große Hochachtung vor den kulturgeschichtlichen Leistungen der Vorfahren der heutigen Italiener sowie vor deren bedeutender historischer Rolle in der europäischen Geschichte empfinde, daß er aber vor allem gekommen sei, um etwas über die gesellschaftlichen Verhältnisse und das Leben der italienischen Menschen von heute zu erfahren, daß sein Interesse an Italien also wesentlich sozialpolitischer Natur sei.

Über Napoleon

Während seines Aufenthaltes in Paris sah Seume am 14. Juli 1802, dem 13. Jahrestag des Sturms auf die Bastille, der mit einer Militärparade und einem Volksfest gefeiert wurde, auch Napoleon, über dessen Charakter und System er sich ausführlich und »mit Offenheit« in seinem Reisebericht äußert, obwohl er von diesem Manne lieber schweigen sollte, wie er meint, da er nicht – oder genauer, nicht mehr – dessen Verehrer war.

Den Aufstieg des Korsen, der einst als Erbe und Vollstrecker der Französischen Revolution galt, hat Seume vom ersten Auftreten an genau verfolgt, »seinen Mut, seinen Scharfblick, seine militärische und politische Größe nie verkannt«. Er war aber durch den immer offeneren Verrat Napoleons an den Idealen der Revolution zu einem entschiedenen Gegner dieses Mannes geworden, dessen Charakter ihm immer problematisch war. Zwar hat Seume Verständnis dafür, daß der kleine General nach seiner Rückkehr aus Ägypten die unfähige großbürgerliche Regierung, das Direktorium, am 9.11.1799 (18. Brumaire) stürzte und mit der Bildung des Konsulats unter seiner Führung die Regierungsgewalt – mit 30 Jahren! – selbst fest in die Hände nahm, doch seine weiteren Maßnahmen hält er für verdächtig und gefährlich: »Seitdem hat er durchaus nichts mehr für die Republik getan, sondern alles für sich selbst«; es waren Schritte auf dem Wege zur despotischen Alleinherrschaft. Schon die von ihm diktierte Konsulatsverfassung vom Dezember 1799, der auch das Volk in einer Volksabstimmung zugestimmt hatte, trug dazu bei, Napoleons Macht zu festigen. Seume war überzeugt, daß diese Verfassung »die neue Republik zertrümmern und dem vollen Despotismus die Wege wieder bahnen würde«. Bezeichnend dafür war ihm die auf zehn Jahre festgesetzte Amtszeit Napoleons als Erster Konsul und deren Verlängerung auf Lebenszeit im August 1802; denn kleine Ämter »dürfen in einer Republik lebenslänglich sein; wenn es aber die großen sind, geht der Weg zur Despotie. Das lehrt die Geschichte.« Obwohl es drei Konsuln gab, übte Napoleon faktisch die Alleinherrschaft aus, da die beiden anderen, Cambacérès und Lebrun, nur beratende Funktion hatten.

Napoleons Machtposition wurde weiter gefestigt, als er mit seiner Armee am 14.6.1800 bei Marengo in Oberitalien die Österreicher besiegte und damit den zweiten Koalitionskrieg zugunsten Frankreichs entschied. Daß er im Juli 1801 ein Konkordat mit dem Papst abschloß, das der katholischen Kirche wieder viele alte, durch die Revolution abgeschaffte Rechte gewährte, daß er im April 1802 alle Emigranten, die nach der Revolution das Land verlassen hatten, zurückrief und amnestierte, daß er eine Ehrenlegion schuf, außerdem die Pressefreiheit einschränkte und revolutionäre Straßennamen ändern ließ, sind für Seume eindeutige Zeichen für die Wiederherstellung alter Verhältnisse, wenn auch auf anderer Ebene, für das Wiederaufkommen einer Hierarchie sowie alter und neuer Privilegien; doch »Privilegien aller Art sind das Grab der Freiheit und Gerechtigkeit«. Alle diese Maßnahmen, einschließlich der militärischen Erfolge und des wirtschaftlichen Aufschwungs des Landes, geschahen »mit herrlich berechneter Klugheit vorwärts für ihn, und für die Republik rückwärts«. Sie dienten sowohl der Verwirklichung von Napoleons Charakter als Macht- und Gewaltmensch und seinen späteren politisch-militärischen Plänen als auch der Täuschung des Volkes.

Trotz der teilweisen Unzufriedenheit der Menschen, besonders einiger hoher Militärs, sah es nach Seumes Meinung fast so aus, als wünschten die Franzosen selbst eine Despotie, allerdings eine andere als die beseitigte Despotie des Absolutismus, so sehr unterstützten sie Napoleons Bestrebungen. Widerstand gegen den Diktator wäre ziemlich aussichtslos gewesen, obwohl es einige royalistische Verschwörungen und Attentate gab; denn Napoleons gesamte Macht beruhte sowohl auf der Zustimmung des größten Teils der Massen als auch auf dem Heer und einem umfangreichen Polizeiapparat – für Seume ein Anlaß zur Warnung: »Wo die Regierung militärisch wird, ist es um Freiheit und Gerechtigkeit getan.« Es war sogar schon wieder so weit gekommen, daß sich Menschen, die republikanisch gesinnt waren, verdächtig machten.

Unterwegs traf Seume immer wieder Franzosen, die keine gute Meinung von Napoleon hatten, die ihm vorwarfen, »er führe allen alten Unfug geradezu wieder ein, den man auf immer vertrieben zu haben glaubte«. Man bezeichnete ihn auch als »fremden Abenteurer ..., der willkürlicher mit uns verfährt, als je ein Bourbonide: wer ihm mißfällt, ist Verbrecher und ihm mißfällt jeder, der selbstständige Freiheit und Vernunft atmet«. Da die beiden Mitkonsuln neben Napoleon fast keine Rolle spielten, wurde er nicht nur »le premier consul« (der erste Konsul) oder »le grand consul« (der große Konsul) genannt, sondern schon »empereur des Gaules« (Kaiser der Franzosen) und »Sa Majesté« (Seine Majestät), und Seume prophezeite: »... und ich stehe nicht dafür, daß es nicht Ernst wird.« Diese Ahnung traf denn auch wirklich zu: Napoleons Weg führte zur Kaiserkrönung durch sich selbst am 2.12.1804. Auch ihn hatte nach Seumes Ansicht die Machtfülle korrumpiert: »Das Schicksal hatte ihm die Macht in die Hände gelegt, der größte Mann der Weltgeschichte zu werden: er hatte aber dazu nicht Erhabenheit genug und setzte sich herab mit den übrigen Großen auf gleichen Fuß.« An anderer Stelle heißt es: »Der Mann ist von seiner Größe herabgestiegen ... Ich wollte so gern einmal einen wahrhaft großen Mann rein verehren; das kann ich nun hier nicht.«

Gerade diese negative Entwicklung Napoleons bewirkte, daß Seume seine bisherige zwiespältige Haltung zur Französischen Revolution aufgab, nun viel stärker für deren Ideale eintrat, deren grausame Praxis mehr und mehr außer acht ließ und sich ausdrücklich für die Staatsform der Republik aussprach: »Seitdem Bonaparte die Freiheit entschieden wieder zu Grabe zu tragen droht, ist mirs, als ob ich erst Republikaner geworden wäre ... Ich halte dafür, daß in einer wohlgeordneten Republik am meisten Menschenwürde, Menschenwert, allgemeine Gerechtigkeit und allgemeine Glückseligkeit möglich ist.« Während sich viele frühere Anhänger der Französischen Revolution enttäuscht zurückgezogen hatten und von ihren politischen Sympathiebekundungen abgerückt waren, war gerade die spätere politische Entwicklung in Frankreich die Ursache für Seumes klares Bekenntnis zur Republik.

Die mit politischem Scharfblick vorgenommene Analyse der Rolle Napoleons ist zweifellos der Höhepunkt der politischen Gegenwartskritik in Seumes Reisebericht. Auf Grund der europaweiten Wirkung der französischen Politik konnte Seume mit dem starken Interesse der Leser rechnen. Auch in den folgenden Werken, ganz besonders in den *Apokryphen*, wird sich Seume immer wieder mit dem historischen Phänomen Napoleon beschäftigen, wird bereits geäußerte Gedanken wieder aufgreifen, variieren und ergänzen.

Zwischen zwei großen Wanderungen (1802–1805)

Die zweieinhalb Jahre zwischen Seumes Italienwanderung und der Reise durch Polen, Rußland und Skandinavien mögen manchem Leser vielleicht nicht so interessant und ergiebig erscheinen wie andere Lebensabschnitte, da sie relativ arm an äußeren Ereignissen waren, doch hat auch diese Zeit keine geringe Bedeutung, vor allem durch die Veröffentlichung des *Spaziergangs nach Syrakus* und die weitere Festigung und Radikalisierung von Seumes politischen Ansichten. Zudem fiel in diese Zeit die zweite große Liebesenttäuschung in Seumes Leben, die ihn wieder in die Ferne trieb.

Zehn Tage nach seiner Rückkehr, am 3.9.1802, schrieb Seume einen Brief an Gleim, in dem er sich für seine Nachlässigkeit entschuldigte, »daß ich nicht gleich den ersten Tag Ihnen von mir Nachricht gegeben habe oder selbst zu Ihnen an den Harz gekommen bin ... Ich bin sehr wohl und auch ziemlich zufrieden mit meiner Wanderung bey den Laren (heimische Götter, E.Z.) wieder eingetroffen ... und nun bin ich, nach der Aufmunterung mehrerer verständigen Leute und kompetenten Richter, gesonnen, ein Büchelchen aus meinem Tagebuche zu machen; da man auf einer Promenade von Leipzig nach Agrigent und zurück doch wohl manches sieht und hört und denkt und spricht, was ein anderer Neugieriger vielleicht auch gern wissen möchte ... Was ich künftig mit meinem kleinen Wesen anfangen werde, weiß ich bis jetzt nicht. Vor der Hand will ich in Leipzig schulmeistern und so wenig als möglich mich in die Nothwendigkeit setzen zu schreiben: denn, so viel ich erfahren habe, an mir und anderen, wird verdammt wenig gutes dadurch gestiftet.«

Seume blieb also nach der Rückkehr aus Italien in Leipzig. Hier hatte er viele Freunde und Bekannte, besonders Freund Schnorr, den er nach acht Monaten der Trennung wiedersah. Vor allem war er in Leipzig in der Nähe seiner Mutter, zu der er schnell nach Poserna hinüberwandern konnte, wenigstens einmal in einem Vierteljahr. Zunächst bewohnte er ein Zimmer in der Nähe der Nikolaikirche, »in einem dumpfigen Hofe neben einem Seifensieder«. Doch da es ihm dort nicht gefiel, suchte er sich eine andere Wohnung. Seine Briefanschrift lautete deshalb immer noch auf Göschens Druckerei in Grimma, so daß er sicher sein konnte, daß ihn seine Post, die Göschen mit nach Leipzig brachte, auch erreichte. Einige Wochen, bis Ende September, ruhte sich Seume von den Strapazen der Italienwanderung auf Göschens Landsitz in Hohnstädt aus; er machte Spaziergänge im Muldental, erfreute sich an den Gesprächen mit Freunden und las sogar – letztmalig – bei dem von Göschen verlegten Buch *Sabina* von Böttiger Korrektur. Auch in den Folgejahren hielt sich Seume im Sommer öfter in Hohnstädt auf, war bei Familienfesten ein gern gesehener Gast, außerdem erteilte er Göschens Kindern Sprachunterricht und seit 1804 auch der zwanzigjährigen Gutsbesitzerstochter Johanna Loth.

In Leipzig verdiente sich Seume in den nächsten Jahren seinen Lebensunterhalt kärglich mit Privatunterricht in der englischen und der griechischen Sprache. Weil er unabhängig, ohne Verpflichtung bleiben und seinen Reisebericht schreiben wollte, hatte Seume einige Angebote ausgeschlagen. Auf eine mögliche akademische Laufbahn an der Leipziger Universität verzichtete er ebenfalls, vermutlich vor allem wegen der Lebensfremdheit und geistigen Unfreiheit des Lehrbetriebes sowie der Intrigenwirtschaft und der Heuchelei an solchen Institutionen. Die ihm angebotene Stelle eines Redakteurs an August von Kotzebues Zeitschrift *Der Freimüthige* in Berlin nahm er ebenfalls nicht an. Er wollte nicht wieder zu der sitzenden Lebensweise, die ihm nicht bekommen würde, zurück und sich auch nicht mehr für längere Zeit von der Mutter entfernen.

Für die nächsten Monate sah Seume zwar das Abfassen eines Berichts über seine Italienreise als seine Hauptbeschäftigung an, aber er ging durchaus nicht mit besonders großem Eifer an diese Arbeit, eher etwas widerwillig. »Jetzt bin ich zur Erholung auf dem Lande«, schrieb er an

Gleim, »und arbeite fast nichts, so sehr bin ich in der Natur und bey meinen hiesigen Freunden. In einigen Tagen gehe ich nach Leipzig und werde dann gemächlich anfangen daran zu denken, daß aus meinem Tagebuche irgend etwas hervorgehe, was Gehalt und Gestalt hat ... Mein Reisebüchelchen wird nicht groß werden und ich hoffe es soll zu Ostern fertig seyn. Viel literärisches hab ich nicht zu geben, aber vielleicht manches kosmische. Doch wird mir die Arbeit nicht so ganz leicht werden, da ich von Cluver und Dorville bis auf Stollberg die Herren in der Eile durchlaufen muß, um zu sehen ob und wie ich mit ihnen zusammen gehen oder von ihnen abweichen muß.«

Seume weist hier auf einige für sein Reisebuch charakteristische Merkmale hin. Grundlage des Buches ist sein Reisetagebuch. Darüber hinaus verwendet er Briefe an Göschen und Böttiger, von denen einige während der Reise in Zeitschriften, dem *Neuen Teutschen Merkur* und dem *Journal des Luxus und der Moden*, veröffentlicht worden waren. Das Buch ist in Form von Briefen an einen fiktiven Freund oder Leser geschrieben, was dem Verfasser gestattet, Themen und Darstellungsart schneller zu wechseln sowie persönliche Ansichten zu äußern, so daß die Erlebnisse unmittelbarer wirken als bei einem überwiegend sachlichen Bericht. Eine weitere Quelle für Seume war eine Anzahl deutscher und ausländischer Reiseschriftsteller, die vorwiegend im letzten Drittel des 18. Jahrhunderts Italien und Sizilien bereist hatten, wie Cluver, Brydone, d'Orville, Bartels, Münter, Stolberg, auf die er verweist und deren Werken, die er schon vor Reiseantritt gelesen hatte, er viele geographische, politische und soziologische Informationen verdankte. Er legte aber Wert darauf, selbst als Augen- und Ohrenzeuge des von ihm Berichteten zu erscheinen, obwohl er aus heutiger Sicht einiges frei erfunden oder verändert zu haben scheint. Zudem benutzte Seume auch die gleiche Reiseroute wie seine Vorgänger. Seume hatte nicht die Absicht, ein Werk zu schreiben, das allen Anforderungen der Ästhetik und Literaturkritik entspricht, ihm kam es auf die ungeschönte Wahrheit und nicht auf einen glänzenden Stil an. Ihm lag nicht so sehr daran, schöne Landschaften und Kunstwerke zu beschreiben, sondern vorrangig die politische und soziale Situation des Landes, die Lebensverhältnisse der Menschen zu verdeutlichen und Mißstände offen zu kritisieren. Dieses Verfahren hat er aus den Reisebüchern von Bartels und Münter kennengelernt, doch Seumes kritisches Urteil

über die Verantwortlichen für die elenden Zustände, über das Feudalsystem, die Kirche und die Regierung ist weit schärfer und radikaler.
Wegen der Zensurbestimmungen in Deutschland war es für jeden Verleger ein Risiko, ein solches gesellschaftskritisches Buch drucken zu lassen, so auch für Göschen. Deshalb wandte sich Seume abermals an Hartknoch in Leipzig, dem er im Januar und Februar 1803 das Manuskript schickte und dem er riet, weil der Zensor an Seumes Namen und an der Vorrede Anstoß nehmen könnte, den Namen des Verlages wegzulassen. Im April wurden Auszüge aus dem Buch unter dem Titel *Die Reise auf den Aetna* in der Zeitschrift *Eunomia* vorabgedruckt mit dem Hinweis, daß das Buch bald erscheinen wird und schon bestellt werden kann. Doch bereits vor Erscheinen war sich Seume im klaren, daß sein Reisebuch wegen der Kritik an Politik und Religion bei bestimmten Kreisen keine Zustimmung finden würde.

Als Hartknoch das Buch Ende April/Anfang Mai 1803 mit Seumes Namen und den Verlagsorten Braunschweig und Leipzig, aber ohne Verlagsangabe herausbrachte, wurde es sogleich ein unerwartet großer Erfolg, so daß Seume schon an eine zweite Auflage im gleichen Jahr dachte, die dann aber erst mit einigen Verbesserungen und Ergänzungen im Herbst 1805 erschien. Mit der Vermutung, daß er sich mit dem Buch wenig Freunde machen werde, hatte sich Seume geirrt. Gerade durch dieses Buch, sein bekanntestes und erfolgreichstes, erwarb er sich bis heute einen großen Kreis von Lesern, Verehrern und Freunden, der weiter wächst. Zunächst mag wohl der von Seume gewählte, die Strapazen des Fußmarsches verharmlosende Titel die Neugier geweckt haben. Vielleicht wirkte aber besonders die Eigenart der Seumeschen Reiseschilderung, die sich deutlich von den Büchern anderer Italienreisender unterschied, anziehend auf die Leser: die Mischung von Erlebtem, Informativem und persönlicher Meinung, die äußerst nüchterne und kritische Betrachtungsweise im Gegensatz zur Idealisierung Italiens bei anderen Autoren, auch bei Goethe, die damit verbundene häufige moralische Wertung sowie die Parteinahme für Humanität, Wahrheit und Gerechtigkeit, die oft originellen, hintersinnigen und sentenzenhaften Formulierungen, der kaum geglättete, manchmal etwas holprige, aber kraftvolle Stil und nicht zuletzt die stets gegenwärtige Persönlichkeit Seumes, die sich in alledem ausdrückt.

Begünstigt wurde diese Vorliebe für den *Spaziergang* schließlich auch dadurch, daß Seumes spätere Werke zu seinen Lebzeiten durch Verbote nur geringe oder keine Verbreitung fanden. Wer Seume heute kennt, kennt ihn meist als den Spaziergänger nach Syrakus und weniger als den politischen Schriftsteller, obwohl auch der *Spaziergang* in hohem Grad ein politisches Buch ist. Das wird bereits in der Vorrede deutlich, in der Seume dazu auffordert, sich nicht zu scheuen, die Dinge, über die bisher geschwiegen oder nur getuschelt wurde, »nun nach und nach auch laut und fest und deutlich« beim Namen zu nennen, womit er sich natürlich zuerst an die Schriftsteller wendet. Nach seiner Auffassung sind Wirklichkeitsnähe sowie Konkretheit und Überprüfbarkeit des Dargestellten in einem literarischen Werk besonders wichtig: »In Romanen hat man uns nun lange genug alte, nicht mehr geleugnete Wahrheiten dichterisch eingekleidet, dargestellt und tausend Mal wiederholt. Ich tadle dieses nicht; es ist der Anfang: aber immer nur Milchspeise für Kinder. Wir sollten doch endlich auch Männer werden, und beginnen die Sachen ernsthaft geschichtsmäßig zu nehmen, ohne Vorurteil und Groll, ohne Leidenschaft und Selbstsucht. Örter, Personen, Namen, Umstände sollten immer bei den Tatsachen als Belege sein, damit alles so viel als möglich aktenmäßig würde … Man sollte nie sagen, die Fürsten oder ihre Minister sind schlecht, wie man es so oft hört und liest; sondern, hier handelt *dieser* Fürst ungerecht, widersprechend, grausam; und hier handelt *dieser* Minister als isolierter Plusmacher und Volkspeiniger.« Im weiteren bekennt er, »daß die Gesinnungen, die ich seitdem hier und da und vorzüglich in folgender Erzählung geäußert habe, schon damals alle lebendig in meiner Seele lagen, als ich mit neun Talern und dem Tacitus in der Tasche auf und davon ging«, also seit seinem Weggang aus Leipzig vor 22 Jahren, nur hat er sie wegen bestimmter Rücksichten in seinen Lebensverhältnissen vorher nie – außer in der nichtgedruckten Rezension von Garlieb Merkels *Letten* 1798 – öffentlich so deutlich und radikal bekunden können wie jetzt als freier, unabhängiger Mann.

Durch seine aufsehenerregende Wanderung und das darauffolgende Buch wurde Seume mit einem Schlag in Deutschland und darüber hinaus bekannt, der berühmte Wanderer, wie ihn Goethe im *Nekrolog des deutschen Gil Blas* bezeichnete. Schon am 18.3.1802 hatte Böttiger vorausschauend geurteilt: »Sein Reisejournal, wenn er mit heiler Haut

zurückkommt, muß höchst originell werden. So durchwanderte seit Menschengedenken kein deutscher Reisender von Kultur Italien!«[71]
»Dieses Werk«, ist in der Fortsetzung von Seumes Autobiographie durch Göschen zu lesen, »verschaffte ihm als Schriftsteller und als Mensch eine große Achtung bei allen Edeln von der Newa bis an den Rhein.« Hätte Seume sein Buch in der Art der traditionellen Reisebeschreibungen geschrieben, wäre es in der deutschen Literatur sicher nur ein Reisebuch unter vielen und vielleicht sogar ziemlich unbekannt geblieben. Durch Seumes einmalige Persönlichkeit und Schreibweise gehört es in die erste Reihe dieser Literaturgattung. Da spielen auch ein paar faktenmäßige Fehler und Irrtümer, die in der Hast des Schreibens unterlaufen sind, keine große Rolle.
Eine Rezension in der *Zeitung für die elegante Welt* beurteilt Seumes Reisebeschreibung als »außerordentlich interessant, in einem fort unterhaltend, und auch mannigfach belehrend«, denn: »Den Punkt: wie weit ist die Menschheit in Italien? wie steht es beim Volke um die sittliche Kultur, und wie wird der klassische Boden geehrt? – diesen hat keiner von allen diesen Reisenden so hoch gestellt, so fest und scharf ins Auge gefaßt, so stark durch vorurtheilsfreie Philosophie beleuchtet und durch den melancholischen Schimmer eines tief inwohnenden, bitter gekränkten Menschengefühls, in einen so rührenden Kontrast mit dem hehren Alterthum und der Humanität gestellt, als – der edle, großherzige Pilger nach Syrakus: Seume.«[72]
Ein anderer Rezensent erkannte treffend die Besonderheit von Seumes Buch und den Gegensatz zu der damals in Deutschland vorherrschenden literarischen Mode, wenn er schreibt, daß die Persönlichkeit des Autors dem Werk »das interessante Leben« gibt, »welches einer Reisebeschreibung nicht fehlen darf, deren Zweck es nicht ist, zum wissenschaftlichen Unterricht sonderlich viel beizutragen. Daß dem guten Seume in dem schönen Italien um der Humanität und der Aufklärung willen das Herz oft weh thut, die Galle oft überläuft, widerspricht zu sehr der jetzigen poetischen Tendenz in Deutschland ... Uebrigens ist unser Reisender allerdings zuweilen recht mit drolliger Individualität unpoetisch, aber eben dann ist er ungleich interessanter, und im Grunde sogar poetischer, als unsere Nichtreisenden, die sich mit langweiliger Allgemeinheit der Poesie befleißigen.«[73]

Deshalb ist Seumes Buch auch keine Lektüre für verträumte Romantiker und schwärmerische oder abenteuerlustige Italienreisende und erst recht »keine Lektüre für Toiletten«, das heißt für empfindsame und empfindliche Damen in ihren Ankleidezimmern, worauf Seume in der Vorrede hinweist, sondern eben ein wesentlich und oft recht derb zupackendes politisches Buch. Es ist deshalb nicht verwunderlich, daß eine Rezension in der *Allgemeinen Litteratur-Zeitung* vom Dezember 1808 nur auf den Inhalt des Buches eingeht, nicht aber auf die politische Kritik an Feudalismus, Religion und Napoleon, natürlich aus Furcht vor Repressalien, da Deutschland schon unter napoleonischer Herrschaft stand.

Allerdings gab es auch andere Stimmen, wie die von Caroline Herder (1750–1809), der Frau Johann Gottfried Herders (1744–1803), die am 17.8.1803 an den Frankfurter Kaufmann, Schriftsteller, Kunstsammler und Diplomaten Johann Isaak von Gerning (1767–1837) schrieb: »Seumes Spaziergang ist ein unerträgliches Zeug voll Arroganz, Gemeinheit, Großtun im Nichts; ein eitler Mensch der etwas sein will, ein grober Bengel, der mit seinem Ränzel in den niedrigen Wirtshäusern durchgekrochen ist und von da aus, die Städte und die Landesverfassung und die Sitten und den Charakter der Nation beurteilt und über die Ohren haut. Und dieser *Grobian* wird von Böttiger und Consorten in den Himmel erhoben.«[74] Auch Garlieb Merkel gegenüber äußerte sie sich ähnlich mißgünstig. Man fragt sich, wieso eine gebildete Frau zu einem derart gehässigen und ungerechten Urteil kommt, das offensichtlich von tiefer persönlicher Antipathie, wenn nicht von Haß und Verachtung geprägt ist. Ist es, weil Seume auf plebejische Weise zu Fuß wanderte, sich mehr den Menschen und deren Leben zuwandte, statt die Bau- und Kunstwerke gebührend zu würdigen, wie es ihr Mann getan hat, der vom August 1788 bis Juli 1789 ebenfalls eine Italienreise bis Neapel unternommen hatte, allerdings unter anderen und mitunter recht ärgerlichen Umständen? Oder erregten etwa Seumes harte Worte über Christentum und Kirche ihren Zorn? Spielten vielleicht auch Neid und Mißgunst über Seumes herzlichen Empfang bei der Herzogin Anna Amalia eine Rolle, während ihr Mann schon seit einigen Jahren in Unfrieden mit dem Weimarer Hofe lebte? Ein gutes Licht werfen diese Worte jedenfalls nicht auf Herders Frau.

In einem Artikel in Nr. 122 der Zeitschrift *Der Freimüthige* vom 2.8.1803, *Berichtigung einiger Angaben in dem Werke des Herrn Seume,*

Spaziergang nach Syrakus, von einem in Italien lebenden Deutschen, wurden Seume Unrichtigkeiten in Einzelfällen sowie nicht grundlose, aber stark übertriebene Klagen über die schlimmen Zustände in Italien vorgeworfen, wogegen sich Seume in Nr. 142 der gleichen Zeitschrift vom 6.9.1803 verteidigte. Ein weiterer übelwollender Angriff kam aus Frankreich von dem Politiker und Journalisten Pierre Louis Roederer (1754–1835), der in einer Rezension des *Spaziergangs* im *Journal de Paris* gegen Seumes Kritik am Verhalten der französischen Armee in Italien und an Napoleon wetterte und behauptete, Seume stehe in Englands Sold und sein Geist sei vom vielen Trinken deutschen Bieres verwirrt. Auf diese »politische Mißhandlung« ging Seume in seiner 1805 erschienenen Vorrede zu Percivals Buch *Beschreibung des Vorgebirges der guten Hoffnung* ein, in der er sich kritisch mit der englischen Kolonialpolitik auseinandersetzt und danach die Frage stellt, ob er wohl dafür von den Engländern bezahlt würde. Sein Italienbuch enthalte nach seiner Überzeugung nur Wahrheit, er lasse sich das Recht auf freie Meinungsäußerung nicht nehmen und sich seine Meinung durch niemand bestimmen. Mit Bezug auf Napoleon meinte er, er werde vor einem einzigen Manne weder zittern noch ihn anbeten, auch wenn Millionen das tun. Übrigens seien fast alle seine Voraussagen über Napoleon eingetroffen und er sei überzeugt, daß die Politik dieses Mannes das Gute der Französischen Revolution vernichten werde.

In den zwei Jahren zwischen der Beendigung des *Spaziergangs* und dem Aufbruch zur Nordischen Reise, von März 1803 bis März 1805, veröffentlichte Seume in den Zeitschriften *Der Neue Teutsche Merkur* und *Der Freimüthige* sowie in der *Zeitung für die elegante Welt* mehrere kleinere literarische und journalistische Artikel sowie einige Gedichte.

Da ist zunächst die – wie der Titel mit dem Binnenreim schon andeutet – originelle und ironisch-humoristische *Akroase über die Nase*, was soviel wie Anhörung oder Vorlesung über die Nase heißt. Für Seume spielte die Nase, vor allem die der Männer, als Sitz des Willens und der Empfindungen eine besondere Rolle, was sich auch in der deutschen Sprache in vielerlei Redewendungen widerspiegelt. Seume teilt die Nasen »nach den hervorstechenden Seelenerscheinungen« ein, zum Beispiel in ehrliche, neugierige, freundliche, kritische, dumme, stolze Nasen, und deshalb schaut er seinem Gesprächspartner immer zuerst auf die Nase, um etwas über dessen Charakter zu erkennen, wobei ihm die Nase »öfter Warnerin als Anzieherin« war. Im Gegensatz zu den Männern hält Seume bei den Frauen Augen und Mund für die ausdrucksvolleren Gesichtspartien. Dieser kurze, lesenswerte Aufsatz ist ein Beispiel für Seumes anhaltendes Interesse an physiognomischen Betrachtungen, die sich auch in anderen seiner Werke finden, und für seinen Sinn für Witz und Humor.

Ähnliches läßt sich über den Aufsatz *Die Impertinenzen* sagen. Obwohl das Wort nach Seumes Auffassung etymologisch nichts Schlechtes bezeichnet, nämlich »eine Sache, die nicht an ihrem rechten Orte steht«, ist es doch, auf die Menschen bezogen, etwas Negatives, ein nicht der Sache entsprechendes, nicht an diesen Ort gehörendes, ein unsachliches, ungehöriges, unverschämtes Auftreten. Das Wesen der Impertinenz kennzeichnet Seume als »Hohnneckerei und Einschneiden, um sein Übergewicht in irgend einem Punkte zum Verdruß anderer fühlen zu lassen«. Eine Impertinenz erregt meist Ärgernis, da sie eine »boshafte Verachtung des moralischen Menschenwerts« und oft eine Beleidigung darstellt. Seume untersucht mit Witz und Schärfe sechs der häufigeren Impertinenzen, um »dadurch vielleicht etwas zur Abstellung derselben beizutragen«. Durch die Lektüre dieses Artikels wird der Leser jedenfalls angeregt, seine eigenen Beobachtungen dazu anzustellen, zu vergleichen oder zu ergänzen, was vielleicht sogar in der Absicht des Autors gelegen haben mag.

Aus der Feder des theaterbegeisterten Seume stammt weiterhin ein ziemlich kurzer Artikel mit dem seltsamen Titel *Kleines Hermäon für den Hanswurst*. Das griechische Wort hérmaion bedeutet »Glücksfund« und im übertragenen Sinn »unverhoffter Vorteil«, so daß der Titel etwa aussagen soll, daß der Verfasser einen glücklichen Gedanken zugunsten des Hanswurstes, zu dessen Verteidigung gefunden hat. Nach einem Exkurs über die Benennung »des allgemeinen Lustigmachers« in verschiedenen Ländern nach den dortigen Lieblingsspeisen (Pickelhering, Jackpudding, Jean Potage, Hans Wurst, Kapustnik) hebt Seume dessen positive Rolle auf der Bühne hervor. Diese lustige, oft aber auch grobe und unanständige Person erlebte nach ihrer Vertreibung von der Bühne durch Gottsched und die Theaterleiterin Caroline Neuber (1697–1760) in den dreißiger Jahren des 18. Jahrhunderts nach Lessings vergeblichen Bemühungen um 1800 eine Rückkehr als satirisch-lustige Gestalt, die die Menschen nicht nur zum Lachen, sondern auch zum Nachdenken bringt, indem sie bestimmte Wahrheiten oder, wie Seume es ausdrückt, »zuweilen sehr heilsame Dinge zur Verdauung« sagt und dadurch bei der Beseitigung von Mißständen und der Erziehung der Menschen mithilft. Der Hanswurst, der als Vorläufer des modernen Kabaretts gelten kann, will mit Lachen die Welt verändern helfen, denn die Menschen werden durch ihn »wohl um keinen Obolus unweiser, aber um viele Talente froher werden«. Seume weiß, daß diese Wirkung viel nützlicher sein kann als humorloses Moralisieren.

Auch auf seinen Reisen und bei Aufenthalten in anderen Städten und Ländern besuchte Seume Theatervorstellungen, sooft sich ihm die Möglichkeit bot. Dabei wurde ihm, je besser die Leistungen waren, immer deutlicher die mangelhafte Arbeit der Theater und Schauspieler in Deutschland bewußt. Nachdem er bereits 1798 *Ein Wort an Schauspieler* geschrieben hatte, wandte er sich 1804 in dem Beitrag *Über das Leipziger Theater* seiner Heimatstadt zu in dem Bestreben, die dortige Theatersituation verbessern zu helfen. Bereits im *Spaziergang* hatte er darauf hingewiesen, »daß ich auf meiner ganzen Wanderschaft kein so schlechtes Schauspielhaus gesehen habe als bei uns in Leipzig«. Zur Zeit hatten dort die Dresdner Hofschauspieler das Privileg, zu den Messen, den besten Einnahmezeiten, aufzutreten, und zwischendurch spielten andere umherziehende Theatertruppen mehr schlecht als recht; Seume schreibt von »Ungeschicktheit und Geschmacklosigkeit der Vorstellenden«. Nach seiner Überzeugung wäre Leipzig als eine der bedeutendsten deutschen Städte, als wichtiger Handelsplatz mit starkem Fremdenverkehr und als Zentrum von Kultur und Bildung der beste Ort für ein Nationaltheater, so wie es in Wien, Mannheim, Berlin und Weimar existierte, dort allerdings in finanzieller Abhängigkeit von dem jeweiligen Fürstenhaus, das es freilich in Leipzig nicht gab. Deshalb appelliert Seume an die Stadtverwaltung und an reiche kunstsinnige Einwohner, die Schaffung eines Theaters mit einem festangestellten Schauspielerensemble zu unterstützen, damit zu den vielen nützlichen Einrichtungen der Stadt bald auch ein gutes Theater gehört. Doch Seumes Bemühungen waren erfolglos; erst zehn Jahre später wurde das Privileg der Dresdner Schauspieler aufgehoben – da war Seume schon vier Jahre tot.

Gerade weil Seume sich in Leipzig wohl fühlte und die Stadt und ihre Umgebung liebte, war er nicht nur mit dem Theaterleben unzufrieden, sondern seinem wachen Blick fielen auch andere Mängel auf, über die er sich öffentlich äußerte, damit sie beseitigt und Leipzigs Stadtbild und Ansehen gehoben würden. Aus seinem kritischen Artikel *Rügen, Leipzig betreffend*, erschienen in *Der Freimüthige* vom 22.8.1803, sei unter mehreren Beispielen nur eines herausgegriffen. Es heißt dort: »Ich weiß mehr als irgend einer das Gute und die Vorzüge von Leipzig, und werde höchst wahrscheinlich hier mein Leben beschließen ... Aber es thut mir in die Seele Anderer wehe, wenn ich Dinge sehe, die mit so leichter Mühe abgeändert werden könnten und sollten ... Einer unserer besten Spatziergänge ist durch das Rosenthal nach Gohlis. Nun pflegt man oft todte Thiere in das vorbei fließende Wasser zu werfen, welche in dem schönen Walde oft wochenlang einen pestilenzialischen Gestank verursachen ... Auch scheint man überhaupt gar nicht an die Reinigung des Wassers zu denken. Kleine Flüsse muß man reinigen, vorzüglich in der Nähe der Städte; große reinigen sich selbst. Meine Absicht ist bloß etwas Gutes zu bewirken, und durchaus nicht jemand zu beleidigen.«

Ein weiteres anschauliches Beispiel für Seumes Anteilnahme am kommunalen Geschehen ist seine Reaktion auf die Baumfällaktion im Rosental, die sogar zu einer Kontroverse zwischen ihm und dem Leipziger Magistrat geführt hat. Das Rosental ist ein etwa zwei Kilometer langes und eineinhalb Kilometer breites Wald- und Erholungsgebiet zwischen der Leipziger Altstadt und dem heutigen Stadtteil Gohlis im Norden sowie zwischen den Flüssen Parthe im Osten und der Weißen Elster im Westen. Als Seume im Frühjahr 1804 von einer Reise ins Riesengebirge zurückkam, bemerkte er mit Entsetzen, daß auf Anordnung des Magistrats im Rosental viele herrliche alte Bäume gefällt wurden, um Platz für Entwässerungsgräben zu schaffen. Im Zorn über diesen Frevel verfaßte er am 12. Mai als Ausdruck seines Protestes eine mit der *Trauer der Ceres* vergleichbare Elegie mit dem Titel *Die Dryade (Als man anfing, das Rosenthal bei Leipzig auszuhauen)*, die schmerzliche Klage einer Dryade, einer Baumnymphe der griechischen Mythologie, über die Verwüstung des Rosentals:

Jammert, ihr Schwestern und Kinder! ach! jammert, meine
Verwandten,
Meine Lieblinge! weinet mit mir die Zähre der Wehmut!
Die Erhabensten unsers Geschlechts, die Zierden des Waldes,
Ach! sie stürzen mit ihren Wolkenkronen zu Boden.
Herzlose Männer zerstören den Hain mit wütender Mordaxt,
Und der Schlag hallt von der Entheiligung weit in der Flur fort.
Meine Geliebtesten fallen, die starken, die Helden des Tales,
Denen das rauschende Laub noch gestern um's männliche Haupt
klang.
Ach! sie liegen entkleidet, die schönen Glieder zerschmettert,
Liegen mit Schande geschlagen umher in dem Gras und sterben; …

Als herzlose Männer, Mörder und Frevler werden die Holzfäller und ihre Auftraggeber, der Leipziger Magistrat, hart angeklagt, und empört wird die Frage gestellt: »Haben die Männer des Lindenhains (= Leipzig, E.Z.) die Seelen von Eisen?«

Noch am gleichen Tage schickte Seume das Gedicht seinem Freund Garlieb Merkel für die Zeitschrift *Der Freimüthige* nach Berlin mit der Bitte um baldige Veröffentlichung. Mit seiner Kritik war Seume allerdings etwas zu weit gegangen. Der Abdruck des Gedichts am 22. Mai erregte die Gemüter der beleidigten Leipziger Ratsherren wohl sehr und sollte offensichtlich zu einer Maßnahme gegen Seume führen, der daraufhin am 28. Juni die klärende Stellungnahme *Einige Worte über unser Rosenthal* schrieb, die in der Leipziger *Zeitung für die elegante Welt* vom 3.7.1804 veröffentlicht wurde und in der sich Seume sowohl für seine scharfen Worte entschuldigt als auch sein Vorgehen verteidigt. Er bekennt, daß es ihm leid tut, »wenn ich vielleicht Veranlassung zu Übertreibung und Mißdeutung gegeben habe«, und daß er das Gedicht »schnell in dem ersten Anfall von Aerger« geschrieben hat, »den allerdings damals fast das ganze Publikum mit mir teilte«. Seume behauptet zwar weiterhin, »es sind, meines Bedünkens, ungefähr *ein Dutzend* schöne große herrliche Eichen *zu viel* gefällt«, versichert aber vor allem den auswärtigen Besuchern der Stadt, daß »keine totale Zerstörung« geschehen sei. Er rückt von seiner überzogenen Kritik ziemlich stark ab, betrachtet die Angelegenheit nun nüchterner, legt seinen Standpunkt über die Reinigung von Flüssen dar und schließt sogar mit einem Lob des Magistrats: »Der hiesige Magistrat ist übrigens wohl dafür bekannt, daß er für die Verschönerung des Orts und für das Vergnügen der Einwohner etwas thut. So unbestechlich ich gegen alle Mißbräuche bin, so bereit werde ich immer sein, jedem Guten auch laute Billigung zu geben.« Damit hat Seume die Ratsherren wohl versöhnlich gestimmt und das gute Einvernehmen wieder hergestellt.

In dieser Zeit beschäftigte sich Seume mit einem Gebiet, das ihn seit seiner Schulzeit stark interessierte und das bereits das Thema zweier seiner Arbeiten, der Dissertation von 1792 und der Schrift *Über Prüfung und Bestimmung junger Leute zum Militär* von 1793 war: Kriegstechnik und Militärwesen. Da die Dissertation der Öffentlichkeit und militärischen Personen nicht bekannt wurde, aber seiner Meinung nach einige nützliche Vorschläge enthielt, behandelte er die gleiche Thematik nochmals ausführlicher in dem Aufsatz *Über Bewaffnung*, jetzt erweitert durch Betrachtungen über die Vor- und Nachteile der Reiterei sowie über die militärische Kleidung. Die Arbeit war dem russischen Zaren Alexander I. (1777/1801–1825) gewidmet und erschien 1804 bei Hartknoch in Leipzig; sie ist auch heute noch eine anregende Lektüre für kriegs- und waffentechnisch Interessierte.

Um die Jahreswende 1804/1805 arbeitete Seume, wahrscheinlich im Auftrag des Leipziger Verlegers Wilhelm Reim und aus finanziellen Gründen, an der Übersetzung eines englischen Buches von Robert Percival (1765–1826) mit dem Titel *Beschreibung des Vorgebirges der guten Hoffnung (An Account of the Cape of Good Hope)*, das in London erschienen war. Der längere Untertitel ist bereits eine Inhaltsangabe des Buches: »Eine historische Uebersicht der ersten Niederlassung der Holländer, der Einnahme durch die Briten 1795, und der verschiedenen Staatsabsichten, die die holländische und brittische Regierung daselbst beobachten; desgleichen eine Skizze seiner geographischen Lage, seiner Erzeugnisse, der Sitten und Gebräuche seiner Bewohner, usw. Mit einer Uebersicht der politischen und merkantilischen Vortheile, welche England aus dem Besitz desselben ziehen könnte.« Der Autor hat als englischer Hauptmann an der Eroberung der holländischen Kapkolonie in Südafrika durch die Briten teilgenommen und zieht gegen die feindlichen Holländer zu Felde.

Diese Übersetzungsarbeit wäre vielleicht nicht weiter von Bedeutung, wenn Seume nicht eine brisante Vorrede dazu geschrieben hätte, in der er sich sehr kritisch mit den Ansichten Percivals zur britischen Kolonialpolitik und zur Sklaverei auseinandersetzt. Dem Autor des Buches, der das im Gegensatz zu den Holländern angeblich humanere Vorgehen der Briten verteidigt und die Versklavung der Farbigen als gottgegeben ansieht, hält Seume entgegen, daß es keine mildere Sklaverei gibt, sondern daß jede Sklaverei, gleichgültig durch welche Kolonialmacht, hart, ungerecht und unchristlich ist: »Das Sklavenwesen mag im Innern am Kap freilich hart genug sein; aber ich erinnere mich nie, irgendwo gehört zu haben, daß sich die Engländer durch Mildheit gegen die ihrigen auszeichnen. Es ist eben keine Ehre für das Christentum, daß seine Anhänger diesen Schandfleck der menschlichen Vernunft die Sklaverei auf alle Weise tiefer einzubrennen und zu verewigen suchen. Wo der Begriff Sklave noch im Recht gilt, darf man durchaus nicht behaupten, daß man nur die erste Stufe reiner menschlicher Bildung erstiegen habe.« Seume gesteht den Sklaven, genauso wie allen Menschen, Freiheit, Gleichheit und alle Menschenrechte zu und damit ausdrücklich auch das Recht, sich gegen die Versklavung zur Wehr zu setzen: »Wer zu mir sagt, du bist mein Sklave, das heißt, ich gebrauche dich unbedingt als Werkzeug zu meinen Zwecken, der gibt mir für den schicklichsten Moment rechtlich den Dolch in die Hand.« Und dann folgt ein höchst bemerkenswerter Satz, Seumes Definition von Freiheit und Gerechtigkeit, an der alle Staaten mit ihren Verfassungen bis heute gemessen werden sollten: »Freiheit ist durchaus nichts als Gerechtigkeit, und diese nichts als gleiche Befugnisse mit gleichen Pflichten im Staate: und so lange man sich ein Haarbreit von dieser Base entfernt, mag man Konstitutionen bauen, so viel man will; sie werden blitzende Meteore sein, aber nicht halten.«

Als besonders wichtig hebt Seume hervor, daß die Religion in den Beziehungen der Nationen nur in Ausnahmefällen eine Rolle, und dann eine positive, spielen sollte, und für verabscheuungswürdig hält er deren Mißbrauch zur Unterwerfung anderer und andersgläubiger Völker: »So lange noch Religionskriege möglich sind, hat der Despotismus und die Gaunerei wenigstens auf einer Seite noch gewonnenes Spiel. Ein Gott, für den man fechten muß, ist das erbärmlichste der Wesen.«

Daß es den Briten bei ihrer Kolonialpolitik in Südafrika nicht um »Mäßigung und Humanität« gegenüber den Einwohnern geht, sondern einzig und allein um handfeste ökonomische Belange, um die Ausbeutung von

Kolonien, die Beherrschung des Handels auf den Weltmeeren und letztlich der ganzen Welt, wird von Percival nicht verschwiegen.

Seumes Vorrede zu Percivals Buch, die leider neben seinen anderen Schriften zu wenig Beachtung findet, ist ein weiteres Zeugnis für Seumes radikale politische Haltung, die er sich als nunmehr berühmter Schriftsteller nicht scheut, offen darzulegen. »Jetzt«, schreibt Göschen, »da die öffentliche Meinung für ihn war, tadelte er mit Kühnheit alles, was er als Fehler und Mißbräuche in den gesellschaftlichen Verhältnissen erkannte, und sagte ohne Schonung der Personen das Gute und Böse einer jeden Verfassung gerade heraus.«

Gerade die öffentlichen Dinge, die res publica, ob in Leipzig, Sachsen, Deutschland, Europa oder der Welt, lagen Seume am Herzen. Dennoch hat er nie ein öffentliches Amt angestrebt, da er der Meinung war, daß der Staat die dafür geeigneten Personen selbst suchen und keine Bewerber nehmen sollte. Sein Wunsch jedoch, daß sich in der Politik der gesunde Menschenverstand durchsetzen möge, ist utopisch, denn noch immer gilt: »Wir sind noch lange nicht dahin, wo wir die Vernunft in das öffentliche Recht tragen dürften; Meinungen beherrschen immer noch die Welt, immer eine verkehrter als die andere.«

Von den sieben Gedichten, die Seume zwischen Frühjahr 1803 und Frühjahr 1805 in verschiedenen Zeitschriften veröffentlichte, muß das Gedicht *Die Gesänge*, erschienen in der *Zeitung für die elegante Welt* Nr. 23 vom 23.2.1804, gesondert erwähnt werden, obwohl es sich aus der Menge der Seumeschen Gedichte nicht heraushebt. Es ist ein Loblied auf den Gesang in verschiedenen Lebenslagen, wovon zwei Zeilen in den Zitatenschatz des deutschen Volkes eingegangen sind:

Wo man singt, da laß dich ruhig nieder,
böse Menschen haben keine Lieder.

Wie die Vorliebe für diese Zeilen entstand, läßt sich nicht mehr nachvollziehen. War es der häufige Gebrauch, waren eifrige Sangesbrüder oder übereifrige Seumeverehrer dafür verantwortlich? Auf jeden Fall wurde hier eine bestimmte Seite der Seumeschen Lyrik, das Lobpreisen von Liebe, Lebensfreude, Wein, Gesang und Gemütlichkeit, herausgehoben und übermäßig betont, weil sie der unpolitischen Haltung des deutschen Bürgertums am besten entsprach und Seumes politische Kritik, von der man nichts wissen wollte, vergessen ließ. Es war dies eine Methode, aus dem unbequemen politischen Schriftsteller Seume einen biedermeierlich-kleinbürgerlichen Stimmungssänger zu machen. Bald kannten nur noch die wenigsten die Herkunft und den Verfasser der Verse.

Im Jahre 1804 trat der Verleger Göschen mit einem Anliegen an Seume heran. Göschen, der etwas zur Geschmacksbildung des weiblichen Geschlechts beitragen wollte, hatte schon länger den Plan, eine Zeitschrift für Frauen herauszugeben, wie er das schon einmal mit dem *Historischen Calender für Damen* getan hatte. Als Redakteur gewann er dafür den Leipziger Musikschriftsteller Friedrich Rochlitz (1769–1842) und als Mitarbeiter Wieland, Schiller und Seume, die die Aufgabe hatten, geeignete Frauen als Autoren zu gewinnen und die Beiträge zu sammeln. Im Januar 1805 erschien die erste Nummer der Monatszeitschrift *Journal für deutsche Frauen von deutschen Frauen geschrieben*. Bald zeigte sich, daß nicht genügend Material zusammenkam, um die Zeitschrift zu füllen. Nachdem Schiller im Mai 1805 gestorben war, gaben auch Wieland und Seume Ende 1806 ihre Mitarbeit auf. Danach wurde die Zeitschrift unter dem neuen Titel *Selene* von Rochlitz allein weitergeführt, bis sie Ende 1807 ihr Erscheinen einstellte. Von Seume war darin eine Würdigung Schillers, das Gedicht *Schillers Nekropompe* (Schillers Totengeleit), und zwei weitere Gedichte veröffentlicht worden.

In dieser Zeit verlor Seume mit Christian Felix Weiße einen seiner ältesten Freunde und warmherzigen Förderer. Er starb am 16.12.1804, wenige Wochen vor seinem 79. Geburtstag, in Stötteritz bei Leipzig. Zum ersten Todestag erschien Seumes Gedicht *Weiße der Kinderfreund* in der Zeitschrift *Der Freimüthige*.

Ende Mai 1803 litt Seume an starken Zahnschmerzen; nach dem Ziehen eines vereiterten Zahnes bildete sich ein Geschwür in der Nähe des linken Auges und breitete sich auf das Stirnbein aus, so daß Dr. Eckoldt, um das vereiterte Knochenstückchen zu entfernen, eine sehr schmerzhafte Operation vornehmen und Seume mehrere Wochen mit verbundenem Kopf im Bett bleiben mußte – eine besondere Qual für ihn. Doch die stoische Philosophie und sein Motto »Perfer et obdura« halfen ihm, die Schmerzen wie ein Mann zu ertragen und in seiner mißlichen Lage auszuharren. Immerhin hat er sich so viel Humor bewahrt, um ein witzig angehauchtes Gedicht über seinen Zustand zu schreiben, das den Titel *Wider die Ordonnanz. Bei einer ziemlich gefährlichen*

Operation trägt, wohl weil er damit gegen das ärztliche Schreibverbot verstieß.

Mehrere Monate nach seiner Genesung unternahm Seume wieder kürzere Reisen, so nach Dresden zu Böttiger, nach Berlin zu Merkel und Ostern 1804 nach Schlesien und in das Riesengebirge. Da führte ihn sein Weg über Großenhain, Kamenz, Bautzen, Görlitz zunächst nach Bunzlau (Boleslawiec) und in das zehn Kilometer östlich davon gelegene Nieder-Thomaswaldau, wo sein alter Freund, Herr von Bissing, der ehemalige Besitzer des Rittergutes Altenhain bei Grimma, das er 1802 verkauft hatte, jetzt wohnte. Dann ging es nach Süden über Hirschberg (Jelenia Gora) im Glatzer Bergland und von dort nordwärts in das Riesengebirge, auf die 1602 m hohe Schneekoppe (Sniezka), zur Elbquelle und über Reichenberg (Liberec), Zittau, Herrnhut, Löbau und Bautzen wieder nach Leipzig. Das Riesengebirge hat Seume so stark beeindruckt, daß er ein Jahr später auf seiner Nordischen Reise abermals ins Schwärmen geriet, als er auf der Fahrt zwischen Görlitz und Bunzlau »das ganze große herrliche Gebirge« noch einmal aus der Ferne erblickte und im Geiste die landschaftlich schönsten Gegenden der damaligen Wanderung sah. In Gedanken folgte er den Wegen auf den Höhen und in den Tälern »und durchstrich an den Flüssen herab und hinauf das ganze reizende Tal von Warmbrunn und Hirschberg und Schmiedeberg. Einen schöneren Winkel der Erde trifft man nur selten, und selten bessere Menschen.«

Ende September 1804 machte Seume schließlich noch eine Wanderung in westliche Richtung über Weimar, Eisenach, Bamberg, Würzburg und Heidelberg nach Frankfurt am Main, um von da aus die schöne Flußlandschaft des Mittelrheins zwischen Mainz und Koblenz mit den Hängen des Hunsrück und des Taunus links und rechts des Flusses kennenzulernen. Von Weimar bis Frankfurt reiste er zusammen mit dem französischen Emigranten Chevalier Auguste Duvau (1771–1831), den er im Sommer 1801 in Weimar kennengelernt und zum Freunde gewonnen hatte. Dieser kehrte jetzt nach Frankreich zurück, da Napoleon im April 1802 allen ins Ausland geflohenen Franzosen die Rückkehr ins Land erlaubt und Straffreiheit zugesichert hatte.

Wie oft mag sich Seume in seinem Leipziger Kämmerchen oder unterwegs an Vergangenes aus seinem Leben erinnert und gedacht haben: »Es geht doch nichts über die Momente, wo man das Gute des Lebens mit seinen Freunden oder allein in der Erinnerung noch einmal genießt. Was dann noch Vergnügen gibt, hält gewiß die Probe.« (Aus *Mein Sommer 1805*) Dazu gehörten neben den guten Freunden vor allem seine vielen Reiseeindrücke.

Johanna Christina Loth

Zum zweitenmal trat eine junge Frau in Seumes Leben, die Unruhe in seinem Inneren verursachte und der Anlaß für seine zweite große Wanderung wurde. Johanna Christina Loth (1784–1857) war die einzige Tochter des Leipziger Kaufmanns, Bankiers und Stadthauptmanns Christian Heinrich Loth (1735–1817), der außer dem Rittergut Großsteinberg auch das Gut Hohnstädt bei Grimma besaß und Göschens Freund war. Auf Loths Rat hatte Göschen 1795 ein Pferdnergut in Hohnstädt als Landsitz und Sommerwohnung erworben.

Dort lernte Seume, als er ab 1797 Korrektor bei Göschen in Grimma und häufiger Gast der Familie in Hohnstädt war, auch das Ehepaar Loth und dessen Tochter kennen, die bei Göschens ein und aus ging und mit deren Kindern spielte. Auch bei seinen Besuchen bei den Loths sah er sie oft; sie wuchs unter seinen Augen vom dreizehnjährigen Mädchen zu einer jungen Frau von zwanzig Jahren heran. Da sie hübsch und intelligent war, blieb es nicht aus, daß Seume sie mit Sympathie betrachtete und bald eine tiefe Zuneigung zu ihr faßte. Insgeheim dachte er ernsthaft daran, Johanna zu heiraten, obwohl sie 21 Jahre jünger als er und sehr reich war. Da diese Liebe aber wegen des Standesunterschiedes von vornherein zum Scheitern verurteilt und eine Eheschließung fast aussichtslos war, fand Seume nicht den Mut, mit ihr und ihren Eltern darüber zu sprechen, sondern bemühte sich ängstlich, seine Gefühle zu verbergen und mit Hilfe des Verstandes zu bekämpfen.

In diesem Widerstreit besuchte er die Familie oftmals nur, um die Tochter zu sehen, oftmals aber schlug er auch Einladungen aus oder blieb länger fern, um Abstand zu gewinnen. Die Eltern ahnten nichts und baten Seume nach seiner Rückkehr aus Italien, ihre Tochter in der italienischen Sprache zu unterrichten. Zwar suchte er zunächst nach Ausflüchten, um dies zu vermeiden, aber auf wiederholtes Bitten sagte er Anfang 1804 doch zu und vergrößerte dadurch nur noch seinen inneren Konflikt. Da Johanna offenbar eine sehr gelehrige Schülerin war und vielleicht auch schon einige Vorkenntnisse hatte, konnte bald in Dantes *Göttlicher Komödie* gelesen werden, wobei Seume darauf bedacht war, die darin beschriebene Liebesgeschichte von Paolo und Francesca zu überspringen, da sie sehr an seine eigene Situation erinnerte. Durch die große Nähe beim Unterricht, auch bei gelegentlichen Spaziergängen, Theaterbesuchen oder geselligen Zusammenkünften im Familien- und Bekanntenkreis fiel es Seume schwer, seine Gefühle zu verbergen.

Johanna dagegen sah in Seume lediglich einen guten und vertrauten väterlichen Freund. Sie hatte sich in einen jungen Mann aus Berlin verliebt, der in Leipzig als Kaufmann tätig und als Geschäftsfreund einige Male bei der Familie Loth zu Gast war und der Johannas Liebe erwiderte. Es war Johann Emanuel Devrient (1776–1823), der Sohn eines Seidenhändlers und Bruder des berühmten Schauspielers Ludwig Devrient (1784 bis 1832). Da die beiden Verliebten sich offenbar gut verstanden und zueinander paßten, hatten beide Elternhäuser nichts gegen eine eheliche Verbindung einzuwenden, wobei sicher auch die finanziellen Verhältnisse eine wichtige Rolle spielten.

Nachdem Seume den ersten Weihnachtsfeiertag 1804 im Kreise der Familien Göschen und Loth verbracht und dort von der bevorstehenden Verlobung Johannas erfahren hatte, brach für ihn eine Welt zusammen. Ihm war klar, daß er aus ihrer Nähe verschwinden mußte. Er dachte an eine längere Reise, aber auch an Selbstmord, doch der Gedanke an seine Mutter hielt ihn davon ab. Er schrieb drei längere Abschiedsbriefe, einen an Vater Loth und zwei an die Tochter, in denen er seine Situation und seine Empfindungen pathetisch und mit viel Selbstmitleid, aber auch Stolz schildert. Im Brief an den Vater vom 26.12.1804 heißt es u. a.: »Ich darf und werde nicht mehr in Ihr Haus kommen und jede Gelegenheit sorgfältig vermeiden, Ihre Tochter zu sehen. Sie erraten die Ursache leicht. Ich bin nicht alt und weise genug, hier gehörige Fassung zu halten. Meine Seele hat seit langer Zeit große Abgötterei mit dem Mädchen getrieben, und ich bin in eine Stimmung geraten, wo ich Gefahr laufe, ein Raub meiner Empfindungen zu werden. Sie ist das schönste, herrlichste, liebenswürdigste Geschöpf, das ich vielleicht je gesehen; ich bin ein guter, unverdorbener, unbefangener Mann: die Wirkung war zu berechnen …

Die Empfindung ist nicht von gestern und ehegestern. Sie erinnern Sich, daß ich das erstemal auswich, als ich ihr Unterricht im Italiänischen geben sollte; ich hätte es das zweite mal noch mehr thun sollen ... Ich wollte meine Empfindung niederkämpfen; aber das geht nun, wie ich wohl merke, ohne heroische Mittel nicht ... Ich will gute Verhältnisse nicht stören, und sollte ich darüber mit meinem Wesen zu Trümmern gehen. Es ist freilich traurig, daß ich nun wieder einsam und freudenleer sein werde; aber ich muß in mich selbst zurückgehen und mit mir allein leben ... Nie werde ich vergessen, wie viele frohe, glückliche Stunden ich in Ihrem Hause genossen habe, aber nur dann dahin zurückkehren, wenn es eine wichtigere moralische Pflicht fordert.«

Wenig später schrieb Seume an Johanna: »Meine Entfernung aus dem Hause Ihres Vaters kann Sie über meine Seelenstimmung nicht in Ungewißheit gelassen haben, und wenn es auch nicht großmütig ist, so ist es doch sehr menschlich, daß ich mich nicht so ganz ohne etwas freundlichen Abschied von Ihnen trenne. Wenn Sie mein Benehmen überrechnen wollen, so werden Sie keinen Widerspruch finden, wenn ich Ihnen sage, daß ich seit einigen Jahren mit etwas mehr als gewöhnlicher Verehrung Ihnen im stillen gefolgt bin ... Ich glaubte gegen jede Empfindung dieser Art durch Vernunftkraft und noch mehr durch meinen Stolz gesichert zu sein, und am Ende hat das Herz die Vernunft und den Stolz in seine Partei gezogen. Daß Sie ein reiches junges Mädchen sind, daran habe ich leider wenig gedacht; ich empfand nur, daß Sie schön und liebenswürdig sind ... Sie wären die Seligkeit meines Lebens gewesen, und ich bin mir durchaus bewußt, ich würde Ihnen keinen Ihrer schönen Tage verdorben haben ... Ich sehe Sie wahrscheinlich nie wieder ... Ohne meine Mutter wäre ich längst fort, hinaus in die wildesten Elemente. Manchmal suchten Sie gütig mich zurückzuhalten; und nun sind Sie doch die einzige Ursache, die mich von neuem in die Wogen hinausschickt. Wenn mich die Pflicht nicht leben hieße, würde ich den Tod suchen, einen Freund, mit dem ich nicht seit ehegestern bekannt bin ... Ich muß den Sturm in mir niederkämpfen, und das kann in Ihrer Nähe nicht geschehen ... Auf meine ewige Ergebenheit rechnen Sie überall. Ob ich mich gleich nicht als den Ihrigen nennen darf, so werde ich es doch wohl mehr und länger sein als irgend jemand, und wahrscheinlich bis zum letzten Hauche ... Ich verspreche zwar, Sie nicht mehr zu sehen; aber meine Seele kann und wird und soll sich nicht von Ihnen trennen.«

Wir wissen nicht, wie die Eltern und die Tochter diese offenen und reichlich melodramatischen Briefe Seumes aufgenommen haben; waren sie überrascht oder enttäuscht, hatten sie schon etwas geahnt, bedauerten sie Seumes Abschied, hatten sie überhaupt Verständnis für seine Lage? Wie dem zweiten Brief zu entnehmen ist, muß Seume wohl schon gelegentlich Andeutungen über eine größere Reise gemacht haben. Obwohl er eine Zeitlang an einen Englandbesuch gedacht hatte, der aber wegen Napoleons englandfeindlicher Politik nicht möglich war, zog es ihn schließlich nach Osten und Norden, nach Warschau und Petersburg, auch um Bekannte und Freunde aus seiner Zeit als russischer Leutnant aufzusuchen. Diesen Wunsch hatte er schon länger, denn immerhin waren inzwischen zehn Jahre seit seinem Weggang aus Polen vergangen. Und nun hatte sich ein Anlaß für diese Reise ergeben.

Schon im Januar begann Seume, die finanziellen Angelegenheiten mit seinem Verleger Hartknoch zu regeln, dem er am 18.1.1805 schrieb: »Es ist in meinem innern moralischen Wesen ein kleiner Vorfall geschehen, der mich schnell bestimmt hat, mit dem Eintritt des Frühlings den Sommer über eine Ausflucht zu suchen. Da es jetzt in England nicht ganz ruhig ist, werde ich nach Petersburg wandeln, wozu außerdem noch einige andere persönliche Rücksichten einladen. Vielleicht giebt mir die Herzogin Mutter in Weimar oder die Großfürstin (Maria Pawlowna [1786–1855], Tochter des Zaren Paul I., Großfürstin von Rußland, seit 1804 Gemahlin des Erbprinzen Carl Friedrich von Sachsen-Weimar [1783–1853], E.Z.) eine Empfehlung an den Monarchen, die doch auf alle Fälle nicht unangenehm ist. Zu diesem Endzweck brauche ich nun wieder meine ganze Barschaft, und bitte Sie daher, Ihre Rechnungen nachzusehen und mir bis auf den letzten Pfennig auszahlen zu lassen, was ich noch von Ihnen zu erhalten habe ... In einigen Monathen denke ich abzugehen; den Weg weiß ich selbst noch nicht: auf alle Fälle, wie gewöhnlich mit meinem Tornister.«

Göschen sah auch diesmal keinen Sinn in dieser Reise, wußte aber, daß sich Seume von seinem Vorhaben nicht abbringen ließ. Seiner Meinung nach, die er Böttiger gegenüber am 9.2.1805 äußerte, sollte Seume seine Zeit besser nutzen: »Glauben Sie ja nicht, Seume habe eine Absicht bei der Reise. Das ärgert mich eben, daß der Mensch so sorglos in die Welt hineinspaziert. Ich meine sorglos, wegen der zukünftigen Tage seines Lebens. Er geht, um zu gehen; oder um etwas zu vergehen. Ergehen wird er sich nichts.«[75] Als Geschäftsmann und Familienvater konnte Göschen gar nicht anders als pragmatisch denken, an den Nutzen für sein Unternehmen und die Zukunft, während Seume in Göschens Augen mehr oder weniger sorg- und sorgenlos in den Tag hineinlebte. Wegen der unterschiedlichen Lebensauffassung beider war es Göschen kaum möglich, sich in Seumes Gedankenwelt hineinzuversetzen und ihn zu verstehen. In der letzten Zeit war Seume wieder recht mißmutig und unzufrieden mit sich und dem eintönigen Leben in der Stadt geworden, eine innere Unruhe drängte ihn, abermals in die Welt hinauszugehen, um sein Wohlbefinden wiederzuerlangen, wie er am 13.3.1805 an Böttiger schrieb, und um sich von seiner unglücklichen Liebe zu heilen: »Zu Ende des Monats denke ich hier weg zu tornistern und sehe Sie doch wenigstens einen Tag in Dresden. Ich werde wohl genöthigt seyn, mich wieder etwas in die Welt hinauszuwerfen, zu meinem physischen und moralischen Wohlbefinden. Ich habe einige Erfahrungen mehr gemacht, die zwar nicht neu sind, die aber mich Kindskopf doch überrascht haben und die mir nur den Vortheil bringen, daß sie mich desto fester in meine alte ursprüngliche Stimmung zurück setzen.« Daß sich Seume als Kindskopf bezeichnet, zeigt, daß er diese alte und neue Erfahrung nach einem Vierteljahr schon mit Abstand beurteilte und ihre positive Seite erkannte, nämlich ihn in die »alte ursprüngliche Stimmung« des ungebundenen Wanderns zurückversetzt zu haben, des Wanderns, um von Bedrängnissen und Mißstimmungen loszukommen.

Offensichtlich hat Seume die zweite große Liebesenttäuschung seines Lebens schneller überwunden als die erste, denn bei Johanna Loth lag die Sache anders als bei Wilhelmine Röder. Beiderseitige Liebesbeteuerungen wie zwischen Seume und Wilhelmine hat es nicht gegeben, da die Liebe nur einseitig war und Seume den Mißerfolg voraussehen konnte. Da Wilhelmine Seume Hoffnung auf die Erfüllung seiner Wünsche gemacht hatte, mußte ihn ihr Verrat schmerzlicher treffen als Johannas Verlobung und Heirat und innerlich stärker und länger aufwühlen und beschäftigen. Doch auch die Liebe zu Johanna begleitete Seume auf seiner Nordischen Reise in Gedanken. An den Anfang seines Reisebuches *Mein Sommer*

1805 stellte er ein sentimentales Gedicht, in dem er, ohne Namen zu nennen, über diese Liebe reflektiert und sich Vorwürfe macht:

Es ist so schön, wenn wir ein Glück uns bauen
In lichten Höhn;
Doch mehr als Grab, fühlt unser Herz mit Grauen
Es untergehn.

Nach der Klage, daß in ihm und um ihn alles so dunkel und abgestorben ist und es ihm und anderen völlig gleichgültig ist, ob er stirbt oder getötet wird, reißt er sich von seiner wehleidigen Stimmung los:

Hinaus, hinaus zum Kampf der Elemente!
Dort findest du,
Als ob der Tod das Leben zaubern könnte,
Im Sturme Ruh.

Dem Bericht über seine Reise schickt Seume eine kurze, aufschlußreiche Betrachtung über die Liebe voraus. Es dauert lange, bekennt er, ehe ihn die Liebe packt, aber wenn, dann mit vulkanischer Leidenschaft. Genauso plötzlich und kräftig kann er bei einer Enttäuschung mit einem entschlossenen Streich das Band zertrennen und wieder der alte sein. Da im Herbst des Lebens die Liebe den Mann seltener erfaßt, aber oft tief erschüttert, hofft er, daß die Liebe zu Johanna eine seiner letzten sein wird.

Daß Seume seine letzte Liebesenttäuschung schneller und anders bewältigt hat als die mit Wilhelmine, wird auch an seiner späteren Beziehung zu Johanna Loth, verheiratete Devrient, deutlich. Am Tag ihrer Trauung, die am 21.4.1805 in der Kirche zu Großsteinberg bei Grimma stattfand, wollte Seume schon nicht mehr in Deutschland sein.

Nordische Reise (April–September 1805)

Anfang März 1805 suchte der russische Konsul in Leipzig, Hofrat Schwarz, einen geeigneten Reisebegleiter für einen livländischen Studenten bis nach Dorpat (Tartu). Dieser junge Mann, Johann Alexander von Rautenfeld, dessen Vater, ein pensionierter russischer General, den in Leipzig studierenden Sohn besucht hatte und plötzlich hier gestorben war, sollte Ende März mit der Postkutsche wieder zu seiner Familie zurückkehren. Als Seume dessen Begleitung angeboten wurde, sagte er sofort zu. Vor dem Aufbruch nach Osten machte er noch einen Gang nach Wörlitz, 55 km nördlich von Leipzig zwischen Dessau und Wittenberg, um den Dichter Friedrich Matthisson (1761–1831), der als Hofrat beim Fürsten Franz von Anhalt-Dessau im Wörlitzer Park lebte, zu besuchen. Beide hatten sich vor zwei Jahren schon einmal kurz in Leipzig getroffen. Matthisson erinnert sich: »Angenehm unterbrach ein Besuch von Seume die Stille meines Einsiedlerlebens … Ich lernte Seume, den originellen Zögling der Natur und der Selbstständigkeit, dem ich einigemal im schnellen Vorbeygehn flüchtig nur die Hand reichte, jetzo befriedigender kennen … Ein Epiktet (antiker Philosoph, E.Z.) in Denkart und Sitte, scheint er sogar das Fatum zu beherrschen. In allen gefahrvollen und unsichern Lagen seines wunderbaren Lebens blieb Horazens: Nil desperandum! (Nicht verzweifeln!, E.Z.) ihm der heiligste Wahlspruch. Der eigenen Thatkraft nur allein vertrauend, verschmäht er mit einer Beharrlichkeit, welche nicht selten an Starrsinn gränzt, jeden außer ihm selbst liegenden Beystand, und wenn er auch von der treuesten Freundeshand dargeboten würde.«[76]

Ende März brach Seume mit seinem jungen Reisegefährten in Leipzig auf; ihr Weg führte über Meißen und Dresden, wo er die Gemäldegalerie und das Grüne Gewölbe besuchte, weiter über Bautzen, Görlitz und Liegnitz nach Breslau. Seume nannte seine Reisen oftmals Ausflucht – ein älteres Wort für Ausflug –, und er hätte sich gewünscht, daß der Anlaß für diese Reise »etwas philosophischer«, ernsthafter und keine Flucht gewesen wäre. Nun hoffte er, daß wenigstens der Erfolg der Reise philosophisch, reich an Erkenntnissen und Erfahrungen sein möge. Freilich hatte er kein direktes Ziel vor Augen wie bei der Wanderung nach Italien; er wollte nur einmal ein paar Freunde besuchen. Zudem waren Rußland und die skandinavischen Länder fast die einzigen Gebiete in Europa, die noch nicht von Napoleons Expansionsgelüsten betroffen oder bedroht waren. Denn inzwischen war das eingetroffen, was Seume vorausgesehen hatte: Napoleon hatte sich zum Kaiser der Franzosen ernennen lassen und selbst gekrönt, war damit zwar zur Majestät auf-, aber »von seiner Größe herabgestiegen« und zu einem noch gefährlicheren Gegner der gekrönten Häupter in Europa geworden. Die nächste kriegerische Auseinandersetzung ließ denn auch nicht lange auf sich warten.

Als England und Rußland am 11.4.1805 ein Bündnis gegen Frankreich schlossen, war Seume bereits auf dem Weg durch Polen; am 17. April kam er in Warschau an. Unterwegs betrachtete er besonders die Ortschaften und Häuser in den ländlichen Gebieten genau, um daran den allgemeinen Zustand des Landes zu erkennen: »Die Dörfer in Schlesien haben meistens das Aussehen von Wohlhabenheit. Die Häuser sind zwar alle nur mit Stroh gedeckt; aber Schornstein und Fenster und Türe sind überall ziemlich nett und reinlich: und diese nehme ich immer zur Probe guter Haushaltung und liberaler Bewirtschaftung.« In Polen jedoch waren die Gegenden, durch die Seume kam, mit Ausnahme einiger Städte »bis zum Mitleid ärmlich und schmutzig«, und »ohne alle Übertreibung ist in den meisten polnischen Häusern auf dem Lande, und nicht selten auch in den Städten, der Mist das reinlichste Fleckchen, wo man noch ohne Ekel stehen kann«.

Die Ursache für diese zunehmende Verwahrlosung lag zum einen in der Aufteilung Polens und dem fremden Besatzungsregime, zum anderen in den Menschen selbst, die dahinvegetierten, »nicht die gewöhnlichsten Lebensbedürfnisse« hatten und keinerlei Interesse an einer Verbesserung ihres Lebens zeigten, wobei das Land und seine Bewohner nicht arm waren. Eine Reise durch das gegenwärtige Polen hielt Seume für einen »nicht kleinen Feldzug«, da der Reisende eine Menge Unbequemlichkeiten – miserable Wirtshäuser und Bewirtung, schlechte Wege und große Unsauberkeit – in Kauf nehmen mußte. Selbst in Warschau, wo sich Seume an die dramatischen Ereignisse von 1794 und seinen Anteil daran erinnerte, hatte sich seitdem nichts gebessert; die Trümmer seiner einstigen Arbeitsstätte, des russischen Gesandtschaftsgebäudes, und die Einschlagstellen der Geschosse fand er noch so vor wie vor elf Jahren. Andere Paläste waren ebenfalls verfallen oder standen leer oder waren in Hotels und Wirtshäuser umgewandelt worden. Wer sollte auch bei der allgemein verbreiteten Lethargie nach der Zerschlagung des polnischen Staates den Wiederaufbau der zerstörten Teile der Hauptstadt in die Hand nehmen, da sowohl die führenden revolutionären Persönlichkeiten als auch die meisten reichen Einwohner mit ihrem Geld ins Ausland gegangen waren. Und so sank Warschau immer mehr zu einer bedeutungslosen Stadt herab.

War Seume zunächst im preußisch-besetzten Teil Polens gereist, fuhr er von Grodno an über Wilna (Vilnius), Kowno (Kaunas) und Mitau (Jelgava) durch den von Rußland besetzten Teil, bis er in Riga russisches Territorium betrat. Hier, in der Hauptstadt von Kurland (heute Kurzeme), stellte er rückblickend fest: »Ziehe durch Polen und iß mit den Juden und schlaf unter dem Grunzen der Schweine, und du wirst fühlen, wie wohltätig, welche gesellige Wiedergeburt es ist, wenn du in Kurland in ein reinliches freundliches Zimmer trittst, von einem artigen nettgekleideten Mädchen bewillkommt und mit einer guten Mahlzeit bewirtet wirst.«
Beim Vergleich des Lebens der Menschen im aufgeteilten Polen meinte Seume, daß es den Bauern zwar unter dem liberaleren preußischen System etwas besser ginge als unter dem russischen, bemerkte jedoch, daß alle Bevölkerungsschichten mehr Neigung für die Russen zeigten, da sie das strenge Regime der Preußen, namentlich die Besteuerung, haßten und – da ihr Nationalgefühl nicht erloschen war – sich von den Russen als verwandtem slawischem Volk am ehesten die Wiederherstellung des polnischen Staates erhofften. Doch darauf mußte das polnische Volk noch bis 1918 warten und dafür kämpfen, denn weder das 1807 von Napoleon gebildete und von ihm abhängige Großherzogtum Warschau noch das 1815 vom Wiener Kongreß geschaffene und unter der Herrschaft des russischen Zaren stehende Königreich Polen (Kongreßpolen) und erst recht nicht das 1916 von Deutschland und Österreich als Pufferstaat gegen Rußland proklamierte »Königreich Polen« waren selbständige und ganz Polen umfassende Nationalstaaten. Die Aufteilung des Staates, verbunden mit einer Fremdherrschaft, war keine Wohltat für die Polen, wie viele Westeuropäer angenommen hatten.
In Riga wollte Seume seinem ehemaligen Chef, dem 68jährigen General Igelström, einen kurzen Besuch abstatten, aber dieser wollte von ihm offenbar nichts mehr wissen: »Er ließ mich ziemlich lange stehen und mir endlich sagen: Er sei krank; wenn er wohl sein werde, wolle er mich sehen. Sein Arzt und sein Neffe hatten mich vorher seines hinlänglichen Wohlseins versichert. Ich ging und kam natürlich nicht wieder; denn ich war nicht hingegangen, um den Hof zu machen.«
Im Gegensatz zu Kurland traf Seume bei der Weiterreise im nordöstlich von Riga gelegenen Livland (heute Vidzeme) auf die gleichen jämmerlichen Zustände bei den unteren Bevölkerungsschichten und den Bauern

auf dem Lande, wie er sie schon aus seiner russischen Dienstzeit kannte und die Merkel 1796 in seinem Buch *Die Letten* sowie Seume in seiner ungedruckten Rezension dieses Buches in aller Schärfe angeprangert hatten. Noch schlimmer wurde es weiter nach Norden zu, in Estland, wo »alle humanere Kultur« aufhörte, in den Wirtshäusern »nichts als die leeren Wände« und die Bauernhäuser »wahre Troglodytenhöhlen« waren, »wo einst die Ahnherren (der Deutsche Orden, E.Z.) der heutigen Erbherren unter dem Mantel einer Religion, die ausgezeichnet Bruderliebe lehret, Elend und Sklaverei über ein freies Volk brachten«.

Über die Wahrung der Gesetzlichkeit hatten die russischen Militär- und Lokalbehörden in Polen wie in Rußland ihre eigene Auffassung gemäß der Redensart »Der Zar ist weit«, denn die Unbestimmtheit der Gesetze erlaubte ihnen jede beliebige Auslegung und jede brutale und demütigende Willkür, Härte und Roheit, »daß alles Ehrgefühl getötet und alle Rechtlichkeit erstickt wird«. Das liebste Gesetz war den Herrschenden immer noch die Knute gegenüber ihren Untertanen. »Als eine Charakterzeichnung der gesetzlichen Verhältnisse und der schönen Liberalität der Machthaber in Liefland ist mir noch oft vorgekommen, daß ich hier und da an der Wand eine große Peitsche hangen sah. Das sind unsere Landesgesetze, sagte man, als ich das Instrument mit einiger Aufmerksamkeit betrachtete; weiter haben wir keine, und weiter brauchen wir keine.«

Für das russische System der Unterdrückung und Ausbeutung, das in den Nebenprovinzen noch brutaler war als in Rußland selbst, hat Seume nur eine Bezeichnung: Sklaverei; obwohl der Adel, der die Sklaverei ausübte, dieses Wort vermied. Und gegen Sklaverei jeglicher Art und Zeit zieht Seume mit heftigsten Worten zu Felde, ganz gleich ob bei den Griechen und Römern des Altertums oder den Russen und Engländern der Gegenwart: »Man beschwert sich in Liefland, daß die Bauern unerträglich faul seien; und ich wundere mich, daß sie nur noch so viel arbeiten. Denn wozu soll ein Sklave mehr arbeiten, als er muß? Wer gibt ihm die Sicherheit seines Gewinns? Soll er ein Haus bauen, von dem er nicht weiß, ob er und sein Sohn darin wohnen dürfen? Einen Baum pflanzen, von dem es nicht wahrscheinlich ist, daß er und seine Kinder die Früchte davon brechen? Man wendet ein, daß ihm nun das Gesetz Sicherheit gebe. Das Gesetz ist längst da gewesen, und immer verachtet worden … Ein Sklave muß freilich schlecht sein; ich begreife gar nicht, wie er gut sein könnte. Herabwürdigung erstickt alles Edlere und Bessere.« Und wenn die Sklaverei selbst Gesetz ist? »Wo Sklaverei gesetzlich ist – von Gerechtigkeit kann gar nicht die Rede sein, denn man ist es schon gewohnt, daß Gesetz und Gerechtigkeit oft in Widerspruch stehen – wo sie gesetzlich ist, kann nie eine humanere Kultur gedeihen.«

Nachdem Seume in Dorpat seinen Reisegefährten bei dessen Familie abgeliefert hatte, konnte er in altgewohnter Freiheit weiterreisen. Eine ihm angebotene Professorenstelle an der Universität Dorpat lehnte er ab, obwohl an der 1632 gegründeten und 1802 erneuerten Universität eine freiere Studienatmosphäre herrschen mochte als in Leipzig, da hier viele deutsche Gelehrte an deren Neugestaltung mitwirkten, im Geiste der Aufklärung lehrten und Dorpat zu einem Zentrum deutsch-russischer Wissenschaftsbeziehungen machten.

Wegen des im Norden später anbrechenden Frühlings und des zu erwartenden wärmeren Wetters ließ Seume etwas voreilig seinen warmen Mantel als überflüssigen Ballast in Dorpat zurück und mußte für diesen Leichtsinn bald büßen, denn bei der Weiterreise von Reval (Tallinn), das er am 21. Mai verließ, an der Nordküste entlang über Narva nach Petersburg und später bis Moskau wurde das Wetter mit Schnee und Wind wieder zeitweise winterlich, so daß Seume mehrmals vor Kälte zitterte. Vermutlich hat dieses leichtsinnige Verhalten drei Jahre später zu der schweren Blasen- und Nierenkrankheit, die zu seinem Tode führte, beigetragen. Wie viele Naturburschen hielt auch Seume sich für genügend abgehärtet und wurde unvorsichtig, und das konnte tödlich sein.

Sehr beeindruckt zeigte sich Seume von der 1703 gegründeten neuen Hauptstadt Sankt Petersburg, deren Anlage und Bauten er ausführlich beurteilt, was sonst nicht seine Art war: »Städte und Gegenden und Menschen und ihre Pracht anzustaunen, ist eben nicht meine Sache, wie du weißt: aber wo ich Großes und Gutes sehe, bleibe ich mit Achtung stehen. Bis zur Bewunderung steigt meine Seele nur selten. Hier habe ich bewundert, wenn ich dachte, daß da, wo Paläste stehen und Monumente, die man kühn unter die größten zählen darf, da, wo sich Menschen drängen und in Glanz und Üppigkeit leben, wo eine kolossalische Macht jetzt ihre Propyläen errichtet hat, daß da vor hundert Jahren nichts war, als rund umher eine ungeheuere Sumpfgegend mit einigen Fischerhütten …

Petersburg ist mehr als Berlin und Wien; und ist in einem Jahrhundert geworden.«

In Petersburg lernte Seume im Hause eines Freundes den deutschen Dichter Friedrich Maximilian Klinger (1752–1831) kennen, der seit 1780 in russischen Diensten stand und zur Zeit von Seumes Anwesenheit in Petersburg Kurator der Universität Dorpat war. Dieser bot Seume nicht nur die erwähnte Professur, sondern auch eine Stelle als Hauptmann beim Gefolge des Zaren an, die Seume aber ebenfalls ablehnte. Später, im Herbst 1806, schrieb Seume seinem Freund Münchhausen darüber: »In Rußland wollte man mich zum Hofrath machen mit 2500 Rbl. Gehalt, oder mir eine Compagnie geben oder mich sonst anstellen, ... aber ich mag mich nicht mehr in das Unwesen der sogenannten Welt einlassen und lebe lieber hier von nichts unter den Todten (den antiken Griechen und Römern, E.Z.), mit denen ich mich besser vertrage ... Bey allem Unsinn meiner Nation will ich doch mein Vaterland nicht aufgeben.«

Klinger überbrachte Seume auch die traurige Nachricht, daß Schiller am 9. Mai in Weimar gestorben war. Er hatte es von der Mutter des Zaren und diese von ihrer Tochter Maria Pawlowna erfahren, die seit 1804 mit dem Sohn des Herzogs von Weimar verheiratet war, »und nie ist wohl ein Nationaldichter so allgemein betrauert worden, als Schiller an der Newa«, schrieb Seume dazu. »Wie groß muß nicht die Bestürzung und Trauer der Seinigen und seines ganzen dankbaren Vaterlandes sein!«

Seume war zeitlebens ein begeisterter Bewunderer von Schillers Dichtergenie und Persönlichkeit. An seinen Freund Münchhausen hatte er 1792 geschrieben:

Könnt ich wie Schiller dichten
Und stieg im Feuerschwung
Durch die Begeisterung
Zu göttlichen Gesichten; ...

Zweimal, am 10.8.1792 und am 5.6.1793, hatte Seume an Schiller geschrieben, diesem seine Verehrung ausgedrückt und vier Gedichte geschickt. Daß Schiller Seumes Wunsch nach näherer Bekanntschaft ignorierte und nicht antwortete, hatte Seume damals sehr enttäuscht. Diese zeitweilige Verärgerung mag der Grund dafür gewesen sein, daß unter Seumes Huldigungsgedichten an verehrte Persönlichkeiten keins an Schiller zu finden ist. Nur in drei späteren Gedichten wird Schiller am

Rande erwähnt. Doch im Sommer 1805 war die Trauer über Schillers Tod übermächtig und jeder Ärger vergessen. Später bei der Fahrt über den Bottnischen Meerbusen von Finnland nach Schweden schrieb Seume unter dem Eindruck des gewaltigen Verlustes für das deutsche Volk ein Gedicht zur Würdigung Schillers unter dem Titel *Schillers Nekropompe*, in dem es unter anderem heißt:

Schiller ist gestorben! scholls in allen
Zirkeln an der Newa auf und ab,
Von dem Marmor in den Kaiserhallen.
Freund, so schöne Blumenkränze fallen
Selten nur auf eines Dichters Grab.
...
Von dem Rheine bis zum Oby haben
Tausende sich oft durch ihn erfreut,
Reicher sich gelebt durch seine Gaben,
Die er, ihren Seelendurst zu laben,
Unerschöpflich um sich ausgestreut.

Daß Schiller, der den Menschen »oft großen Genuß verschafft hat«, auch in Rußland hochgeschätzt wurde, hatte Seume dem Dichter schon am 5.6.1793 geschrieben: »Wir haben Ihren Karlos auf der Peipus (Peipussee, E.Z.) mit eben so viel Wärme gelesen, als unter uns und um uns Kälte war; und in Pleskow habe ich ihn als Lieblingsbuch in der Sammlung einiger Rußen gesehen.«

Von Petersburg unternahm Seume einen Abstecher über Nowgorod und Twer (Kalinin) nach Moskau, eine 750 km lange fünftägige Höllenfahrt in einem offenen Wagen auf einem Weg, den sogar die russischen Kuriere fürchteten und Zitterpartie nannten: »Der Weg ist das solideste, gröbste, etwas ausgefahrene Steinpflaster mit abwechselnden Knüppelbrücken; das Fuhrwerk ... ist aber bloß ein offener, sehr massiver, backtrogähnlicher Karren, Telege genannt, fest auf der Achse liegend und bei jedem Stoß durch alle Sehnen dröhnend ... Nun jagt der gemeine Russe mit seinen Stahlknochen über kleine und große Steine polternd hinweg, daß die Haare fliegen, und fragt nicht, was Brust und Schenkel des Reisenden dabei empfinden.«

Für die Torturen dieser Fahrt wurde Seume unterwegs entschädigt durch die schöne nordrussische Landschaft mit ihren endlosen Wäldern und vielen Seen, die herrlichen Waldai-Höhen und die Begegnung mit einfachen russischen Menschen in den Dörfern: »Ich hatte den Vorteil, in einer nicht übeln ziemlich wohlhabenden Gegend die Landleute an ihrem Pfingstfeste zu sehen. Alles war Frohsinn, Heiterkeit und Jubel, bis zum Übermaß; und die russische Lebendigkeit war hier recht in ihrem eigentlichen Spiel. Aber nirgends habe ich Unsittlichkeit und Ungezogenheit gesehen, wenn ich einige nicht sehr feine Landflüche ausnehme. Die Kleidung war sehr reinlich und leicht und geschmackvoll; und nicht selten ziemlich kostbar ... Die jungen Kerle schritten alle wohlgekleidet und genährt in dem stolzen Gefühl ihrer Kraft einher, als ob sie, wenns nötig wäre, sogleich eine Batterie nehmen wollten ... Man trifft sie selten in andern Ländern so lebendig und mutig und kraftvoll. Alles überließ sich der natürlichen Freude, und die Nationalsünde des Trinkens ward noch etwas merklicher als gewöhnlich, aber ohne die bösen Wirkungen, die man sonst fürchtet. Ich habe weder Schlägerei gesehen, noch Zank gehört ... Es ist eine Wohltat, wieder unter Menschen zu sein, die den Mut haben sich als Menschen zu fühlen.« Als Bauernsohn, für den die Bauern der Kern einer Nation sind, zog es Seume sofort zu diesen Leuten hin, und er bekannte, daß er sich unter ihnen heimisch fühlte, »als ob ich sogleich bei ihnen bleiben sollte«. Er hatte ein Stück der russischen Seele erlebt.

Während der acht Tage, die sich Seume in Moskau aufhielt, besuchte er einige deutsche Freunde und Bekannte, die unter anderem als Lehrkräfte an der 1755 gegründeten Universität tätig waren, und viele Sehenswürdigkeiten, im Kreml, wo gebaut wurde, nur den Glockenturm Iwan Welikij, die riesige Glocke Zar Kolokol und die gewaltige Kanone Zar Puschka, die Basilius-Kathedrale, wohltätige Einrichtungen sowie die Umgebung der Stadt. Dabei kam ihm, als er eines Tages von den heutigen Leninbergen auf die Stadt blickte, blitzartig die Erkenntnis über die Methode der Kirche, Einfluß auf die Menschen zu gewinnen, sie zu berauschen und zu beherrschen: »Man zählt, wie ich höre, in Moskau gegen sechs hundert Kirchen. Die Kirchen sind dort voll Türme, und die Türme voll Glocken ... Es war ein schöner heller stiller freundlicher Nachmittag, wo der Wind sanft über die Stadt herüber wehte. Den Morgen darauf war ein Festtag, der mit allen Glocken den Abend vorher eingeweiht wurde. Stelle dir nun das Gesumme vor; auf manchen Türmen sind über zwanzig Glocken. Ich habe in meinem Leben kein so magisches, gefühlbetäubendes, vernunfttötendes Tongewirre gehört ... Hier begriff ich in einer Minute mehr von der Kirchentaktik, als mich viele Jahre Nachdenken und Studium der Geschichte gelehrt hatten. Bemeistere dich mit deiner großen Leidenschaft der kleinen Leidenschaften anderer, und du bist ihr Herr: das Schibolet (Losung, E.Z.) der geistlichen und weltlichen Despotie. Von Vernunft und Moralität behält man sodann nur die Namen, damit die heilige Sophistik (spitzfindige, trügerische Beweisführung, E.Z.) daraus modeln und drehen kann, was sie nötig hat.« Damit hat Seume das Geheimnis der jahrhundertelangen Herrschaftspolitik der Kirche formuliert.

Bereits in Petersburg hatte Seume anläßlich der Predigt eines Jesuitenpaters »gegen die Greuel der Verführung durch die Aufklärung« das Alte Testament, »dessen Inhalt dunkel und widersprechend, selten auf das Leben bezogen und voll moralischer Inkonsequenzen ist«, nämlich voll Unzucht, Verrat, Intrigen, Verführung, Raub und Mord, einer kritischen Betrachtung unterzogen, so wie es damals viele europäische Aufklärer taten, die die Bibel als moralisches Lehrbuch der Menschen für wenig geeignet hielten. Seume stellte fest: »Die schöne Moral Christi, obgleich mit mystischem Nebel umhüllt und durchwebt, gewann durch die Schlechtheit und Verdorbenheit der damaligen Sitten und Begriffe einen Einfluß, der nach und nach die alte Volksreligion beträchtlich veränderte. Man muß die Kirchengeschichte gar nicht und die politischen Händel nicht sehr genau studieren, wenn man nicht voll Bitterkeit gegen das sogenannte Christentum werden soll.«

Wie schon bemerkt, unterschied Seume stets zwischen dem unechten und dem wahren Christentum oder anders ausgedrückt, zwischen der dogmatischen Konfessionskirche und dem unverfälschten moralischen Christentum. Sehr deutlich antwortete Seume in Petersburg der Gräfin Lieven (1743–1828) auf ihre Klage über eine allgemeine Vernachlässigung und verächtliche Behandlung jeder Religion. Den Grund dafür sah er unter anderem darin, »daß man den Nationen überall Dinge als das Wesen der Religion aufdringt, die damit nur in sehr entfernter oder in gar keiner Verbindung stehen. Kalte, sich oft widersprechende und vernunftwidrige Dogmatik, leere Formeln und nichts bedeutende Zeremonien werden den Völkern überall als etwas wesentliches vorgehalten, während man die ersten heiligen Grundsätze der Vernunft, die unwidersprechlich die festeste Base aller Religion ausmachen, nichts achtet. Die Lehre von Gott und Vorsehung und Tugend und Laster, vorzüglich von Recht und Pflicht und Glückseligkeit und Elend, wird nur in so fern berührt, als man es seinen Absichten gemäß findet. Was dem Menschen am nächsten liegt und ewig liegen muß, seine Obliegenheiten und seine Befugnisse, darüber läßt man ihn absichtlich in Unwissenheit, und hält ihm Dinge vor, von denen er durchaus nichts verstehen kann, und die ihm in die Länge nicht ehrwürdig bleiben können, weil sie von der Vernunft nicht genehmigt werden. So machen es alle christlichen Parteien, an der Tiber und bei uns und bei Ihnen.« Von diesem aufklärerischen Standpunkt aus hatte Seume auch das *Kurze Pflichten- und Sittenbuch für Landleute* verfaßt.

Zu seiner großen Überraschung erhielt Seume am 6. Juli eine Einladung der Zarenmutter Marie Sofie Fjodorowna (1759–1828), einer ehemaligen württembergischen Prinzessin und Frau des Zaren Paul I. Sie hatte von Seumes Anwesenheit durch ihre Oberhofmeisterin, die Gräfin Lieven, erfahren, deren Sohn General in Polen und mit Seume befreundet war, und wollte sich auf ihrem Landsitz Pawlowsk, südlich von Petersburg, ein wenig mit diesem berühmten Deutschen unterhalten. »Die Kaiserin sprach mit mir ungefähr eine halbe Stunde, zuerst über mich selbst, meine kleinen Wanderungen und literärischen Arbeiten. Besonders fragte sie mich, da sie gehört hatte, ich beschäftige mich auch mit dem Griechischen, warum ich nicht eine Reise nach Griechenland mache. Nach Italien, Frankreich und Rußland, antwortete ich, geht man bald und leicht und sicher; aber nach Griechenland zu wandern, wie Griechenland jetzt ist (unter türkischer Herrschaft, E.Z.), ist in jeder Rücksicht über meine Kräfte. Auch bin ich eben nicht Antiquar (Altertumsforscher, E.Z.) und Literator (Gelehrter, E.Z.), sondern nähre mich nur an dem griechischen Geiste zu meiner eignen Stärkung: und das kann ich bei den alten Schätzen, die wir von der Nation haben, zu Hause jetzt vielleicht besser als in Athen und Sparta. Die Kaiserin fragte mich viel über Schiller, dessen Tod noch das Gespräch der Stadt war, und sprach von seinen Schriften mit hoher Achtung … Da ich mit Schiller immer in freundschaftlichen Verhältnissen gewesen war, konnte ich mit wahrer Wärme von seinem Charakter sprechen.« Als geborene Deutsche und Landsmännin Schillers wußte die Kaiserin über die deutsche Literatur gut Bescheid und sprach

darüber »mit vieler Bestimmtheit und Klarheit, und einer Kenntnis, die mich vielleicht bald in Verlegenheit gesetzt haben würde.«
Schließlich durfte Seume noch das Schloß und die Gartenanlagen besichtigen und eine Opernaufführung im Familientheater der Zarenfamilie zum 9. Geburtstag des Großfürsten und späteren Zaren Nikolai I. (1796/1825–1855) besuchen. Bei solch freundlichem Empfang ist es wohl nicht verwunderlich, daß Seume kein kritisches Wort zur Politik des Zaren äußert, weder die Ermordung Pauls I. 1801 noch die Mitwisserschaft seines Sohnes und jetzigen Zaren Alexander I. erwähnt und bei einem Vergleich beider Zaren dem ersten zwar Strenge, aber guten Willen und dem zweiten Milde und Güte zuschreibt, so wie er immer glaubte, daß die Monarchen meist das Beste für das Volk wollten, aber die unteren Machthaber alles verdarben.
Manche Freunde hatten erwartet, daß Seume Alexander I. um eine Pension bitten würde, die Paul I. ihm vorenthalten hatte. Auch Seume war »halb und halb mit der Absicht ausgegangen, hier Zutritt bei dem Kaiser zu suchen und ihn um einen kleinen Jahrgehalt zu bitten, den ich verdient zu haben glaube und mit Selbstgefühl erwarten könnte. Schon unterwegs hatte ich den Gedanken ziemlich aufgegeben, und hier fand ich den Monarchen durch die kritische Lage der öffentlichen Angelegenheiten so sehr von wichtigen auf keine Weise angenehmen Geschäften belagert, daß es mir nicht einfiel, einen Schritt deswegen zu tun. Es würde mir vielleicht so schwer nicht geworden sein: aber bei genauerer Prüfung fand ich, daß es doch wohl besser sei, aus eigenen Kräften durch mich so lange als möglich allein zu leben. Es ist für meine Art zu sein und zu denken besser; ob ich meiner gleich so gewiß bin, daß mich kein Gold und kein Glanz der Erde zu irgend einer Meinung bestechen würde.«
Diese stolze, im Bewußtsein seiner Kraft und Gesundheit getroffene Entscheidung sollte sich schon drei Jahre später als Fehlentscheidung erweisen, als er schwer erkrankte und immer mehr auf fremde Hilfe angewiesen war.
Leider konnte Seume die Kunstschätze der wegen Bauarbeiten geschlossenen Eremitage nicht bewundern, aber er stand in der Peter-Pauls-Kathedrale vor den Särgen aller russischen Herrscher seit Peter I., und er besuchte außer Pawlowsk noch einige Zarenschlösser, wie Peterhof (Petrodworez) und Zarskoje Sjelo in der Nähe von Petersburg.

Nach einem herzlichen Abschied von einigen guten Freunden und mit der bedrückenden Ahnung, »ob ich je die guten Leute hier wieder sehe, die mich so brüderlich aufgenommen haben«, wanderte Seume nordwärts nach Russisch-Finnland, dessen wichtigste Stadt, Wyborg, er nach drei Tagesmärschen bei unerträglicher Julihitze und wenig Trinkwasser erreichte. Finnland war zu jener Zeit kein selbständiger Staat, sondern gehörte seit über 500 Jahren als Herzogtum, später Großherzogtum, zum Königreich Schweden, das dieses Land Mitte des 12. Jahrhunderts erobert und 1293 die Festung Wyborg als Bollwerk gegen Rußland erbaut hatte. Nach dem Nordischen Krieg (1700–1721) verlor Schweden sowohl die baltischen Gebiete zwischen Riga und Petersburg als auch die karelische Landenge mit Wyborg an Rußland, doch die neue Regierung war nach Seumes Meinung für diese Länder ein wahrer Fluch. Später, nach dem russisch-schwedischen Krieg 1808/09, kam ganz Finnland zu Rußland, und erst am 31.12.1917 erhielt das Land durch die Regierung Sowjetrußlands die staatliche Unabhängigkeit. Unter der zaristischen Herrschaft, vor allem der Unterdrückung und Willkür durch Beamte und Militärs, hatten die Finnen genauso zu leiden wie die Esten und Letten.

Nach einem Abstecher zu den Wasserfällen des Flusses Vuoksi bei Imatra, etwa 50 km nördlich von Wyborg, betrat Seume in Lovisa an der Südküste den schwedischen Teil von Finnland, wo er noch einmal Rückschau hielt. »Ich nahm mit dankbarem Herzen von Rußland Abschied; aber ich trat mit frohem Geiste nach Schweden. Alles gewinnt sogleich ein mehr heiteres, freundlicheres Ansehen, so wie man herüber kommt. Als Maßstab der Bildung eines Volks nehme ich immer das Land: und nirgends wird man von dem äußern Anscheine sogleich schöner und wohltätiger angesprochen, als in Schweden; zumal wenn man aus diesem Teile von Rußland kommt.« Damit sind die Ostseeprovinzen von Riga bis Wyborg, also Livland, Estland, Ingermanland (zwischen Narva und Petersburg) und Karelien gemeint, die Seume etwas genauer kennengelernt hat und in denen das russische System der Leibeigenschaft am brutalsten praktiziert wurde, und dies, zur Schande des Christentums, fast immer mit Unterstützung der Kirche. »Das Christentum hat dort, wie in vielen andern Weltgegenden, unsäglich viel Unheil gestiftet, und die Kette unauflöslicher gemacht, da die Pfarrer … meistens mit den Edelleuten Hand in Hand gehen, oder vielmehr selbst temporäre Edelleute sind, und, zur Schande ihrer Lehre, nicht selten die schlimmeren.«

So hoch Seume die außenpolitischen, militärischen und kulturellen Leistungen und Erfolge des russischen Volkes und den Charakter der einfachen russischen Menschen achtete, so sehr empörte ihn die Versklavung des Großteils der Bevölkerung, woran auch die angebliche Güte des Zaren und einzelne Reformbestrebungen nichts änderten. Freilich muß Seume nach den vielen Anblicken des Elends in Rußland nun Schweden mit seinem verhältnismäßigen Wohlstand fast wie ein Paradies vorkommen, was sich auch in seinem teilweise idealisierenden Urteil ausdrückt, das sich vor allem auf die ausgezeichnete ländliche und landwirtschaftliche Kultur bezieht, die er selbst in Deutschland, Italien und Frankreich nicht so gut gefunden hat. Eines allerdings gefällt Seume in Schweden nicht: das Verderben wertvollen Ackerlandes durch den Anbau des Giftkrautes Tabak an jedem Haus.

Von Lovisa führte Seumes Weg über Helsingfors (Helsinki), das erst 1812 Hauptstadt wurde, einige Küstenstädte und Salo nach Åbo (Turku), wobei ihm sehr angenehm war, daß in den Städten hauptsächlich Deutsch gesprochen wurde, da viele Regierungs- und Justizämter mit Deutschen besetzt waren. Seume konnte sich zwar auch einigermaßen in russischer Sprache verständigen, aber Finnisch war ihm fremd, und etwas Schwedisch versuchte er erst zu lernen. Meist benutzte er in Gesprächen die französische Sprache oder die englische.

In Åbo begann die mehrtägige und nicht ungefährliche Überfahrt über den Bottnischen Meerbusen nach Grisslehamn in Schweden durch das Gewirr der unzähligen großen und kleinen, bewohnten und kahlen granitenen Åland-Inseln – immerhin eine Strecke von mehr als 200 km –, teils im offenen Boot, teils im Postboot, teils bei ruhiger See, teils bei kaltem, nebligem Wetter und stürmischer See, was der Gesundheit des leichtbekleideten Seume sicher nicht zuträglich war. Aber er hat alles gut überstanden, war stolz auf seine Seetüchtigkeit und Wetterfestigkeit und freute sich, »daß mir das Element nichts anhaben konnte; es müßte mich denn ganz verschlingen, wie es wirklich einige Mal drohte«.

Zwei schwedische Städte wollte Seume genauer besehen: das kleine, aber weltberühmte Uppsala und die Hauptstadt Stockholm. In Uppsala besichtigte er den Botanischen Garten und die 1477 gegründete Universität, an der der bedeutende Botaniker Carl von Linné (1707–1778) gelehrt hatte. In der Universitätsbibliothek durfte Seume ein äußerst wertvolles Buch in den Händen halten und darin blättern, den Codex argenteus (Silbernes Buch), eine prächtige Handschrift der Bibelübersetzung des westgotischen Bischofs Wulfila (Ulfilas, um 311–383) aus dem 6. Jahrhundert, die auf purpurnem Pergament mit silbernen Buchstaben kunstvoll geschrieben war und von deren 330 Blättern heute noch 187 erhalten sind.

An Stockholm haben Seume vor allem die herrliche Lage und die Umgebung sowie eine Anzahl repräsentativer Bauwerke beeindruckt. »Stockholm wird nicht mit Unrecht das Paradies des Nordens genannt, wenn man die schöne Gruppierung der Gegend nimmt. Man kann es vielleicht kaum eine Stadt nennen; denn man merkt fast nirgends, daß man eingeschlossen ist: und überall hat man die Aussicht ins Freie. Stockholm ist einer der lieblichsten Plätze, die ich gesehen habe.«

Am 17. August verließ Seume Stockholm, und acht Tage später erreichte er über Nyköping, Norrköping, Linköping, Jönköping und Värnamo die Stadt Helsingborg an der Südwestküste gegenüber Kopenhagen. Auf der Fahrt dorthin durch die fruchtbare und malerische Landschaft gewann er die besten Eindrücke von der Landeskultur, die er »überall lachend und musterhaft« fand. »Alle Gesichter zeigten Zufriedenheit und Frohsinn; alles atmete Fleiß und Tätigkeit.« In diesem Lande wäre er gern noch länger umhergereist. Beim Abschied bekennt er: »Wenn ich auch in meinem Leben nicht wieder nach Schweden komme, so wird mir doch immer eine sehr angenehme wohltätige Erinnerung daran bleiben. Schweden ist wohl im Norden das humanste und freundlichste Land. Bei aller Armut, die nicht zu leugnen und nicht zu verbergen ist, herrscht doch überall eine Ordnung und ein Anschein von Wohlhabenheit, bei der sich alles patriarchalisch wohl befindet … Alles arbeitet verhältnismäßig mehr als anderwärts, vorzüglich als in Deutschland und Rußland.« Während der gesamten Reise von Lovisa in Schwedisch-Finnland bis Helsingborg – insgesamt etwa 1350 km – hat Seume »kein einziges Fleckchen gefunden, von dem ich hätte sagen müssen: Hier ist es traurig, hier ist es verlassen; hier möchte ich nicht leben. Auf dem ganzen ziemlich langen Zuge habe ich nur einen einzigen Bettler getroffen; und diesen in Stockholm auf der Brücke vor dem Schlosse. Von welchem reichen Lande kann man das nehmliche sagen? Bei den Britten, die die Welt kaufen und verkaufen, machen die Bettler fast eine förmliche Gilde.«

Als Seume am 21. August bei schönstem Sommerwetter am Ostufer des Vättersees entlang fuhr, versetzte ihn der Anblick der unzähligen malerischen Buchten des Sees und die herrliche Landschaft in eine romantische Stimmung. Dieser Tag war einer seiner Heiligentage – Johanna Loths Geburtstag. Er verfiel aber nicht in wehmütiges Erinnern oder gar Trauern um die verlorene Liebe – im Gegenteil, man bekommt den Eindruck, daß Seume den Verlust verwunden hat, wenn er gesteht, daß er inzwischen zwar nicht weiser geworden ist, »aber doch einige Grade froher und lebendiger«. So froh und zugleich empfindsam gestimmt, verspürte Seume beim Anblick der ersten Buchenblätter im südlichen Schweden bereits den dulcis patriae fumus, den süßen Hauch des Vaterlandes, und dieses Gefühl verstärkte sich, je näher er Deutschland kam, denn Buchen und Eichen waren ihm immer und überall freudig begrüßte Vertreter der Heimat.

Die Überfahrt über den Öresund nach Kopenhagen verlief sehr stürmisch und dauerte statt einer halben Stunde fünf Stunden, so wie die Fahrt von Kopenhagen nach Kiel sich durch das schlechte Wetter von einem Tag auf fünf Tage verlängerte. Die dänische Hauptstadt, deren Lage Seume zu ausgedehnten militärischen Betrachtungen anregte, gefiel ihm mit ihren Schlössern, Gärten, Bibliotheken und Kunstschätzen sehr gut, doch als ihm bei einer Hafenrundfahrt ein ehemaliges westindisches Sklavenhändlerschiff gezeigt wurde, dessen Besatzung von den wütenden schwarzen Sklaven umgebracht worden war, machte er seiner Empörung über den Sklavenhandel, diese menschenverachtende Ausgeburt des sich christlich gebenden kapitalistischen Systems, Luft: »Es wäre gar nicht übel, wenn es allen Bristolern und Liverpoolern so ginge, die mit echt brittischer Humanität zu ihrer und des Christentums Schande den Sklavenhandel verewigen. Es wäre ein ganz kleines Vergeltungsrecht für die Greuel, die sie teils verüben, teils veranlassen.«

Von Kiel wanderte Seume durch die schöne holsteinische Landschaft über Eutin und Lübeck nach Hamburg. »Ich muß den Hamburgern sammt und sonders gewissenhaft ein recht gutes Zeugnis geben; aber leben möchte ich doch nicht in ihrer Herrlichkeit. Die Stadt ist mir zu groß und zu enge und zu finster, nur wenige Quartiere ausgenommen.

Mit einiger Erweiterung kommt sie mir fast vor, wie ein deutsches Venedig, wo man, zumal an den Kanälen, jeden Kubikzoll Raum merkantilisch für schweres Gold ausmißt.« In Ottensen bei Altona besuchte Seume Klopstocks Grab, der am 14.3.1803 gestorben war, jedoch nicht den in Wandsbeck lebenden Dichter Matthias Claudius (1740–1815).
Über Lüneburg nach Braunschweig führte Seumes Weg zu dem Schriftsteller und Pädagogen der Aufklärung und Ehrenbürger der Französischen Republik Joachim Heinrich Campe (1746–1818), der vor allem durch sein Jugendbuch *Robinson der Jüngere* bekannt geworden war. »Was Kampe wenigstens in eben so großen Kredit bei mir setzte, als sein Robinson und andere seiner guten Bücher, war, daß er mir auserlesen schöne herrliche Kartoffeln gab. Kartoffeln werden höchst wahrscheinlich bei mir immer den Vorzug vor Wildpasteten behalten.« Im Harz angekommen, konnte Seume zwar aus Mangel an Zeit und Geld nicht noch einmal auf den Brocken steigen, aber in Halberstadt ging er zu Gleims Wohnhaus und gedachte am Grab im Garten seines gütigen Freundes und Wohltäters: »Gleim war ein edler Mann, wie es nur wenige sind. Hätte ich mit Klopstock in so naher Berührung gestanden, vielleicht hätte ich gegen ihn die nehmliche Anhänglichkeit bekommen, wie gegen diesen; aber so war ich mit ihm nur in sehr ferner literärischer Beziehung.«
Bei der Fahrt zwischen Braunschweig und Halle auf preußischem Gebiet fiel Seume auf, daß die Städte so ärmlich und verfallen aussahen wie nirgendwo anders auf seiner Reise, während die Dörfer dagegen einen ordentlichen und wohlhabenden Eindruck machten. Daß Seumes Seehundfelltornister ausgerechnet in Halle, kurz vor dem Übergang nach Sachsen, von den Zollbeamten genau unter die Lupe genommen wurde, belustigte ihn mehr, als es ihn verärgerte. »Das arme Seehundsfell hat viel ausstehen müssen«, schreibt er, denn auch in Wien und Aberfors war sein Tornister »förmlich ausgeweidet worden«, und unterwegs hatte er bei zwei Unfällen stark gelitten.
Schon in Petersburg hatte Seume zwei unerfreuliche Neuigkeiten aus Sachsen erfahren, die ihn sehr beunruhigten und über die man jetzt noch sprach. Die eine war der im Sommer aufgetretene Mangel an Brot, der offenbar durch Fehler der Landesverwaltung mitverschuldet worden war. Vor den schlimmen Folgen einer falschen Vorratspolitik der Landesregierung und der Gefahr einer Hungersnot wie in den Jahren 1770/72 für den

Fall einer Mißernte hatte Seume bereits früher gewarnt. Sein leichter Vorwurf galt auch dem Kurfürsten, denn er »ist Privatbesitzer von fast dem dritten Teil des Landes, und könnte und sollte durch gemessene humane Bewirtschaftung seiner Güter den Marktpreis des Brots in seiner Gewalt haben«. Da aber die Pächter der kurfürstlichen Ländereien wegen der hohen Pacht nur am Verkauf ihrer Produkte und nicht auch an einer Bevorratung interessiert waren und andere Grundbesitzer ebenso handelten, könnte es durch steigende Preise so weit kommen, daß die kleinen Leute in Stadt und Land nicht mehr kaufen können und hungern müssen. Der eigentliche Grund für diese kurzsichtige Wirtschaftspolitik ist offensichtlich: »Nur Geld sucht man zu gewinnen und aufzuschütten; als ob nur allein Geld der Maßstab der Glückseligkeit eines Volkes wäre.« Und nun erfuhr er in Sachsen noch, daß die Verantwortlichen für diese Fehler nur geringfügig und ungleich bestraft wurden.
Die zweite Nachricht – eine weitere Ungerechtigkeit – war, »daß der Kurfürst auf dem Landtage den Gutsbesitzern für einige Bereitwilligkeiten die Freiheit zugestanden habe, die Justitiarien willkürlich abzusetzen«. Bereits seit dem 12. Jahrhundert waren in den neu eroberten und kolonisierten Gebieten Sachsens die Grundherren gleichzeitig die Gerichtsherren. Diese niedere Gerichtsbarkeit für zivile und leichtere Strafsachen wurde schließlich 1428 als sogenannte Patrimonialgerichtsbarkeit (patrimonial = gutsherrlich) dem gesamten niederen Adel als Privileg zuerkannt. Die Grundbesitzer konnten, auch in eigener Sache, ihnen genehme Richter einsetzen und nun, nach der kurfürstlichen Entscheidung von 1805, nach eigenem Gutdünken auch wieder absetzen. Selbst im zaristischen Petersburg wurde dies als ein Schlag gegen die Gerechtigkeit und die ohnehin schon geringe Freiheit der Bauern, als »ein Schritt zu sehr harten Bedrückungen« beurteilt. Für Seume ist diese Regelung »eben nicht aus den geläutertsten Begriffen über Staat und Gerechtigkeit genommen«; denn: »Wo die Willkür anfängt, hört gewöhnlich das Recht auf. Die Gerichtshalter waren bis jetzt leider schon abhängig genug von den Patronen; nun sind sie so ziemlich ganz ihre Geschöpfe. Es gehört mehr als gewöhnliche Stärke dazu, sich für das Recht eines Dritten der Macht des Reichtums und der Gewalt des Kastenwesens zu widersetzen, und dadurch vielleicht sich und seine Familie dem Mangel preiszugeben.« Deshalb ist es fragwürdig, einem Fürsten, der eine solche Rechts-

willkür schafft, den Beinamen »der Gerechte« zu geben, wie es die sächsische Geschichtsschreibung getan hat. Ergänzend sei bemerkt, daß genau fünfzig Jahre später mit der Verstaatlichung der Justiz in Sachsen auch die Patrimonialgerichte aufgehoben wurden.

Daß Seume sich einerseits gegen jede Ungerechtigkeit empörte, andererseits aber den sächsischen Kurfürsten trotz dieser ungerechten und unpopulären Maßnahme einen »der gerechtesten und liberalsten Männer von Europa« nennt, der »gewiß geschätzt und geliebt« wird, mutet recht seltsam und widersprüchlich an. Es scheint, als beurteile Seume das sächsische Fürstenhaus nachsichtiger als manches andere, auch wenn er wünscht, daß sich der Kurfürst hin und wieder die Straßen seines Landes ansehen und die Menschen aufsuchen möge, denn »auf den Straßen und unter den Leuten steht es nicht immer, wie er wohl selbst wollte.« Man sollte also gegenüber Aussagen Seumes wie: »Ich fürchte und erwarte nichts von Fürsten; kann also mit Anstand ganz freimütig sprechen.« lieber etwas skeptisch sein, da sie den Leser beeindrucken und mehr der Selbstdarstellung als der Glaubwürdigkeit dienen sollen.

Das freudige Gefühl, wieder in der Heimat zu sein, formte sich bei Seume sogleich zu einem Gedicht:

Lieblicher lispelt der Buchenhain
Und freundlicher kreiselt der Hütte Rauch
In des Tals Silbergewölk still empor,
Weht uns nun heimischer an Vaterlandsluft.

Es endet mit dem Wunsch, daß im Lande »Nur Freiheit regier' und Gerechtigkeit«. Auch dem Verfasser wird das Utopische solcher Vorstellungen bewußt gewesen sein.

Auf seiner Reise durch Polen, Rußland und Skandinavien hat Seume etwa 5500 km zu Lande und annähernd 500 km auf dem Wasser zurückgelegt. Den größten Teil ist er mit der Postkutsche oder einem Wagen gefahren und nach seiner Schätzung ungefähr 150 Meilen, etwa 1200 km, zu Fuß gegangen, und das, im Gegensatz zu Italien, ohne die Gefahr von Räubern.

Übrigens hatte Seume schon »seit mehr als zehen Jahren eine Kontusion (Quetschung, E.Z.) am linken Fuße, wodurch die Bänder eine Art von Schwäche bekommen haben, die mir jeden Fehltritt empfindlich macht. Die beste Stärkung ist nun Gehen; und ich pflege zuweilen wörtlich wahr zu sagen, ich muß nur einige hundert Meilen zu Fuß gehen, weil ich lahm bin.« Das war Seumes Art, seinen Körper zu kräftigen und gleichzeitig seine Angst vor einer ständigen Schädigung des Fußes zu verdrängen. Stolz und Selbstbewußtsein sprechen deshalb aus den berühmten Sätzen über das Gehen, die er in der Vorrede zum Reisebuch *Mein Sommer 1805* niederschrieb und die eine nachträgliche Rechtfertigung auch seiner italienischen Fußwanderung sind: »Wer geht, sieht im Durchschnitt anthropologisch und kosmisch mehr, als wer fährt. Überfeine und unfeine Leute mögen ihre Glossemen darüber machen nach Belieben; es ist mir ziemlich gleichgültig. Ich halte den Gang für das Ehrenvolleste und Selbstständigste in dem Manne, und bin der Meinung, daß alles besser gehen würde, wenn man mehr ginge ... Wer zu viel in dem Wagen sitzt, mit dem kann es nicht ordentlich gehen ... Fahren zeigt Ohnmacht, Gehen Kraft.«

Politischer Schriftsteller (1805–1808)

Jedes gute Buch muß auch politisch sein

»Dann setze ich mich wieder zu meinem Griechischen, und verschulmeistere mein Amphibienleben so gut es geht.« Mit diesem nicht sehr optimistischen Ausblick auf die nächste Zeit hat Seume seine Nordische Reise beendet. Sein Einsiedlerdasein in der »Klause zu Sankt Thomas«, wie er sein Stübchen in der alten Thomasschule in Leipzig nannte, das er von 1805 bis 1808 bewohnte, würde weiterhin aus Privatunterricht in Griechisch, Latein und Englisch bestehen, unterbrochen durch literarische Arbeiten und einige kürzere Wanderungen zu Freunden. Auch das Zusammentreffen mit gebildeten Personen in den Gesellschaften des Juristen Christian Daniel Ehrhardt (1759–1831), an denen Seume teilnahm, sowie seine Mitgliedschaft in der vornehmen Leipziger Gesellschaft »Harmonie« seit 1807 brachten durch geistreichen Gedankenaustausch etwas Abwechslung in sein Leben.
Zuerst zog es Seume nach Weimar zu Wieland und zur Herzoginmutter Anna Amalia in Tiefurt. Leider konnte er der Großfürstin Maria Pawlowna nicht die Grüße ihrer Mutter aus Petersburg überbringen, da sie krank war. Eine weitere Wanderung führte Seume zusammen mit Schnorr zu Böttiger und Hartknoch nach Dresden und dann weiter nach Freiberg zu dem Mineralogen und Bergrat an der Bergakademie, Abraham Gottlob Werner (1750–1817), dem er ein Stück grünen Quarz aus Finnland überbrachte, eine Seltenheit und ein Geschenk des Generalgouverneurs von Russisch-Finnland, des Freiherrn von Meyendorf (1749–1813) aus Wyborg. Auf dem Wege nach Freiberg haben sie in der Burgruine zu Tharandt zwei preußische Offiziere getroffen, mit denen Seume in ein Gespräch über die politische Lage in Europa kam und denen er dabei das künftige Unglück, das durch Napoleons Eroberungspolitik auch über Deutschland hereinbrechen würde, überzeugend voraussagte, wie es ein

Jahr später eingetroffen ist. Analytischer Verstand und historischer Scharfblick ließen Seume oft politische Zusammenhänge und Hintergründe erkennen, die andere Menschen nicht sahen, und manche Prognose wagen.

Im Spätherbst dieses Jahres erfuhr Seume, daß an der Universität Leipzig die Stelle eines Lektors für Englisch frei sei, und mehrere Freunde rieten ihm, sich darum zu bewerben, doch sein Eigensinn erlaubte ihm das nicht, und wenn dies ihm auch tausend Dukaten einbrächte. Wenn aber die Universität sie ihm anbieten würde, wäre er nicht abgeneigt, allerdings nur unter bestimmten Bedingungen, wie er Böttiger schrieb: »Die Universität hat das Vorschlagen. Ein Professor ließ mir geradezu sagen, ich möchte anhalten. Einige andere, die etwas feiner gingen, ließen mich nur fragen; ob ich es annehmen würde. Meine Antwort war, ich würde es annehmen; ... ich würde aber nie anhalten ... Zur Bedingung würde ich hier machen, daß man mir wenigstens 100 Thaler und das Prädikat als Professor gäbe, wenn ich lehren sollte.« Schließlich verzichtete er auf die Stelle.

Seumes schriftstellerische Hauptarbeit in dieser Zeit war die Niederschrift des Berichtes über seine Nordische Reise. Schon vor Erscheinen des Buches waren einzelne Teile veröffentlicht worden: das *Fragment eines Briefes* in der *Zeitung für die elegante Welt* vom 4.6.1805, das Gedicht *Schillers Nekropompe* in Heft 12/1805 des *Journals für deutsche Frauen* und das *Fragment aus der Beschreibung einer Reise durch Schweden* in Nr. 8/1806 der Zeitschrift *Der Freimüthige*, letzteres zusammen mit folgender Anmerkung des Herausgebers Garlieb Merkel, die die einzige Ankündigung des Buches war: »Eine angenehme Botschaft an das Publikum. Der gelehrte und geistvolle Wanderer Seume hat auf seinen Spaziergang nach Syrakus in dem verflossenen Sommer einen andern durch den Norden von Europa folgen lassen und Petersburg, Stockholm und Kopenhagen besucht; die Beschreibung erscheint zur Ostermesse. Dies Fragment ist ein Theil derselben.«

Wegen der im Vergleich zum *Spaziergang* noch weit schärferen politischen Meinungsäußerung, besonders zu den deutschen Verhältnissen in der Vorrede, hatte Seume Schwierigkeiten, einen Verleger zu finden. Göschen und Hartknoch wagten es nicht, das Buch zu drucken. Es erschien Ostern 1806 unter dem Titel *Mein Sommer 1805* bei Johann Erdmann Ferdinand Steinacker (1764–1842) ohne Verlags- und Ortsangabe – erst die zweite Auflage 1815 nannte diese –, aber mit Seumes Namen und dem bekannten Motto »Veritatem sequi et colere ...« Der Verleger Steinacker war seit 1785 Gehilfe bei Göschen gewesen und besaß seit 1802 eine Buchhandlung in Leipzig, war also mit Seume bekannt.

Ein Exemplar des Buches schickte Seume am 1.8.1806 der von ihm hochverehrten Herzogin Anna Amalia nach Weimar, die ja durch die Gemahlin ihres Enkels Carl Friedrich, Maria Pawlowna, in verwandtschaftlicher Beziehung zur russischen Zarenfamilie stand, mit den Worten: »Die ausgezeichnete Humanität und Freundlichkeit, mit welcher Ew Durchlaucht mich seit mehreren Jahren beehrten, macht es mir wirklich zur Pflicht, Ihnen die Resultate meiner Reisebemerkungen vorzulegen, die mir meine Freunde abgenöthigt haben; auch auf die Gefahr, daß vielleicht vieles nicht Ihre Billigung erhalte.« Der Großfürstin Maria Pawlowna das Buch ebenfalls zu schicken, hatte er nicht gewagt, da er befürchtete, daß ihr »manches darin unangenehm seyn« könnte.

Wegen der scharfen Kritik an dem russischen System der Leibeigenschaft sowie an der Politik Napoleons wurde Seumes Buch sofort nach Erscheinen in Rußland, in dem von Napoleon besiegten Österreich und in den mit Frankreich verbündeten süddeutschen Ländern Bayern, Baden und Württemberg verboten, wodurch seine Verbreitung und Wirksamkeit von Anfang an stark eingeschränkt war.

Seume selbst schrieb im Januar 1810 an Wieland: »Meine Reise nach Sicilien ist ziemlich bekannt: weniger die nordische unter dem Nahmen Mein Sommer 1805, weil die Zeitumstände das freymüthige Buch in seinem Umlauf hemmten. Es ist, wie ich höre, in Petersburg, verboten und verpönt, da es verschiedene Dinge berührt, die die Sonde nicht leiden. Ich wünsche aber, die Großfürstin läse es; denn ich will meine Gesinnungen nicht verbergen.«

Bis in die Gegenwart ist *Mein Sommer 1805* wegen einer weit geringeren Anzahl von Ausgaben unbekannter geblieben als der *Spaziergang nach Syrakus.* Während das Italienbuch bis 2001/2002, dem 200. Jahrestag des Spazierganges, außer in etwa einem Dutzend Gesamt- oder Auswahlausgaben von Seumes Werken zwanzigmal als Einzelausgabe erschienen ist, wurde *Mein Sommer 1805* nur achtmal gedruckt, davon bis zum Jahre 1900 nur dreimal und dann erst wieder 1968. Zu Unrecht wurde dieses nicht weniger wichtige und interessante Buch von den Verlagen vernachlässigt, zumal nicht nur bei Kaufleuten und Wissenschaftlern, sondern auch bei der Allgemeinheit ein starkes Interesse an Rußland bestand und besteht. Seume war durch den erfolgreichen *Spaziergang* sehr bekannt geworden; man konnte deshalb auf sein nächstes Reisebuch gespannt sein, und die Verleger mußten kein Verlustgeschäft befürchten. Oder hielten sie das Buch wegen des nicht sehr zugkräftigen Titels für weniger attraktiv? Der wesentliche Grund für die geringere Verbreitung des Buches wird wohl doch die unverhüllte politische Aussage sein, die in den in Deutschland herrschenden Gesellschaftskreisen wegen der Aktualität vieler Passagen unerwünscht war.

Besonders die Vorrede ist politisch hochbrisante Literatur, eine Streitschrift, in der Seume zum erstenmal gezielt die miserablen und unwürdigen deutschen Zustände anprangert, vergleichbar vielleicht mit Georg Büchners *Hessischem Landboten* von 1835, ein politisches Bekenntnis Seumes, wie er es schärfer noch nicht formuliert hatte, geschrieben angesichts der politischen Entwicklung in Europa, besonders der Expansionspolitik Napoleons. Da ihm diese Dinge wichtiger als alles andere waren, verzichtete Seume auf die vorgesehene Abhandlung über das Fußwandern und wendet sich nach den bekannten Bemerkungen über das Gehen gleich der Politik zu, indem er zunächst darlegt, was er unter »politisch« versteht: »Wenn man mir vorwirft, daß dieses Buch zu politisch ist, so ist meine Antwort, daß ich glaube, jedes gute Buch müsse näher oder entfernter politisch sein. Ein Buch, das dieses nicht ist, ist sehr überflüssig oder gar schlecht. Wenn man das Gegenteil sagt, so hat man seine – nicht guten Ursachen dazu. Politisch ist, was zu dem allgemeinen Wohl etwas beiträgt oder beitragen soll: quod bonum publicum promovet (was das öffentliche Wohl fördert, E.Z.). Was dieses nicht tut, ist eben nicht politisch. Man hat dieses Wort sehr entstellt, verwirrt und herabgewürdigt, oder es auch, nicht sehr ehrlich, in einen eigenen Nebel einzuhüllen gesucht, wo es dem ehrlichen schlichten Manne wie eine gespensterähnliche Schreckgestalt erscheinen soll. Meistenteils gelingt es leider sehr gut.« Karl Marx und Friedrich Engels reflektierten mehr als vierzig Jahre später in ähnlicher Weise über das Gespenst des Kommunismus.

Seine Aufgabe als politischer Schriftsteller und die aller Schriftsteller überhaupt sah Seume darin, das, was faul im Staate war, öffentlich zu sagen, den Finger auf die Wunden zu legen und damit die Meinung Tausender Menschen zum Ausdruck zu bringen, mit der Absicht, Änderungen zum Besseren zu erreichen, jedoch keine revolutionäre Umwälzung herbeizuführen: »Stürmen will ich nicht; aber offen sagen, wo ich glaube, daß die Krankheit liegt.« Obwohl er wußte, daß mit der Wahrheit, »nach der alten Erfahrung, freilich keine Gunst zu verdienen« ist, »denn sie beleidigt fast überall, weil fast überall Sünde ist,« wollte er das sagen, »was er nach seiner Überzeugung für Wahrheit hält«.

Seume verfaßte die Vorrede mit Datum des 3. Januar 1806 nach dem Dritten Koalitionskrieg (8.9.–26.12.1805) Österreichs, Rußlands und Englands gegen Frankreich, nach dem Sieg Napoleons über Österreich und Rußland in der Dreikaiserschlacht von Austerlitz (2.12.1805) und dem Frieden von Preßburg. Es war die Zeit, in der nicht nur Österreich gedemütigt, sondern auch Deutschlands Schmach immer deutlicher wurde, in der Napoleon zunehmend in innerdeutsche Angelegenheiten eingriff, die von ihm abhängigen und mit ihm verbündeten süddeutschen Länder Bayern und Württemberg zu Königreichen sowie Baden zum Großherzogtum erhob und Preußen gegenüber immer dreister Forderungen durchsetzte, das heißt erpreßte.

»Es ist mir seit langer Zeit ein etwas trauriger Gedanke, ein Deutscher zu sein«, schreibt Seume, »und doch möchte ich wieder meine väterliche Nation mit keiner andern vertauschen.« Aus Sorge um sie will er »mit tiefem Trauergefühl als deutscher Mann noch ein Wort sprechen«, seine »Überzeugungen, die sich auf Geschichte und auf Beobachtungen der Menschennatur gründen«, darlegen, gewissermaßen eine Rede an die deutsche Nation halten wie zwei Jahre später Johann Gottlieb Fichte (1762–1814), allerdings ohne nationalistischen Grundzug.

Deutschland, dieses schwache Gebilde aus einer Vielzahl größerer, kleinerer und kleinster Staaten und Ländereien, das weder die Bezeichnung Staat, noch Reich, noch Nation verdiente – »Deutschland? aber wo liegt es?« fragte Schiller 1796 –, in dem es seit Karl dem Großen »ein so sonderbares Gewebe von Halbgerechtigkeit, Halbfreiheit, Halbvernunft und überhaupt Halbexistenz« gibt, war seit zehn Jahren, seit dem Baseler Frieden von 1795 zwischen Frankreich und Preußen, zum Gespött der starken Franzosen geworden, zum Spielball Napoleons, der den Ländern, auch Preußen, seine Bedingungen diktierte: »Uns spricht man

Hohn, und wir müssen es in unserer Schwachheit dulden.« Deshalb geht Seume gründlich der Frage nach: »Woher kommt nun diese Schwachheit, und die Stärke der Männer an der Seine?« Seine Antwort lautet: Die Franzosen sind durch die Revolution von 1789, »durch eine furchtbare Wiedergeburt, um die sie niemand beneiden wird«, zur Nation geworden und »durch Gleichung der Lasten, die einzige wahre Freiheit und Gerechtigkeit, zu der größten Nationalkraft gestiegen«. Freilich ist Seume skeptisch, ob es so bleibt; es wurden zwar alle alten Privilegien beseitigt, aber die Gleichheit der Franzosen ist durch neugeschaffene Vorrechte schon wieder gefährdet: »In Frankreich hat man die alte Krankheit geheilt, aber der neuen nicht vorgebeugt.« Jedoch die Zerschlagung des Feudalregimes und die positiven Errungenschaften der Revolution machen die Franzosen gegenwärtig stark.

In Deutschland ist genau das Gegenteil der Fall. »Bei uns zerstören die Freiheiten die Freiheit, und die Gerechtigkeiten die Gerechtigkeit. Jedes Privilegium, jede Realimmunität (Steuerfreiheit auf Grundbesitz, E.Z.) ist ganz gewiß der erste Schritt zur Sklaverei, so wie es die erste öffentliche Ungerechtigkeit ist. Das ist unser Urteil. Das sehen alle Vernünftigen; aber niemand hat den Mut, den Anfang zur Gerechtigkeit zu machen. So mögen wir denn die Schmach unserer Schwäche tragen.« Klar erkennt und benennt Seume den Zusammenhang zwischen sozialer Ungerechtigkeit und politischer Schwäche und als Grundübel in Deutschland den Adel mit seinen Privilegien. Die Adligen wollen nur ihre Vorrechte genießen, aber keine Leistungen erbringen, keine Lasten tragen, nichts zum Wohle des Landes beitragen. Sie sind die Schmarotzer der Gesellschaft und die Ursache von Deutschlands Schwäche. Die bisherigen Koalitionskriege gegen Frankreich »haben ganz die Ohnmacht unseres Systems gezeigt ... Kann man sich einen größern Widersinn denken, als daß bei Nationalkrisen, wie die Kriege sind, gerade diejenigen Besitzungen, welche die meiste Kraft haben, keine Last tragen sollen? Daß sie nicht zahlen im Frieden, ist Ungerechtigkeit; daß sie befreit sein wollen im Kriege, ist Dummheit.« Völlig zu Unrecht heißen deshalb die Angehörigen dieser bevorrechteten Kaste Adlige, also Edle, denn: »Nur der ist der Edelste, der das meiste für das Vaterland tut und das wenigste dafür genießt.« Dieser Satz kann nicht oft genug und zu allen Zeiten den herr schenden Kreisen sowie der sogenannten besseren Gesellschaft vor

Augen gehalten werden. In der Geschichte war leider fast immer das Gegenteil der Fall.
Während die Franzosen, vom Geist der Revolution erfüllt, für ihr Vaterland kämpfen, das sie lieben, weil es ihnen gleiche Behandlung gewährt, wissen die deutschen Soldaten nicht, wofür sie in den Krieg ziehen und was sie verteidigen sollen, weil sich für sie gar nichts ändern wird. »Für wen soll der deutsche Grenadier sich auf die Batterie und in die Bajonette stürzen? Er bleibt sicher was er ist, und trägt seinen Tornister so fort; und erntet kaum ein freundliches Wort von seinem mürrischen Gewalthaber. Er soll dem Tode unverwandt ins Auge sehen, und zu Hause pflügt sein alter schwacher Vater frönend die Felder des gnädigen Junkers, der nichts tut und nichts zahlt und mit Mißhandlungen vergilt. Der Alte fährt schwitzend die Ernte des Hofes ein, und muß oft die seinige draußen verfaulen lassen: und dafür hat er die jämmerliche Ehre, der einzige Lastträger des Staats zu sein; eine Ehre, die klüglich nicht anerkannt wird. Soll der Soldat deswegen mutig fechten, um eben dieses Glück einst selbst zu genießen? ... Das nennt man denn Staat und gute Ordnung und Gerechtigkeit; und fragt noch, woher das öffentliche Unglück kommt.«
Solche Worte allein hätten genügt, um das Buch in ganz Deutschland zu verbieten. Das ganze Unglück kommt von der Ungleichheit des Rechts, von der Privilegiensucht des Adels, die »die Nation an den Rand des Verderbens« bringt. Deshalb wurde Seume bis an sein Lebensende nicht müde, die Privilegien als »eine Pest der Gesellschaft«, als »die Schwelle zu allen Ungerechtigkeiten« und als »die Krankheit der Gesetze« anzuprangern, für Isonomie, das heißt Gleichheit des Rechts, einzutreten, denn nur »durch unsere physische und moralische Schwäche«, durch das verrottete Feudalsystem sind die äußeren Feinde Deutschlands stark, vor denen die inneren Feinde, die Feudalaristokraten, zittern, vor allem vor deren Führer Napoleon, dem »Diktator von Europa«.
Die Laufbahn Napoleons, auf den Seume in diesem Zusammenhang abermals zu sprechen kommt und den er für einen großen Mann, aber »weder für rein lieberal und gerecht« hält, hat er auf die einprägsame Formel gebracht: »Erst haben ihn die Verhältnisse gemacht; nun macht er die Verhältnisse.« Der Mehrzahl der Franzosen galt Napoleon zwar als Erbe und Vollstrecker der Revolution – im März 1804 hatte er ein Bürgerliches Gesetzbuch, den Code Civil (ab 1807 Code Napoleon) eingeführt –,

tatsächlich aber hat er geschickt das Gute der Revolution für seine Zwecke zu nutzen gewußt, das Volk hinter sich gebracht und sich zum Militärdiktator aufgeschwungen. Mit Bajonetten beherrscht er nicht nur Frankreich, sondern schon halb Europa, und da konnte »von Vernunft und Freiheit und Gerechtigkeit und Volksglück nicht mehr die Rede« sein. Da Napoleon nach Seumes Voraussage bald auch Preußen unterwerfen würde, müßte »dem einbrechenden Verderben« mit der Kraft aller Personen und Stände ohne Ausnahme Widerstand geleistet werden; doch dafür bestand bei der Privilegienwirtschaft und der Kriecherei der deutschen Fürsten vor Napoleon wenig Hoffnung.

Seumes Vorschlag, damit Deutschland seine innere und äußere Misere überwindet und den Weg zu Freiheit, Gleichheit und Gerechtigkeit beschreiten kann, ist so ungeheuerlich und unerhört, daß er sicher viele biedere Bürger und erst recht Adel und Klerus gewaltig erschreckt haben mag: »Für uns ist keine Rettung, als das Gute der Franzosen nachzuahmen und ihre Schrecknisse zu vermeiden.« Das bedeutete nichts anderes als Beseitigung des Feudalsystems durch eine Revolution oder – für Seume wünschenswerter – durch eine grundlegende Reformierung der Gesellschaft von oben und Schaffung einer allgemeinen gerechten Ordnung, wobei es für ihn keine Rolle spielte, ob das eine Monarchie oder eine Republik sein würde, denn Seumes schon früher geäußerter Standpunkt war: »Republik oder Nichtrepublik; wenn nur Freiheit und Gerechtigkeit gesichert wird ... Ich bin kein Gegner der Alleinherrscher, wenn sie republikanisch walten, das heißt *in emolumentum publicum ex aequo jure cum omnibus* (für das öffentliche Wohl durch gleiches Recht für alle, E.Z.).«

Seume schließt seine politische Kundgebung mit den kräftigen Worten: »Was auch mein Los sein mag, ich bleibe fest in meiner Überzeugung: Es gibt nur Eine Tugend; und diese Tugend ist Gerechtigkeit. Gebe der Himmel, oder vielmehr helfen die Menschen, daß sie in Zukunft nicht mehr so oft entweiht werde, als es bis jetzt die Geschichte zeigt.«

Hatte Seumes Interesse in seinen bisherigen Schriften den gesellschaftlichen Gegebenheiten verschiedener europäischer Länder – Italien, Frankreich, Polen, Rußland, Skandinavien – gegolten, so markiert die Vorrede zu *Mein Sommer 1805* nun die Hinwendung des Schriftstellers zu den sozialen und politischen Problemen seines deutschen Vaterlandes, die das Hauptthema auch seiner weiteren literarischen Arbeiten sein werden.

Durch seine radikalen politischen Anschauungen, seine scharfe Kritik am Feudalsystem und vor allem durch sein Eintreten für die Ideale der Französischen Revolution und deren Verwirklichung auch in Deutschland isolierte sich Seume immer mehr von vielen seiner Zeitgenossen. In dieser Hinsicht kann er mit nur wenigen anderen mutigen Publizisten und Schriftstellern verglichen werden, zum Beispiel mit Joachim Heinrich Campe (1746–1818), Adolph Freiherr von Knigge (1752–1796), Georg Forster (1754–1794) und Georg Friedrich Rebmann (1768–1824). Diese republikanischen Intellektuellen, die auch nach der Hinrichtung Ludwigs XVI. Anhänger der Französischen Revolution blieben, die Interventionskriege gegen Frankreich scharf verurteilten und Freiheit, Gleichheit und Menschenrechte in Deutschland forderten, wurden deutsche Jakobiner genannt. Sie sind jedoch nicht mit den französischen Jakobinern gleichzusetzen. Obwohl uneinheitlich, zum Teil utopisch in ihren politisch-sozialen Anschauungen und fast ohne Kontakt miteinander, wollten sie mit literarisch-publizistischen Mitteln bewußt gesellschaftliche Veränderungen herbeiführen. Sie hatten »Riesengedanken«, denen aber keine »Riesentaten« folgen konnten. Schuld daran waren die territoriale Zersplitterung Deutschlands und die politische Enthaltsamkeit des Bürgertums. Als »Volksaufwiegler« und »Landesverräter« diffamiert, waren sie vielfach Verfolgungen und Repressalien ausgesetzt.

Gegen die despotische und geistliche Gaunerei: Apokryphen

»Von dem Tage der Schlacht bei Jena habe ich mir so ziemlich fest vorgenommen, nicht mehr Deutsch zu schreiben; Das heißt, nichts mehr in dieser Sprache der Faulheit und Dummheit und Despotie und Sklaverei drucken zu lassen. Die Sachen müßten sich sonderbar ändern, wenn ich meinen Vorsatz ändern sollte.« Seume hat diese Sätze in der zweiten Oktoberhälfte 1806 oder auch später geschrieben, denn die Schlacht bei Jena und Auerstedt, in der die Armeen Napoleons den preußisch-sächsischen Heeren eine vernichtende Niederlage bereiteten, fand am 14.10.1806 statt. Das höchst abfällige Urteil über die deutsche Sprache überrascht zunächst, sollte jedoch nicht ganz wörtlich genommen werden. Es ist aber auch nicht nur rhetorisch aufzufassen, sondern Seume benennt damit die Teile des deutschen Volkes, allen voran Adel und Geistlichkeit, die die deutsche Sprache zu einer Sprache der Faulheit, Dummheit, Despotie und Sklaverei herabgewürdigt haben. Seume erkannte den gesellschaftlichen Charakter der Sprache und sah in ihr ein wichtiges Instrument der herrschenden Klassen und ihrer Helfer zur Verdummung und Versklavung des Volkes und damit auch eine indirekte Ursache für die nationale Schmach Deutschlands in seiner Zeit. Die für den Mißbrauch der Sprache Verantwortlichen sind auch die Schuldigen an den elenden gesellschaftlichen Verhältnissen in Deutschland, dessen Kleinstaaterei ein nationales Bewußtsein, Wirtschafts- und Kulturleben nicht entstehen ließ.

Drastisch beschrieb Friedrich Engels 1845 die Zustände in Deutschland um die Jahrhundertwende: »Das ganze Land war eine lebende Masse von Fäulnis und abstoßendem Verfall ... Das Gewerbe, der Handel, die Industrie und die Landwirtschaft des Landes waren ganz unbedeutend; ... eine allgemeine Lähmung lag über dem ganzen Land. Keine Bildung, keine Mittel zur Einwirkung auf die Köpfe der Massen, keine freie Presse, kein Gemeingeist, nicht einmal ein ausgebreiteter Handel mit anderen Ländern – nichts als Gemeinheit und Selbstsucht – ein gemeiner, schleichender, elender Krämergeist durchdrang das ganze Volk. Alles war überlebt, bröckelte ab, ging rasch dem Ruin entgegen, und es gab nicht einmal die leiseste Hoffnung auf eine wohltätige Änderung ...«[77] Die einzige Kraft, die wie in Frankreich auch in Deutschland berufen gewesen wäre, diese Zustände zu ändern, war das Bürgertum, aber, so Engels, »das deutsche Bürgertum hatte nicht diese Energie ...« Erst der Vormarsch der französischen Truppen nach Deutschland brachte den besetzten Landesteilen eine gewisse Änderung des feudalistischen Systems, einige halbherzige Reformen, die Einführung des bürgerlichen Gesetzbuches, des Code Civil, die Abschaffung mancher feudaler Privilegien sowie die Beseitigung einiger kleinerer Staatsgebilde zugunsten größerer.

Während Seumes nordischer Reise hatte sich die politische Lage in Mitteleuropa immer mehr verschärft, und das spürte Seume, als er wieder deutschen Boden betrat und zwischen Hamburg und Braunschweig durch das mit England verbundene und seit 1803 von den Franzosen besetzte Kurfürstentum Hannover marschierte, auf französische Truppen traf und seinen Paß den französischen Behörden vorlegen mußte, »denn leider«, kommentiert er, »kann man im Vaterlande fast keinen Schritt mehr tun ohne Erlaubnis des Allmächtigen an der Seine ...« Überall sprach man von Krieg und »hatten die Regimenter Befehl, marschfertig zu sein, und niemand wußte wohin«. Obwohl sich Preußen an dem Dritten Koalitionskrieg nicht beteiligte, aber mit der antifranzösischen Koalition Österreich-Rußland-England sympathisierte, bestand auch für dieses Land die Gefahr, früher oder später in die militärischen Auseinandersetzungen hineingezogen zu werden. Nach der Niederlage Österreichs und Rußlands in der Schlacht bei Austerlitz am 2.12.1805 konnte niemand mehr Napoleon daran hindern, die Staaten Süd- und Westdeutschlands von sich abhängig zu machen und sich zu ihrem Herrn aufzuschwingen, auch Preußen nicht, mit dem er ein lächerliches Schutzbündnis abgeschlossen hatte.

Während dieses Krieges erkannten patriotisch gesinnte Deutsche die drohende Gefahr einer militärischen Unterwerfung Deutschlands durch die siegreichen Franzosen. In Dresden fanden sich einige dieser Männer, darunter Böttiger, zusammen, die die Deutschen mit Wort und Schrift zum Kampf gegen Napoleon aufrufen wollten und deshalb verschiedene Dichter, auch Seume, aufforderten, Kriegslieder zu schreiben. Seume lehnte dieses Ansinnen mit den gleichen Argumenten ab, die er auch in der Vorrede zu *Mein Sommer 1805* anführt. Er war überzeugt, daß ein Sieg über Napoleon keine Verbesserung der Lebenslage der arbeitenden Menschen bringen würde, daß die Fürstenherrschaft und die feudalen Leibeigenschafts- und Abhängigkeitsverhältnisse weiter bestehen blieben. Zuerst müßten nach Seumes Meinung im eigenen Land menschenwürdige Verhältnisse, Freiheit und Gerechtigkeit geschaffen werden, für die es sich zu kämpfen lohnt. An Böttiger schrieb er deshalb im November 1805 in einem längeren Brief: »Mich däucht, der Gemeingeist, den Sie wünschen und zu erwecken gesonnen sind, ist wenigstens als Nationalsache nicht möglich. Wir sind nun keine Nation in dem höheren politischen Sinne des Worts, ... und in unsern alten halbpolitischen, halbbarbarischen Einrichtungen ist so wenig von dem, was ich mir unter Gerechtigkeit und Freyheit denke, daß wenigstens ein Mensch wie ich bin keinen Enthusiasmus für eine Sache haben kann, die seiner Seele fremd ist ... Ich sehe leider nicht, daß etwas Gutes aus dem Wirrwarr kommen wird, wende sich der Sieg wohin er wolle ... Sie begreifen also leicht, daß ich nicht singen kann ... Wo man den Landmann als Halbsklaven und den kleinen Bürger als Lastthier ansieht und behandelt, da habe ich weder etwas zu sprechen noch zu singen.«

So hätte Seume auch später, während der sogenannten Befreiungskriege 1813–1815, sicher nicht in die Reden Ernst Moritz Arndts und die Gesänge Theodor Körners eingestimmt, die stark von Franzosenhaß und deutschem Nationalismus geprägt waren. Allerdings erkannte er auch nicht, daß Napoleon viel mehr der Feind des deutschen Volkes und der deutschen Einheit als der deutschen Fürsten war, wie sich bald zeigen sollte.

Das schicksalhafte Jahr 1806 brachte eine grundlegende politische Wende für alle deutschen Länder, deren wirschaftliche Lage sich durch die ununterbrochen auf- und durchmarschierenden französischen Truppen und das rücksichtslose Vorgehen der Eroberer schnell verschlechterte. Unter den Schlägen der französischen Armeen zerfiel das Heilige Römische Reich Deutscher Nation, das schon lange nicht mehr handlungsfähig war und Napoleon keinen Widerstand leisten konnte, immer mehr. Als sich am 16.7.1806 unter dem Druck Napoleons sechzehn deutsche Staaten, darunter Bayern, Württemberg, Baden, Hessen-Darmstadt, zum sogenannten Rheinbund zusammenschlossen und damit aus dem deutschen Reichsverband austraten, war das Ende des Reichs gekommen, das am 6.8.1806 endgültig besiegelt wurde, als Franz II. als deutscher Kaiser abdankte. Nach der Auflösung des Deutschen Reichs und dem weiteren Vordringen Napoleons wuchs die Kriegsgefahr auch für den größten deutschen Staat, für Preußen, das mit seiner unterwürfigen Neutralitätspolitik gegenüber Napoleon und seinem feigen Lavieren zwischen den Fronten seit zehn Jahren nur auf Landgewinn bedacht war, als unzuverlässig galt und dadurch fast alle Verbündeten verloren hatte. Die in Süddeutschland stationierten französischen Truppen waren eine ständige Bedrohung für Preußen. Vielen realdenkenden Menschen war klar, daß Napoleon trotz einiger, allerdings schmählicher Verträge mit Preußen diesen Staat bei der nächsten sich bietenden Gelegenheit angreifen und überrennen würde. Auch Seume sah das kommende Unheil voraus. Schon kurz nach der Schlacht bei Austerlitz hatte er an Böttiger geschrieben: »Nach dem, was ich sehe, geht es uns in kurzem wie Oester-

reich, muß uns so gehen ... Es ist eine allgemeine Ehrlosigkeit ohne Beyspiel; nirgends ein Funke wahrer, reiner Nationalsinn ... Wir sind die Polen von Ao 64–94. Unsere Fürsten wollen uns zu Grabe läuten, um – die Kammerherrn eines fremden Abentheurers zu werden ... Niemand begreift, daß nur Freyheit und Gerechtigkeit Nationalkraft geben kann.«
Was die allgemeine Ehrlosigkeit betrifft, gingen die von Napoleon abhängigen deutschen Staatsoberhäupter in würdeloser Weise voran. »Die deutschen Fürsten, die Herren der westdeutschen Länder, erhofften nach dem Frieden von Lunéville 1801 und nach der Verdrängung Österreichs ihre Rettung einzig und allein von Napoleon. In hellen Haufen drängten sie sich in Paris, in den Vorzimmern des Hofes und der Ministerien, beteuerten ihre Ergebenheit, erbettelten sich Stücke benachbarter Gebiete, denunzierten einer den anderen, schwirrten um Napoleon herum, überhäuften Talleyrand (1754–1838, französischer Außenminister, E.Z.) mit Bitten und Bestechungen und erniedrigten sich bis zur Kriecherei.«[78]
Im Sommer 1806 begann ein diplomatisches Verwirrspiel zwischen Frankreich, Preußen, England und Rußland, das dazu führte, daß Preußen, welches sich von Napoleon hintergangen fühlte, seine Truppen mobilmachte und von dem ebenfalls zum Krieg rüstenden Frankreich ultimativ bis 8.10. den Rückzug seiner Truppen von den preußischen Grenzen forderte. Die überheblichen preußischen Generäle glaubten, Napoleon damit einschüchtern zu können sowie im Falle eines Krieges einen schnellen Sieg zu erringen. Seume läßt in seinen Notizen aus dieser Zeit einen preußischen Offizier sagen: »Wir lassen den Dessauer Marsch schlagen, und die Franzosen sind geschlagen.« Und er kommentiert: »Nun, sie ließen den Marsch schlagen, und *sie* waren geschlagen, und wie? Von Hessenhausen bis Königsberg.« Schnell entschlossen ließ Napoleon seine Truppen am 7.10. von Süden her in Thüringen und Sachsen einmarschieren und besiegte die verbündeten, aber getrennt marschierenden preußisch-sächsischen Armeen am 10.10. bei Saalfeld und vier Tage später bei Jena und dem 18 km nördlich bei Bad Sulza gelegenen Ort Auerstedt, um dann im Eiltempo auf Berlin vorzurücken, wo er am 27.10. einzog und am 21.11. die Kontinentalsperre gegen England verkündete. Der preußische König war indessen mit seiner Familie in die äußerste Ecke seines Landes, nach Memel in Ostpreußen, geflohen.

Schon kurz vor Ausbruch des Krieges war allen patriotisch gesinnten Männern in Preußen und Sachsen, die sich als Gegner Napoleons profiliert hatten, klar, daß sie im Falle einer französischen Besetzung in Lebensgefahr schwebten. Das Schicksal des Buchhändlers Palm hatte ihnen gezeigt, daß Napoleon rücksichtslos gegen seine Kritiker vorging. Der aus Schorndorf bei Stuttgart gebürtige Johann Philipp Palm (1766–1806) hatte es gewagt, in seiner Nürnberger Buchhandlung die anonyme Schrift *Deutschland in seiner tiefen Erniedrigung* zu verlegen und zu verbreiten, während ganz Süddeutschland von den Franzosen besetzt war – ein tödliches Unternehmen für ihn, denn er wurde nach seiner Verhaftung auf persönliche Anordnung Napoleons zum Tode verurteilt und am 26.8.1806 erschossen. Den Prozeß gegen Palm bezeichnete Seume als Unprozeß, aber von Napoleons Standpunkt aus als begreiflich. Um dem gleichen Schicksal zu entgehen, verließ Garlieb Merkel wegen seiner napoleonfeindlichen Artikel in seiner Zeitschrift *Der Freimüthige*, die ihr Erscheinen einstellte, Berlin und ging wieder in seine Heimatstadt Riga. Seume und Böttiger, für die nicht weniger Gefahr bestand, blieben in Sachsen, ebenso der Dresdner Oberhofprediger Reinhard (1753–1812), ein erbitterter Gegner Napoleons, der in seinen Kanzelreden, die auch gedruckt worden waren, zum Widerstand gegen den Eroberer aufgerufen hatte. Auch die Großfürstin Maria Pawlowna, die Schwester des Zaren Alexander I., flüchtete aus Weimar nach Petersburg, da sich Rußland noch im Kriegszustand mit Frankreich befand und sie leicht hätte als Geisel genommen werden können. Seume sah ihren Reisewagen in Bad Düben, als er am 14.10. von einer Fußwanderung über Dresden nach Berlin, wo er seinen Freund Merkel zum letzten Mal sah, mit der Kutsche nach Leipzig zurückfuhr.

Seume hatte also die Lage und die weitere Entwicklung richtig erkannt. Noch unter dem frischen Eindruck der Doppelschlacht von Jena und Auerstedt, in der die moderne Taktik und der revolutionäre Geist der französischen Armeen über die veraltete Kriegstechnik und das Stocksystem der Preußen siegte, richtete Seume offene Worte an seinen adligen Freund Münchhausen: »Unsere Fürsten haben keine Lehre nehmen wollen, … so hat es denn nicht anders gehen können. Das Fürstenwesen und das Adelswesen oder vielmehr Unwesen hat seine Wirkung gethan. Es war keine Freiheit, keine Gerechtigkeit, keine Einheit, kein reiner Zweck, kein Sinn, keine Vernunft; da konnte denn kein Widerstand seyn. Jetzt ist alles zu spät ... Unsere Hoffnung läge in Zerstörung (der alten Feudalordnung, E. Z.); aber man wird von allen Seiten zu schlau seyn, diese Periode herbey zu führen ... Die Franzosen achte ich; aber die deutschen Französlinge verachte ich überall und immer und könnte sie fast hassen, wenn ihnen nicht zu viel Ehre dadurch geschähe.«

Der Weg des französischen Heeres führte weiter nach Osten, durch Pommern und Schlesien bis nach Ostpreußen, um die nunmehr seit Ende November verbündeten preußischen und russischen Armeen zu bekämpfen, die schließlich am 14.6.1807 in der Schlacht bei Friedland endgültig besiegt wurden. In dem am 7.7. geschlossenen, von Napoleon diktierten Frieden von Tilsit verlor Preußen über die Hälfte seines Territoriums, u. a. alle linkselbischen Gebiete und die meisten seiner geraubten polnischen Besitzungen, die als Herzogtum Warschau dem König von Sachsen, Friedrich August I., übertragen wurden, sowie fast die Hälfte seiner Bevölkerung. Es mußte seine Heeresstärke herabsetzen und eine französische Besatzung bis zur vollständigen Zahlung der Kriegskontributionen von 140 Millionen Francs dulden. Der Tilsiter Frieden war der Tiefpunkt der preußischen Geschichte, Preußen war keine europäische Großmacht mehr, und Napoleon stand auf dem Gipfel seiner Macht, der aber zugleich der Wendepunkt seiner Siegerlaufbahn war.

Und wie sah es in Sachsen aus? Die Periode des friedlichen wirtschaftlichen Aufbaus und des Aufschwungs, die nach dem Ende des Siebenjährigen Krieges 1763 begonnen hatte, war nach vierzig Jahren abrupt durch das Auftreten Napoleons beendet worden. Sachsen ließ sofort nach der Schlacht von Jena und Auerstedt seinen Verbündeten Preußen im Stich und schloß sich Napoleon sowie dem Rheinbund an. Dafür wurde es von Napoleon im Dezember 1806 zum Königreich erhoben und mußte 20 000 Soldaten stellen. Später, in den Kämpfen des Jahres 1813, war Sachsen für Napoleon das wichtigste Aufmarschgebiet gegen seine Gegner Preußen und Österreich.

So wie die meisten Menschen allzu schnell bereit sind, jeder einigermaßen erfolgreichen und charismatischen, wenn auch charakterlich fragwürdigen und undurchschaubaren Persönlichkeit kritiklos zuzujubeln und sich zu unterwerfen, so schlug die Stimmung der Sachsen, nachdem das Land Königreich geworden war, rasch zugunsten Napoleons um und war ebenso von Unterwürfigkeit und Kriecherei geprägt wie in anderen Ländern. In den Zeitungen erschienen Lobeshymnen, die Napoleon als großmütigen Sieger und als »Heros einer neuen, glücklichen Zeit«[79] priesen. In Leipzig wurde der Beginn des Jahres 1807 als Friedens- und Freudenfest mit Illuminationen, einem Dankgottesdienst und einer Festvorstellung des Theaters begangen. Auf den Straßen und Plätzen sollen die jubelnden Menschen die neue Zeit mit Vivatrufen auf Kaiser Napoleon und König Friedrich August I. begrüßt haben, wie die Leipziger *Zeitung für die elegante Welt* am 6.1.1807 berichtete. Doch Seume hat das »kein einziges Mal gehört«. Die Begeisterung für Napoleon hielt sich in Teilen der Bevölkerung in Grenzen und war mehr von offiziellen Stellen und Personen inszeniert. In Leipzig tat sich der Redakteur der *Zeitung für die elegante Welt*, Siegfried August Mahlmann (1771–1826), besonders unrühmlich hervor. Er dichtete einen Theaterprolog auf Napoleon, in dem er behauptete, daß Gott Napoleon Europas Szepter gegeben hat, worauf Seume meinte: »Warum nicht lieber gleich: ›dem Gott der Erde Szepter gab?‹ Nach Mahlmanns Lehre sind also der Kaiser Alexander, der König von Preußen und alle übrigen Verwegenen, die etwas gegen seinen Götzen vornehmen, Empörer, die von Gott selbst gezüchtigt werden müssen … Er sollte billig Bonapartes Oberkammerherr werden!«

Da Napoleon nach dem Tilsiter Frieden Ende Juli 1807 nach Paris zurückkehrte und dabei auch durch Leipzig reisen wollte, hatten die Leipziger Stadtväter ein widerliches Spektakel inszeniert. Zu seinem Empfang sollten an einem vor dem Grimmaischen Tor errichteten Triumphbogen Vertreter der Behörden und der Universität sowie Ehrenjungfrauen stehen, um dem »unüberwindlichen Heros«[80] zu huldigen und das Ehrengeleit in die Stadt zu geben. Der Akademische Senat der Universität unter Vorsitz des Juraprofessors Christian Daniel Ehrhardt war aus diesem Anlaß auf eine besonders lächerliche Ehrung Napoleons verfallen, indem diese Herren im schönsten Sternbild des nördlichen Sternhimmels, dem Sternbild Orion, den Sternen, die Gürtel und Schwert des Orion darstellen, den Namen »Sterne Napoleons« gaben, und zwar zum »bleibenden Denkmal der Verehrung Napoleons des Unsterblichen«.[81] Ein Schreiben des Senats und eine Karte dieser Napoleonsterne sollten dem Kaiser bei seiner Ankunft überreicht werden. Wie groß war aber die Enttäuschung und Verärgerung der seit vier Uhr morgens Wartenden, als der Diktator nicht eintraf. In der Zeitung war nach einer ausführlichen Schilderung der aufwendigen Empfangsvorbereitungen zu lesen: »Das Militär, die Königl. Beamten, die Universität, der Magistrat waren zum solennen Empfang Sr. Majestät bereit und hatten Alles aufgeboten, um dem größten Monarchen unsrer Zeit ihre tiefste Ergebenheit zu bezeugen ... Je mehr wir uns aber auf das Glück gefreut hatten, Napoleon den Großen in unsern Mauern zu sehen, um so schmerzlicher war es uns, daß Sr. Maj. heute Morgen um 5 Uhr in der größten Eile um unsre Stadt herumfahrend Ihre Reise fortsetzten, und dadurch alle Pläne zu Ihrem Empfang vereitelten. Nur das Bewußtseyn beruhigt uns, daß wir Alles angewendet haben, um Sr. Maj. die dankbare Ergebenheit einer Stadt an den Tag zu legen ...«[82] Wahrhaftig ein herrlicher Stoff für eine Komödie! So war es in fast allen von Napoleon unterworfenen Ländern: »Kurz, es gab keine noch so dumme und unangebrachte Abgeschmacktheit, die man nicht in Szene gesetzt hätte, wenn es darum ging, noch ein übriges Mal dem Pariser Machthaber seine Gefühle sklavischer Ergebenheit, religiöser Verehrung und hysterischer Begeisterung zu beweisen.«[83] Natürlich wurde auch jedes Jahr zu Napoleons Geburtstag am 15. August ein Napoleonfest gefeiert, das zum Beispiel in Grimma nach einem Bericht der Lokalzeitung so verlief: »Die Einwohner unserer Stadt feierten mit dem französischen Militär der umliegenden Gegend, gemäß höchster Verordnung, schon am 10. August das Napoleonfest in der Klosterkirche mit einer zweckmäßigen Musik und dem feierlichen: Herr Gott Dich loben wir. Nach dem Gottesdienst speisete die Stadt die sämmtlichen Herren Officiers, Unterofficiers und Gemeinen auf der Wiese vor dem Schießhause und gab den Herren Officiers nachher Souper und Ball. Aus dem Munde der Gespeiseten und der sämmtlichen Zuschauer erscholl längst den Ufern der Mulde ein mehrmals wiederholtes: Vive l'Empereur!«[84]

Über die Reaktion der deutschen Republikaner während der napoleonischen Fremdherrschaft schreibt Heinrich Heine (1797–1856) in seiner Schrift *Zur Geschichte der Religion und Philosophie in Deutschland* (1834): »Die deutschen Freiheitsfreunde jedoch, zu republikanisch gesinnt, um dem Napoleon zu huldigen, ... hüllten sich seitdem in ein tiefes Schweigen. Sie gingen traurig herum mit gebrochenen Herzen, mit geschlossenen Lippen.«[85] Dennoch gab es in jenen Jahren Deutsche, die –

obwohl isoliert und auf verlorenem Posten stehend – im Vaterland Worte gegen die ausländischen Unterdrücker und die inländischen Schmarotzer fanden. Zu ihnen gehörte Seume. Das Schicksal Deutschlands machte ihn traurig und zornig; doch in tiefes Schweigen hüllte er sich nicht, wenn auch seine Worte in der Öffentlichkeit wirkungslos blieben.

In dieser Zeit der tiefsten Erniedrigung Deutschlands schrieb Seume von April 1806 bis Juli 1807 seine Gedanken, Einfälle und Bemerkungen zu den politischen Vorgängen der Zeit nieder. Er hatte sich aus 153 Blättern ein Notizbuch zusammengeheftet und dessen verlorengegangenes Titelblatt mit der nichtzutreffenden Aufschrift »Schmieralien« versehen, wie Göschen berichtet. Sicher hatte Seume dieses Wort nicht als Titel für einen eventuellen Druck vorgesehen, ob es aber das Wort *Apokryphen* sein sollte, das er bald danach in seinen Briefen für diese Eintragungen gebrauchte und unter welcher Bezeichnung sie nach seinem Tode erschienen, ist auch ungewiß. Von dem griechischen apókryphos abgeleitet, das »verborgen, dunkel« bedeutet, ist ein Apokryph etwas, das im verborgenen geschrieben wurde, das verborgen bleiben soll, etwas zu Verbergendes, aber auch etwas von dunkler Bedeutung. Seumes Apokryphen mußten damals verborgen bleiben, weil eine Veröffentlichung zu gefährlich gewesen wäre. Seumes eigene Deutung zielt allerdings mehr auf die Bedeutung »dunkel, unverständlich«, die für seine Apokryphen gerade nicht zutrifft: »Apokryphen nenne ich Dinge, aus denen man so eigentlich nicht recht weiß, was man zu machen hat. Es ist also alles in uns und um uns sehr apokryphisch; und man dürfte vielleicht sagen: die ganze Welt ist eine große Apokryphe. Mir ist es sehr lieb, wenn sie andern verständlicher ist als mir.«

Natürlich hat Seume als ehemaliger Theologiestudent die auch heute noch ausschließlich religionsgeschichtliche Verwendung des Wortes Apokryphen gekannt, nämlich als Bezeichnung für die Bücher der Bibel, die von der Kirche nicht als echt anerkannt werden. Luther bezeichnete sie als »Bücher, so der Heiligen Schrift nicht gleichgehalten und doch nützlich und gut zu lesen sind«. Es könnte sein, daß Seume dieses Wort der Bibel bewußt entnommen hat, um anzudeuten, daß er seine Apokryphen nicht zu seinen eigentlichen Werken zählt, daß sie aber trotzdem »nützlich und gut zu lesen sind«, was freilich in seiner eigenen Definition nicht zum Ausdruck kommt. Daß er seine Aufzeichnungen nicht Aphorismen nannte, mag daran liegen, daß diese Bezeichnung für eine knappe, scharf begrenzte, treffende und geistreiche Äußerung nur auf etwa ein Drittel der Apokryphen zutrifft und Seume sie vielleicht auch nicht als Aphorismen ansah.

Ob Seume bei der Niederschrift dieser tagebuchartigen Notizen bestimmte Vorbilder hatte, ist nicht genau zu bestimmen, aber seit seiner Schulzeit waren ihm aus der Bibel sowie den antiken Klassikern zahlreiche aphoristische Gedanken und Weisheiten bekannt, er hatte sich zuweilen selbst daran versucht, und nicht zuletzt war es ein Erbteil seines Vaters, der gern zugespitzt formulierte. Vielleicht kannte Seume auch Satirisches und Aphoristisches von Georg Christoph Lichtenberg (1742 bis 1799), an dessen Sudel- oder Schmierbücher Seumes Schmieralien erinnern. Ganz sicher wurden Seumes Apokryphen beeinflußt oder überhaupt erst angeregt durch die *Betrachtungen und Gedanken über verschiedene Gegenstände der Welt und der Litteratur* des Sturm-und-Drang-Dichters Friedrich Maximilian Klinger, den Seume in Petersburg kennengelernt und dessen bei Hartknoch in Leipzig 1803 erschienenes dreibändiges Werk er in der *Zeitung für die elegante Welt* vom 29.12.1803 kurz, aber begeistert rezensiert hatte.

Seumes *Apokryphen* beginnen mit der koketten Bemerkung: »Es ist doch wohl möglich, daß ich zuweilen auch einen guten Gedanken habe; also will ich es immer meiner Faulheit abgewinnen und manchmal einiges niederschreiben. Wenn vielleicht das nämliche wiederholt und variiert vorkommen sollte, so ist das wohl ein Beweis, daß es oft und vielgestaltig in meiner Seele war. Daher könnte man vielleicht schließen, daß mir der Gegenstand etwas wichtig oder lieb müsse gewesen sein.« In sechzehn Monaten trug Seume mehr als 700 solcher Gedanken in sein Schmieralienbuch ein, fast alle – entgegen seiner eingangs zitierten Absicht – in deutscher Sprache, nur wenige in einer Fremdsprache – griechisch, lateinisch und französisch. Die meisten von ihnen sind prägnant formulierte kritische und geistreiche Glossen oder Kommentare zu tagespolitischen Ereignissen; aber auch Gedanken zu Geschichte, Religion, Philosophie, Recht und Moral sowie Persönliches, aphoristische Lebensweisheiten, philologische Anmerkungen, Anekdoten, Dialoge, Zitate und Gedichte befinden sich darunter. Dabei setzt er vielfach die Kritik seiner Reiseberichte fort und erweitert sie.

In den *Apokryphen* kommen Seumes politische und philosophische Überzeugungen am deutlichsten zum Ausdruck. Das bedeutet jedoch nicht, daß er ein eigenes philosophisches System entwickelt hätte. Im Gegenteil, sein Denken sowie das vieler deutscher Aufklärer zielte auf eine praktische, nützliche, lebensnahe Philosophie, die man Philosophie des Lebens nannte und für die er aus alten und neuen Philosophen das dafür Geeignetste auswählte. Damit befand sich Seume in Übereinstimmung mit jener Richtung der aufklärerischen Philosophie, die sich seit der Mitte des 18. Jahrhunderts entwickelt hatte und Popularphilosophie hieß, im Unterschied zur Schulphilosophie der Universitäten. Und da die Philosophie im 18. Jahrhundert auch Weltweisheit genannt wurde und folglich als weltliche Weisheit, als Weisheit für die Welt und die weltlichen Dinge im Gegensatz zur göttlichen Weisheit, der Theologie, stand, war ihre Grundlage und ihr Ausgangspunkt nicht die Bibel, sondern der gesunde Menschenverstand und die Vernunft. Angesichts der irrationalen Systeme neuerer Philosophen verkündet Seume in der Vorrede zur zweiten Ausgabe seiner Gedichte: »... und doch ist von der ganzen Weisheit nur das für den Menschen das beste, was für den Menschen taugt. Man ist mit seiner Seele so gern in höhern Sphären, weil man nicht den Mut hat, hier auf der Erde rein menschlich vernünftig zu sein.«

Eine Philosophie also, die nicht für die Lebenspraxis der Menschen nutzbar gemacht werden kann, eine abstrakte, metaphysische Schul- oder Bücherphilosophie, die über den realen Dingen schwebt, lehnt Seume ab, denn sie ist »Verrat an der Würde und Heiligkeit der Menschheit«. Als Weg zu dieser Lebensphilosophie empfiehlt er folglich nicht das reine Bücherstudium, vor allem nicht der Philosophen, sondern eine weit bessere Methode: »Wer sich beständig ausschlußweise mit den Büchern beschäftigt, ist für das praktische Leben schon halb verloren. Der weise Salomo hat viel Narrheit und Plato viel Unsinn. Die beste Philosophie ist der geläuterte Menschenverstand; das beste Mittel dazu, die Welt sehen, die Geschichte lesen und selbst denken in gleichen Verhältnissen.«

Eine Beziehung zur Geschichte ist mehr oder weniger deutlich in nahezu allen Apokryphen vorhanden. Doch beim Durchdenken des Weltgeschehens kommt Seume fast durchweg zu pessimistischen Urteilen über die menschliche Geschichte, die »meistens die Schande des Menschengeschlechts« ist und ihm fast zu bürgen scheint, »daß die Menschen keine

Vernunft haben«. Von den meisten Herrschern und Feldherren, den angeblichen Großen der Geschichte, hält Seume nichts: »Die geheime Geschichte der sogenannten Großen ist leider meistens ein Gewebe von Niederträchtigkeiten und Schandtaten.« – »Mit wenigen Ausnahmen sind die großen Helden die großen Schandflecken des Menschengeschlechts.« Eine solche Ausnahme ist für Seume der römische Sklavenanführer Spartakus, den er mehrmals in seinen Schriften erwähnt und einen »Schulmeister des Menschenverstandes« nennt. Da aber solche Menschen, von denen er sich mehr wünscht, wegen ihrer Empörung gegen eine ungerechte Gesellschaft meist irgendwann auf dem Schafott, am Kreuz oder am Galgen enden, führt das logischerweise zu der Frage: »Ist es ehrenvoller, ein Volk zu regieren oder gehenkt zu werden?« Denn das ist eine der Verkehrtheiten in dieser verkehrten Welt: »Rebellion heißt Widerstand, und Empörung heißt Kraft und Mut, gerade zu gehen; beides können also schöne männliche Tugenden sein. Nur die Umstände stempeln sie mit Schande.« Für die Zukunft hat Seume kaum Hoffnung auf Besserung dieser unwürdigen Zustände, da seiner Meinung nach bis jetzt nichts zur Erziehung des Menschengeschlechts getan wurde – »Die Franzosen fingen an, hörten aber bald auf.« Seine Ansichten zur Geschichte dürfte Seume kaum ändern, könnte er die Entwicklung der Menschheit bis ins dritte Jahrtausend verfolgen.

Als einziges Ereignis der menschlichen Geschichte beurteilt Seume die Französische Revolution positiv, da sie Ansätze zur Durchsetzung von Vernunft, Gerechtigkeit und einer republikanischen Staatsform zeigte, aber auch sehr kritisch, da diese Ansätze nach und nach wieder beseitigt wurden: »Die Französische Revolution wird in der Weltgeschichte das Verdienst haben, zuerst Grundsätze der Vernunft in das öffentliche Staatsrecht getragen zu haben.« – »Ich kenne in der Geschichte noch keine Republik im bessern Sinne. Die Franzosen hatten einige Zeit den Anschein eine zu werden. Es ist ein göttlicher Versuch vielleicht auf Jahrtausende verunglückt.« Von der Greuelpropaganda der Presse über den Terror in Frankreich ließ sich Seume nicht beeinflussen; er hält dieser entgegen: »Man lärmt so viel über die Französische Revolution und ihre Greuel. Sulla hat bei seinem Einzug in Rom in Einem Tage mehr gewütet, als in der ganzen Revolution geschehen ist.« – »Von allen, die in der Französischen Revolution umgekommen sind, zähle ich achtzig Teile

Narren, neunzehn Teile Schurken und ungefähr den hundertsten Teil ehrliche verständige Leute.«

Bereits während seines Aufenthalts in Paris im Sommer 1802 hatte Seume klar erkannt, daß von dem Guten der Revolution nicht viel übriggeblieben war und die alten Zustände allmählich wiederhergestellt wurden, die »Gespenster der alten Formen« wieder auftauchen: »Das Böse der Revolution haben die Franzosen nunmehr so ziemlich getilgt: nun fangen sie an, auch das Gute zu tilgen, damit alles in den alten Gang komme.« Trotz dieses Rückwärtsganges wollte Seume die Hoffnung auf ein Weiterwirken der Ideale der Revolution nicht aufgeben: »Die Französische Revolution hat den Vorteil, die ersten Republikaner gestellt zu haben. Ihre Pflanzung wird wachsen, wenn sie auch jetzt vom Unkraut erstickt wird.« Obwohl von der Revolution in Frankreich »viel Totes und Faules fortgeschafft worden« ist und dies auch in Deutschland dringend notwendig wäre, warnt Seume wegen der Unreife der Deutschen vor einer Übertragung auf Deutschland: »Der Himmel behüte uns vor solchen Experimenten, wir würden, fürchte ich, noch kaum zu so leidlichen Resultaten kommen.«

Zur zwiespältigen Rolle Napoleons hatte sich Seume bereits im *Spaziergang nach Syrakus* geäußert; in den *Apokryphen* ergänzt und bekräftigt er sein Urteil, indem er die schändliche Unterwerfung der deutschen Fürsten unter das Diktat Napoleons, die von den herrschenden Klassen verursachten und nun besonders kraß hervortretenden politischen und sozialen Mißstände in Deutschland wiederholt und scharf angreift.

Deutschlands Schmach in Verbindung mit der Eroberungspolitik Napoleons war der eigentliche Anlaß für Seumes *Apokryphen*. Napoleon hatte zwar das künstliche Gebilde, das sich Heiliges Römisches Reich mit dem irrigen Zusatz »Deutscher Nation« nannte, zerschlagen, die deutsche Kleinstaaterei durch die Bildung größerer Länder zu einem großen Teil beseitigt und in einigen dieser Länder Reformen durchgeführt, jedoch nicht konsequent alle feudalen Reste vernichtet, sondern sich die deutschen Fürsten untertan und zu Verbündeten gemacht, ohne ihre Privilegien anzutasten – auch das hat Seume vorausgesehen:

»Bonaparte wird sich wohl hüten, uns unsere Privilegien zu nehmen, sie machen unsere Schwäche … Unsere Privilegien antasten, hieße uns vernünftig machen, uns auf Hirn und Knochen setzen; eine sehr gefährliche Sache.«

Gegen die Ungerechtigkeit der Privilegien und die Ehr- und Gesinnungslosigkeit der Privilegierten als Hauptursache für Deutschlands Erniedrigung und alle Übel im Staat richtet sich Seumes erbittertster Zorn in zahlreichen Apokryphen: »Die gefährlichsten Feinde des Staats sind immer nur die Inhaber der Privilegien.« Gerade deshalb sieht Seume in der Zerstörung die einzige Rettung für Deutschland, in der Zerstörung des Privilegienwesens und des gesamten überlebten Adelssystems als ersten und notwendigsten Schritt zur Schaffung von Gerechtigkeit.

Daß sich Seume häufig mit der Institution Staat befaßt hat, geht aus vielen seiner politischen Schriften hervor, auch daß er eine republikanische Staatsform selbst mit einem Monarchen an der Spitze, bevorzugte. In seinen diesbezüglichen Äußerungen beruft er sich oft auf Rousseaus Schrift *Der Gesellschaftsvertrag oder Grundlagen des Staatsrechts* von 1762, die er gut kannte und unter deren Einfluß er die Aufgaben des Staates, vor allem Sicherheit nach außen, Recht, Gerechtigkeit und allgemeinen Wohlstand im Innern zu gewährleisten, sehr kritisch betrachtet: »Der Staat sollte die Wohlhabenheit Aller zu befördern suchen, befördert aber nur den Reichtum der Einzelnen.« – »Die meisten Regenten fürchten sich mehr vor den Bürgern, als vor den äußern Feinden: ein Beweis, daß die meisten Staaten schlecht eingerichtet sind.« Gleichheit aller Bürger im Staat zusammen mit Gerechtigkeit und Freiheit sind für Seume grundlegende Menschenrechte und unabdingbare Voraussetzung für Vaterlandsliebe und Nationalkraft, für den Einsatz des Bürgers für seinen Staat in Friedens- wie in Kriegszeiten: »Gleichheit ist immer der Probestein der Gerechtigkeit; und beide machen das Wesen der Freiheit.«

Die ursprüngliche Gleichheit aller Menschen im Naturzustand, also das auf Vernunft gegründete Naturrecht als die für alle Zeiten geltenden allgemeinen Rechte, Pflichten, Gebote und Normen muß auch in der modernen Gesellschaft auf der Grundlage des Gesellschaftsvertrages gesichert sein. Mehrmals führt Seume den Satz des griechischen Dramatikers Euripides (um 480–406 v. u. Z.) an: Τὸ ἴσον μόνον τὸ δίκαιον – Nur Gleichheit ist Gerechtigkeit. Die damaligen Monarchien aber, einschließlich Frankreichs, zerstörten Gleichheit und Recht, auch wenn es in Gesetzen oft anders zu lesen war: »Man verkauft uns meistens Gesetze für Gerechtigkeit, und oft sind sie gerade das Gegenteil.«

Heute bezeichnet man das als Manipulation, und diese erfolgt zuerst durch die Sprache: »Der Satan hat die Sprachen erfunden. Sie sind das beste Handwerkszeug der despotischen und geistlichen Gaunerei.« Hier setzt Seumes politische Sprachkritik ein, um den verhaßten Despotismus auch von dieser Seite her zu entlarven; er ist für ein klare und offene Sprache, wendet sich gegen Zweideutigkeiten und Schönfärberei. Als ein Mittel gegen den Mißbrauch und die Verwirrung der Sprache empfiehlt er die Etymologie. Sie ist für ihn »das beste Studium, die Schreckgespenster der heiligen und profanen Gaunerei los zu werden«. Wenn das auch nicht genügt, gesellschaftliche Zusammenhänge und Hintergründe zu erkennen oder gar Veränderungen herbeizuführen, so ist es doch im Sinne der Aufklärung als Aufforderung zu verstehen, so wie über die Sprache auch über alle Erscheinungen des gesellschaftlichen Lebens nachzudenken, sie kritisch zu prüfen und ihnen auf den Grund zu gehen. Daß dies den deutschen Untertanen nicht erlaubt war, zeigt diese treffende Stelle: »Unsere deutschen Büttel aller Art sagen gewöhnlich sogleich: Will der Kerl räsonieren? Nur nicht räsoniert! Man kann nicht besser bezeichnen: Der Gedanke ist verbannt. Das hat sich seit langer Zeit auch deutlich in den Nationalsachen gezeigt.« Räsonieren bedeutet eigentlich »vernünftig urteilen (franz. raison – Verstand, Vernunft, Urteilsfähigkeit), wurde aber in den deutschen Feudalstaaten von der Obrigkeit abgewertet zu «sich beschweren, schimpfen, krakeelen«. Wer also seinen Verstand gebrauchte, über gesellschaftliche Erscheinungen nachdachte und gar auf seinem Recht bestand, machte sich als Aufrührer und Staatsfeind verdächtig und mußte zur Räson, also zur Vernunft gebracht werden, obwohl er gerade diese Vernunft gebrauchte. Welch ein Widerspruch, der den ganzen Unsinn des Systems verdeutlicht.

Die geistliche Gaunerei, eine der wichtigsten Stützen des Feudalsystems, wird von Seume ebenfalls mit heftigen Seitenhieben bedacht, die sich vor allem dagegen richten, daß die Gläubigen auf ein schöneres Leben im Himmel vertröstet werden, um sie von der Verbesserung ihres irdischen Daseins abzuhalten. Wie Seume diese Kritik variiert, zeigen mehrere Apokryphen, wobei die kürzeste und treffendste, auch wohl einmalige und unübertroffene Formulierung der Abschluß einer Abstraktionsreihe ist: «Der Himmel hat uns die Erde verdorben.« – «Weist nur die Menschen in den Himmel, wenn Ihr sie um alles Irdische königlich betrügen wollt.«

Auch der Begriff Gnade, im weltlichen wie im geistlichen Sinne, ist für Seume ein rotes Tuch, ebenso der Ausdruck «in Ungnade fallen«, da beide ein Zeichen der Unvernunft sind und Gerechtigkeit verhindern. Damit bekräftigt Seume das entschiedene Urteil, das er bereits im *Spaziergang nach Syrakus* über die Gnade gefällt hat: «Die Gnade verderbt alles, im Staate und in der Kirche. Wir wollen keine Gnade, wir wollen Gerechtigkeit; Gnade gehört bloß für Verbrecher; und meistens sind die Könige ungerecht, wo sie gnädig sind.«

Hierher gehört auch die theologische Lehre von der Vergebung der Sünden, die Seume für genauso schädlich hält wie die Gnade, da sie das Verantwortungsbewußtsein der Menschen für ihre Taten herabsetzt, schlechte Taten begünstigt und böse Menschen nicht bessert. Im *Spaziergang* hatte er geäußert, daß er «den Artikel von der Vergebung der Sünden für einen der verderblichsten halte, den die Halbbildung der Vernunft zum angeblichen Troste der Schwachköpfe nur hat erfinden können … Es ist kein Gedanke, daß Sünde vergeben werde: jeder wird wohl mit allen seinen bösen und guten Werken hingehen müssen, wohin ihn seine Natur führt … Was ein Mensch gefehlt hat, bleibt in Ewigkeit gefehlt; es läßt sich keine einzige Folge einer einzigen Tat aus der Kette der Dinge herausreißen … Der Begriff der Verzeihung hindert meistens das Besserwerden … Soll vielleicht dieser Trost großen Bösewichtern zu Statten kommen?« Diese Lehre ist eins von vielen Mitteln, deren schändlichstes der Ablaßhandel war, die Menschen von der Kirche abhängig zu machen und zu halten. Daß es aber ohne Verzeihung im Menschenleben nicht geht, weiß auch Seume, und deshalb unterscheidet er zwischen formeller kirchlich-göttlicher, die er ablehnt, und wahrhaft menschlicher Vergebung, die er befürwortet.

Gegen die Irrlehren und den Aberglauben der Religionen und Kirchen, gegen die Verdummung der Menschen, die Verwirrung des Geistes und die Verhinderung des Denkens durch weltliche und geistliche Mystik, gegen Dummheit, Unwissenheit, Denkfaulheit und Vorurteile setzten die Aufklärer und also auch Seume, wie bereits erwähnt, den gesunden Menschenverstand als Voraussetzung für vernünftiges Denken.

Die Ursache für scheinbare und tatsächliche Unvernunft liegt hauptsächlich in den gesellschaftlichen Verhältnissen und der Furcht vieler Menschen: «Viele Menschen haben doch wohl in sich viel Vernunft, aber nicht den Mut, sie auszusprechen: die Unvernunft sprechen sie weit leichter aus, weil dabei weit weniger Gefahr ist.« – »Die Furcht und die Faulheit bringen den Menschen um alles Vernünftige.«
Da Seume die Republik, in der Freiheit, Gleichheit, Gerechtigkeit und Menschenwürde gewährleistet sind, für die vernünftigste Staatsform hält, aber jeder Versuch, eine solche Republik zu errichten, bisher gescheitert ist, zieht er daraus die nicht ganz abwegige Schlußfolgerung: »Die Vernunft ist immer republikanisch; aber die Menschen scheinen, wenn man die Synopse (Übersicht, E.Z.) ihrer Geschichte nimmt, doch durchaus zum Despotismus geboren zu sein.« Als Gegner des Despotismus erkennt Seume dennoch einen Despotismus an, der überall herrschen sollte, »der Despotismus der Vernunft«. Für die Zukunft der Menschheit wünscht er sich: «Wenn nur erst der zehnte Teil der Menschen leidlich gescheit wäre, so hätte die Vernunft Hoffnung zur Herrschaft."
Trotz Pessimismus und Resignation setzt Seume seine Hoffnung auf starke Persönlichkeiten – er nennt sie Weltheilande, zu denen er die Religionsstifter Moses, Christus und Mahomed, aber auch Spartakus zählt –, aber auch auf jeden einzelnen Menschen, was wohl das entscheidende ist: »Heilande der Welt müssen und werden noch kommen, die uns von der geistlichen und weltlichen Mystik befreien und uns unter die Ägide (Leitung, E.Z.) des gesunden Menschenverstandes retten. Ein jeder wirke dazu, weil (solange, E.Z.) sein Tag ist.« Das war letzten Endes auch – nach Kants Definition – die Losung und das höchste Ziel der Aufklärung. Seume definiert: »Aufklärung ist richtige volle bestimmte Einsicht in unsere Natur, unsere Fähigkeiten und Verhältnisse, heller Begriff über unsere Rechte und Pflichten und ihren gegenseitigen Zusammenhang.« Er setzt hinzu: »Wer diese Aufklärung hemmen will, ist ganz sicher ein Gauner oder ein Dummkopf, oft auch beides; nur zuweilen eins mehr als das andere.« Freilich hatte und hat die Aufklärung zu allen Zeiten bis in die Gegenwart zahlreiche und mächtige Gegner, denn viele Forderungen aus dem Jahrhundert der Aufklärung sind weiterhin aktuell geblieben. Das gleiche läßt sich von zahlreichen Apokryphen und anderen kritischen Äußerungen Seumes sagen.

Vermutlich hatte sich Seume zur Niederschrift der *Apokryphen* entschlossen, weil ihm politisches Handeln versagt war, er aber trotzdem wirksam werden wollte. Wenn schon nicht mit Taten, dann wollte er wenigstens mit dem Wort in der Öffentlichkeit wirken, wie er stolz bekennt: »Eine gute Tat, wenn sie wirklich die Probe hält, ist besser als Millionen guter Worte: aber manchmal ist das Wort die Tat selbst, und dann hat es hohen Wert.«

Während es Seume zu Taten und Worten drängt, sind viele Zeitgenossen unter den gegebenen Umständen offenbar nicht dazu bereit, so daß er als vernünftig denkender Mensch in diesem unvernünftigen und untätigen Deutschland seinen Mitbürgern resignierend zuruft: »Also mag es genug sein mit dem Apostel: Ich hätte euch wohl viel zu sagen, aber ihr könnt es jetzt nicht tragen. (Joh. 16,12, E.Z.)« Deutet Seume damit den Abbruch der *Apokryphen* im Sommer 1807 an, dessen Grund man wieder einmal nur vermuten kann? Wahrscheinlich hatte Seume in seiner Verbitterung und Verzweiflung über den Zustand seines Vaterlandes und angesichts des scheinbar unaufhaltsamen Vormarsches der Franzosen bald erkannt, daß es aussichtslos war, etwas gegen die Macht Napoleons und für das deutsche Vaterland zu unternehmen, nicht einmal in Worten. Sicher hatte er auch geahnt, daß seine warnenden und entlarvenden *Apokryphen* nicht gedruckt werden konnten. Auf jeden Fall war ihm »der Gedanke der gänzlichen Vergeblichkeit« seines Tuns längst gekommen.

Seumes Freund und Verleger Hartknoch lehnte den Druck der gefährlichen *Apokryphen* ab. Auch der Tübinger Verleger Johann Friedrich Cotta (1764–1832), dem Seume im Juli 1808 eine Auswahl der sanfteren Art schickte, druckte sie nicht, entweder weil er die Zensurbehörde fürchtete oder weil er diese Notizen nur als fragmentarisches Nebenprodukt von geringem literarischem Wert ansah. Erst nach Seumes Tod erschienen die *Apokryphen*, gekürzt und verstümmelt, also entschärft, im Jahre 1811 in einem eigenständigen dritten Teil zum *Spaziergang nach Syrakus* mit Seumes literarischem Nachlaß unter dem Titel *Anmerkungen und Zusätze zur Charakteristik des Verfassers* bei Hartknoch. Sogleich wurde die Dresdner Polizei wegen einiger politisch anstößiger Stellen auf den Band aufmerksam und leitete eine Untersuchung ein, die aber im Sande verlief. Wenige Jahre später, von 1817 bis 1819, erschien ebenfalls bei Hartknoch die vierte Auflage des *Spaziergangs* in drei Teilen mit dem inhaltlich gleichen dritten Teil von 1811, diesmal mit einer »Vorerinnerung zur neuen Herausgabe« von dem Herausgeber Christian August Heinrich Clodius (1772–1836).

Dieser »Vorerinnerung« kann man vielfach nicht zustimmen, da sie mit der deutlichen Absicht geschrieben wurde, Seumes radikale politische und antireligiöse Meinungsäußerungen abzuschwächen, sie zum Teil als Übertreibungen zu diffamieren. Deshalb hat Clodius nach eigenem Gutdünken Streichungen und Veränderungen an den Texten vorgenommen, von denen er selbstherrlich annahm, daß auch Seume sie unter den neuen Verhältnissen durchgeführt hätte. Gerade das ist aber unwahrscheinlich, da die nach dem Sturz Napoleons, dem Wiener Kongreß und der Bildung des Deutschen Bundes sowie der reaktionären Heiligen Allianz in Europa entstehenden nationalen und liberalen Bewegungen die Ausarbeitung von Landesverfassungen forderten – eine wichtige Forderung Seumes –, was jedoch von Preußen und Sachsen abgelehnt oder aufgeschoben wurde. Es fällt weiterhin auf, daß der Universitätsprofessor Clodius bemüht ist, nicht nur Seumes Kompetenz in philosophischen und rechtlichen Fragen anzuzweifeln, sondern auch einen großen Teil von Seumes politischen Urteilen als zeitbedingt und überholt abzuwerten, dagegen Seumes Selbstbekenntnisse in den Vordergrund zu rücken. Dieser Umgang mit Seumes *Apokryphen* durch Clodius könnte eine Anpassung an die neue politische Situation nach den Karlsbader Beschlüssen von 1819 sein, die eine Welle der Unterdrückung freiheitlicher Bestrebungen und der Verfolgung fortschrittlicher Intellektueller, die sogenannten Demagogenverfolgungen, auslösten. Wie Seume auf die Restaurierung der alten Verhältnisse nach den Befreiungskriegen reagiert hätte, kann man sich leicht vorstellen.

Nahezu vollständig wurden die Apokryphen erstmals in der bekannten Hempel-Ausgabe (1869/1879) von Seumes Werken gedruckt, in den folgenden hundert Jahren nur hin und wieder in einer Auswahl, fast vollständig 1962 in der zweibändigen Auswahl aus Seumes Werken in der »Bibliothek deutscher Klassiker« des Aufbau-Verlags Berlin und Weimar und wirklich vollständig auf der Grundlage von Seumes Handschrift erst 1993 in der zweibändigen Ausgabe von Seumes Werken des Deutschen Klassiker Verlages Frankfurt am Main.

Im Jahre 1807 starben zwei Frauen, die Seume hoch verehrte – die Herzoginmutter Anna Amalia in Weimar und seine Mutter in Poserna. Im gleichen Jahr traf er eine ihm nahestehende, einst von ihm geliebte Frau wieder – Johanna Devrient, geborene Loth.

Anna Amalia starb am 10.4.1807 im 68. Lebensjahr in ihrem Weimarer Wohnsitz, dem Wittumspalais. Sie wurde in der Stadtkirche, der heutigen Herderkirche, vor dem Altar beigesetzt. Die braunschweigische Prinzessin und mütterlicherseits Nichte Friedrichs II. von Preußen, am 24.10.1739 in Wolfenbüttel geboren, war als 16jährige mit dem zwei Jahre älteren Herzog Ernst August Constantin von Weimar verheiratet worden. Als ihr Gatte bereits zwei Jahre später starb, führte sie für den ältesten ihrer beiden Söhne, Carl August, achtzehn Jahre lang bis zu dessen Volljährigkeit im Jahre 1775 die Regierungsgeschäfte mit Umsicht, Verstand und Energie und brachte vor allem Verwaltung, Finanzen und Bildungswesen des kleinen und ziemlich verwahrlosten und verarmten Herzogtums Sachsen-Weimar-Eisenach in Ordnung. Als Frau mit hoher Bildung – sie sprach mehrere Fremdsprachen – und starkem Interesse für Literatur, Philosophie, Theater und Musik, mit klarem Verstand und ausgeprägtem Sinn für alles Gute und Schöne erwarb sie sich große Verdienste bei der Förderung von Kunst und Kultur. Die Berufung des Erfurter Professors und berühmten Dichters Christoph Martin Wieland 1772 als Prinzenerzieher, dem später weitere Persönlichkeiten – Knebel, Goethe, Herder, Schiller – folgten, markierte den Beginn der Weimarer Klassik. Berühmt wurde Anna Amalia vor allem als Gründerin und Mittelpunkt des Weimarer Musenhofes, der zu einem Begriff in der deutschen Kultur- und Geistesgeschichte wurde. Für Goethe war Anna Amalia nach Eckermanns Worten eine »vollkommene Fürstin mit vollkommen menschlichem Sinne und Neigung zum Lebensgenuß«[86], und Wieland nannte sie "eines der liebenswürdigsten Gemische von Menschlichkeit, Weiblichkeit und Fürstlichkeit«.[87]

Im Kreise dieser bemerkenswerten Frau war auch Seume ein willkommener Gast gewesen, zum Beispiel bei der Rückkehr von seiner italienischen Wanderung: »Die Herzogin Mutter hatte die Güte mit vieler Teilnahme sich nach ihren Freunden diesseit und jenseit der Pontinen

(Pontinische Sümpfe südöstlich von Rom, E.Z.) zu erkundigen und den unbefangenen Pilger mit Freundlichkeit zu sich zu laden. Jedermann kennt und schätzt sie als die verehrungswürdige Matrone, wenn sie auch nicht Fürstin wäre.« Bei diesem Besuch hat Seume die in Ialien geschriebene *Trauer der Ceres* und sein Gedicht über Pästum vorgelesen und viel Beifall erhalten. Das letzte Mal sah er Anna Amalia im Herbst 1805 bei seinem Weimarbesuch unmittelbar nach der Nordischen Reise.

Kaum hatte Seume die Nachricht von Anna Amalias Tod erhalten, schrieb er zu ihrem Gedächtnis das Gedicht *Amalia*, in dem er diese unkriegerische, ganz der Menschlichkeit und Kunst lebende, wohltätige Frau als Vorbild gerade in kriegerischen Zeiten preist: »Schönere Seelen hassen Zerstörungen.« Als Folge von Kriegen hatte sie bereits zwei nahe Verwandte verloren – 1793 war ihr zweiter Sohn Constantin beim Feldzug gegen Frankreich gefallen und im November 1806 ihr Bruder an seinen in der Schlacht bei Auerstedt zugezogenen Verwundungen gestorben.

In dem späteren Gedicht *Kampf gegen Morbona* nennt Seume Anna Amalia rückblickend »die edelste der deutschen Frauen« und »die Güte selbst«, und in seinem letzten Reisebericht *Ausflucht nach Weimar* von 1810 gedenkt er neben anderen Verstorbenen auch ihrer: »Meine eigene Empfindung stieg in Weimar bis zur Wehmut, wenn ich das Vorige mit dem Jetzigen verglich. Herder und Schiller waren schlafen gegangen, beides Männer, deren Achtung und Freundschaft ich genossen hatte: seit meinem letzten Besuche war auch die vortreffliche wahrhaft fürstliche Frau Amalie nicht mehr, war auch unser Fernow gestorben. Solche sokratische Zirkel sind wohl selten gefeiert worden, werde ich wohl nie wieder feiern, wie bei der Herzogin Mutter, wo Anmut und Würde, Heiterkeit und Ernst, Witz und Laune, Sitte und Anstand, Kenntnis ohne Schulstaub und Scherz ohne bittern Stachel in der kleinen Gesellschaft herrschten. Wer das Glück gehabt hat, daran Anteil zu nehmen, spricht davon als den schönsten Stunden seines Lebens: zu den schönsten des meinigen gehören sie gewiß.«

Eine der gütigsten und edelsten deutschen Frauen war für Seume auch seine Mutter. Sie starb am 13.12.1807 in Poserna, etwa drei Monate nach Vollendung ihres 69. Lebensjahres. Hier hatte sie in den letzten Jahren bei ihrer älteren Tochter gelebt, und hier wurde sie auch begraben. Von ihren sechs Kindern – drei Söhne und drei Töchter – waren vier schon vor ihr gestorben. Es lebten nur noch die beiden ältesten, der Sohn Johann Gottfried, der sie nur zwei Jahre und sechs Monate überleben sollte, und die 43jährige Tochter Johanna Regina, die 1822 starb.

In dem Gedicht *Meiner Mutter Grab* erinnert sich Seume zunächst an seines Vaters Tod. Doch die plötzlich mit fünf kleinen Kindern – eine Tochter war schon gestorben – und ohne Ernährer dastehende Mutter ließ nicht den Mut sinken, sondern meisterte ihr Schicksal mit Kraft und Gottvertrauen:

Wehmut wurde da Dein Loos und Kummer,
Und der Sorgen unterbrochner Schlummer
Für uns Alle; doch mit starkem Muth,
Stärker als die Männer unsrer Tage,
Kämpftest Du empor und ohne Klage,
Und des Lebens Abend war noch gut.

Seume sah in seiner Mutter »der schönsten Seele eine« wohnen und hebt besonders ihr heiteres und sanftes Wesen, ihre Bescheidenheit und Zufriedenheit, ihre Menschenfreundlichkeit und Hilfsbereitschaft hervor, mit denen sie sich die Achtung der Mitmenschen erwarb. Vor allem ihr fester Glaube an Gott und an ein besseres Leben im Jenseits gab ihr die Kraft, alle Schwierigkeiten zu meistern, Schicksalsschläge geduldig zu ertragen und ruhig ihrem Lebensende entgegenzusehen. Sie hat ihr Leben so gelebt, wie es ihr Sohn vor vielen Jahren in den für sie geschriebenen Gedichten *Morgenlied* und *Abendlied* wiedergegeben hat.

Erst knapp zweieinhalb Jahre später, kurz vor seinem Tode, kommt Seume wieder nach Poserna in sein Elternhaus und auf den Friedhof. Bei der Erinnerung an seine Kindheit steht auch seine Mutter wieder lebendig vor seinem inneren Auge, und er schreibt darüber in seinem Bericht *Ausflucht nach Weimar*: »Unwillkürlich verwickelte mein Gefühl das Bild meiner Mutter in jeden Gedanken, den ich hier dachte: Gewohnheit und beständiges Hiersein hatte nichts verwischt; und es ward mir schwer, sie als hingegangen zu denken. Jeder Stuhl erinnerte mich an ihr freundliches Antlitz, und ein Blick nach dem nahen Kirchhofe machte mir das Auge heißer.«

Nun, da seine Mutter nicht mehr lebte, fühlte sich Seume verwaist und nicht mehr an Leipzig und sein Vaterland gebunden; er spielte mit dem Gedanken, wegzugehen, wie er es im März 1808 in einem Brief an Böttiger andeutete: »Meine Mutter, die mich bis jetzt hier hielt, ist vor einigen Monathen gestorben; ich wollte das Leben der guten Frau hielte mich noch: nun dürfte ich aber doch wohl noch fortpilgern, um nie wieder zu kehren, wenn ich nur erst einen Ort auffinde, wo ich nach meiner Weise etwas philosophischer einsiedeln kann.« Er ist aber wegen seiner schweren Krankheit nicht mehr aus Leipzig weggegangen, außer zur Kur nach Teplitz.

Auch Johanna Devrient, geborene Loth, gegenüber äußerte sich Seume ähnlich. Einen Tag vor dem Tode seiner Mutter hatte er die nun 23jährige junge Frau, die einst seine Schülerin und zweite große Liebe war, im Hause ihres Vaters in Leipzig, mit dem er zufällig wieder in Kontakt gekommen war, getroffen. Dieses unverhoffte Wiedersehen hat in Seume seine noch nicht erloschene Leidenschaft für sie wieder aufflammen lassen, ihn so stark erschüttert, daß er zeitweise in eine tiefe Niedergeschlagenheit verfiel und sich nur schwer ermannen und vernünftig darüber nachdenken konnte. Diesmal ergriff er nicht die Flucht wie im Frühjahr 1805, sondern gab sich alle Mühe, seine Gefühle in eine platonische Liebe und enge Freundschaft umzuwandeln.

Nachdem Johanna ihm einen Beileidsbrief zum Tode seiner Mutter geschrieben hatte, antwortete er ihr trotz seines Vorsatzes, jede Annäherung zu unterlassen, am 17. Dezember: »Ich sollte es nicht mehr wagen, Sie mit meinem Geschreibsel zu behelligen; aber es that mir so unendlich wohl, mit Ihnen zu reden ... Ich bin kaum im Stande, mir meine Mutter als abwesend zu denken, so sehr war sie in alle meine Gedanken verwebt ... Im Vaterlande ist, wenn ich meine jetzige Lage ändern will, für mich nichts Anständiges zu thun. Nach Rußland will ich nicht wieder, denn das Klima ist mir zu unfreundlich und das System zu unvernünftig. Nach Frankreich gehe ich noch weniger, denn ich mag die Schande meiner Nation nicht mit besiegeln helfen. Es wird sich finden. Vielleicht werde ich ein Martyrer der Wahrheit, wie ich sie denke. Ich suche nicht den Tod; aber ich habe nun nicht Ursache ihn zu scheuen ... Vielleicht verlasse ich die Gegend bald, auf immer. Es hängt davon ab, ob ich an einem gewissen Ort ehrenvolle Bedingungen erhalte: sonst begrabe ich mich hier in meinem Griechischen.«

Obwohl Seume annehmen mußte, daß Johanna Devrient keinen Brief mehr von ihm erwartete, schrieb er ihr zu Weihnachten nochmals ausführlich über seine Gefühle und Gedanken nach dem Tode seiner Mutter: »... den andern Tag erhielt ich einen Boten mit der Nachricht, meine Mutter, die ich noch ziemlich gesund glaubte, sei gestorben. Dieses Gefühl verschlang nun alle übrigen; ich habe wenige so wehmüthige Momente meines Lebens gehabt. Auch dieses ergriff mich mehr, als ich gefürchtet hatte. Als Sie mir schrieben, begrub ich meine Mutter, eine vortreffliche alte Frau, der ich das meiste Gute in mir verdanke. Die Loskettung von der Pflicht hat in meinem Wesen eine traurige Leere gelassen, die an Vernichtung gränzt. Ich weiß nun noch nicht, was ich mit meiner einsamen, verwaisten, freudeleeren Existenz anfange, ob ich hier das Leben ausvegetire oder mich wieder hinaus in den Sturm werfe. Mich hat die Welt und das Feld gebildet, vielleicht werde ich dort auch endigen. Es ist eine kalte, trotzige, furchtbar erstarrende Lage, wenn man keine nähern Pflichten und keine freundlichen Verkettungen mehr hat.«

Obwohl Seume seine wieder aufgeflammte Leidenschaft mit der Kraft der Vernunft zu bekämpfen suchte und er Johanna versicherte, daß er die Grenzen des Anstands und der Sitte in ihrer Beziehung einhalten werde, fiel ihm dies doch nicht so leicht, denn im gleichen Brief schreibt er: »Ich habe Ihren Anblick vermieden, weil ich überzeugt bin, der Mann, der einmal ein sehr lebendiges Gefühl für ein weibliches Wesen hatte, kann es nie wieder zu einer völligen Ruhe gegen sie bringen, oder seine Empfindungen sind sehr flüchtig ... Ich sahe Sie, und ich kann nicht leugnen, daß ich mehr meinen Empfindungen hingegeben war, als ich glaubte ...« Doch allmählich nahmen seine ziemlich unverhüllten Liebesbeteuerungen, meist verbunden mit einer Mischung aus Selbstmitleid und Stolz, einen freundschaftlichen Ton an. Gedanklich stellte er sich Situationen vor, in denen Johanna, die er mit »Freundin« anredet, seine Hilfe benötigen könnte, die er ihr in seinen Briefen anbot, auch für den Fall, daß ihr Mann sterben würde.

Um die briefliche Verbindung weiter aufrechterhalten zu können, schickte Seume ihr in den ersten Wochen des Jahres 1808 den kürzlich erschienenen Roman *Corinna oder Italien* von Germaine de Staël (1766–1817) zu. Er hatte dieses Buch vorher gelesen und mit vielen kritischen Anmerkungen zu Stil und Grammatik, zu den Beschreibungen Italiens sowie zu politischen Äußerungen versehen. Außerdem hatte er Stellen unterstrichen, die eine Beziehung zu seiner Liebe, zu Johanna oder zu seiner eige-

nen Stimmung erkennen ließen. Seume verfolgte damit die Absicht, Johanna zu zeigen, wie er ein Buch las, und andererseits wollte er ihr einen weiteren Einblick in seine geistige und seelische Verfassung geben, die von Pessimismus und Niedergeschlagenheit, Enttäuschung und zunehmender Vereinsamung geprägt war.
Man kann Seumes erneute Kontaktaufnahme mit Johanna Devrient und seine darauffolgenden Briefe als Aufdringlichkeit und Einmischung ansehen, weil er offenbar glaubte, der wesentlich Jüngeren Ratschläge erteilen zu müssen, wie er das schon bei Wilhelmine Röder getan hatte, aber auch als Wunsch nach einem freundschaftlichen Verhältnis zu ihr und ihrem Mann. Dahinter könnte auch das Bedürfnis Seumes gestanden haben, sich nach dem Tod der Mutter einer anderen geliebten Person zuzuwenden, sowie seine Sehnsucht nach Geborgenheit. Johanna ist auf Seumes Bemühen eingegangen.
Manchem von Seumes Briefen lag ein für Johanna geschriebenes Gedicht bei, einmal in italienischer, ein andermal in französischer Sprache. In diesen Gedichten, die nur für den Tag gedacht waren, also künstlerisch nicht anspruchsvoll sind, drückt Seume fast immer seine tiefe Verehrung, Liebe und Ergebenheit aus. Beim Lesen dieser Gedichte könnte man fast den Eindruck gewinnen, als wollte Seume Johanna zeigen, was für einen treuen und liebenden Ehemann sie an ihm gehabt hätte.
Diese briefliche Verbindung bestand bis zu Seumes Tod. Als Seume im September 1808 von schwerer Krankheit befallen wurde und erst im Februar 1809 wieder ausgehen konnte, galt sein erster Besuch Johanna, die ihm während seines Krankenlagers nicht nur Briefe, sondern auch Speisen geschickt hatte. Auch über ihr letztes Wiedersehen schrieb Seume ein Gedicht, das er ihr kurz vor seiner Abreise zur Kur nach Teplitz Anfang Juni 1810 zuschickte, vielleicht schon mit der Ahnung, daß er sie nicht wiedersehen würde. Das letzte Gedicht an Johanna endet mit Worten, die wie Abschied klingen:

Sei glücklich, Freundin meiner Seele!
Der Himmel, der dort eine Sonnenwelt
Und hier den Kelch der kleinsten Blume hält,
Der Himmel, mild und heiter, zähle
Dir viele Tage stiller Ruh'
Und freundlichen Genusses zu,

Und nehme sie, sie Dir zu geben,
Ich will es gern, und dieses glaubest Du,
Geliebteste, von meinem Leben.[88]

Diese Gedichte, die außer einem nie in eine Seume-Ausgabe aufgenommen wurden, bewahrte Johanna Devrient zusammen mit den Briefen als Erinnerung an ihren eigenwilligen Freund Seume auf, und so sind sie der Nachwelt erhalten geblieben als Zeugnisse einer merkwürdigen, doch nicht ungewöhnlichen Liebe.

»Ein Wahrzeichen nur gilt: das Vaterland zu erretten.«

»Wann wird man wohl einmal wieder mit Ehren deutsch denken, reden und schreiben können?« fragt Seume in den *Apokryphen.* Seinen Vorsatz, nach der Schlacht von Jena »nicht mehr Deutsch zu schreiben« und auch nichts mehr drucken zu lassen, hat er zwar nicht eingehalten, aber nach seinen eigenen Angaben hat er seitdem nichts mehr in deutscher Sprache gelesen, weder Zeitungen noch Bücher; seine Lektüre waren demnach wohl nur die griechischen und lateinischen Klassiker. Auch hat er von 1806 bis 1808 nach dem Erscheinen von *Mein Sommer 1805* nur wenige Gedichte sowie kleinere Artikel in verschiedenen Zeitschriften veröffentlicht.

Um nicht die gleiche Sprache wie die verhaßten und von ihm immer wieder angeprangerten Verderber Deutschlands gebrauchen zu müssen und auch um die Bücherzensoren zu täuschen, wählte Seume für sein nächstes Vorhaben die lateinische Sprache und wandte sich dazu im Herbst 1807 dem griechischen Schriftsteller Plutarch (um 46–120 u.Z.) zu. In einer wissenschaftlichen althistorisch-philologischen Arbeit wollte er etwa 300 schwere Textstellen in dessen Werken auslegen, die seiner Meinung nach von den bisherigen Interpreten nicht genügend erklärt oder ganz vernachlässigt worden waren. An den Verleger Johann Friedrich Cotta schrieb er Anfang Oktober 1807: »Ich bin jetzt Willens einen Fascikel Bemerkungen, Erklärungen und Konjekturen (Vermutungen, E.Z.) über die schwersten Stellen des Plutarch lateinisch zu schreiben, der für die Philologen vielleicht nicht ganz unwichtig werden wird ... Mein Hauptantheil soll aber eine Art von Vorrede werden, so ungefähr wie sie vor meinem Sommer steht, aber besser, ausgeführter und kräftiger vielleicht, da sich das Latein mehr zu einem solchen Vortrage hergiebt, als unsere Halbbarbarey. Es fragt sich nun, ob Sie so etwas drucken können und wollen?«

Es sollte eine Verbindung von gelehrter Arbeit mit politischem Traktat werden, das in der deutschen Literatur wohl nahezu einmalig und einzigartig ist. Der Titel der Arbeit lautet: *Fasciculus observationum et conjecturarum in locos Plutarchi difficiliores* (*Ein Bändchen Bemerkungen und Konjekturen zu schwierigeren Stellen des Plutarch*), der er wieder sein bekanntes Motto »Veritatem sequi et colere…« voranstellte.

Daß sich Seume gerade mit Plutarch so intensiv beschäftigte, ist bei seiner Vorliebe für die Antike nicht weiter verwunderlich. Plutarchs Nachwirkung in der Weltliteratur ist außerordentlich groß, viele Dichter und Schriftsteller achteten ihn hoch und holten sich Anregungen aus seinen Werken, u.a. Shakespeare, die deutschen Humanisten, die französischen Moralisten und Aufklärer, ebenso die Vertreter der deutschen Aufklärung, die Dichter des Sturm und Drang und der Klassik. Plutarch war auch Seumes Lieblingsschriftsteller, und die Werke des Griechen übten durch ihre Thematik, Darstellungsweise und Gestaltungskraft sowie die Neigung zu Sentenzen eine große Anziehung auf ihn aus. Von Plutarch, dessen Werke zum Teil verlorengingen, sind zwei Arten von Schriften, biographische und philosophische, überliefert: zum einen 46 Parallelbiographien (*Bioi paralleloi*), in denen er jeweils einen berühmten Griechen und einen berühmten Römer gegenüberstellt und vor allem deren Charakter in den Mittelpunkt rückt, zum anderen mit *Ethika* oder *Moralia* bezeichnete Abhandlungen über philosophische, moralische, religiöse, pädagogische, literarische, sprach- und naturwissenschaftliche sowie politische Fragen. Wegen der Darstellung tugendhafter Verhaltensweisen und republikanischer Gesinnungen stand Plutarch im Zeitalter der Aufklärung und vor allem bei den geistigen Wegbereitern der Französischen Revolution in hohem Ansehen, denn seine Werke forderten geradezu Vergleiche mit zeitgenössischen Ereignissen und Problemen, Staatsmännern und Feldherren heraus. Deshalb finden sich mehrere Plutarch-Gestalten auch in Seumes *Apokryphen*.

Wie Seumes Anmerkungen zu schwierigen Plutarch-Stellen aussahen und aus welchen Werken diese Stellen stammten, ist unbekannt, da Seumes Manuskript verlorenging. Aber Seume kam es vor allem auf die Vorrede an, die er ebenfalls in lateinischer Sprache verfaßte und die ihm viel wichtiger als die nachfolgende gelehrte Arbeit war. Es kann sogar angenommen werden, daß die philologische Untersuchung nur ein Vorwand für diese Vorrede war, in der er nochmals freimütig und leidenschaftlich seine Meinung zur politischen Lage in Deutschland darlegt. Nach dem teilweisen Verbot von *Mein Sommer 1805* und den vergeblichen Bemühungen um den Druck der *Apokryphen* hatte Seume nach anderen Wegen, seine politischen Ansichten an die Öffentlichkeit zu bringen, gesucht und war auf diese Möglichkeit verfallen. Die gelehrte Arbeit diente als Tarnung oder Schutzschild für Seumes brisantes politisches Bekenntnis – eine Methode, wie sie auch zu anderen Zeiten politischer Unterdrückung und Unfreiheit angewandt wurde. Doch hatte Seume wohl nicht bedacht, daß die Vorrede, falls sie gedruckt werden sollte, durch die Verwendung der lateinischen Sprache und das gelehrte Thema der Arbeit nur einen sehr kleinen Kreis gebildeter Leute erreichen würde. Andererseits bemerkt er in der Vorrede eingangs, daß er lateinisch schreibt, weil er »der gelehrten Welt etwas mitteilen will« – vielleicht auch das nur als Schutzbehauptung. Sollten damit die Zensurbehörden getäuscht werden, oder wollte er sich tatsächlich nur an die Altsprachenlehrer und die Gelehrten wenden? Von ihnen hatte er eigentlich keine sehr gute Meinung, da sie sich seiner Ansicht nach »mit Quisquilien (Kleinigkeiten, E.Z.) und unnützen Dingen« beschäftigten und »über Unwesentliches und Geringfügiges streiten, was für unsere Verhältnisse keine Bedeutung hat«. Von ihnen waren keinesfalls Bemühungen zu Veränderungen in Deutschland zu erwarten.

Mit dem Hinweis auf fehlende politische Handlungsmöglichkeiten kommt Seume dann zum eigentlichen Anliegen seiner Vorrede: »Wenn es für einen Bürger Zeit und Raum zu ehrenvollem Handeln gäbe, so hätte ich mich niemals allein auf Lektüre und schriftstellerische Tätigkeit eingelassen; aber das ist schon der Geist oder vielmehr der böse Dämon unseres Jahrhunderts, daß für den rechtschaffenen und wahrheitsvollen Mann kein Trost außer den Wissenschaften übrig bleibt, und selbst diese kaum, wenn nicht Jemand für die göttliche Macht der Wahrheit kühn und auf alles Äußerste gefaßt ist.« Seume war das immer, auch mit diesem kleinen Stück Literatur, in dem er die gleichen Anklagen erhebt wie in *Mein Sommer 1805* und den *Apokryphen*.

Mit recht drastischen Worten führt Seume dem Leser den elenden Zustand seines deutschen Vaterlandes vor Augen, das von einem Fremden, Napoleon, unterjocht und ausgesaugt wird und deren Bewohner zu Sklaven gemacht werden. Seume deckt die Ursachen »dieser so großen und unzähligen Übel, die unser gemeinsames Vaterland bedrängen, zu Grunde richten und schließlich vernichten«, auf. Mit schonungsloser Offenheit geißelt er das unpatriotische Verhalten der deutschen Adligen, die zur Rettung ihrer herrschaftlichen Privilegien sich zu Sklaven Napoleons machten, ohne auch nur einen Gedanken an das Schicksal des Vaterlandes zu verschwenden. Durch diese Denk- und Verhaltensweise des Adels, durch die politische Rückständigkeit sowie das gesamte System der Unfreiheit, Ungleichheit und des Unrechts wurden Einheit und Nationalkraft des Volkes verhindert, wurde Deutschland ins Verderben gestürzt: »Nicht von unsern Feinden, sondern von denjenigen unserer Landsleute sind wir zu Grunde gerichtet, welche die Leitung der Dinge in den Händen hatten; elend untergegangen sind wir durch Unklugheit, Schlaffheit und Feigheit; die wesentliche Ursache aber und der Ursprung von Alledem liegt im Privilegium und in der Ungerechtigkeit ... Was hätte eine Heilung gewähren können, liegt auf der Hand: Freiheit, Tapferkeit, Gerechtigkeit, allgemeine Gleichheit: Alles Dinge, von denen wir kaum die Begriffe bei uns gehabt haben.«

Als Vorbild für Freiheits- und Vaterlandsliebe weist Seume auf die Griechen und Römer hin; er warnt jedoch vor deren Rechtsgrundsätzen, die auf der Ungerechtigkeit der Sklaverei beruhten und kein allgemeines Menschenrecht kannten. Aber ihren mutigen Sinn, die Hochachtung und Verteidigung ihrer Ehre wünscht er den Deutschen, die leider ihre gegenwärtige Schmach noch dadurch vergrößern, daß sie, um Napoleon und den Fremden zu gefallen, alles Vaterländische und selbst ihre Muttersprache verächtlich behandeln.

Wie ein letzter, vergeblicher Hilfeschrei mutet in diesem Morast von Verworfenheit Seumes Aufruf zur Einigkeit an: »Eins sei das Volk, eins die Oberherrschaft, eins die Staatsgewalt, eins die Autorität und die Majestät des Vaterlandes!« Aber dazu war es zu spät, denn Hannibal-Napoleon stand bereits im Lande und nicht mehr vor den Toren, so daß jegliche Aussicht auf Deutschlands Rettung dahin war. »Selbst die besten und stärksten Köpfe der Nation«, schrieb Friedrich Engels später, »entsagten aller Hoffnung auf die Zukunft ihres Landes.«[89] Dazu gehörte auch Seume, doch mit dieser kühnen und gefährlichen Flugschrift hatte er wenigstens, »wenn auch nicht mein Leben, so doch meine Gesinnung gerettet«. Mit ihr hat er ein Zeugnis seiner politischen Überzeugung hinterlassen, wie es nicht viele in der deutschen Literatur gibt.

Den anschließenden knappen Hinweis auf die Plutarch-Anmerkungen beendet Seume, indem er resignierend feststellt: »Unter den Toten mit Thucydides, Tacitus und Plutarch bei Marathon und Salamis zu leben, ist schließlich noch die ehrenhafteste Art des Lebens, wenn man der Würde und der Majestät des Vaterlandes keine Tätigkeit weiter zuwenden darf.« Seumes verstärkte Beschäftigung mit der Antike in jener Zeit bedeutet nicht, daß er sich nun enttäuscht vom politischen Gegenwartsgeschehen abgewandt hätte. Er wollte sich vielmehr bestimmte Ideale, die er in seiner Zeit nicht mehr, sondern vor allem in der griechischen und römischen Geschichte fand, und seinen Charakter bewahren, sich gegen den allgemeinen Zug zur Unterwerfung, Niederträchtigkeit, Schlaffheit und Feigheit wehren, wie er es in den *Apokryphen* ausgedrückt hat: »Alles, was man in dieser Zeit für seinen Charakter tun kann, ist zu dokumentieren, daß man nicht zur Zeit gehört.« Und »... damit uns wenigstens nicht die Nachwelt zu dem Brack der Blindlinge und Kriechlinge zählt«, wie er einem Bekannten schrieb. Damit spricht er den Beweggrund für all sein politisch motiviertes, wenn auch wirkungsloses schriftstellerisches Schaffen in seinen letzten fünf Lebensjahren aus.

Trotz aller Aussichtslosigkeit und allgemeinen Lähmung trat Seume für eine Weiterführung des Kampfes zur Rettung Deutschlands ein. Deshalb beendet er die Vorrede nach einem trotzigen »Und dennoch:« mit einem Satz aus Homers Ilias (XII, 243), den der trojanische Krieger Hektor spricht und der die Aufforderung zu patriotischem Handeln kurz und prägnant ausdrückt: Εἷς οἰωνὸς ἄριστος, ἀμύνεσθαι περὶ πάτρης.

»Ein Wahrzeichen nur gilt: das Vaterland zu erretten.«

(Übersetzung von Johann Heinrich Voß)

Kriegslieder gegen die Franzosen zu schreiben, hatte Seume abgelehnt, nun aber hat er seine Kriegserklärung gegen die deutschen Fürsten und Adligen sowie gegen die napoleonische Fremdherrschaft manifestiert. Damit ist die Plutarch-Vorrede der Abschluß und der Höhepunkt von Seumes politischen Schriften, denen 1808 noch ein politisches Drama folgte.

An der philologischen Untersuchung hat Seume wahrscheinlich in der zweiten Hälfte des Jahres 1807 gearbeitet. Die Vorrede trägt das Datum vom 1. Januar 1808. Er war sich bewußt, daß deren Veröffentlichung lebensgefährlich für ihn sein konnte, doch hatte er nie großen Wert auf sein Leben gelegt und jetzt, nach dem Tode seiner Mutter, noch weniger. Johanna Devrient gegenüber erwähnte er diese Gefahr in einem Brief Weihnachten 1807: »Ich habe jetzt eine Arbeit, die mir leicht den Tod bringen kann; denn kühnere Wahrheit kann am wenigsten unser Zeitalter ertragen.«
Da Seume größten Wert auf die Vorrede legte, sandte er sie gleich nach Beendigung der Niederschrift an Cotta, zunächst ohne die Plutarch-Untersuchung, die später folgen würde, falls sich Cotta zum Druck entschließen sollte. Offenbar hat sich dieser aber nicht dazu durchgerungen, denn bald danach schickte Seume sie an Böttiger mit der Aufforderung: »Wenn Sie Sich an meiner Vorrede gehörig erbaut und geärgert haben, übergeben Sie dieselbe unserm Freunde Hartknoch, der sie zu meinen *Apokryphen* legen mag, wenn er sie nicht drucken lassen will.« Und im März 1808 an denselben: »Ich will kein Wort mehr über unsere deutsche Unvernunft sagen; meine Beichte liegt ohne Zurückhaltung in meiner kleinen Vorrede, die wie ich erfahre niemand drucken will … Über das Schicksal meiner Bücher wie meiner Person bin ich sehr gleichgültig. Was ich geschrieben habe, das habe ich geschrieben.«
Das klingt stolz und trotzig und erinnert an Luthers Ausruf vor dem Reichstag zu Worms. Auch manches andere deutet darauf hin, daß Seume seine Zeit mit der Zeit der Reformation verglichen haben könnte, als das damals völlig zersplitterte Deutschland vom römischen Papst und seinem klerikalen Anhang schamlos ausgeplündert wurde und Luther, den Seume sehr schätzte, als furchtloser Kämpfer dagegen auftrat. In den *Apokryphen* heißt es deshalb auch: »Es fehlt uns ein politischer Luther, der das Untier Privilegium und das Kastentum erlegt …« Vielleicht hat Seume auch seine Rolle als unerschrockener Kritiker, als mahnender und warnender politischer Schriftsteller ähnlich der Ulrich von Huttens (1488 bis 1523) gesehen, der sich mit seinen Dichtungen scharf gegen die päpstliche Tyrannei und für die Idee einer deutschen Nation eingesetzt hatte. Sein Wahlspruch »Ich habs gewagt« hätte auch der Seumes sein können. Jedenfalls bemerkt Seume im gleichen Brief an Böttiger: »Der Mann von

Uffenau (Hutten starb auf der Insel Ufenau im Züricher See, E.Z.) würde jetzt eine noch ganz andere Sprache führen, als damahls, wenn er wieder käme.«

Weder Böttiger im *Neuen Teutschen Merkur* noch Hartknoch konnten diesen Sprengstoff aus Seumes Feder veröffentlichen, da »kein Zensor die Erlaubnis dazu gab«. Und auch Wieland, dem Seume die Schrift zugeschickt hatte, warnte vor der Veröffentlichung dieser »grausenhaft wahren und schrecklich schönen Philippica, ... eines so entsetzlichen, schauderlichen, einem nur halb menschlich fühlenden Leser alle Haare auf dem Kopf emporstarren machenden Gemäldes unsrer Zeit ...«

Erstmals wurde der lateinische Text der Vorrede ohne Übersetzung 1819 von Hartknoch gedruckt, und zwar als Anhang zu den *Apokryphen* im dritten Teil der vierten Auflage des *Spaziergangs nach Syrakus*. Auch im Jahre 1819 war die Veröffentlichung dieser Vorrede trotz lateinischer Sprache noch immer sehr gewagt, denn die äußeren Feinde Deutschlands waren zwar besiegt, aber die inneren Feinde einer demokratischen Entwicklung in Deutschland, die reaktionären adligen und klerikalen Machthaber, saßen fester denn je im Sattel und gingen gegen jede fortschrittliche Bewegung rücksichtslos vor.

Erst in der Hempel-Ausgabe von 1869/1879 erschien neben dem lateinischen Text der Vorrede auch eine noch heute gültige deutsche Übersetzung.

»Miltiades«

Seume suchte nach weiteren Möglichkeiten, seine Meinung kundzutun. Nach dem teilweisen Verbot von *Mein Sommer 1805* und dem Druckverbot der *Apokryphen* und der *Plutarch-Vorrede* versuchte er über das Theater sein Publikum zu erreichen. Er schrieb ein Drama über einen seiner Lieblingshelden, den griechischen Feldherrn und Sieger von Marathon, Miltiades (um 550–um 490 v. u. Z.).

Miltiades war ein athenischer Aristokrat und Grundbesitzer und im Jahre 490 v.u.Z. zu einem der zehn Strategen gewählt worden, die für ein Jahr mit täglich wechselndem Vorsitz das Oberkommando über Heer und Flotte hatten. Am Tag der Schlacht bei Marathon hatte er den Oberbefehl im Kampf gegen die in Griechenland eingefallenen Perser unter ihrem König Dareios I. (König 522–486 v.u.Z.) erhalten. In der Ebene von Marathon an der Nordostküste Attikas, etwa 40 km nördlich von Athen, stellten sich die zahlenmäßig unterlegenen Griechen der feindlichen Übermacht zum Kampf und siegten dank der klugen Taktik und des entschlossenen Handelns ihres Feldherrn.

Als Miltiades ein Jahr später einen Feldzug gegen die perserfreundliche Insel Paros unternahm, die Stadt 26 Tage lang belagerte, ohne sie einnehmen zu können, auch die geforderten 100 Talente Silber (1 Talent = 26 kg) nicht erhielt und schließlich erfolglos abziehen mußte, wurde er in Athen des Betrugs angeklagt, erst zum Tode, dann aber zu einer Geldstrafe von 50 Talenten – so viel hatte der Kriegszug gekostet – verurteilt. Bei dem griechischen Geschichtsschreiber Herodot, der die Hauptquelle für Seume bildete, kann man darüber im 136. Kapitel des 6. Buches lesen.

Wie hat Seume diesen Stoff gestaltet? In einer Vorrede legt er zunächst dar, warum er dieses Sujet gewählt hat: »Ich habe in dieser Arbeit versucht, ob wohl etwas von dem bessern Geiste der Griechen in meine Seele übergegangen sei. Die Wahl des Gegenstandes, der ganz geschichtlich ist, rührt vielleicht von meiner Vorliebe für diese Periode und vorzüglich für die Katastrophe von Marathon her.« Danach erläutert er dem Leser den geschichtlichen Hintergrund des Dramas, geht kurz auf die Darstellung der Ereignisse bei verschiedenen antiken Geschichtsschreibern ein und begründet seine im Drama vorgenommenen Änderungen einiger geschichtlicher Tatsachen, wie zum Beispiel den Tod des Miltiades: »Miltiades starb an der Entzündung seiner Wunde. Dies würde im Stück langweilig und fast ekelhaft sein, und es ist wohl nicht gegen die Begriffe der Zeit, wenn ich ihn Schierling nehmen lasse.« Abschließend äußert er: »Ich habe gethan nach Vermögen und wünsche, der Versuch sei mir nicht mißlungen. Wenn nur Einige der Besseren dabei eine Stunde nicht unangenehmer, nützlicher Beschäftigung finden, ist die Hauptabsicht schon erreicht.« Vermutlich verfolgte er mit dem Drama aber eine weitergehende, politische Absicht, doch wollte er wegen der Zensur nicht deutlicher werden und nicht abermals ein Druckverbot riskieren.

Da Seumes Drama nur 1808 als Einzelausgabe und in Gesamtausgaben letztmalig in der Hempel-Ausgabe 1869/1879 erschienen ist, das Werk also relativ unbekannt blieb, soll der Inhalt kurz skizziert werden:

Der Feldherr Miltiades ist nach einem erfolglosen Kriegszug gegen die Insel Paros schwerverwundet nach Athen zurückgekehrt. Xanthippus wird ihn wegen seines Mißerfolges des Hochverrats anklagen, und Kleon wiegelt das Volk gegen ihn auf, weil er sich angeblich zum Tyrannen von Athen aufschwingen will, eine ungeheuerliche und durch nichts begründete Beschuldigung. Doch der Archon (Regent) Aristides, einer der höchsten Regierungsbeamten von Athen und bekannt für seine Gerechtigkeitsliebe und Unbestechlichkeit, sowie der Stratege Themistokles stehen auf Miltiades' Seite und wollen ihn verteidigen, obwohl Miltiades nicht an einen Erfolg glaubt und auf den Tod gefaßt ist. Dennoch beschwört er den Geist von Marathon und die Illusion von Freiheit und Gerechtigkeit in Griechenland:

Nur gleiches Recht, nur gleiche Freiheit trägt
Das Vaterland an des Verderbens Rand
Durch Klippen hin, wo jeder Bürger sich
Mit edlem Stolze zu dem Ganzen reiht
Und keinem Antwort gibt als dem Gesetz.
Nur dieser Geist hebt unser Griechenland
So hoch empor, daß es vor einer Welt
Von Söldnern, die der reiche Orient
Herübersendet, nicht erzittern darf;
Nur dieser Geist schuf Marathon und schafft
Der Flammentage mehr, wie dieser war.

Bei der Gerichtsverhandlung hält Xanthippus eine lange Anklagerede über den Hochverrat des Miltiades, in der er anhand verschiedener Ereignisse aus dessen Leben nachzuweisen versucht, »Daß Ehrgeiz, Willkür, Herrschsucht, Tyrannei / In seiner Seele liegt«. Alles, was Miltiades getan hat, Erfolge und Mißerfolge gleichermaßen, wird in verleumderischer Weise gegen ihn ausgelegt, auch sein Einsatz bei Marathon und erst recht sein Mißerfolg auf Paros, ebenso seine Wunde, von der angeblich niemand weiß, wie er sie bekam. Xanthippus behauptet, daß Miltiades, unterstützt durch seinen von den Persern gefangenen Sohn Metiochus, insgeheim mit den Feinden verhandelt und dafür Gold erhalten habe, um Athen den Persern auszuliefern. Miltiades weist die Vorwürfe zurück, ist aber zu schwach, um sich zu verteidigen und hat Themistokles damit beauftragt. Er wünscht, zu Hause zu sterben, wird aber auf Kleons Forderung ins Gefängnis gebracht. Der bei den Athenern hochangesehene Themistokles widerlegt in seiner Verteidungsrede Xanthippus' lächerliche und absurde Verdächtigungen. Auf Xanthippus' Verlangen soll das Volk auf dem Markt befragt werden. Im Gefängnis erhält Miltiades die Nachricht von der entfesselten Wut des Volkes und dem Todesurteil. Doch Miltiades war darauf gefaßt. Er wünscht sich einen schnellen Tod und entscheidet sich für den giftigen Schierlingstrank. Da wird ihm die Nachricht gebracht, daß mehrere Krieger von Marathon zum Volk gesprochen haben und daß das Todesurteil in eine Geldstrafe von 50 Talenten umgewandelt wurde. Aber dem todkranken Miltiades nützt das nichts mehr. Er bleibt bei seinem Entschluß, durch Gift einem elenden Dahinsterben zuvorzukommen. An die Anwesenden richtet er letzte mahnende Worte:

Das Göttlichste für einen freien Mann,
Der Erde Himmel, ist das Vaterland; ...
Seid einig, bei den Göttern Griechenlands
Beschwör' ich Euch, bei Eurer Väter Herd,
Bei Euerm Namen in dem Buch der Zeit,
Seid einig in dem Kampf fürs Vaterland!
Vereinigt trotzen Griechen einer Welt,
Woher sie auch die Sonne schickt. Nur Zwist
Und blinde Selbstsucht gräbt der Freiheit Grab,
Des Ruhms, der Ehre und des bessern Sinns.
Ein Volk, das fällt, fällt immer nur durch sich.
Gerechtigkeit und Freiheit sind der Grund,
Nur sie allein, zu festem, steten Wohl;
Doch sichtet ernst! es ist nicht Alles ächt,
Was man Gerechtigkeit und Freiheit nennt.

Er nimmt Abschied von Tochter, Sohn und Freunden, trinkt den Giftbecher und stirbt mit den Worten: »Das Vaterland, Athener – « An der Stelle seines Vaters muß nun sein Sohn Kimon im Gefängnis bleiben, bis die Strafe bezahlt ist.

Im Mittelpunkt des Trauerspiels steht der Prozeß gegen Miltiades, aber Seume machte einen politischen Prozeß daraus, der juristisch nicht gerechtfertigt ist. Die Athener, ohne stichhaltige Beweise zu haben, glaubten, daß der erfolgreiche Feldherr die ihm in Kriegszeiten übertragene Macht dazu benutzen könnte, um sich zum Tyrannen über Athen aufzuschwingen und zu einer Gefahr für die Demokratie zu werden. Der Bezug zu dem Aufstieg Napoleons vom Armeegeneral zum Ersten Konsul, zum Konsul auf Lebenszeit und schließlich zum Kaiser der Franzosen, einer Wandlung vom Republikaner zum Monarchen und Diktator, ist denkbar. Was bei den Athenern nur als Annahme in ihren Köpfen existierte, war in Frankreich wirklich eingetreten. Was die Athener durch das Bestehen auf der Gleichheit aller Bürger vor dem Gesetz zu verhindern geglaubt hatten – den Aufstieg eines Tyrannen –, war in Frankreich nicht gelungen.

Obwohl die Handlung in der Antike spielt, geht es Seume um das Festhalten an den Idealen der Französischen Revolution, um ihre Durchsetzung auch in Deutschland. An vielen Stellen des Dramas bringt Seume seine eigenen Ansichten über Freiheit, Rechtsgleichheit, Gerechtigkeit, Sklaverei und Tyrannei zum Ausdruck, am nachhaltigsten in den Worten der Hauptgestalt. Vor allem Miltiades' wiederholte Ermahnung zur Vaterlandstreue, der wichtigsten Idee des Stückes, ist ein unüberhörbarer Appell Seumes an die Vaterlandsliebe der Deutschen.

Mit der Anklage gegen Miltiades verurteilt Seume nicht nur die Tyrannei weltlicher Despoten, sondern auch die Tyrannei des Volkes, den blindwütigen Haß und Fanatismus der Volksmassen, wie er oft in Umbruchzeiten, Revolutionen und Entscheidungssituationen auftritt, zuletzt in der Französischen Revolution. Bereits in den *Apokryphen* hat Seume eine diesbezügliche historische Erkenntnis treffend formuliert: »Es ist nur noch <u>*ein*</u> Ungeheuer, welches gräßlicher ist als Tyrannenunvernunft, die Volkswut; und nur die Furcht vor der letzten macht die erste erträglich; auch weiß die erste sehr künstlich mit der letzten zu schrecken und in Schranken zu halten.« Wie Miltiades hat auch Seume wenig Vertrauen zur Meinung des Volkes, zu dessen Urteilen und Entscheidungen, die oft vom Augenblick, von Unbesonnenheit, Vorurteilen und Leidenschaft bestimmt werden und deshalb häufig ungerecht und schwankend sind – ein Widerspruch zu seiner eigenen Herkunft? Nicht vom Volk, sondern vom vernünftigen Denken und Handeln hervorragender Persönlichkeiten erhoffte Seume eine Besserung der Verhältnisse im Staat und eine auf demokratischen Grundsätzen beruhende Gesellschaft, die nach seiner pessimistischen Geschichtsauffassung vielleicht erst in Jahrtausenden verwirklicht wird. Seume mag bei solchen geschichtsgestaltenden Persönlichkeiten auch an Miltiades gedacht haben, obwohl dieser sich als ein vom Autor idealisierter und sittlich vollkommener Mensch kaum als praktisches Vorbild eignet. Da Miltiades sich bedingungslos den republikanischen Gesetzen und dem Willen des Volkes als oberstem Gesetz unterwirft und dadurch sein Schicksal von Anfang an feststeht, kann sich – das ist die Hauptschwäche des Stückes – keine auf- und absteigende Handlung, kein dramatischer Konflikt, kein Charakter und damit keine Spannung entwickeln.

Seume hat beim Schreiben des Trauerspiels vermutlich vorwiegend an Leser und Zuschauer mit klassischer Bildung gedacht, an jeden »Mann von liberaler Erziehung«, wie er im Vorwort schreibt. Das zeigt die häufige Verwendung von Fachbegriffen aus der griechischen Geschichte, wodurch das Verständnis vieler Stellen des Stückes erschwert und die Verbreitung des Werkes eingeschränkt wird.

Seume schickte das Manuskript vor der Veröffentlichung an den Leipziger Professor der Beredsamkeit Johann Gottfried Hermann (1772–1848) mit der Bitte, es zu begutachten. Er wurde furchtbar enttäuscht. Hermann hat das Werk rücksichtslos kritisiert und in Grund und Boden verdammt, so daß Seume das Manuskript sofort vernichten wollte. In Seumes Antwortbrief an Hermann heißt es: »Offenherzig ist Ihr Brief und so deutlich, als möglich. Auf alle Fälle ist er mir als die gerade Aeusserung Ihrer wahren Gesinnung sehr lieb. Sie finden in dem Stück ... nicht Plan, nicht Karakter, nicht Gedanken, nicht Diktion. Bey mir ist nun das natürliche Resultat, wenn Ihr Urtheil richtig ist, so muss es eine Sudeley seyn; und ich habe meine Zeit jämmerlich angewandt ... Sie sollen weder von einem Trauerspiel noch von einer Komödie hören, die ich wieder mache.«

Wielands Urteil, der den Text ebenfalls zu lesen bekam, fiel wesentlich günstiger aus. Er meinte: »Wäre ich im Besitz von Merlin's Zauberstab und könnte mit einem Schlag desselben ein griechisches Theater, Attische Zuhörer und von Sokrates gebildete Schauspieler aus der Erde aufsteigen lassen, so stehe ich dafür, Ihr Miltiades sollte, trotz Allem, was selbst seine Bewunderer an ihm auszusetzen haben, eine sehr schöne Wirkung auf den Brettern thun.«

Die Meinung eines berühmten Dichters, wenn auch geschmeichelt, zählte für Seume mehr als die eines Akademikers und bestärkte ihn darin, das

Stück zu veröffentlichen, obwohl auch er nicht so recht damit zufrieden war, wie er an Cotta schrieb, und es die anderen wahrscheinlich noch weniger sein werden. Von der Zensur freigegeben, erschien es 1808 bei Hartknoch in Leipzig. Das Drama fand in der Öffentlichkeit fast keinen Widerhall. Es wurde zwar in Cottas *Morgenblatt für gebildete Stände* angezeigt und in der Leipziger *Zeitung für die elegante Welt* besprochen, aber nie aufgeführt. In der Rezension werden neben einer ausführlichen Inhaltsangabe vor allem die zahlreichen sprachlichen Schönheiten und trefflichen Sentenzen von bleibendem Wert gelobt und zum Teil zitiert, die Veränderungen gegenüber der Geschichte benannt, unter anderem die völlig andere Rolle des Aristides und des Themistokles, und einige Ungereimtheiten gerügt, zum Beispiel, daß das Volk das Urteil über Miltiades fällen soll, ohne die Anklage- und die Verteidigungsrede gehört zu haben. Zum Schluß heißt es: »Wenn wir die oratorischen Schönheiten desselben mit Gerechtigkeit anerkannt haben; so sey uns auch die Bemerkung erlaubt, daß wir den lebendigen Hauch der Phantasie, die schöne Situazionen herbeizuführen und zu beleben weiß, und die Begeisterung vermissen, die das Herz ergreift. Offenbar ist das Ganze zu gedehnt, die Handlung hat keinen lebhaften Gang, die Geschichte blickt zu nackt hindurch, das Ganze dreht sich in einem zu kleinen Ideenkreis und wiederholt sich oft.«[90]

Auf jeden Fall bleibt es Seumes Verdienst, die Person des Miltiades in einem Drama dargestellt und an das deutsche Volk appelliert zu haben, einig zu sein im Kampf für das Vaterland. Seumes patriotischer Ruf wurde nicht gehört und wäre auch nicht von der Bühne herab verstanden worden, denn für Theaterstücke mit aktuellem Bezug brachten die Zuschauer damals kein Verständnis auf, da sie im Theater der Wirklichkeit entfliehen und in eine Phantasie- und Traumwelt versetzt werden wollten.

Die Hoffnung auf eine Änderung der politischen Verhältnisse in Deutschland hatte Seume zu der Zeit schon lange aufgegeben, so wie es Aristides im Drama ausdrückt:

Die Hoffnung stirbt,
Wenn Alles, Alles in dem Vaterland
Mit solchem Unsinn sich am Abgrund dreht.

Im gleichen Jahre veranstaltete Napoleon vom 27.9. bis 14.10.1808 den Erfurter Fürstentag, ein Treffen zwischen ihm und Zar Alexander I., auf dem er das im Tilsiter Frieden geschlossene Bündnis zwischen Frankreich und Rußland festigte und sich damit Rußlands Neutralität sicherte, um Zeit und Kraft für den Krieg in Spanien zu gewinnen. Es war, auch durch die zum Befehlsempfang und zur Huldigung anwesenden deutschen Rheinbundfürsten, eine glänzende Demonstration von Napoleons Macht, die allerdings schon mit den Anzeichen des Niedergangs behaftet war.

Die letzten Jahre (1808–1810)

Tödliche Krankheit – Letztes Gedicht an die Deutschen

Zu Ostern 1808 wanderte Seume nach Dresden, sicher ohne zu ahnen, daß dies seine letzte Fußwanderung sein würde; mit 45 Jahren fühlte er sich gesund und kräftig genug, um noch weitere solche Märsche zu unternehmen. Anderthalb Jahre zuvor, im Oktober 1806, hatte er bei seinem Besuch in Dresden den Maler Gerhard von Kügelgen (1772–1820), seit 1805 Professor an der Kunstakademie, kennengelernt, und dieser hatte ein Porträt von Seume gemalt, das ihn mit zusammengepreßten Lippen und finster blickend in einem russischen Pelzmantel zeigt – das letzte Bildnis von ihm. Es befindet sich im Goethe-Nationalmuseum in Weimar.

Ein Vierteljahr nach dieser letzten Wanderung, gegen Ende Juni, traten plötzlich Gichtanfälle an Seumes schadhaftem linkem Fuß auf, der ihm bisher keine größeren Beschwerden gemacht hatte, aber jetzt so stark schmerzte, daß er nicht mehr auftreten konnte und mehrere Wochen im Bett liegen mußte. Dazu kam Ende August eine weitere Krankheit, ein Blasen- und Nierenleiden, dessen äußerst qualvolle Schmerzen bei den häufigen Anfällen ihn nachts um den Schlaf brachten und seine körperlichen Kräfte rapide schwinden ließen, ihm das Lesen und Schreiben und oft das Sprechen unmöglich machten. Einen derartigen gesundheitlichen Tiefschlag hatte er in seinem ganzen Leben nicht erlitten. Diese schwere Krankheit war offensichtlich eine Folge des Lebens beim Militär, des Kampierens in Zelten und auf freiem Feld bei Nässe und Kälte in Nordamerika, des stundenlangen Ausharrens in morastigem Boden und bei naßkaltem Wetter während seiner Fluchtversuche im Emsland sowie seines oft leichtsinnigen Umgangs mit der Gesundheit auf seinen Reisen, besonders der nordischen.

Zwei Jahre lang mußte Seume das zermürbende Auf und Ab dieser tödlichen Krankheit ertragen, bevor er von seinen Leiden erlöst wurde. Da

er nun keinen Privatunterricht mehr erteilen konnte und nur noch auf die geringen Einkünfte aus seiner schriftstellerischen Arbeit angewiesen war, geriet er schnell in finanzielle Bedrängnis, und wer weiß, was geworden wäre, wenn Freunde ihm nicht geholfen hätten. Einer seiner früheren Englischschüler, der Leipziger Kaufmann Christian August Haußner (1782–1821), holte Seume aus dessen kleiner Wohnung in der Thomasschule, in der er völlig hilflos gewesen wäre, in seine eigene Wohnung Brühl Nr. 514, heute Brühl Nr. 42, so daß er den Kranken pflegen konnte. Auch andere Freunde kümmerten sich um Seume, in erster Linie Göschen und Schnorr und vor allem sein Arzt Christian Gottfried Karl Braune (1765–1814), der den Patienten kostenlos behandelte.
Seumes stoische Haltung half ihm, die Schmerzen zu ertragen, doch das erzwungene Nichtstun war hart und trug dazu bei, daß er oftmals unleidlich war und in seinem Eigensinn sogar gegen ärztliche Vorschriften verstieß. Die lange Leidenszeit, der Wechsel von schmerzhaften Anfällen und zeitweiliger Linderung spiegelt sich in Seumes Briefen wider. Regelmäßig informierte Göschen Böttiger in Dresden über Stand und Verlauf von Seumes Krankheit. Ende September 1808 schrieb er: »Unser guter Seume ist seit vier Wochen und länger krank an einer Krankheit der Blase, die fast unheilbar ist. Sein vernünftiger Arzt und Freund thut Alles, fürchtet aber viel.«[91] Und zwei Monate später, als sich eine geringe Besserung zeigte: »Seume leidet seit einigen Tagen weniger. Sein Arzt hofft. Unglücklicher Weise ist Seume zu herrisch in seiner Diät und macht mancherlei dummes Zeug.«[92] Besonders der periodische Wechsel im Verlauf der Krankheit machte Göschen Sorgen.
Seume hatte im gleichen Monat Böttiger über seinen Zustand informiert: »Irgend ein Kakodämon (böser Geist, E.Z.) hat mir eine ganze Kohorte Unheil in den Unterleib gejagt; und Sie sehen es wahrscheinlich gleich dem Brieflein und dem Verslein an, daß es so ist. Das soll ich nun mit Ricinusöhl und Kalkwasser und Bärentraube und einer erschrecklichen Diät wieder heraus kasteyen. Ich darf wenig lesen und noch weniger schreiben: denn alles fährt mir zu dem Teufel im Zwerchfell …«
Der getreue Schnorr besuchte Seume fast täglich und kümmerte sich aufopferungsvoll um ihn. In einem Brief an Böttiger vom 18.12.1808 gibt er ein anschauliches Bild des Schwerkranken: »… Freund Seume ist sehr schwach! Soll ich Ihnen, theuerster Herr Hofrath, unter uns bekennen? –

ich habe keine Hoffnung! Es wird nicht besser und wird nicht besser! Ich bin jetzt fast täglich bei ihm ... Denken Sie sich, werthester Freund, Seume sitzend, mit dem Rücken gegen seinen Garderobeschrank, in einem großen, schwarzen Armstuhl ... Er selbst mit einem dicken, schwarzen Bart ... um Mund und Kinn und Wangen, angethan mit einem Pelze ... Vor ihm steht ein Tisch, auf welchem seine Uhr, ein Topf mit dem Sophokles bedeckt, daß keine Mücke hineinfalle, ein silberner Löffel und eine silberne Klingel sich befinden. Ihm zur Seite rechts steht, anstoßend an den Kleiderschrank, das Repositorium (Bücherregal, E. Z.) mit seinen Griechen, und vor ihm das Bette mit eisernem Gestell. Das Thermometer am Ofen und die Arzneiflasche auf dem Bücherbrett unter den Griechen, nicht weit vom Aristophanes, – es fehlt nichts als noch ein Rettig, – so, theuerster Herr Hofrath, umgeben, macht Seume ein wirklich interessantes Bild.«[93]

Da Seume kaum schreiben konnte und durfte, war es ihm auch nicht möglich, einem Freund einen Nachruf zu widmen, wie er es gern getan hätte. Es war der Kunsthistoriker Karl Ludwig Fernow, der am 4.12.1808 in Weimar an einer Lungenkrankheit gestorben war. Auch die ihm angetragene Mitarbeit an der Zeitschrift *Der Freimüthige oder Berlinisches Unterhaltungsblatt für gebildete, unbefangene Leser*, die seit 1808 als Nachfolgerin der Zeitschrift *Der Freimüthige* erschien, mußte Seume ablehnen. Wenn er in den wenigen Pausen, die ihm die Krankheit ließ, wirklich ein Gedicht oder einen kleinen Aufsatz schrieb, dann fast nur noch für das von Cotta seit 1807 herausgegebene *Morgenblatt für gebildete Stände*; an die Leipziger *Zeitung für die elegante Welt* schickte er wegen der napoleonfreundlichen Haltung ihres Redakteurs Mahlmann nichts mehr.

Wenige Tage vor dem Jahreswechsel deutete sich eine Besserung von Seumes Gesundheitszustand an, und zu Beginn des Jahres 1809 fühlte er sich von Woche zu Woche besser, so daß er Anfang Februar das erstemal wieder ausgehen konnte und er wie seine Freunde auf endliche Genesung hofften. Im Januar 1809 lernte Seume zwei neue Freunde kennen, die adlige Reiseschriftstellerin Elisa von der Recke (1754–1833) und ihren Reisebegleiter, den Dichter Christoph August Tiedge (1752–1841), die auf ihren Reisen durch Europa nach Leipzig gekommen waren und Seume, obgleich sie ihn nicht kannten, sogleich mit Essen aus ihrer Küche versorgten, als sie von seiner Krankheit erfuhren. Doch leider mußte Seume diese gutgemeinten Gaben dankend zurückweisen, da sie meist nicht den Diätvorschriften entsprachen und ihm deshalb mehr schaden als nützen würden. Als er im Februar das Haus verlassen konnte, besuchte er die Spenderin, lernte die weitgereiste Frau nun selbst kennen und blieb ihr und ihrem Freund Tiedge bis zu seinem Tod freundschaftlich verbunden.

Trotz ärztlichen Verbots, das auch für Zeiten der Besserung galt, befaßte sich Seume hin und wieder mit Büchern, mit dem Zeitgeschehen und der Schriftstellerei; er konnte nicht anders, das Leben wäre ihm sonst unerträglich gewesen. So schrieb er das lange Gedicht *Kampf gegen Morbona*, mit dem Vermerk »Bei der Genesung niedergeschrieben. Februar 1809.« Es geht in dem Gedicht nicht, wie der Titel sagt, um Seumes Kampf gegen die von ihm erdachte Krankheitsgöttin Morbona (von dem lateinischen Wort morbus für Krankheit), sondern um Erinnerungen. Es ist keine sentimentale Klage oder Trauer über seinen Zustand, sondern ein Lebensrückblick mit bitteren Gedanken über den Zustand Deutschlands und der Welt. Von der Krankheit selbst ist nur am Anfang die Rede.

Auch als im April 1809 die Krankheit Seume mit erneuter Heftigkeit zur Bettruhe und zur Untätigkeit zwang, gab er den Kampf und die Hoffnung nicht auf. Ende Mai zog er nach Connewitz, einem Vorort etwa 3 km südlich von Leipzig, wo er für den Sommer eine Wohnung gemietet hat, um mehr Natur, Luft und Licht genießen zu können. Der Musikschriftsteller Johann Friedrich Rochlitz, auch einer der treuen Freunde, teilte Böttiger am 3.6.1809 mit: »Seume ist nach Connewitz gezogen sich allmählich zu erholen. Es ist aber wohl kaum zu erwarten, daß ihm dies gelingen werde; es steht ganz erbärmlich um ihn, er leidet sehr, und fast scheint es, als wollten seine inneren Säfte sich gänzlich aufzehren.«[94]

In seiner Not und um seinen Freunden vor allem finanziell nicht noch mehr zur Last zu fallen, wollte sich Seume erneut um die ihm zustehende russische Offizierspension bewerben. Deswegen wandte er sich im Mai 1809 mit der Bitte um Fürsprache beim Zaren an Klinger in Petersburg, dem er schrieb: »Es kostet meiner Sinnesart viel Ueberwindung, Ew. Hochwohlgeboren Wohlwollen in Anspruch zu nehmen; aber ich bin genöthiget und es ist meine einzige ehrenvolle Ausflucht. Ich hoffe, daß Sie Sich Ihres alten Syrakusischen Wandlers noch mit Güte erinnern. Bis in das sechsundvierzigste Jahr war meine Gesundheit musterhaft. Seit einem vollen Jahre leide ich an einem Uebel, das mich nur halb leben läßt. Hämorrhoidalzufall (Mastdarmblutung, E.Z.) mit hartnäckiger Blasenentzündung haben mich zum Skelett meines alten Wesens gemacht. Aber Strapazen und im Dienst nicht fehlende und vernachläßigte Erkältungen haben die Krankheit erzeugt und so heillos verschlimmert. Den ganzen vorigen Sommer habe ich gekränkelt und wenig arbeiten können, der Winter ist unter heftigen Schmerzen vergangen und bis jetzt zeigt sich wenig Besserung. Seit einem vollen Jahre habe ich nicht zwey Stunden ununterbrochen geschlafen, ... zehn Wochen durfte ich nicht schreiben, nicht lesen und nicht reden, und auch jetzt geschieht alles nur kurz und mit großer Anstrengung, wenn ich nicht sehr schmerzliche Rückfälle befürchten will. Ich habe keinen Heller Vermögen, kein Amt, kein anderes Erwerbsmittel. Als Siechling kann ich also nicht leben: arbeiten kann ich nicht und betteln mag ich nicht. Meine Freunde würden mich wohl nicht hunger und Noth leiden laßen; aber wer kann in die Länge diese Art von Fristung ertragen. Ihro Maj. ist der einzige Mensch der Erde, den ich einigermaßen als einen Schuldner anzusehen berechtigt bin. Es war eine Zeit, wo ich wesentlich wichtige Dienste leistete; darunter Dinge, die mancher Oberst nicht arbeiten konnte ... Würden Sie die Güte haben, meine Sache dem Kaiser vorzutragen und zu hören, ob ich einige Hoffnung habe, daß die Nothdurft mir bald geschickt werde. In meinem Vaterlande habe ich nicht gedient, kann also wenig oder nichts erwarten. Wenn ich von Petersburg nichts erhalte und dieser Sommer meine Gesundheit nicht einigermaßen herstellt, wozu bis jetzt kein Anschein ist, so bin ich ein Mann des Todes ...«

In seiner Antwort bedauerte Klinger, daß er nichts für Seume tun könne, da die einflußreichen Freunde heute nicht mehr da sind, die damals beim Zaren wegen Seumes Pension hätten vorsprechen können, als Seume in Petersburg war und Klinger ihm den Vorschlag zu einer Pension gemacht, Seume aber abgelehnt hatte. Klinger selbst hatte kaum noch Einfluß am Zarenhofe und durfte lediglich bei Pensionen für seine Untergebenen vorstellig werden. Außerdem würden Pensionen nur noch unter der Bedingung erteilt, daß sie auch im Zarenreich verbraucht werden, so daß Seume nach Rußland hätte ziehen müssen.

Nachdem sich vor Jahren bereits der General Igelström entgegen seinem Versprechen nicht für Seume eingesetzt hatte, war dies nun die zweite große Enttäuschung. Es ist verständlich, daß Seume über Klingers Absage, die er nicht erwartet hatte, äußerst verärgert war; in seinen Augen hatte Klinger als Schriftsteller in hoher Position einen Kollegen in Not im Stich gelassen. Einige Monate später schrieb Seume an Wieland: »Klinger beurtheile ich jetzt auch nicht mehr so strenge, als in der ersten Aufwallung; doch kann ich seine Weise noch nicht mit der meinigen gänzlich in Übereinstimmung bringen. Seinetwegen könnte ich, dem Anschein nach umkommen; und so wenig auch an meiner Existenz gelegen seyn mag, so kann ich darin doch eben weder Freundlichkeit noch Moralität noch Humanität entdecken. Erst komme ich, dann komme ich wieder, dann komme ich noch einmahl; dann wollen wir sehen wer kommen wird. Das ist mir etwas zu viel Ichheit ... Wenn er nur etwas gethan hätte, es hätte glücken mögen oder nicht ... Ich werde ihm nie etwas ähnliches wieder zumuthen; nie, und sollte ich vor seinen Augen zu Grunde gehen. Er überzeugt mich auch nicht, wenn er nun *gelegenheitlich* etwas für mich thut. Wer in dem kritischen Moment nichts ist, der ist nichts. Er mag dessen ungeachtet ein Mann von großem Werth seyn, und ich habe trotz diesem allen große Achtung vor ihm: nur ist er nicht mein Freund in dem höhern bessern Sinne des Worts, den ich allein gelten lasse.«

Der Sommeraufenthalt draußen in der Natur vor den Toren Leipzigs hat Seume den Umständen entsprechend gutgetan, zumindest hatte er sich in den Kopf gesetzt, seinen Lebensunterhalt trotz ärztlichen Verbots durch Schreiben selbst zu verdienen und auf die Hilfe von außen zu verzichten. Die drei in dieser Zeit entstandenen Gedichte schließen die 1809 erschienene dritte Ausgabe seiner Gedichte ab, die Seumes aufopferungsvollen Freunden Dr. Braune und Haußner gewidmet ist. Wie schon in dem Gedicht *Kampf gegen Morbona* dachte Seume jetzt, da die Aussicht auf eine endgültige Genesung immer mehr schwand, häufiger als vorher an seine Freunde, an die lebenden wie an die verstorbenen. Daß er, da ihn die Gegenwart anekelte, besonders gern bei den Toten weilte und er hier Seelenruhe und Wärme zu finden meinte, zeigt das Gedicht *Gang auf dem Kirchhofe*.

Ein weiteres Gedicht aus jenen Tagen ist von ganz anderer Art und für Seume ungewöhnlich. Es trägt die Überschrift *Die Wiederkehr* und den Vermerk »Leipzig, 9. Aug. 1809.« An diesem Tage kehrte der sächsische König Friedrich August I. aus Frankfurt am Main, gewissermaßen aus dem Exil, nach Sachsen zurück und wurde in Leipzig von der Bevölkerung begeistert begrüßt. Der historische Hintergrund ist der Krieg Österreichs gegen Frankreich, in dem sächsische Truppen auf der Seite Napoleons kämpften und in dessen Verlauf österreichische Truppen von Böhmen aus Westsachsen und Dresden besetzten, so daß der König nach Westdeutschland floh und seine Rückkehr erst durch den Einsatz französischer Truppen möglich wurde. Warum Seume gegen seine sonstige Gewohnheit plötzlich ein Lobgedicht auf den König schrieb, dessen einziges »Verdienst« die Rückkehr nach der Flucht war, ist unverständlich, zumal er zugibt:

Mein Amt war nie der Fürsten Lob;

aber im gleichen Atemzug beteuert:

Doch war's ein Augenblick, der mir das Herz erhob ...

Dieser Mißgriff, den man von Seume nicht erwartet hätte, erinnert an die vielen widerwärtigen und einfältigen Lob- und Jubelgedichte, die bei des Königs Rückkehr aus preußischer Gefangenschaft im Jahre 1815 überall in Sachsen zu hören und zu lesen waren.

Das dritte Gedicht mit dem romantischen Titel *Zauber des Lebens* überrascht angesichts der Umstände, unter denen es entstand, durch seine optimistische Aussage. Seume mahnt – etwa im Sinne von Goethes Gedicht *Das Göttliche* – sowohl die Forscher, Künstler und Philosophen als auch die einfachen Menschen, die göttliche Flamme der Menschlichkeit und der Begeisterung für das Schöne und Edle zu erhalten, um eine bessere Welt zu schaffen und nicht armselige und gefühlskalte Kreaturen zu werden.

Im Herbst kehrte Seume aus Connewitz wieder nach Leipzig zu Haußner zurück. In den folgenden Monaten schloß er sich enger an den Freundeskreis um Elisa von der Recke und Tiedge an, besuchte, soweit es ihm die Krankheit erlaubte, deren Zusammenkünfte, bei denen er meist schweigend in einer Ecke saß und den Musik- und Gesangsdarbietungen sowie den Vorträgen der Freunde lauschte. Dann schleppte er sich mühsam am Stock wieder nach Hause. Es war dies eine kleine Abwechslung in seinem trostlos gewordenen Leben.

Ein Leipziger Ereignis im Dezember 1809 berührte Seume besonders stark – die Feierlichkeiten zum 400. Gründungsjubiläum der Universität, die vom 3. bis 6. Dezember mit einem Festgottesdienst, mit Umzügen,

Reden, Vorträgen und einem Festessen begangen wurden. Seume als berühmter Schriftsteller und Mitbürger, der einst an dieser Bildungsstätte studiert, promoviert und als Privatdozent kurzzeitig Seminare abgehalten hatte, war zu keiner Veranstaltung eingeladen worden. War er trotz seiner schriftstellerischen Erfolge aus den Jahren 1803 bis 1805 nur vergessen worden, weil er seitdem nichts Größeres mehr veröffentlicht hatte, die Zeit seiner Berühmtheit schon einige Jahre zurücklag, oder war es Absicht? Seinen Unmut darüber brachte Seume in dem am 4.12. geschriebenen Gedicht *An die Muse* zum Ausdruck. Er schickte das Gedicht sofort an Cotta mit der Bemerkung: »Die Leute haben ihr Jubelfest gefeyert, ohne auch nur zu thun als ob ein Kerl wie ich lebte. Das finde ich denn doch, mit gehöriger Bescheidenheit, etwas unhöflich; ... Ich ärgere mich nicht und nehme die Sache nicht übel, sondern ganz recht, nämlich als eine Grobheit ...« Cotta veröffentlichte das Gedicht im *Morgenblatt für gebildete Stände* Nr. 308 vom 26.12.1809, doch später erschien es in keiner Seume-Ausgabe.

Zusammen mit diesem Gedicht ging ein weiteres Gedicht an Cotta, das den Titel *Elegie* trägt. Er hatte es schon im Juni 1809 geschrieben, offenbar einigen Freunden und Verlegern gezeigt, die damit zufrieden waren, es aber nicht drucken wollten. Auch Cotta nicht, da der Inhalt viel zu gefährlich war. Es wurde erst dreieinhalb Jahre nach Seumes Tod, zwei Monate nach der Völkerschlacht bei Leipzig in der Zeitschrift *Der Freimüthige oder Unterhaltungsblatt für gebildete und unbefangene Leser* Nr. 245 vom 9.12.1813 veröffentlicht. Doch auch zu dieser Zeit war das nicht ungefährlich, da im Gedicht die deutschen Fürsten und der preußische König angegriffen werden. Es erschien unter dem Titel *Seume an die deutsche Nation im Jahre 1810*. In der Folgezeit hatte es, zum Teil mit textlichen Änderungen verbunden, auch andere Titel: *Klagen eines Teutschen. Gesungen im Jahre 1809 von Johann Gottfried Seume* (1814 in: Justi/Beck [Hg.], Erscheinungen im Haine Thuiskos), *An das deutsche Volk im Jahre 1810* (1869/79 in der Hempel-Ausgabe) und *Nachtgedanken* (1898/1904 bei Planer/Reißmann).

Nach dem ursprünglichen Titel *Elegie* ist das Gedicht ein Klagegedicht voller Trauer und Zorn, kein Appell, kein Aufruf zum Kampf, der sich nur folgerichtig daraus ergibt. Seume wiederholt viele seiner Anklagen, die er bereits in der Vorrede zu *Mein Sommer 1805*, vor allem aber in den

Apokryphen, in der *Plutarch-Vorrede* und in den letzten Strophen des Gedichtes *Kampf gegen Morbona* erhoben hat. Er wendet sich abermals gegen die napoleonische Fremdherrschaft in Deutschland und gegen das schändliche Verhalten der deutschen Fürsten. Furchtlos bezeichnet Seume die Privilegierten als »Verbrecher an der Nation«, und er bezieht den preußischen König Friedrich Wilhelm III. (1770/1797–1840) mit ein, der als erster König in der deutschen Geschichte vor den Franzosen floh und – ein »Schwächling« – sein Volk feige im Stich ließ. Die Deutschen sind zum »Spott der Nationen« geworden. Warnend verweist Seume auf das Schicksal der zerstrittenen Polen, deren Los, unter Fremde aufgeteilt und als Nation ausgelöscht zu sein, er auch für Deutschland voraussieht. Er spricht vor allem die Personen an, die angesichts der Lage im Lande »ein edler Zorn« erfaßt hat, die noch Vaterlandsliebe und Verantwortungsgefühl besitzen und sich für Deutschlands Rettung und Erneuerung einsetzen könnten. Vielleicht hat er dabei auch an die preußischen Reformer um Stein, Scharnhorst und Gneisenau gedacht. Schließlich ruft er einen imaginären guten Geist an, den er Genius des Vaterlandes nennt, der vielleicht irgendwann erscheint und den sich Seume als treibende Kraft bei der Schaffung eines einheitlichen Nationalstaates vorstellt, damit »wir Einheit, Freiheit, Recht erwerben …« Da dies Seumes letztes Gedicht an die Deutschen ist, kann es als sein politisches Vermächtnis betrachtet werden.

Mit Fug und Recht darf behauptet werden, daß die Befreiungskriege von 1813 bis 1815, hätte Seume sie erlebt, für ihn keine Befreiungs-, sondern höchstens Vertreibungskriege gewesen wären, da damit zwar die brutale Fremdherrschaft beendet, die Herrschaft des inneren Feindes jedoch nicht angetastet wurde. Die Chance, nach dem Krieg die Lösung der nationalen und sozialen Frage in Angriff zu nehmen, das überlebte feudale Herrschaftssystem zu verändern oder zu beseitigen, wurde vertan, da die feudalen Mächte zu stark und das Bürgertum zersplittert und zu schwach war. Das Volk hatte in erster Linie für seine feudalen Herren und deren Verbündete gekämpft und war selbst leer ausgegangen. Alle Hoffnungen auf Besserung und Veränderung blieben unerfüllt. Vor allem war dieser »Befreiungskrieg« von nationalistischem Haß auf die Franzosen und deren Revolution geprägt, und die Deutschen glaubten, für die christliche Religion und gegen die Vertreter des Atheismus kämpfen zu müssen. Auf

keinen Fall hätte Seume in den »patriotischen Enthusiasmus« eingestimmt, »der damals mit allerhöchster Bewilligung in Deutschland emporjubelte«. (Heinrich Heine)[95]
Seume wurde später oft als deutscher Patriot bezeichnet und für nationalistische und chauvinistische Zwecke mißbraucht. Ja, er war ein Patriot, aber nicht im Sinne nationaler Überheblichkeit und Eroberungssucht, sondern als Rufer nach nationaler Einheit und sozialer Gerechtigkeit. Als Patriot hatte er freilich kein Vaterland. »Meine Ideen sind nicht von heute und leider nicht für heute«, hatte er im Dezember 1809 an Böttiger geschrieben.

»Mein Leben« – Das Mißliche einer Selbstbiographie

Obwohl Seume erst mit 88 Jahren darangehen wollte, sein Leben niederzuschreiben, begann er schon im Spätherbst 1809 damit. Es war wohl im traurigen Monat November mit seinen kurzen, trüben und regnerischen Tagen, als er sich aufraffte, trotz Schmerzen und ärztlichen Verbots zu Papier und Feder zu greifen. Diese Arbeit hielt er bis in die ersten Tage des Januar 1810 durch, konnte aber das Angefangene nicht fortsetzen. Früher hatte sich Seume zum Schreiben einer Autobiographie ablehnend geäußert. Trotz mehrmaliger Aufforderung von Freunden, vor allem von Weiße und Göschen, fand er sich nicht bereit, sein erlebnis- und abwechslungsreiches Leben aufzuschreiben; seiner Meinung nach hatte er dazu später immer noch Zeit, erst wollte er leben. In der Vorrede zum *Spaziergang nach Syrakus* bemerkte er dazu: »Einige Männer, deren Namen die Nation mit Achtung nennt, haben mich aufgefordert etwas öffentlich über mein Leben und meine sukzessive Bildung zu sagen: ich kann mich aber nicht dazu entschließen. In meiner Jugend war es der Kampf eines jungen Menschen mit seinen Umständen und seinen Inkonsequenzen; als ich Mann ward, waren meine Verflechtungen zuweilen so sonderbarer Art, daß ich nicht immer ihre Erinnerung mit Vergnügen zurückrufe. Wer sagt gern, ich war ein Thor, um durch sein Beispiel einige längst bekannte Wahrheiten vielleicht etwas eindringlicher zu machen?«
Auch das lukrative Angebot von Göschen konnte Seume nicht zum Schreiben bewegen, wie er in den *Apokryphen* bekannte: »Ein Buch-

händler wollte mir vor einiger Zeit tausend Thaler geben, ich sollte ihm psychologisch meine Lebensbildung schreiben. Das Buch hätte einige alte Wahrheiten enthalten, die man vergessen hat; und vielleicht einige neue, die man nicht will. Ich fand es also meinem Charakter gemäßer, die tausend Thaler nicht zu nehmen. Wenn ich 88 Jahre alt werde, will ich's für die Hälfte etwas besser machen. Sterbe ich unterdessen, so hat die Welt wenig verloren und ich noch weniger.«

Im November 1809 fühlte sich Seume nun bewogen, die lange verweigerte Autobiographie zu beginnen. Er hatte Gründe, dies zu tun; er fühlte seinen Tod nahen. Da es ziemlich sicher war, daß danach andere über sein Leben schreiben und vielleicht vieles falsch darstellen würden, wollte er dem zuvorkommen. So hat Seume in etwa zwei Monaten »unter großer Anstrengung«, wie er Wieland schrieb, sein Leben bis zu seiner Rückkehr aus Amerika aufgeschrieben. Das Manuskript bricht mit seiner Flucht aus dem hessischen Militärdienst abrupt ab. Wahrscheinlich hat die Krankheit eine Fortsetzung unmöglich gemacht.

Zu Beginn der Niederschrift gibt Seume eine ausführliche Begründung für sein Vorhaben: »Das Mißliche einer Selbstbiographie kenne ich so gut als sonst irgend jemand; und ich halte mich für nicht wichtig genug, daß überhaupt mein Leben beschrieben werde. Wenigstens wäre es nach vierzig Jahren noch Zeit genug ... Folgendes hat mich indessen bestimmt, etwas über mich selbst zu sagen. Schon Herder, Gleim, Schiller und Weiße und mehrere noch Lebende haben mich aufgemuntert, nach meiner Weise die Umstände meines Lebens, das sie wohl für wichtiger hielten, als es war, schriftlich niederzulegen. Ich glaubte, das wäre im achtzigsten Jahre noch frühe genug; aber meine jetzigen Gesundheitsumstände erinnern mich es nicht zu verschieben, wenn es geschehen soll. Mehrere meiner Freunde drohen mir, wahrscheinlich genug, daß ich auf alle Fälle einem Biographen doch nicht entgehen würde: und da fürchte ich denn, einem Sudler oder Hyperkritiker oder gar einem schalen geschmacklosen Lobpreiser in die Hände zu fallen. Niemand kann doch besser wissen, was an und in ihm ist, als der Mann selbst, wenn er nur redliche Unbefangenheit und Kraft genug hat, sich zu zeigen wie er ist ... Ich erzähle also ehrlich offen, ohne mich zu schonen, und nicht selten mit dem Selbstgefühl inneren Werts, und ohne den Vorwurf der Anmaßlichkeit oder die Krittler weiter zu fürchten, die vielleicht sodann über mich nur Totengericht halten. Torheiten werde ich wohl nicht wenige und nicht geringe zu beichten haben; aber, so viel ich mir bewußt bin, keine Schlechtheit. Wenn die Erzählung unterhält und vielleicht hier und da die Jugend belehrt und in guten Grundsätzen befestiget, so habe ich nicht umsonst gelebt und geschrieben.«

Und dann folgt, obwohl nur fragmentarisch, eine der interessantesten und berühmtesten Autobiographien der Goethezeit und der deutschen Literatur überhaupt. Anhand zahlreicher Episoden und trotz häufig lakonischer Kürze gibt Seume ein mit etwas Selbstironie vermischtes lebendiges Bild seiner ersten zwanzig Lebensjahre. Es ist freilich kein allumfassendes, die große Welt einbeziehendes Bild; während manche Ereignisse und Personen ausführlich dargestellt werden, geht Seume über anderes schnell hinweg, so daß Fragen offenbleiben. Das fällt besonders bei der Schilderung des Elternhauses und der Ereignisse in Vacha auf. Obwohl Seume sein Leben lang mit großer Liebe an seiner Mutter hing, erwähnt er sie nur am Rande, während der Vater im Mittelpunkt steht, da dessen Demütigung und Tod das Grunderlebnis in Seumes Kindheit war und seine Haltung im Leben geprägt hat.

Vermutlich ließ Seume manches bewußt im dunkeln, um eigenes Fehlverhalten zu verdecken und stets als moralisch aufrechter Charakter zu erscheinen. Das könnte bei seiner zwangsweisen oder mehr oder weniger freiwilligen Rekrutierung zum hessischen Militärdienst der Fall sein. Gerade dieses Ereignis prägte bis zur Gegenwart das Bild Seumes als eines bedauernswerten Opfers fürstlichen Menschenhandels. Nicht einmal seinen besten Freunden wie Münchhausen, Schnorr und Göschen offenbarte sich Seume vollständig. Der Lebensbericht bricht ab, bevor Seume über eine weitere wichtige und widerspruchsvolle Station seines Lebens, seine Tätigkeit im Dienste der russischen Besatzungsmacht in Warschau, Rechenschaft ablegen konnte. Gerade dieser Abschnitt gehört wohl zu den »Verflechtungen ... so sonderbarer Art, daß ich nicht immer ihre Erinnerung mit Vergnügen zurückrufe«. In dem Fragment, in dem »Kampf eines jungen Menschen mit seinen Umständen und seinen Inkonsequenzen«, zeigt sich, daß Seumes Charakter und Verhalten widersprüchlich waren, daß sein »Handeln nicht immer in Harmonie mit seinen Reflexionen stand«.[96]

Mit Sicherheit läßt sich sagen, daß die Autobiographie ein höchst aufschlußreiches Werk geworden wäre, wenn Seume sie hätte vollenden können. Schon das Fragment, das annähernd einhundert Druckseiten umfaßt, ist eine außerordentliche Leistung, die Seume seinem durch die Krankheit stark geschwächten Körper kurz vor seinem Tode abgerungen hat. Besonders reizvoll wäre es, diese Lebensbeschreibung mit den Autobiographien anderer zeitgenössischer Autoren, wie Ulrich Bräker (1735 bis 1798), Christian Friedrich Daniel Schubart (1739–1791), Johann Heinrich Jung-Stilling (1740–1817), Friedrich Christian Laukhard (1758 bis 1822), Johann Christoph Sachse (1761–1822) und Goethe zu vergleichen.

Nach Seumes Tod begann Göschen, alles aufzuschreiben, was Seumes Lebensbericht fortsetzen konnte, und Clodius fügte einen Beitrag über Seumes letzte Tage in Teplitz hinzu. Allerdings hält diese Fortsetzung einem Vergleich mit Seumes Text nicht stand, denn beide Autoren schrieben aus der Sicht sentimentaler Erinnerung und Verehrung und trugen dadurch zur Entstehung eines wenig differenzierten und wahrheitsgetreuen Seumebildes bei, das von den kommenden Generationen ziemlich unkritisch übernommen wurde und eine Seume-Legende entstehen ließ, an der allerdings auch Seume selbst schon zu seinen Lebzeiten mitgewirkt hat.

Im Jahre 1813 erschien Seumes Autobiographie mit dem Titel *Mein Leben* und dem bekannten Motto »Veritatem sequi et colere ...« nebst der Fortsetzung von Göschen und Clodius bei Göschen in Leipzig und wurde neben dem *Spaziergang nach Syrakus* eines der bekanntesten und beliebtesten Werke Seumes. Es ist die wichtigste Quelle für dessen erste zwanzig Lebensjahre. Wenn man über diese Zeit hinaus etwas aus Seumes Feder erfahren will, muß man zu seiner Schrift über die Vorfälle in Polen, zu seinen Reisebüchern und zu seinen Briefen greifen.

Die letzten Monate – Ausflucht nach Weimar

Zu Beginn des Jahres 1810 heiratete Seumes Freund Haußner, und da die Wohnung für drei Personen zu klein war, mußte Seume nochmals umziehen. Er wohnte nun bei dem Buchhändler Carl Friedrich Peters (1779 bis 1827), dem Gründer des Musikalienverlages Peters, in der heutigen Petersstraße 41.

Zu dieser Zeit unternahm Seume auf Wielands Vorschlag noch einmal einen Versuch, die ihm zustehende russische Offizierspension zu erhalten. Wieland erklärte sich bereit, einen Bittbrief Seumes über die Weimarer Großherzogin Maria Pawlowna an deren Mutter und weiter an den Zaren Alexander I., zu leiten. In einem Brief vom 10.1.1810 bat Wieland zu diesem Zweck Seume um einen kurzen Abriß seines Lebens, um daraus einiges für sein eigenes Schreiben an die Zarinmutter zu verwenden. So schrieb Seume eine autobiographische Skizze in etwas aufgelockerter Form, zum Teil mit anekdotischen Begebenheiten vermischt, in der er nicht auf Vollständigkeit bedacht war, aber seine Tätigkeit in russischen Diensten sehr ausführlich schildert. In seinem eigenen Brief an die Kaiserin Maria Fjodorowna erinnert Seume sie an ihre Begegnung in Pawlowsk und an seine Verdienste als russischer Offizier, beklagt die Nachlässigkeit des Generals Igelström, der entgegen seinem Versprechen nichts für ihn getan hat, beschreibt seine schlimme Situation und betont, daß er nicht mehr imstande ist, für sich selbst zu sorgen. Er hält es deshalb für die Pflicht des Zaren, etwas für ihn als ehemaligem zaristischem Offizier zu tun, und bittet die Kaiserin, sich bei ihrem Sohn dafür einzusetzen. Dieses Schreiben schickte Seume Ende Januar zusammen mit der autobiographischen Skizze an Wieland, und mit einem Begleitschreiben wollte Maria Pawlowna Seumes und Wielands Briefe an ihre Mutter nach Petersburg senden. Da sich anschließend lange nichts rührte, muß angenommen werden, daß nicht so schnell etwas erreicht wurde. Erst nach Seumes Tod erhielt Wieland die Nachricht über die Gewährung der Pension an Seume.

Ein erneuter schwerer Krankheitsanfall im Februar und März hinderte Seume daran, seine Lebensbeschreibung fortzusetzen und einen weiteren literarischen Plan in Angriff zu nehmen, den er schon lange hegte. Seit Jahren beschäftigte er sich mit den Werken antiker und neuzeitlicher Philosophen und Staatsrechtler, von Platon und Aristoteles über Machiavell, Grotius und Hobbes bis zu Rousseau und Kant, vor allem mit deren politischen und naturrechtlichen Anschauungen. Da er der Meinung war, daß diese Männer die Politik nicht gründlich genug behandelten, wollte er ihre Theorien kritisch durchleuchten, um herauszufinden, inwieweit sie sich für die Entwicklung einer vernünftigen Gesellschafts- und Staatsordnung eignen, und seine eigenen Ideen damit verbinden. Was er in verschiedenen seiner Schriften geäußert hatte, wollte er nun in einem einzigen Werk tun, seine politischen Anschauungen systematisch zusammengefaßt und theoretisch begründet darlegen, und das alles in altgriechischer Sprache, also für gelehrte Leute und nicht für den interessierten Durchschnittsleser. Ausführlich erläuterte er dieses Vorhaben in dem Brief an Wieland: »In meiner Seele liegt noch ein Gedanke, über dem ich schon lange brüte. Ich kenne und schätze alles Gute der alten und neuen Systematiker über die Politik; aber niemand hat den Gegenstand noch mit gehöriger Strenge behandelt. Plato ist zu sehr Dichter und hat noch keine haltenden Grundbegriffe; Aristoteles nenne ich nur den Herrn Baron von Stagir (nach seinem Geburtsort Stageira, E.Z.); Cicero war nicht geeignet hell zu sehen: das konnten überhaupt weder Griechen noch Römer. Hobbes ist ein Despotler, Grotius ein Frömmler; die übrigen bauen Utopien. Der einzige Rousseau hat in seinem Katechism des rechten Weges nicht verfehlt, hat ihn aber nicht vollendet. Nun möchte ich die Ausbeute meiner Gedanken und Erfahrungen kosmischpathologisch, strenge logisch, naturrechtlich politisch gern in ein System bringen, und dieses so viel als möglich in gutem attischen Griechisch schreiben. Dazu gehört freylich noch ungeheure Arbeit, zu der ich nicht weiß, wie ich Zeit und Kraft finden soll. Gedacht habe ich viel darüber; angefangen noch nicht. Die Sprache würde noch die geringste Schwierigkeit seyn.« Es ist erstaunlich, womit sich Seume in seinem Zustand noch befaßte, verbunden allerdings mit dem Wunsch, »wenn mir der Himmel nur wieder Kräfte giebt«. Er hatte sich noch nicht aufgegeben. Bereits im Februar 1803 hatte Seume an Münchhausen geschrieben: »... wenn ich endlich nun ein Büchelchen fertige, das den Plato, den Aristoteles, den Bacon, Machiavell, Hobbes und Kant etwas mehr ins Licht setzt, so habe ich doch nicht umsonst vegetiert.« Es wäre sicher ein außerordentlich interessantes Buch über politische Philosophie geworden.

Erst im April ging es Seume wieder ein wenig besser, und gegen Ende des Monats konnte er es wagen, vorsichtig außer Haus zu gehen. In diesen Tagen entstanden seine letzten schriftstellerischen Arbeiten – neben dem brieflichen Bericht über einen Ausflug nach Weimar auch zwei Gedichte: *In das Stammbuch einer Braut. Im Mai 1810* zur Verlobung von Clodius und *Abendlied*. Das erste ist eine verspielte Reimerei von wenigen Zeilen mit einem guten Rat für das Liebespaar:

Es ist des Glücks noch viel auf Erden.
Treibt Ihr es gut, so kann es werden.

Im *Abendlied* zieht Seume Bilanz und nimmt Abschied vom Leben – der Titel deutet es schon an. Er wußte wohl nun, daß er nicht mehr lange leben würde. Aus dem lauten Weltgetümmel hat er sich in sein Inneres zurückgezogen, er betrachtet den Weltenlauf von seinem einsamen Standort aus und muß feststellen, daß sich Vernunft und Recht in der Welt nicht durchsetzen konnten, sondern daß stets Schurken und Gauner die Oberhand behalten. Auch seine eigene jugendliche Begeisterung und sein Eintreten für Freiheit und Recht haben nichts bewirken können, denn der Vernünftige steht in dieser ungerechten Welt auf verlorenem Posten und wird als Sonderling verspottet und verlacht. Folglich ist es zwecklos, sich über die Schlechtigkeit der Menschen zu ärgern. Leider kann Seume jedem, der »hoffnungsvoll noch in das Leben tritt«, nur den Rat geben, den Trott »blindlings« mitzumachen und »lieber stets zu wenig als zu viel« darüber nachzudenken. Der resignierende, bitter-sarkastische Ton des Gedichts und die unbefriedigenden, ja niederschmetternden Antworten, die der Autor auf seine Fragen geben muß, bedeuten nicht, daß er sich am Ende seines Lebens mit dem unglücklichen und unerträglichen Zustand der Welt abgefunden hat. Er beharrt darauf, daß die Welt und die Menschenverhältnisse von Grund auf verändert werden müssen, nur seine eigene Lebensbilanz ist negativ.

Bevor ihn Freund »Hein« »hinter die Gardine« des Welttheaters bugsiert, wie es am Schluß des Gedichts heißt, wollte Seume noch einen Versuch unternehmen, um seine Krankheit zu lindern und seine Gesundheit vielleicht einigermaßen wiederherzustellen. Er entschloß sich zu einer Reise in die berühmte Kur- und Bäderstadt Teplitz (bei Seume Töplitz), etwa 50 km südlich von Dresden im Böhmischen am Südhang des Erzgebirges gelegen, um an den dortigen heilkräftigen Quellen eine Bade- und Trinkkur zu machen. Zur Finanzierung erhielt er einen größeren Vorschuß von seinem Verleger Hartknoch und ein Darlehen von 200 Talern von Cotta, der Seume zur Leipziger Ostermesse besucht hatte. Frau von der Recke und Tiedge reisten Mitte Mai für einen Monat nach Teplitz und besorgten schon ein Quartier für Seume.

Bevor Seume die etwas längere Reise nach Böhmen antrat, unternahm er noch eine mehrtägige Fahrt nach Poserna und Weimar, um seine Kräfte zu erproben und um seine Heimat und Wieland noch einmal zu sehen. Er schrieb darüber ausführlich in einem Brief vom 16. Mai an Tiedge, den dieser als letzte schriftstellerische Arbeit Seumes mit dem Titel *Ausflucht nach Weimar* in *Minerva. Taschenbuch für das Jahr 1811* veröffentlichen ließ.

»Endlich, lieber Tiedge«, beginnt Seume, »habe ich nach einigen Jahren, die ich kränkelnd hinlungerte, wieder eine Art von Ausflucht gewagt: aber welcher Abstand! Sonst machte ich einen Spaziergang nach Syrakus, jetzt mache ich eine Reise nach Weimar; und das letzte ist dennoch ein größeres Wagstück als das erstere: so ändern sich die Zeiten.« In einer zweispännigen Kutsche fuhr er in südwestlicher Richtung, etwas abseits von der großen Heerstraße, die nach Erfurt führte, durch die Dörfer auf Poserna zu. Als er das Schloß Knauthain im Morgennebel erblickte, eilten seine Gedanken zurück in die Schulzeit und zu seinem Vater. »Sodann blieb meine Seele auf den alten Dorfkirchhof geheftet, wo wir seit langen langen Jahren meinen Vater begraben; ich glaube, es sind sechs und dreißig: denn ich war damals ein zwölfjähriger Knabe … Der Schauer der Natur faßte mich; das Rückenmark fing an in dem Nacken zu glühen und die Wimper fing an feucht zu werden. Ich warf mich in den Winkel des Wagens, zog den Mantel der Windseite zu, und überließ mich ohne Widerstand der Fortwirkung dessen, was in mir erregt worden war.«

Bald spürte Seume, daß ihm sowohl die Wagenfahrt als auch das unfreundlich kühle und stürmische Wetter sehr zu schaffen machten. »Jeder Wagenstoß drohte mir die Symphysis (Zusammenhalt des Körpers, E.Z.) zu sprengen, unter den entsetzlichsten Schmerzen. Das Bedürfniß nöthigte mich oft hinaus, und der Sturm schickte mich immer etwas fieberhafter wieder hinein in den Kasten.« Trotz schlechten Wetters und »Quälgeistern von innen« kam er »doch in eine ganz leidliche Stimmung«, als er sich der heimatlichen Gegend näherte. Vor zweieinhalb Jahren, beim Begräbnis der Mutter, war er zum letzten Mal in Poserna gewesen. Jetzt kehrte er bei seiner Schwester ein, die hier mit ihrem Mann ein Gasthaus mit Landwirtschaft gepachtet hatte, aß zu Mittag, unterhielt sich mit ihren Kindern und besuchte das Grab seiner Mutter. Überwältigt von den Erinnerungen an Kindheit und Eltern, wäre er am liebsten wieder zu dem kleinen glücklichen Jungen von damals geworden. »Es ist etwas eigenes um den Zauber der Kindheit. Ehemals war mir alles so groß, so weit, so herrlich, so feierlich; jetzt ist mir alles so klein, so enge, aber doch so heimisch, so traulich, daß ich mit aller meiner Welt von Petersburg bis Syrakus hier wohl wieder Knabe werden könnte.« Diese wehmütigen Gefühle regten Seume zu einem schönen Gedicht über seine Kinderjahre in Poserna an, das später unter dem Titel *Wallfahrt nach der Heimat* in manche Gedichtausgabe aufgenommen wurde. Bei der Weiterfahrt wurde Seume ein Stück von seiner Schwester und den Kindern begleitet, und so verließ er die »väterliche Flur sehr zufrieden und wohl...« Nach etwa fünfzehn Kilometern gelangte die Kutsche bei Plotha, südlich von Weißenfels, wieder auf die Heerstraße und bald darauf nach Naumburg, wo Seume den Domprediger Johann Friedrich Krause (1770–1820) noch kurz vor dessen Abreise als Theologieprofessor nach Königsberg besuchte und dann im Gasthof »Zum Hecht« übernachtete. Da die Fahrt nach Weimar zwischen Bad Kösen und Bad Sulza über das Schlachtfeld führte, wo die Preußen am 14.10.1806 von den Franzosen geschlagen worden waren, konnte Seume nicht umhin, einige Betrachtungen über die Niederlage und die schwerfällige preußische Kriegsführung anzustellen.

In Weimar quartierte sich Seume im Gasthof »Zum Erbprinzen« am Markt ein und wanderte sogleich zu »Vater Wieland«. »Die Hauptabsicht meiner Reise war, wie Sie wissen, den alten Herrn zu sehen, der sich immer so patriarchalisch freundlich meiner angenommen hat und den ich mit jedem neuen Wiedersehen höher schätze und lieber gewinne.« Er traf Wieland, dem seine 77 Jahre nicht anzusehen waren, bei bester Laune und Gesundheit an – das ganze Gegenteil von Seume selbst, der unter schrecklichen Schmerzen litt und oft Mühe hatte, sich aufrecht zu halten. »Ich war gesonnen, außer einigen meiner Freunde dort niemand zu sehen; doch konnte ich nicht umhin der Prinzessin Karoline (Caroline Luise, 1786–1816, Tochter des Herzogs Carl August, E.Z.) das Versprechen zu halten, das sie mich damals hatte thun lassen, sie zu sehen so oft ich nach Weimar käme, ohne mich um irgend eine Art von Toilette zu bekümmern.« Auch die 24jährige Maria Pawlowna wollte Seume sehen. Über diese erste Begegnung heißt es in Göschens Fortsetzung von Seumes Autobiographie: Wieland, »erschüttert durch die Hinfälligkeit des ehemals so kräftigen Mannes, und besorgt wegen einer vielleicht hülflosen Zukunft, ging zu seiner Gönnerin, der Erbprinzessin von Weimar, einer der seltnen Fürstinnen, die alle gute und edle Menschen liebt und von allen geliebt wird, erzählte ihr Seumes Geschichte und führte den edeln Mann selbst bei ihr ein. Sie nahm sich desselben an und verlangte von ihm, daß er an ihren Bruder, den Kaiser Alexander, nach Petersburg schreiben sollte. Seume schrieb nach seiner Art wahr und würdig. Wieland fürchtete, der Ton des Briefes möchte hier und da dem Kaiser auffallend sein, die Großfürstin fand es nicht; nahm den Brief und sandte ihn selbst an ihren erhabenen Bruder ab. Der gütige Monarch bestimmte für Seume eine Pension; aber leider bedurfte er derselben nicht mehr, er hatte das Ende seiner irdischen Wanderschaft und das Ende aller Sorgen erreicht.«

Seume, der von humaner Fürstlichkeit, wie er sie am Weimarer Hof antraf, stets sehr angetan war, aber Despotie und Willkür heftig verurteilte, schreibt dazu: »Die Großfürstin war die Güte und Anmuth selbst. Es ist eine wohlthätige Erscheinung, solche Frauen in einem Fürstenhause zu finden, wie die beiden jungen Damen sind ... Noch muß ich Ihnen bekennen, man hält mich fälschlich für einen Fürstenfeind; ich habe sogleich mehr Achtung vor dem Guten und Schönen und Wahren, wenn ich es an Fürstenkindern finde, weil ich sehr wohl weiß, wie schwer die Verworfenheit der Menschen es ihnen macht, echt gut und vernünftig zu werden und zu bleiben. Daß mir die Fürsten und ihre Machtvollkommenheit nicht das Heiligste, Höchste im Leben sind, wird mir eben sowohl erlaubt seyn, als daß ich nicht an die Unfehlbarkeit des seligen Papstes glaube.«

Voller Wehmut gedachte Seume auch hier in Weimar der bereits verstorbenen Freunde und Bekannten, Herders und Schillers, Anna Amalias und Fernows. Nach kurzen Besuchen bei der Schriftstellerin Johanna Schopenhauer (1766–1838) sowie dem Schriftsteller Johannes Daniel Falk (1768–1826) verließ Seume Weimar wieder. Auf der Heimreise machte er noch einmal bei seiner Schwester in Poserna halt. »Diese Reise«, schreibt er rückblickend, »sollte zugleich auch eine Probe seyn, ob und wie ich das Fahren würde vertragen können. Ich finde, es geht noch leidlich genug«; – und die Beschreibung der Reise »soll nur ein kleines Dokument seyn, daß Ihr Freund noch nicht ganz todt ist und in der

That noch zuweilen eine Art von regsamer Lebenskraft in sich verspüret, die sich vielleicht wieder festsetzen und ihn aufrichten kann.« Das klingt zwar etwas zuversichtlich, doch Seume wollte sich und seinen Freunden gegenüber eine körperliche Schwäche nie eingestehen. Jedenfalls verlangte es ihn jetzt sehnlich und wahrscheinlich mit leichter Hoffnung nach den Heilquellen von Teplitz, »deren Wunderkraft gerühmt wird von Skandinavien bis über die Syrten hinab«.

Daß die Fahrt von Leipzig nach Weimar und wieder zurück Seume mehr angestrengt hat, als er zugeben wollte, war ihm deutlich anzusehen, als er wenige Tage danach, am 19. Mai, einen geselligen Abend bei Göschen besuchte. Seinen Eindruck beschreibt der Trivialautor Friedrich August Schulze (1770–1849), besser bekannt unter dem Pseudonym Friedrich Laun, in seinen Memoiren: »Noch immer ist mir ein Abend in Göschen's Hause in recht freundlichem Andenken, an dem, ausser den Brüdern von Thümmel, deren einer der berühmte Verfasser der *Wilhelmine* und der auch in Göschen's Verlage erschienenen sämmtlichen Thümmelschen Werke war, der als Gelehrter und Mensch hochgeachtete Spaziergänger nach Syrakus, Seume, ebenfalls Theil nahm. Der schalkhafte Dichter der *Wilhelmine*, obschon bereits hochbejahrt, erschien noch immer als heitrer Schüler des Epikur. Leider blieb seine den übrigen Gästen sehr wohlthuende, glückliche Laune ohne Wirkung auf meinen unmittelbaren Nachbar, den armen Seume, dessen Leichenblässe durch einen starken, schwarzbraunen Schnurrbart besonders hervorgehoben wurde. Sein Gesundheitszustand war bereits so bedenklich, daß er gar manche Schüssel unberührt vorüberlassen mußte.«[97]

Als Seume von Tiedge aus Teplitz die Nachricht erhielt, daß für ihn ein Zimmer im »Goldenen Schiff«, dem besten Gasthof der Stadt, bestellt sei, traf er die wenigen Vorbereitungen zu seiner letzten Reise. Ihm war vermutlich bewußt, daß er seine Freunde und Leipzig nicht wiedersehen würde. Deshalb übergab er das unvollendete Manuskript seiner Lebensbeschreibung seinem Arzt Dr. Braune als Lohn und Dank für die lange und kostenlose ärztliche Betreuung. Gegen Ende Mai reiste Seume über Dresden nach Teplitz ab. Die Strecke war etwa doppelt so lang wie die nach Weimar und die Fahrt für den schwerkranken Mann eine schlimme Strapaze.

In der Gästeliste des Kurortes Teplitz (Teplice) von 1810 befindet sich die Eintragung: »Unterm 3. Juni angemeldet Nr. 322 Herr Joh. Gottfried Seume, Privatgelehrter aus Leipzig, wohnt im goldenen Schiff Nr. 166.«[98] Von seinem Zimmer im 2. Stock des Gasthofes hatte Seume einen herrlichen Blick auf die Stadt sowie auf die frühlingshafte Landschaft des Tales und der umliegenden Berge. In Teplitz wohnten zur gleichen Zeit mehrere seiner Freunde, auf deren Gesellschaft sich Seume schon gefreut hatte. Neben Frau von der Recke und Tiedge, aus deren Küche er Diätessen erhielt, waren darunter der Leipziger Professor Clodius, der Dresdner Arzt Karl Christian Leberecht Weigel (1769–1845), dessen Bruder, der Leipziger Buchhändler Johann August Gottlob Weigel (1773 bis 1846), sowie der Bruder von Seumes Wirtin, der österreichische Militärarzt Karl Potel (1787–1842). Dieser und Dr. Weigel, beide begeisterte Verehrer Seumes, betreuten Seume ärztlich und wachten auch nachts an seinem Bett.

Bestärkt durch den guten Ruf der Quellen und ermuntert durch den Frühling, hoffte Seume, daß die Teplitzer Heilquellen seine Krankheit lindern würden und er »nach und nach wieder einen festen Geschmack am Leben« gewinnen könnte, wie er kurz vor seiner Abreise aus Leipzig an Tiedge geschrieben hatte. Doch der Brunnenarzt Hofrat Wenzel Karl Ambrozy (1757–1813) machte ihm wenig Hoffnung. Die zwei Kurwochen gestalteten sich schwierig, und Seume wurde immer ungeduldiger, als sich kein Erfolg zeigte. Er sollte auf Anweisung des Arztes nicht gleich das stärkere Stadtbad gebrauchen, sondern ein milderes Bad im Nachbarort Schönau, wohin er bei gutem Wetter eine Viertelstunde zu Fuß ging. »Die größte Schwierigkeit«, schreibt Clodius, »lag für Seume und seine Freunde darinnen, ihm ein medizinisch zweckmäßiges Getränk zu verschaffen. Das laue Trinkwasser in Töplitz ist bekanntermaßen, selbst nach seiner Erkaltung, ohne Kraft und kaum trinkbar, weshalb man sich an die Biere und österreichischen Landweine, oder einen selbst mitgebrachten Weinkeller halten muß. Allein alle diese Getränke waren Seumen gerade, aus medizinisch bekannten Gründen, bei seiner Krankheit verboten. Seume versuchte vom mineralischen Wasser der benachbarten Brunnenstadt *Bilin* zu trinken. Aber das Wasser dieses Sauerbrunnens war ihm zu schwer, und vermehrte seine Übel. Im Kloster *Mariaschein*, eine Stunde von Töplitz, fließt das *Mariabrünnlein*, eine erfrischende, mit zierlicher Kuppel überdeckte Quelle, von der ich Seumen eine Flasche zur Probe mitbrachte. Allein auch diese Gabe der Heiligen wollte unserm Kranken nicht zusagen, und überdem war die Quelle zu entfernt. Seume war einmal an das *Selterwasser* gewöhnt, welches man anfangs aber in Töplitz vergebens suchte.« Da machte er sich auf die Suche und fand schließlich einige Flaschen in einem kleinen Laden.

Doch alles war umsonst, die Bade- wie die Trinkkur, nichts half. Der Kuraufenthalt war eine große Enttäuschung für Seume, und das wirkte sich auch auf seine Stimmung aus. Mal geduldig oder wunderlich, dann wieder starrsinnig und mißgelaunt, besuchte er zuweilen die geselligen Runden von Freunden, doch einige Eigensinnigkeiten warfen ihn schließlich auf das Krankenbett. »Nur ein paarmal saß er noch gebückt, in seinen Mantel gehüllt und mit aschgrauer Gesichtsfarbe, in dem gewohnten Kreise, und mußte seinen Sitz bald mit dem Sopha, endlich mit dem Bette vertauschen.« Er schloß sich in seinen letzten Lebenstagen fast ganz von der Außenwelt ab, ließ nur noch die für ihn sorgenden Freunde zu sich und ergab sich in sein Schicksal.

Die Umstände, unter denen Seume starb, waren beschämend und keineswegs geeignet, »dem schaurig romantischen Bilde seines Lebens eine ästhetische Vollendung zu geben«, wie sich Clodius überspannt ausdrückt. Da es in Kurorten wegen der vielen kranken und hinfälligen Gäste üblich ist, Zimmer nur für eine bestimmte Zeit zu vermieten, war die Frist für Seumes Zimmer am 13. Juni abgelaufen, so daß Seume das Zimmer am Vormittag räumen mußte und in ein Nachbarhaus ziehen sollte. Seine Freunde besorgten das Zusammenpacken. Da Seume bereits im Sterben lag, wollten die Wirtsleute ihn so schnell wie möglich aus dem Hause haben, der neue Wirt aber weigerte sich, einen Sterbenden aufzunehmen, beide aus Angst um den Ruf ihres Hauses. Clodius wollte Seume auf keinen Fall fortschaffen lassen und bot an, sein Zimmer für ihn freizumachen. »Mit vieler Mühe«, berichtet er, »und nur durch die Dazwischenkunft der angesehensten Männer von Töplitz, ja der Polizei selbst, gelangen unsre Vorstellungen, die bisherigen Wirtsleute zu bewegen, ihm die Stätte, wo er krank gelegen hatte, auch zum Sterben zu lassen. Während man indes noch über diesen irdischen Wohnungswechsel stritt – löste Seume selbst den Knoten, brach seine morsche Hütte ab, und vertauschte die irdische Wohnung mit der friedlichen und seligen im Schoße seines Schöpfers.« Seume starb am Vormittag dieses 13. Juni 1810 zwischen 11 und 12 Uhr, gewissermaßen auf der Straße, denn er war, genaugenommen, in der Stunde seines Todes ohne Unterkunft.

Der Buchhändler Weigel schildert als Augenzeuge Seumes letzte Stunden: »Nach meiner Ankunft in Töplitz, wo ich zum Besuche meiner Verwandten hinreiste, besuchte ich meinen Freund Seume, da ich hörte, daß er krank darnieder läge. Dies geschah einen Tag vor seinem Tode. Als ich in das Zimmer eintrat, wo ich seinen Bedienten fand, richtete er sein stark fassendes Auge auf mich und reichte mir die Hand. Das Sprechen wurde ihm eben nicht beschwerlich. Er klagte, daß er in dieses Bad gegangen wäre, da es ihm an Vertrauen dazu fehlte, und schloß, man wird mich hier begraben. Er sprach ohne Furcht vom Tode. Ich brach ab und lenkte das Gespräch auf Ereignisse der Zeit und Personen, wo er mit Freimüthigkeit sprach und gerade so wie in gesunden Tagen. Oft bekam er gallichtes Erbrechen, dem ein ängstliches Stöhnen vorherging. Er wendete sich mit untergestütztem Arm mit den Füßen zum Bette heraus, ohne daß er Hülfe dabei nöthig hatte, und ich hielt ihm beim Erbrechen blos den Kopf. Dies war den Vormittag. Nachmittag fand ich sein Auge verändert. Ich wollte, weil ihn zwei Fenster blendeten, die Vorhänge herunterlassen, er sprach aber dagegen und äußerte, gönnt mir doch so lange noch das Licht, als ich hier bin, ich habe es ja immer geliebt. Ich ging weg, da er Personen um sich hatte, und er reichte mir die Hand. Wie verändert fand ich ihn aber den Morgen darauf, er sah mich, als ich eintrat, sein Auge war matt, und seine Lippen weiß. Ganz ruhig setzte ich mich aufs Canapee, um ihn zu beobachten, dies war um zehn Uhr, er stöhnte immer «Ach Gott», und ich half ihm, als er wieder Erbrechen bekam. Der Bediente war weggegangen, als ich angekommen war; unser Clodius war beschäftigt, sein Zimmer im dritten Stock zu räumen, wohin Seume gebracht werden sollte. Ich hatte einen Gang zu thun und sagte dem Bedienten, daß er meinen Freund keinen Augenblick verlassen dürfte. Ich lief, um eiligst wieder da zu sein, der Bediente ging, und ich saß auf dem Canapee. Seume wendete sich, und ich fragte, wünschen Sie etwas? ›Nichts, lieber Weigel, ich wollte Ihnen nur sagen, daß Sie nicht bös sein sollen, wenn ich manches sage, was ich in einem andern Zustande nicht

sagen würde, ich nehme eine Schuld mit, ich kann Ihnen nichts vergelten. Meine Augen werden dunkel.‹ Dies sprach er langsam und schwächer, sein Mund bewegte sich convulsivisch, und mit der einen Hand zog er immer an dem Ueberzuge. Ich war tief gerührt und drückte ihm die Hand. Ich ging vor die Thüre, um Clodius zu sagen, daß das Räumen unnütz sein würde; als ich eintrat, sagte der Bediente, ich glaube, er ist todt; ich ergriff seine Hand und sprach stark auf ihn, seine Augen waren starr, und seine Lippen weiß, die andere Hand völlig kalt. Ich drückte dem Biedermann die Augen zu, der auch bis zum letzten Augenblicke seinen Charakter rechtfertigte, und dessen Verlust ich tief fühle.«[99]
Seumes gesamte Hinterlassenschaft einschließlich des Bargeldes, das er bei sich hatte, wurde dem Magistrat der Stadt übergeben und er zwei Tage später, am 15. Juni vormittags, auf dem Friedhof von Teplitz zu Grabe getragen. Clodius lobte den »Edelmut der katholischen Geistlichkeit von Töplitz«, die dem Toten, der anderen Glaubens und der katholischen Kirche nicht gerade freundlich gesinnt war, »das ehrenvollste Begräbnis« und »eine freundliche Ruhestätte gewährte«. Nicht nur seine Freunde, Frau von der Recke, Tiedge, Clodius, die Brüder Weigel, nahmen von dem verehrten Toten Abschied, sondern auch der Bürgermeister der Stadt, viele Bürger und Gäste, darunter der Philosoph Johann Gottlieb Fichte, der mit seiner Frau hier zur Kur weilte. Am Grabe sprach Clodius die letzten Worte: »Hier also, auf diesem Hügel kalter Erde, legt unser Seume seinen Wanderstab für immer … nieder. Wohl Ihm, und uns, seinen Freunden, daß wir es sagen können vom Grunde des Herzens! Nicht ziellos war seine Reise, nicht vergebens sein wundervoll reiches Leben, so oft er diesem Leben am Abend seiner Tage auch wohl zürnen mochte, überwältigt von Schmerzen der Seele und ihrer irdischen Hülle! … Was Seume war, ward er durch sich selbst. Nicht aus rohem Triebe durchwanderte unser geliebter Wanderer nach Syrakus die Erde. Er suchte die Spuren der allwaltenden Ordnung in den Schönheiten und Schrecknissen der Natur, in den Trümmern gesunkener Völker, in den Mordszenen seiner Zeit … in den Gesinnungen der Menschen, seiner Brüder. Ach der rauhe Sohn der Natur, mit gradem Blick, mit dem tiefsten, brennendsten Gefühle des Rechts im Herzen, und dieses Herz auf der Zunge tragend, konnte seine Menschen nur zürnend, nur murrend lieben. Dennoch liebte er sie, und die Edelsten seines Volkes entgegneten

dankbar seine Liebe. Itzt empfängt ein fremdes Land, in dessen heilenden Quellen er Milderung seiner Qualen suchte … seine Asche und endet diese Qualen mit ewiger Ruhe. Segnet, Freunde, diesen heiligen Boden, der sein Grab ward! Unser Freund ward hier nicht getäuscht mit leeren Hoffnungen. Er wähnte hier von Schmerzen zu ruhen, die unheilbar waren, und fand hier das höchste Leben, das keiner Heilung bedarf. Friede seiner Asche! Die Erde deckt die Bösen, und die Guten drückt sie nicht« –

Gleich nach der Beerdigung erklärten sich Freunde und Verehrer Seumes bereit, einen Grabstein zu stiften; und so liegt seit dem Herbst 1810 eine große, leicht gewölbte Sandsteinplatte mit der Inschrift SEUME auf dem Grab, »schwerer, fester und in die Augen fallender, als wohl jemals der unruhige Erdenpilger sich es hätte träumen lassen«. Außerdem wurde auf Göschens Vorschlag am Kopfende des Grabes eine Eiche gepflanzt, als Symbol der Stärke und Standhaftigkeit, wie sie Seume verkörperte. So hat sich Seumes Vorahnung in einem seiner frühesten Gedichte mit dem Titel *Arie* am Ende doch nicht erfüllt, auch wenn es in der Todesstunde fast so ausgesehen hatte:

Und weigerte man mir auch Sarg und Decke,
Was liegt mir dran?
Flaum oder Stein ist Eins, an welchem Flecke
Geht mich nichts an.

Böttiger in Dresden erhielt die Todesnachricht durch den Arzt Dr. Weigel, der ihm sofort am nächsten Tag über Seumes Tod schrieb: »Gestern Mittag ist der ehrliche Seume gestorben, hinübergegangen in das Land des Friedens … Der Tod will eine Ursache haben, und bei dem alten Seume war die Veranlassung folgende: Auf wessen Ordre mag ich nicht entscheiden, aber unstatthaft nach meiner Ueberzeugung brauchte (d.h. gebrauchte, E.Z.) Seume das hiesige Bad, brauchte es in den eiskalten Tagen der vorigen Woche und war schwach genug, ein Diner beim Prälaten von Ossegk, was seine Freunde für ihn ausgeschlagen hatten, noch anzunehmen, oder vielmehr zu suchen, und solche Diätfehler dabei zu begehen, daß er von dem Tage an so heftiges, mit nichts zu beschwichtigendes Erbrechen, zuletzt von offenbar faulender Galle, bekam, das den Rest seiner Kräfte in wenigen Tagen aufrieb. So leidend er in diesen Tagen war, so blieb sein Kopf doch frei; frei bis wenig Minuten vor seinem

leichten Hinscheiden, – es war das Einschlafen eines sehr Ermüdeten.«[100]
Böttiger teilte die traurige Nachricht sogleich Göschen mit, der ihm am 20. Juni antwortete: »Ich erhielt die Todesnachricht zuerst aus Ihrer Hand. – Seume ist mir eigentlich unter den Händen weggekommen. Der Drang der Arbeiten versetzte mich in solche Zerstreuung, daß ich mir bei seinem Abschiede gar nicht die Möglichkeit eines Abschiedes auf ewig dachte. Wie war es möglich, daran nicht zu denken? Sonderbar! In den letzten Tagen von Seumes Krankheit fühlte ich mich selbst krank und an seinem Todestage eine mir unbegreifliche Abspannung und des Nachts Schlaflosigkeit, etwas, das mir selten begegnet, wiewohl ich jetzt nie ruhig schlafe. Ich hatte seinen Tod oft gefürchtet, deswegen erschrak ich über Ihren Brief nicht. Aber als ich der Trauerbote bei den andern Freunden und Freundinnen wurde, griff es mich doch fürchterlich an. – Von seinem Leben hat er das, was er fertig hatte, einem Freunde übergeben, wo es gut aufgehoben ist. Schnorr und ich werden das, was wir wissen, nachtragen. Es ist ein unersetzlicher Verlust für die Welt, daß er dieses herrlich begonnene Werk nicht vollendet hat. – … Wenn auf der Wanderschaft einer sein Lager verläßt, so rücken die übrigen näher zusammen, sagt Unger (Korrektor bei Göschen nach Seume, E.Z.); Seume ist aufgestanden, wir übrig gebliebenen müssen uns zueinander halten. Mit Tränen im Auge sage ich dies.«[101]
An Frau von der Recke schrieb Böttiger am 16. Juni: »Wäre ich Fichte gewesen, ich hätte die letzte meiner Reden ans deutsche Volk auf Seumes Grabe gesprochen.«[102]
Die anrührendsten Worte zu Seumes Tod findet sein väterlicher Freund Wieland in einem Brief vom 28. Juni an Böttiger: »Die innigste Theilnahme an diesem seltenen, in seiner Art einzigen Manne war eine natürliche Frucht des zwischen uns entstandenen Verhältnisses; wenige Menschen sind mir im ganzen Lauf meines Lebens so lieb, meinem Herzen so nahe worden wie Seume, und ich habe Ursache zu glauben, daß auch ich von wenigen so geliebt worden bin wie von ihm … Auch mein Seume ist nicht mehr! Ein bitterer Gedanke! … Er hat nichts verloren – wir, seine Freunde, desto mehr: ja sein Tod ist ein zwar unerkannter, aber eben darum desto größerer Verlust für die Menschheit. Jahrhunderte können vergehen, bis Natur und Schicksal sich vereinigen, wieder einen Mann wie Er hervorzubringen.«[103] Schon im April 1809 während Seumes Krank-

heit, hatte Wieland ähnlich an Seume selbst geschrieben: »Mir ist leid um die Menschheit und um unser Vaterland, daß Sie einzig sind.« Dieser eine Satz ist vielleicht die schönste, treffendste Würdigung Seumes.

Nur wenige Tage nach Seumes Tod erhielt Wieland von der Zarinmutter aus Petersburg die Nachricht über die Gewährung einer Pension an Seume. Wieland schickte den Brief zusammen mit der Mitteilung von Seumes Tod zurück, worauf die Zarinmutter am 10.1.1811 einen weiteren in französischer Sprache geschriebenen Brief an Wieland richtete, in dem sie den verstorbenen Seume als »une âme sensible, pleine d'humanité, et enthousiaste pour le vrai« (eine feinfühlige Seele voller Menschenliebe und Enthusiasten der Wahrheit) und als »un homme de caractère et un Litérateur estimable« (einen Mann von Charakter und einen schätzbaren Schriftsteller)[104] bezeichnete.

Wie reagierte die Presse auf Seumes Tod? Verschiedene deutsche Zeitungen veröffentlichten eine Nachricht oder einen Nachruf – als erste die Leipziger *Zeitung für die elegante Welt* in Nr. 122 vom 19.6.1810: »So eben trifft hier die Nachricht ein, daß Seume den 13ten Juni in Töplitz gestorben ist. Er war dieser Heilquelle zugeeilt, um von einer langwierigen Krankheit befreit zu werden, und fand dort das Ziel seines wechselvollen Lebens und die Befreiung von allen Lasten der Erde.« In Nr. 126 vom 25.6. brachte diese Zeitung einen Bericht vom Begräbnis mit einer Würdigung von Tiedge. Darin heißt es: »Neun Tage litt er, aber sein Tod war ruhig und sanft. Was er seinem Volke als Schriftsteller gewesen, wird anerkannt von ihm und geschätzt, was er als Mensch, als Freund war, das sprechen die Denkmale seines Geistes aus. Er war, wie seine Schriften, ernst, kräftig, gediegen. Unter einer scheinbar kalten und rauhen Hülle schlug ein warmes, gefühlvolles Herz voll Liebe für Wahrheit und Recht. Ohne geradezu von sich selbst zu sprechen, hat außer Montaigne wohl kein Schriftsteller so würdig, so rein und edel die vollständigste Individualität seines Geistes und Herzens in seinen Schriften ausgedrückt, wie unser Seume. Er sprach im Namen der Menschheit, wenn er von sich sprach, wahr und furchtlos. Ach! auch diesen edlen, festen Mann hat unser Vaterland verloren! Möge uns sein Genius bleiben und jüngere Geschlechter begeistern, in ihrer Art und Weise zu leben und zu wirken wie er!« Danach folgte die Grabrede von Clodius. In Nr. 128 vom 28.6. erschien ein Aufsatz von Göschen unter der Überschrift *Einige Züge aus*

Seumes Leben und schließlich in Nr. 242 vom 4.12.1810 eine *Nachlese über Seume* von Böttiger, der vor allem auf Seumes Beziehung zu Wieland und seinen Ausflug nach Weimar eingeht.

Auch die *Leipziger Zeitung* brachte am 20.6.1810 folgende knappe Todesanzeige: »Den 13. Juni starb Seume in Töplitz. Die Frau Gräfin von der Recke, Tiedge und Clodius sorgten für ihn.«[105] Unterzeichnet war die Anzeige von Schnorr v. K., Göschen, Dr. Gehler und Dr. Braune. Ein längerer Aufsatz über Seumes Tod und Begräbnis folgte am 27.6. in der gleichen Zeitung.

In den Monaten Juni und Juli 1810 erschienen auch in anderen deutschen Zeitungen – der *Allgemeinen Zeitung*, dem *Morgenblatt für gebildete Stände*, dem *Neuen Teutschen Merkur* und in einer Literaturzeitung – Nekrologe auf Seume, zum Teil von Böttiger verfaßt. Ein Unikum unter den Seume-Nachrufen, eine Elegie *Ueber Seume's Tod* von Johannes Aloysius Martyni-Laguna (eigentlich Karl Friedrich Martini, 1755–1824) aus Dresden war im *Morgenblatt für gebildete Stände* Nr. 182 vom 31.7.1810 zu lesen.

Seumes gesamter Nachlaß aus Leipzig und Teplitz ging an die Universität Leipzig, da er als akademischer Bürger deren Gerichtsbarkeit unterstand und kein Testament hinterlassen hatte. Obwohl Seumes Schwester als einzige lebende Angehörige erbberechtigt gewesen wäre, erhielt sie nichts. Nach Abzug aller noch offenen Forderungen für Wohnung, Kost, Behandlung und Begräbnis blieben von Seumes Bargeld noch 322 Taler übrig. Seumes andere Sachen, verschiedene Kleinigkeiten, Wertsachen und Hausgeräte, seine Uniform sowie etwa achtzig Bücher meist antiker Autoren wurden versteigert.

Von besonderer Bedeutung war Seumes literarischer Nachlaß. Die noch vorhandenen Manuskripte – einige Übersetzungen aus dem Griechischen, das kurze dramatische Gedicht *Der Schatz* und die unvollendete Erzählung *Die Weinlese* – erhielt der Verleger Hartknoch als Ausgleich für den Seume gewährten Vorschuß. Das unvollendete Manuskript von Seumes Autobiographie befand sich bereits im Besitz von Dr. Braune. Nachdem Göschen und Clodius eine Fortsetzung dazu geschrieben hatten, wurde diese 1813 von Göschen unter dem Titel *Mein Leben* veröffentlicht, möglicherweise aus politischen Gründen mit einigen Kürzungen in Seumes Text.

Biographische Übersicht

1763	29.1.: Seume in Poserna bei Lützen als Sohn einer Bauernfamilie geboren.
1770	Seumes Vater verkauft seinen Grundbesitz und zieht mit der Familie nach Knautkleeberg bei Leipzig, wo er einen Gasthof mit Landwirtschaft pachtet. Seume besucht bis 1777 die Dorfschule in Knauthain.
1771/72	Hungersnot und Teuerung in Sachsen. Seumes Eltern verlieren einen großen Teil ihres Vermögens.
1773	Schwere Blasenkrankheit von Seumes Vater.
1776	25.7.: Seumes Vater gestorben.
1777	Der Graf von Hohenthal fördert Seumes weitere Ausbildung. Seume besucht von Ostern 1777 bis Juni 1779 die Stadtschule in Borna.
1779	Ende Juni bis September 1780: Schüler der Nikolaischule in Leipzig.
1780	9.10.: Seume beginnt das Theologiestudium in Leipzig.
1781	Ende Juni: Seume verläßt Leipzig wegen weltanschaulicher Konflikte und will nach Paris und Metz gehen, fällt in Vacha bei Eisenach hessischen Soldatenwerbern in die Hände und wird zum Militärdienst gezwungen oder angeworben und in die Festung Ziegenhain bei Kassel gebracht, um als Soldat an England für den Krieg in Nordamerika verkauft zu werden.
1782	Juni – September: Überfahrt von Bremen nach Halifax in Nordamerika. Hier Bekanntschaft mit dem Freiherrn von Münchhausen. Seume schreibt erste Gedichte.
1783	August/September: Rücktransport nach Bremen. Seume flieht aus dem hessischen Dienst, wird von preußischen Werbern erneut zum Militärdienst gezwungen.
1783	bis 1787: Dienst in der preußischen Garnison in Emden. Zwei Fluchtversuche scheitern.
1787	Durch die Kaution eines Emdener Bürgers erhält Seume Urlaub nach Leipzig, von dem er nicht zurückkehrt.
1787	bis 1792: Studium (Jura, Geschichte, Philologie, Philosophie) in Leipzig mit finanzieller Unterstützung des Grafen von Hohenthal. Übersetzung eines englischen Romans. Bekanntschaft mit Christian Felix Weiße und Georg Joachim Göschen.
1789	Seumes erste Veröffentlichung: *Schreiben aus America nach Deutschland*.
1790	bis 1792: Erzieher des jungen livländischen Grafen von Igelström.
1791	Promotion zum Magister.
1792	Habilitation. Im August Abreise nach Pleskow in Rußland, wird dort Adjutant und Sekretär des russischen Generals Igelström.
1793	Januar bis 1795: Mit General Igelström als Oberkommandierendem der russischen Besatzungstruppen nach Warschau. Beförderung zum Leutnant.
1793	Mai bis September: Aufenthalt in Leipzig. Bekanntschaft mit dem Maler Schnorr von Carolsfeld. Schrift *Über Prüfung und Bestimmung junger Leute zum Militär*. Rückreise nach Warschau.
1794	März bis November: Polnischer Nationalaufstand. Seume von April bis November in polnischer Gefangenschaft, danach wieder bei General Igelström in Riga.

1795	August: Seume soll den verwundeten Major Muromzow zur Kur nach Pisa in Italien begleiten. Abbruch der Reise in Leipzig wegen der unsicheren politischen Lage in Oberitalien.
1796	Bekanntschaft mit Garlieb Merkel in Leipzig. Schrift *Einige Nachrichten über die Vorfälle in Polen im Jahre 1794. Obolen. Erstes Bändchen.* Dezember: Unglückliche Liebe zu Wilhelmine Röder.
1797	Gesuch um Entlassung aus dem russischen Dienst. Ausschluß, später ehrenvoller Abschied aus der russischen Armee ohne Pensionsberechtigung. Privatunterricht in der englischen und der französischen Sprache. Schriften *Über das Leben und den Karakter der Kaiserin von Rußland Katharina II.* und *Zwey Briefe über die neuesten Veränderungen in Rußland seit der Thronbesteigung Pauls des Ersten.* Gedichtband *Rückerinnerungen von Seume und Münchhausen.* Ab Oktober bis November 1801: Korrektor bei Göschen in Grimma. Beginn des Briefwechsels und der Freundschaft mit Gleim in Halberstadt.
1798	Bekanntschaft mit Böttiger. Oktober: Besuch bei Gleim in Halberstadt. *Obolen. Zweytes Bändchen.* Rezension von Merkels Buch *Die Letten.*
1798/99	*Kurzes Pflichten- und Sittenbuch für Landleute* (1811 erschienen).
1801	Erste Ausgabe der *Gedichte.* Besuch in Weimar bei Wieland, Herder, Goethe, Schiller, Kotzebue, Böttiger. 6.12.: Aufbruch zur Wanderung von Grimma nach Syrakus.
1802	Ende August: Rückkehr aus Italien über Paris nach Leipzig.
1803	*Spaziergang nach Syrakus* erscheint.
1804	Reisen nach Berlin, ins Riesengebirge und an den Rhein. Schrift *Über Bewaffnung.* Unglückliche Liebe zu Johanna Loth.
1805	Mitarbeit am *Journal für deutsche Frauen.* Übersetzung von Robert Percivals Buch *Beschreibung des Vorgebirges der guten Hoffnung* mit einem Vorwort. April bis September: Nordische Reise durch Polen, Rußland, Skandinavien. Bekanntschaft mit Friedrich Maximilian Klinger und der Zarin Maria Fjodorowna in Petersburg. Wanderungen nach Weimar und Dresden.
1806	*Mein Sommer 1805* erscheint. Oktober: Reise über Dresden nach Berlin. April 1806 bis etwa Ende Juni 1807: Arbeit an den *Apokryphen.*
1807	13.12.: Seumes Mutter gestorben. Arbeit an einem Band *Bemerkungen und Konjekturen zu zahlreichen schwierigeren Stellen des Plutarch* mit einer politischen Vorrede.
1808	Trauerspiel *Miltiades* erscheint. Ostern: Wanderung nach Dresden (letzte Fußreise). Ab Juni: Schwere Erkrankung (Gicht, Blasen- und Nierenleiden), die zu Seumes Tod führt.
1809	Klinger lehnt Seumes Bitte ab, seinen Antrag auf Gewährung einer Offizierspension beim russischen Zaren zu unterstützen. Sommeraufenthalt in Connewitz bei Leipzig. November bis Januar 1810: Arbeit an der Autobiographie *Mein Leben.*
1810	Januar: Wieland will Seumes Bitte um eine Pension an die Mutter des russischen Zaren weiterleiten. Mai: Reise nach Poserna und Weimar. Juni: Kuraufenthalt in Teplitz. 13.6.: Seume in Teplitz gestorben und am 15.6. dort beerdigt.
1813	Seumes Autobiographie *Mein Leben* erscheint mit der Fortsetzung von Göschen und Clodius.

Quellennachweis

Zitate aus Seumes Werken sowie Briefe von und an Seume werden nicht gesondert nachgewiesen. Zitiert wird aus:

Prosaische und poetische Werke von J. G. Seume, 10 Teile in 4 Bänden. Berlin (Gustav Hempel Verlag) o. J. (1869/1879)

Johann Gottfried Seume, Werke in zwei Bänden. Hrsg. von Jörg Drews unter Mitarbeit von Sabine Kyora. Frankfurt am Main 1993

Johann Gottfried Seume, Briefe. Hrsg. von Jörg Drews und Dirk Sangmeister unter Mitarbeit von Inge Stephan. Frankfurt am Main 2002

Anmerkungen

1 Zitiert in: Karl-Heinz Blaschke, Der Fürstenzug zu Dresden. Leipzig/Jena/Berlin 1991, S. 189

2 Stadtarchiv Leipzig, Nikolaischule Nr. 297, S. 23

3 Ebenda, Nikolaischule Nr. 292, S. 119, 120, 121

4 Ebenda, Nikolaischule Nr. 60, S.12

5 Ebenda, S. 15

6 Nikolai Karamsin, Briefe eines russischen Reisenden. Berlin 1981, S.128

7 Ebenda, S. 131 und 138

8 Ebenda, S. 139

9 Thomas Mann, Humaniora und Humanismus. In: Thomas Mann, Gesammelte Werke in 13 Bänden, Band 10. Frankfurt am Main 1990, S. 344

10 Oskar Planer und Camillo Reißmann, Johann Gottfried Seume. Geschichte seines Lebens und seiner Schriften. Leipzig 1898 (im folgenden: Planer/Reißmann), S. 22f.

11 Thomas Paine, Common Sense. Stuttgart 1982, S. 73

12 Karl Ludwig August Heino Freiherr von Münchhausen, Rückblick auf verlebte Tage. Abgedruckt in: Johann Gottfried Seume 1763–1810. Ein politischer Schriftsteller der Spätaufklärung. Eine Ausstellung der Universitätsbibliothek Bielefeld 2.11. bis 30.11.1989. Hrsg. von Jörg Drews. Bielefeld 1989 (im folgenden: Seume-Ausstellung), S. 24–34, hier S. 27f.

13 Ebenda, S. 28

14 Ebenda, S. 31

15 Ebenda, S. 29

16 Ebenda, S. 32

17 Ebenda, S. 33

18 Zitiert in : Katalog der Sammlung Oskar Planer – Lützen. Leipzig 1932, S. 78, Nr. 571. Abgedruckt in: Johann Gottfried Seume, Werke in zwei Bänden. Hrsg. von Jörg Drews. Band 1. Frankfurt am Main 1993. S. 960

19 Zitiert in: Wilhelm Schoof, Seumes Besuch in Schmalkalden im Jahre 1802. Erschienen in: Nachrichten für Grimma vom 12.2.1938

20 Ebenda

21 Abgedruckt in: »Wo man aufgehört hat zu handeln, fängt man gewöhnlich an zu schreiben«. Johann Gottfried Seume in seiner Zeit. Vorträge des Bielefelder Seume-Colloquiums 1989 und Materialien zu Seumes Werk und Leben. Hrsg. von Jörg Drews. Bielefeld 1991 (im folgenden: Seume-Colloquium), S. 308–310, hier S. 309

22 Münchhausen, Rückblick auf verlebte Tage. A.a.O., S. 34

23 Wilhelm Schoof, Vorbemerkung zu »Rückblick auf verlebte Tage«. In: Schaumburger Heimatblätter (Sonderdruck), Rinteln 1953. Zitiert in: Münchhausen, Rückblick auf verlebte Tage. A.a.O., S. 34

24 »Rückerinnerungen von Seume und Münchhausen«. Frankfurt am Main 1797, S. 3 ff.

25 Allgemeine Litteratur-Zeitung, Jena 1799, Nr. 229, S. 173f.

26 Leipziger Jahrbuch der neuesten Literatur vom Jahre 1801, 1. Band, 65. Stück, 12.9.1801, Spalten 516–520. Abgedruckt in: Seume-Ausstellung, S. 13–16, hier S. 14f.

27 Philipp Kohlmann, Seume in Emden. In: Archiv für Literaturgeschichte, X. Band, Leipzig 1880, S. 104–109

28 Ebenda, S. 106f.

29 Allgemeine Litteratur-Zeitung, Jena 1790, Nr. 253, Sp. 561–564

30 Die Bewaffnung in der Antike und in der heutigen Zeit. Ein kurzer Vergleich. (1792) Aus dem Lateinischen und Griechischen von Gudrun Wicht. In: Seume-Colloquium, S. 252–297, hier S. 253

31 Prosaische und poetische Werke von J. G. Seume. 10. Teil. Berlin o. J. (1869/1879), S. 33–64

32 Die Bewaffnung in der Antike ... In: Seume-Colloquium, S. 252–297

33 Friedrich II. von Preußen, Schriften und Briefe. Leipzig 1985, S. 212

34 Katharina II., Memoiren in zwei Bänden. 1. Band. Leipzig 1988. S. 226

35 Veit Hanns Schnorr von Carolsfeld, Meine Lebensgeschichte. Hrsg. von Otto Werner Förster. Leipzig 2000, S. 211

36 Allgemeine Litteratur-Zeitung, Jena 1798, Nr. 389, Sp. 753–756

37 Veit Hanns Schnorr von Carolsfeld, Meine Lebensgeschichte. A.a.O., S. 239 u. 240

38 Allgemeine Litteratur-Zeitung, Jena 1798, Nr. 389

39 Robert F. Arnold, Geschichte der deutschen Polenliteratur von den Anfängen bis 1800. Halle/Saale 1900, S. 187

40 Allgemeine Litteratur-Zeitung, a.a.O.

41 Allgemeine Litteratur-Zeitung, Jena 1799, Nr. 76, Sp. 602–605, hier Sp. 604

42 Veit Hanns Schnorr von Carolsfeld, Meine Lebensgeschichte. A.a.O., S. 241

43 Ebenda

44 Allgemeine Litteratur-Zeitung, Jena 1798, Nr. 389, Sp. 753–756

45 L(ouise) Gerhardt, Karl August Böttiger und Georg Joachim Göschen im Briefwechsel. Leipzig 1911, S. 38

46 Neue allgemeine deutsche Bibliothek. Band 38. Kiel 1798, S. 179

47 Garlieb Merkel, Darstellungen und Charakteristiken aus meinem Leben. 2. Band. Leipzig 1840, S. 41–43

48 Ebenda, S. 51f.

49 Vitali Ganjuschkin und Viktor Lebedew, Fata Morgana zum Anfassen. In: Neue Zeit, Nr. 3/1990

50 Das Leben Georg Joachim Göschens von seinem Enkel Viscount Goschen. 1. Band. Leipzig 1905, S. 345f.

51 Schillers Werke, Nationalausgabe. Band 37/1. Weimar ab 1943. S. 306

52 Veit Hanns Schnorr von Carolsfeld, Meine Lebensgeschichte. A.a.O., S. 392f.

53 Carl Gustav Carus, Lebenserinnerungen und Denkwürdigkeiten. Band 1. Weimar 1966, S. 36

54 Das Leben Georg Joachim Göschens... 2. Band. A.a.O., S. 142

55 Ein Nachlaß moralisch-religiösen Inhalts von J. G. Seume. Leipzig 1811, S. Xf.

56 Leipziger Jahrbuch der neuesten Literatur vom Jahre 1801. 1. Band, 65. Stück, Sp. 516–520

57 Allgemeine Litteratur-Zeitung, Jena 1798, Nr. 389, Sp. 753–756

58 Goethe Gedenkausgabe. Band 23, Zweiter Teil. Zürich 1949, S. 445

59 Allgemeine Litteratur-Zeitung, Jena 1799, Nr. 76, Sp. 602–605, hier Sp. 602

60 Gero von Wilpert, Deutsches Dichterlexikon. Stuttgart 1988, S. 743

61 Schillers Werke, Nationalausgabe. 22. Band. A.a.O., S. 246

62 Planer/Reißmann, S. 682

63 Veit Hanns Schnorr von Carolsfeld, Meine Lebensgeschichte. A.a.O., S. 241

64 L(ouise) Gerhardt, Karl August Böttiger und Georg Joachim Göschen im Briefwechsel. A.a.O., S. 100

65 Planer/Reißmann, S. 292

66 Allgemeine Litteratur-Zeitung, Jena 1801, Nr. 237, Sp. 1924

67 L(ouise) Gerhardt, Karl August Böttiger und Georg Joachim Göschen im Briefwechsel. A.a.O., S. 111

68 Veit Hanns Schnorr von Carolsfeld, Meine Lebensgeschichte. A. a. O., S. 264

69 Ebenda, S. 266

70 Planer/Reißmann, S. 379

71 L(ouise) Gerhardt, Karl August Böttiger und Georg Joachim Göschen im Briefwechsel. A. a. O., S. 121f.

72 Zeitung für die elegante Welt, Nr. 67 vom 4.6.1803

73 Der Freimüthige, Nr. 140 vom 2.9.1803

74 Johann Gottfried Herder, Briefe. Band 8. Weimar 1984, S. 558f.

75 Planer/Reißmann, S. 471

76 Schriften von Friedrich von Matthisson, Ausgabe letzter Hand. Sechster Band. Zürich 1835, S. 177f.

77 Friedrich Engels, Deutsche Zustände. Berlin 1949, S. 14

78 Eugen Tarlé, Napoleon. Berlin 1970, S. 181

79 Planer/Reißmann, S. 554

80 Ebenda, S. 555

81 Ebenda

82 Zeitung für die elegante Welt, Nr. 118 vom 24.7.1807

83 Eugen Tarlé, Napoleon. A.a.O., S. 314

84 Grimmaisches Wochenblatt für Stadt und Land, Nr. 33 vom 14.8.1813

85 Heinrich Heine, Gesammelte Werke. 5. Band. Berlin 1955, S. 324

86 Johann Peter Eckermann, Gespräche mit Goethe. Leipzig 1948, S. 247

87 Zitiert in: Fritz Kühnlenz, Weimarer Porträts. Rudolstadt 1970, S. 32

88 Planer/Reißmann, S. 647f.

89 Friedrich Engels, Deutsche Zustände. A.a.O., S. 14f.

90 Zeitung für die elegante Welt, Nr. 192/1808

91 Planer/Reißmann, S. 600

92 Ebenda

93 Ebenda, S. 605

94 Ebenda, S. 618

95 Heinrich Heine, Gesammelte Werke. 5. Band. A.a.O., S. 324

96 C. A. H. Clodius, Noch einige Worte über Seume. Aus Gelegenheit einer ungedruckten Handschrift seiner früheren Gedichte. In: Minerva. Taschenbuch für das Jahr 1812, S. 280

97 Friedrich Laun, Memoiren. 2. Teil. Bunzlau 1837, S. 184f.

98 Planer/Reißmann, S. 660

99 Ebenda, S. 666f.

100 Ebenda, S. 670

101 L(ouise) Gerhardt, Karl August Böttiger und Georg Joachim Göschen im Briefwechsel. A. a. O., S. 250f.

102 Planer/Reißmann, S. 671

103 Ebenda, S. 680

104 Ebenda, S. 684f.

105 Ebenda, S. 675

Benutzte Literatur

Seume-Ausgaben

- Prosaische und poetische Werke von J. G. Seume. 10 Teile in 4 Bänden. Berlin (Gustav Hempel) o. J. (1869/1879)
- Johann Gottfried Seume, Werke in zwei Bänden. Hrsg. von Jörg Drews unter Mitarbeit von Sabine Kyora. Frankfurt am Main 1993
- Johann Gottfried Seume, Briefe. Hrsg. von Jörg Drews und Dirk Sangmeister unter Mitarbeit von Inge Stephan. Frankfurt am Main 2002
- Seumes Werke in zwei Bänden. Ausgewählt und eingeleitet von Anneliese und Karl-Heinz Klingenberg. Berlin und Weimar ^{3}1977
- Seume. Ein Lesebuch für unsere Zeit. Hrsg. von Peter Goldammer und Heinz Pietzsch. Weimar 1954
- Johann Gottfried Seume, Mein Leben. Nebst der Fortsetzung von G. J. Göschen und C. A. H. Clodius. Hrsg. von Jörg Drews. Stuttgart 1991
- Johann Gottfried Seume, Spaziergang nach Syrakus im Jahre 1802. Hrsg. von Gotthard Erler unter Mitarbeit von Therese Erler. Berlin 1989
- Johann Gottfried Seume, Spaziergang nach Syrakus im Jahre 1802. Hrsg. und kommentiert von Albert Meier. München ^{2}1991
- Johann Gottfried Seume, Spaziergang nach Syrakus im Jahre 1802. Hrsg. von Jörg Drews. Frankfurt am Main 2001
- Johann Gottfried Seume, Mein Sommer 1805. Hrsg. von Heinz Härtel. Leipzig ^{2}1987
- Johann Gottfried Seume, Mein Sommer 1805. Hrsg. von Clemens Fricke. Michelstadt 1987

- Johann Gottfried Seume, Mein Sommer 1805. Hrsg. von Jörg Drews unter Mitarbeit von Sabine Kyora. Frankfurt am Main und Leipzig 2002
- Johann Gottfried Seume, Mit dem Stempel der Wahrheit. Mit einem Nachwort von Claus Träger. Leipzig 1982
- Johann Gottfried Seume, Apokryphen. Mit einem Essay von Werner Kraft. Warendorf 2002

Über Seume und seine Zeit

- Aufklärung. Erläuterungen zur deutschen Literatur. Hg. von einem Autorenkollektiv. Berlin [8]1986
- Budde, Bernhard. Von der Schreibart des Moralisten. Seume. Frankfurt am Main/Bern/New York/Paris 1990
- Drews, Jörg. Ein Mann verwirklicht seine »Lieblingsträumerey«. Beobachtungen zu Details von Seumes »Spaziergang« nach Syrakus. In: Wolfgang Albrecht und Hans-Joachim Kertscher (Hg.), Wanderzwang – Wanderlust. Formen der Raum- und Sozialerfahrung zwischen Aufklärung und Frühindustrialisierung. Hallesche Beiträge zur Europäischen Aufklärung 11. Tübingen 1999, S. 200–214
- Findeisen, Kurt Arnold. Eisvogel. Roman Johann Gottfried Seumes. Berlin 1962
- Gerhardt, L(ouise). Karl August Böttiger und Georg Joachim Göschen im Briefwechsel. Leipzig 1911
- Das Leben Georg Joachim Göschens von seinem Enkel Viscount Goschen. 2 Bände. Leipzig 1905
- Greiner-Mai, Herbert u. a. Literatur – Dichter, Stätten, Episoden. Leipzig 1985
- Griep, Wolfgang und Sangmeister, Dirk. Ausflucht in den Norden. Über Johann Gottfried Seumes Reise im Sommer 1805. Eutiner Bibliothekshefte 8. Eutiner Landesbibliothek 2004
- Heine, Gerhard. Der Mann, der nach Syrakus spazierenging. Das abenteuerliche Leben des Johann Gottfried Seume. Weimar 1961
- Hocquél-Schneider, Sabine. Alte Nikolaischule Leipzig. Hg. von der Kulturstiftung Leipzig. Leipzig 1994
- Hunger, Johannes. Johann Gottfried Seume. Leben und Wirken eines aufrechten Demokraten und großen Patrioten. Berlin 1953
- im Hof, Ulrich. Das Europa der Aufklärung. München 1995
- Kohlmann, Philipp. Seumes Aufenthalt in Emden. In: Archiv für Literaturgeschichte, X. Band. Leipzig 1881, S. 104–109
- Kozielek, Gerhard. Johann Gottfried Seumes Stellung zum polnischen Aufstand von 1794. In: Impulse 2/1979, S. 234–258
- Lexikon der Aufklärung. Deutschland und Europa. Hg. von Werner Schneiders. München 1995
- Liersch, Werner. Dichters Ort. Ein literarischer Reiseführer. Rudolstadt 1985
- Merkel, Garlieb. Darstellungen und Charakteristiken aus meinem Leben. 2. Band. Leipzig 1840
- Möller, Horst. Fürstenstaat oder Bürgernation. Deutschland 1763–1815. Berlin 1989

- Planer, Oskar und Reißmann, Camillo. Johann Gottfried Seume. Geschichte seines Lebens und seiner Schriften. Leipzig 1898 und 1904
- Reimann, Paul. Hauptströmungen der deutschen Literatur 1750–1848. Beiträge zu ihrer Geschichte und Kritik. Berlin ²1963
- Schneiders, Werner. Das Zeitalter der Aufklärung. München 1997
- Schnorr von Carolsfeld, Veit Hanns. Meine Lebensgeschichte. Hg. von Otto Werner Förster. Leipzig 2000
- Schoof, Wilhelm. Seumes Besuch in Schmalkalden im Jahre 1802. In: Nachrichten für Grimma vom 12.2.1938
- Schulz, Gerhard. Die deutsche Literatur zwischen Französischer Revolution und Restauration 1789–1830. 2 Bände. München 1983 und 1989
- Johann Gottfried Seume 1763–1810. Ein politischer Schriftsteller der Spätaufklärung. Eine Ausstellung der Universitätsbibliothek Bielefeld 2.11.–30.11.1989. Hg. von Jörg Drews. Bielefeld 1989
- »Wo man aufgehört hat zu handeln, fängt man gewöhnlich an zu schreiben.« Johann Gottfried Seume in seiner Zeit. Vorträge des Bielefelder Seume-Colloquiums 1989 und Materialien zu Seumes Werk und Leben. Hg. von Jörg Drews. Bielefeld 1991
- Seume: »Der Mann selbst« und seine »Hyperkritiker«. Vorträge der Colloquien zu Johann Gottfried Seume in Leipzig und Catania 2002. Hg. von Jörg Drews. Bielefeld 2004
- Stephan, Inge. Johann Gottfried Seume. Ein politischer Schriftsteller der deutschen Spätaufklärung. Stuttgart 1973
- Störel, Hans. Johann Gottfried Seume und Rußland. Eine Darstellung seiner Rußlandbeziehungen und seines Rußlandbildes anhand seiner Werke und Briefe. Dissertation. Leipzig 1971 (Masch.)
- Streisand, Joachim. Deutschland von 1789 bis 1815. Berlin ⁵1981
- Sturm-Francke, Renate. … die bei Göschen in Lohn und Brot standen. In: Der Rundblick Heft 2/1979, S. 166–169
- Text + Kritik. Zeitschrift für Literatur. Hg. von Heinz Ludwig Arnold. Nr. IV/95. Heft 126 Johann Gottfried Seume. München 1995
- Voegt, Hedwig. Die deutsche jakobinische Literatur und Publizistik 1789–1800. Berlin 1955
- Wappler, Gerlinde und Scholke, Horst. Seume und Gleim. Reisebeschreibungen über den Harz. Veröffentlichungen des Gleimhauses, Almanachreihe Nr. 2. Halberstadt 1985
- Weigl, Engelhard. Schauplätze der deutschen Aufklärung. Ein Städterundgang. Reinbek 1997
- Zänker, Eberhard. Georg Joachim Göschen. Buchhändler, Drucker, Verleger, Schriftsteller. Ein Leben in Leipzig und Grimma-Hohnstädt. Beucha 1996

Personenregister

Abbildung auf dem Schutzumschlag:
Gerhard von Kügelgen, *Portrait Johann Gottfried Seume,* 1806/07
Im Besitz der Stiftung Weimarer Klassik,
Ständige Ausstellung Goethe-Nationalmuseum, Weimar

Gestaltung Frank Eilenberger
Layout Atelier für grafische Gestaltung Leipzig
Druck Jütte-Messedruck Leipzig
Bindung Kunst- und Verlagsbuchbinderei Leipzig
Printed in Germany 2005
ISBN 3-936618-65-8

Dieses und andere Bücher finden Sie auch im Internet unter
www.faberundfaber.de